중국어의 성모

b	p	m	f
爸爸 *bàba* 빠바 아빠	苹果 *píngguǒ* 핑구어 사과	猫 *māo* 마오 고양이	饭 *fàn* 판 밥

d	t	n	l
地铁 *dìtiě* 띠티에 지하철	桃子 *táozi* 타오즈 복숭아	奶奶 *nǎinai* 나이나이 할머니	篮球 *lánqiú* 란치우 농구(공)

g	k	h	
哥哥 *gēge* 끄어거 형 , 오빠	咖啡 *kāfēi* 카풰이 커피	喝 *hē* 흐어 마시다	

j	q	x	
姐姐 jiějie 지에지에 언니 	**铅笔** qiānbǐ 치엔비 연필 	**学校** xuéxiào 쒸에씨아오 학교 	
zh	**ch**	**sh**	**r**
中国 Zhōngguó 쫑구어 중국 China	**出租车** chūzūchē 츄쭈쳐 택시 	**山** shān 샨 산 	**热狗** règǒu 러고우 핫도그
z	**c**	**s**	
自行车 zìxíngchē 쯔씽쳐 자전거 	**草梅** cǎoméi 차오메이 딸기 	**三明治** sānmíngzhì 싼밍즈 샌드위치 	

나도/중국어로/말할/수/있다!

왕초보 실생활
중국어회화

 기본패턴

나도/중국어로/말할/수/있다!

왕초보 실생활
중국어회화

plus 기본패턴

예은씨엔(叶恩贤) 지음

비타민북 Book

머리말

　1992년 한중 수교 이후 한국에서 중국어에 대한 관심이 높아졌고, 최근 들어 중국의 경제발전과 국제적 위상이 한층 높아짐으로 인해 중국어를 공부하는 이들이 더욱 늘어나고 있습니다.

　중국어 학습자들 중에는 한자를 먼저 익히거나 병음을 위주로 공부하는 경우도 있지만 최근 들어서는 회화를 중시하는 경향으로 흘러가고 있습니다.

　시중에는 이러한 경향에 맞춰 중국어 학습에 도움을 주는 책들이 많지만 대부분의 학습자들은 자신이 하고 싶은 말과 거기에 딱 맞는 표현을 찾기 힘들었던 경험을 한 적이 있을 것입니다. 보통의 책들은 단어와 간단한 표현만을 수록하였을 뿐 예문은 일상생활 속에서 자주 사용하는 표현이 아닌 경우가 대다수입니다.

　이 책은 주제별로 중국어 상용 표현을 정리하였습니다. 가장 기본적인 인사하기에서부터 감정 표하기, 화술, 여행, 비즈니스 등 일상생활에서 자주 사용하는 표현들이 담겨 있습니다. 각각 중국어 표현, 병음, 한글 발음으로 구성되어 있어서 학습자 개개인의 요구를 만족시킬 수 있을 것입니다. 체계적으로 일상 회화를 배우고 싶은 학습자는 처음부터 끝까지 읽어보면 상당한 도움을 받을 수 있을 것이고, 일정한 표현을 찾을 때 이 책을 일종의 지침서로 사용할 수도 있습니다. 만약 중국어 공부를 시작하는 초보자라면 이 책을 통해 중국 언어에 대한 자신감을 얻을 수도 있을 것입니다.

　이 책에 있는 모든 내용에 익숙해지는 것이 가장 이상적인 결과라고 볼 수 있지만 그때그때 필요한 표현을 조금씩 조금씩 끊임없이 익히다 보면 어느 순간 큰 성과를 얻을 수 있을 것입니다. 노력 없이는 결실을 맺을 수 없듯이 언어 학습은 결심과 인내심이 필요한 과정입니다. 일상생활 속에서 조금씩 천천히 노력하다 보면 어느새 좋은 성과가 있을 것이라 믿어 의심치 않습니다. 이 책이 독자 여러분에게 조금이나마 도움이 되기를 바랍니다.

叶恩贤

이 책의 구성

1 일상적인 의사소통에서 가장 기본적이고 가장 많이 쓰는 다양한 표현들을 인사, 감정, 화술, 테마별 화제, 사교, 해외여행, 비즈니스 등 7개 파트별로 분류하여 학습자가 기본적으로 알아야 할 어법이나 표현, 문화에 관련된 상식 등과 함께 간략하게 해설하였습니다.

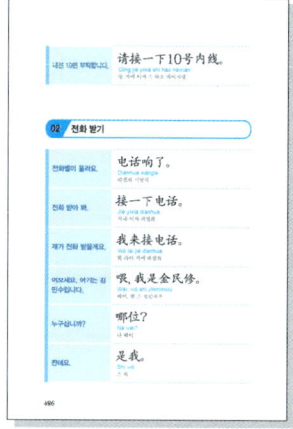

2 각 파트별로 분류하고 다시 Unit으로 세분하여 원하는 장면을 쉽게 찾을 수 있을 뿐만 아니라 팁을 넣어 회화에서 미처 다루지 못한 내용을 한층 더 자세히 설명하였습니다.

목차 💬

✚ PART 3 화술 표현

중국어

중국어를 일컫는 명칭은 매우 다양하다. 중국에서는 '한위(汉语)'
나 '푸퉁화(普遍话)'라고 하는데, 중국 인구의 절대 다수를 차지
하는 한족이 사용하는 언어인 '한위(汉语)'가 현대 표준 중국어로
제정되어 전 지역에 걸쳐 통용되고 있다. 북경음(北京音)을 표준
음으로 하고 있다.

1 간체자

한자는 크게 번체자(繁体字)와 간체자(简体字)로 나눌 수 있다.
번체자는 우리나라 · 대만 · 홍콩 등에서 사용하는 원래의 전통 한
자이고, 간체자는 중국 정부가 1955년부터 1964년에 걸쳐 필획이
복잡한 한자를 골라 일정한 규칙에 따라 모양을 간략하게 변형시
켜서 쉽게 쓸 수 있도록 만든 글자다.

번체　　　간체

東 ➡ 东

2 한어병음

영어의 알파벳 자모 26개를 이용하여 중국어의 발음을 표기한 발
음 기호다. 성모(声母) 21개와 운모(韵母) 36개에 중국어 소리의
높낮이를 나타내는 성조를 더하여 표기한다. 이렇게 중국어 발음
을 표기하는 방식을 한어병음방안(汉语拼音方案)이라고 한다.

东 dōng ← 한어병음

중국어의 음절

중국어의 음절은 성모, 운모, 성조 세 가지 요소로 구성되어 있다. 예를 들면 东의 병음은 dōng으로 표기하는데 이때 d는 성모, ōng는 운모, o 위의 기호 표시(⁻)는 성조라고 한다.

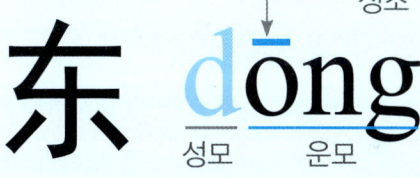

한어병음으로 표시된 음절에서,

첫소리를 **성모**

그 나머지를 **운모**

높낮이를 **성조** 라고 한다.

중국어는 발음은 같아도 '음의 높낮이' 인 성조에 따라 단어의 의미가 달라진다. 성조에는 4가지, 즉 제1성, 제2성, 제3성, 제4성과 경성이 있다. 예를 들어 mā(妈)는 '엄마' 라는 뜻이지만 mǎ(马)는 동물 '말' 이고 má(麻)는 식물 '마' 를 가리킨다. 이처럼 발음이 같더라도 성조에 따라 의미가 달라지니 성조를 무조건 하나만 외우면 안 된다.

★ 제1성

운모 위에 ' ¯ ' 로 표시한다. 고음으로 시작하여 계속 끝을 내리지 말고 끝까지 이어줘야 한다.

mā (妈) 엄마

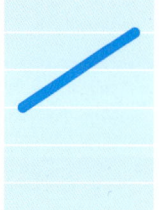

★ 제2성

운모 위에 ' ´ ' 로 표시한다. 중간 정도 음에서 시작하여 제1성인 성조 끝까지 올려준다.

má (麻) 마(식물)

★ 제3성

운모 위에 ' ˇ '로 표시한다. 중간 정도 음에서 시작하여 가장 낮은 음까지 내렸다가 다시 높이 올라가야 한다. 여기서는 낮은 음으로 내리는 게 중요하다.

mǎ (马) 말(동물)

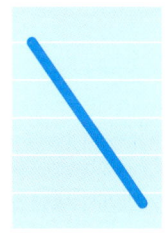

★ 제4성

운모 위에 ' ` '로 표시한다. 제1성인 높은 음에서 가장 낮은 음까지 빠르게 소리낸다.

mà (骂) 욕하다

★ 경성(輕聲)

짧고 가볍게 소리를 내며 특별한 성조를 표시하지 않는다.

ma? (吗) (의문사)

입술소리(순음)	**b** 뿌어	**p** 포어	**m** 모어	**f** 포어[*]
혀끝소리(설첨음)	**d** 뜨어	**t** 트어	**n** 느어	**l** 르어
혀뿌리소리(설근음)	**g** 끄어	**k** 크어	**h** 흐어	
혓바닥소리(설면음)	**j** 찌	**q** 치	**x** 씨	
뒤 혀끝소리(권설음)	**zh** 즈	**ch** 츠	**sh** 스	**r** 르
혀와 잇소리(설치음)	**z** 쯔	**c** 츠	**s** 쓰	

★ **입술소리(순음) b, p, m, f**

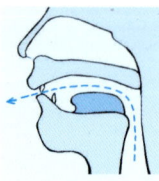

아랫입술과 윗입술을 붙였다가 떼면서 내는 소리. f 는 이입술소리(순치음)로 좀 더 세분화해서 구분하기도 한다. 순치음은 영어의 f 와 비슷하게 윗니를 아랫입술에 살짝 댔다가 떼면서 내는 소리다. f 를 b 나 p 처럼 발음하지 않도록 주의한다.

爸爸 [bà ba]
빠바 아빠

跑 [pǎo]
파오 달리다

妈妈 [mā ma]
마마 엄마

父母 [fùmǔ]
푸무 부모

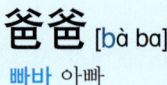

★ 혀끝소리(설첨음) **d, t, n, l**

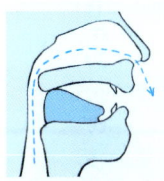

혀를 윗니의 뒷면에 붙였다가 떼면서 내는 소리.

大米 [dàmǐ]
따미 쌀

头发 [tóu fa]
터우파 머리카락

女 [nǚ]
뉘 여자

路 [lù]
루 길

★ 혀뿌리소리(설근음) **g, k, h**

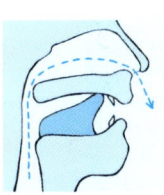

혀뿌리를 입천장에 대면서 목젖 있는 곳에서 부터 내는 소리.

哥哥 [gēge]
꺼거 형

看 [kàn]
칸 보다

花 [huā]
후아 꽃

★ 혓바닥소리(설면음) j, q, x

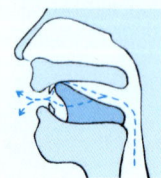

혀 앞부분을 입천장 앞쪽에 대면서 내는 소리.

家 [jiā]
찌아 집

七 [qī]
치 7

雪 [xuě]
쉬에 눈

★ 뒤 혀끝소리(권설음) zh, ch, sh, r

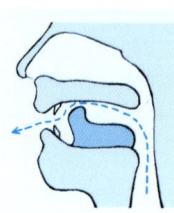

혀끝을 숟가락처럼 오목하게 만들어서 입천장 안쪽에 닿을 듯한 상태에서 내는 소리. 권설음은 우리나라에 없는 발음이기 때문에 특히 주의를 기울여야 한다.

中 [zhōng]
쯍 가운데

车 [chē]
츠어 차

书 [shū]
수 책

人 [rén]
런 사람

★ 혀와 잇소리(설치음) z, c, s

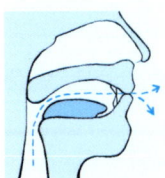

혀끝을 아랫니의 뒷면에 대고 혓바닥을 앞
천장에 대면서 내는 소리.

 [zǐ]
쯔 아들

 [cài]
차이 요리

 [sì]
쓰 4

운모는 중국어 음절에서 성모를 제외한 나머지 부분으로 우리말의 중성과 종성에 해당한다. 운모는 모두 36개로 단운모 · 복운모 · 비운모 · 권설운모로 구분된다.

★ **단운모** **a, o, e, i, u, ü** (총 6개)

단운모는 단순 모음이기 때문에 끝날 때까지 혀의 위치와 입술 모양이 변하지 않도록 주의해야 한다.

a 입을 크게 벌리고 '아' 라고 발음한다.

o 오와 어의 중간 소리로 발음한다. '오어' 라고 들리는 경우도 있다.

e 으어라고 발음합니다. '어' 나 '에' 가 아닌 으어 발음이다.

i 입을 옆으로 길게 벌리며 이라고 발음한다. 우리말 '이' 보다 입술이 옆으로 더 길게 확장된다.

u 둥글게 모아 내밀며 우라고 발음한다.

ü 혀의 위치는 'i' 와 같고 입은 둥글게 모아 'u' 처럼 발음한다. 우리말의 '위' 는 이중모음이기 때문에 '우＋이' 가 합해져서 '위' 라는 발음이 만들어진다. 그래서 입 모양이 변한다. 하지만 중국어 'ü' 는 단모음이기 때문에 처음부터 끝까지 입 모양이 변하지 않아야 한다.

★ **복운모(결합운모)** ai, ei, ao, ou

운모 두세 개를 한 음절로 내는 소리를 말한다.

ai   우리말의 아—이처럼 발음한다.

ei   우리말의 에—이처럼 발음한다.

ao   우리말의 아—오처 럼 발음한다.

ou   우리말의 어—우처럼 발음한다.

★ **비운모** an, en, ang, eng, ong

au   우리말의 '아'를 발음하다가 자음 'ㄴ'을 붙여 안처럼 발음한다.

en   우리말의 '으어' 뒤에 'ㄴ'을 붙여 으언처럼 발음한다.

ang   우리말의 '아'를 발음하다가 자음 'ㅇ'을 붙여 앙처럼 발음한다.

eng   '으언'에 받침 'ㅇ'을 붙여 으엉처럼 발음한다.

ong   우리말의 옹처럼 발음한다.

★ **i 로 시작되는 결합운모**
  ia, ie, iao, iou, ian, iang, iong, in, ing
  ※ 앞에 성모 없이 단독으로 쓰일 경우 i 는 y로 표기한다.

ia   우리말의 '이아'를 붙여서 야처럼 발음한다.

ie   우리말의 '이에'를 붙여서 예로 발음한다.

iao   우리말의 이야오처럼 발음한다.

iou   '이'와 '어우'를 한 음으로 붙여서 빠르게 이어우로 발

음한다. 성모와 만나면 가운데 o가 생략되고 iu로 표기
한다.

ian   우리말의 이앤처럼 발음한다. 운모 a(아)는 i, ü와 n 사이
에 오면 '안' 이 아니라 '앤' 으로 발음한다.

iang 우리말의 이앙처럼 발음한다.

iong 우리말의 이옹처럼 발음한다.

in   우리말의 인처럼 발음한다.

ing   우리말의 잉처럼 발음한다.

★ **u 로 시작되는 결합운모**

ua, uo, uai, uan, uang, uei, uen, ueng

※ 성모가 없이 단독으로 쓰일 경우 u는 w로 표기한다. uei, uen는 성모가 없으면
   wei, wen으로 표기하고, 성모가 있으면 e를 빼고 ui, un으로 표기한다.

ua   우리말의 '우' 와 '와' 를 붙여서 우와로 발음한다.

uo   우리말의 '우' 와 '워' 를 붙여 빨리 소리내면서 워처럼
      발음한다.

uai   우리말의 '우' 와 '와이' 를 붙여서 우와이를 빨리 발음
      한다.

uan   우리말의 우완처럼 발음한다.

uang 우리말의 우왕처럼 발음한다.

uei   우와 에이를 한 음처럼 빠르게 발음한다.

uen   우리말의 우원처럼 발음합니다.

ueng 우리말의 우엉처럼 발음한다.

★ ü 로 시작되는 결합운모 üe, üan, ün

※ 성모가 없을 경우 ü는 yu로 표기하고 성모가 j, q, x일 경우 ju-, qu-, xu-로 표기한다.

üe   우리말의 위에를 빠르게 발음한다.

üan   우리말 위앤처럼 발음한다.

ün   우리말의 윈처럼 발음한다.

왕초보 실생활 **중국어회화 + 기본패턴**

PART
01

·
·
·
·
·
·

기본 인사

基本礼貌用语

Jīběn lǐmào yòngyǔ

찌본 리마오 용위

회화의 기본은 인사를 나누는 것이다. 인사란 사람과 사람이 만나자마자 서로의 어색함을 털어버리는 작업이다. 또 상대방을 인정하고 배려하는 것에서 출발하므로 언어를 배우는 것도 중요하지만 역시 상대를 배려하는 눈빛이나 표정이 매우 중요하다.

기본 인사

基本礼貌用语
Jīběn lǐmào yòngyǔ
찌번 리마오 용위

인사는 인간 관계의 기본 중 기본이다. 중국에서 일상적인 인사 표현은 '你好!
(안녕하세요.)'이다. 그런데 이 인사 표현은 처음 만날 때나 별로 친근하지 않
은 사이에 사용하는 표현이다. 아침에는 '早!'도 자주 사용한다.

---

01 기본 인사

안녕하세요!	**你好!** Nǐ hǎo! 니하오
	早! Zǎo! 자오 * 중국어에는 특정한 아침, 점심, 저녁 인사 용어가 없다. 지방에 따라 차이가 좀 있지만 아침인사는 你好보다 早를 더 많이 사용한다. 早를 사용할 때는 你를 같이 사용하지 않는다. 저녁에는 晚安 (Wǎn'ān 완안)이라는 표현을 사용하기도 한다. 你好는 아침, 점심, 저녁 구분 없이 모두 다 사용 가능하다. 주로 첫 만남에, 혹은 약간 정중하게 행동해야 할 관계에 쓰인다.
요즘 어때?	**最近过得怎么样?** Zuìjìn guòde zěnmeyàng? 쮀찐 꾸워더 쩐머양
일은 어때?	**工作怎么样?** Gōngzuò zěnmeyàng? 꽁쭤 쩐머양

| 별일 없으세요? | 近来可好?
Jìnlái kěhǎo?
찐라이 크어하오 |

02 일상 인사

날씨 좋죠?	天气不错。 Tiānqì búcuò. 티엔치 부추워
다녀올게요.	马上回来。 Mǎshàng huílái. 마상 후이라이
	我走了。 Wǒ zǒule. 워 쪼우러 * 가정에서는 我走了。를 더 많이 사용한다.
잘 다녀오세요.	路上小心。 Lùshang xiǎoxīn. 루상 샤오씬 * 路上小心은 '길에서 조심하라.'는 뜻인데 인사말로 많이 사용한다.
다녀왔습니다.	我回来了。 Wǒ huílái le. 워 후이라이러

어서 오세요.	请进。 Qǐng jìn. 칭 찐
기분은 어떠세요?	心情怎么样? Xīnqíng zěnmeyàng? 신칭 쩐머양
덕분에 잘 지냅니다.	我过得很好, 谢谢。 Wǒ guòde hěnhǎo, xièxie. 위 꾸워더 헌하오, 씨에씨에 * '덕분에'는 托您的福(tuō nínde fú 투위 닌더 푸)로 번역하는 경우 가 많지만 구어체로는 거의 쓰지 않은 표현이므로 谢谢。(xièxie 감사 합니다)를 대신 사용하면 된다.

03 안부를 물을 때

잘 지냈어?	过得好吗? Guòde hǎo ma? 꾸워더 하오 마
요즘 어떻게 지내십 니까?	最近过得怎么样? Zuìjìn guòde zěnmeyàng? 쮀찐 꾸워더 쩐머양
가족 분들은 잘 지내 세요?	家人都好吧? Jiārén dōu hǎo ba? 찌야런 떠우 하오 바

부모님은 건강하십니까?

爸爸妈妈身体好吗?

Bàba māma shēntǐ hǎo ma?

빠바 마마 선티 하오 마

모두 잘 지냅니다.

都很好。

Dōu hěnhǎo.

떠우 헌하오

부인은 어떠십니까?

您夫人过得好吗?

Nín fūren guòde hǎo ma?

닌 푸런 꾸워더 하오 마

* '부인'은 太太(tài tai 타이타이)도 많이 사용한다.

그녀는 잘 지냅니다.

她过得很好。

Tā guòde hěnhǎo.

타 꾸워더 헌하오

무엇 때문에 바쁘셨
나요?

忙什么的?

Máng shénme de?

망 선머 더

* 忙什么的는 구어체로 사용되며 존댓말이 따로 없다.

좀 좋아졌나요?

好些了吗?

Hǎoxiē le ma?

하오씨에 러 마

왕밍 소식은 들었어?

王明怎么样了?

Wángmíng zěnmeyàng le?

왕밍 쩐머양 러

지수가 안부 전하더
군요.

智秀让我转达问候。

Zhìxiù ràng wǒ zhuǎndá wènhòu.

쯔씨우 랑 워 쭈완다 원허우

기본 인사
감정 표현
화술 표현
주제별 화제
사교
해외 여행
비즈니스

덕분에 좋습니다.	**很好, 谢谢。** Hěnhǎo, xièxie. 헌하오, 씨에씨에 * '덕분에'는 托您的福'(tuō nín de fú 투워 닌 더 푸)로 번역하는 경우가 많지만 구어체로는 거의 쓰지 않은 표현이므로 谢谢(감사합니다)를 대신 사용한다.
잘 지내고 있어.	**过得很好。** Guòde hěnhǎo. 꾸워더 헌하오
다들 잘 있어요.	**都挺好的。** Dōu tǐng hǎo de. 떠우 팅 하오 더
그저 그래요.	**就那样。** Jiù nàyàng. 찌우 나양
똑같아.	**和以前一样。** Hé yǐqián yíyàng. 허 이치엔 이양
그런대로 지내고 있어.	**还行。** Hái xíng. 하이 씽
계속 바빴어.	**一直很忙。** Yìzhí hěnmáng. 이쯔 헌망

05   오랜만에 만났을 때

오래간만이군요.	好久不见。 Hǎojiǔ bújiàn. 하오찌우 부찌엔
정말 오랜만이네요.	真是好久不见了。 Zhēnshì hǎojiǔ bújiànle. 쩐스 하오찌우 부찌엔러
야, 오랜만이군, 그동안 잘 있었나?	好久不见, 过得好吗? Hǎojiǔ bújiàn, guòde hǎo ma? 하오찌우 부찌엔, 꾸워더 하오 마
다시 만나 뵈어 반갑습니다.	能再见到您, 真的很高兴。 Néng zài jiàndào nín, zhēnde hěn gāoxìng. 넝 짜이 찌엔따오 닌, 쩐더 헌 까오씽
여전하시군요.	您一点儿都没变。 Nín yìdiǎnr dōu méi biàn. 닌 이띠엔얼 떠우 메이 비엔
뵙고 싶었습니다.	很想您。 Hěn xiǎng nín. 헌 시앙 닌
별고 없으셨습니까?	近来可好? Jìnlái kěhǎo. 찐라이 크어하오
세월 참 빠르네요.	时间过得真快。 Shíjiān guòde zhēn kuài. 스찌엔 꾸워더 쩐 콰이

기본 인사

감정 표현

회술 표현

주제별 회제

사교

해외 여행

비즈니스

31

몇 달 만인가요?	有几个月没见了吧? Yǒu jǐgeyuè méi jiànle ba? 요우 지거웨 메이 찌엔러 바
건강해 보이네요.	看起来身体不错。 Kànqǐlái shēntǐ búcuò. 칸치라이 선티 부추워
오랫동안 소식을 못 드렸습니다.	很久没有您的消息了。 Hěnjiǔ méiyǒu nínde xiāoxile. 헌찌우 메이요우 닌더 샤오시러

06 우연히 만났을 때

오랜만입니다. 전엔 감사했습니다.	好久不见。之前的事谢谢了。 Hǎojiǔ bújiàn. Zhīqián de shì xièxiele. 하오찌우 부찌엔 쯔치엔 더 스 씨에씨에러
오랜만입니다. 잘 지 내는 거 같아 좋네요.	好久不见。看起来过得 不错。 Hǎojiǔ bújiàn. Kànqǐlái guòde búcuò. 하오찌우 부찌엔 칸 치라이 꾸워더 부 추워
잘 지내나 보네.	看起来过得不错。 Kànqǐlái guòde búcuò. 칸치라이 꾸워더 부추워

세상 정말 좁네요.	世界真小。 Shìjiè zhēn xiǎo. 스지에 쩐 샤오
여기서 만날 줄이야!	没想到会在这里碰到。 Méixiǎngdào huì zài zhèlǐ pèngdào. 메이시앙따오 후이 짜이 쩌리 펑따오
여기서 만나다니 뜻 밖이에요.	在这里碰到真意外。 Zài zhèlǐ pèngdào zhēn yìwài. 짜이 쩌리 펑따오 쩐 이와이

기본 인사

감정 표현

회술 표현

주제별 회제

사교

해외 여행

비즈니스

02 소 개

介绍
Jièshào
지에사오

중국에서는 처음 만날 때에 나누는 인사가 우리와 비슷하다. 악수를 주고 받거나 가벼운 목례로 인사를 한다. 그런데 우리처럼 '앞으로 잘 부탁한다(以后请多多关照。Yǐhòu qǐng duōduōguānzhào)' 는 표현은 자주 사용하지 않는다. 또한 명함을 주고받을 때는 꼭 두 손으로 건네지 않아도 되지만 두 손으로 정중하게 건네면 좋은 인상을 줄 수 있다.

01 자기소개 하기

제 소개를 하겠습니다.	**我来自我介绍一下。** Wǒ lái ziwǒjièshào yíxià. 워 라이 쯔워지에사오 이쌰
어딘가에서 뵈었지요?	**我们在哪里见过吧?** Wǒmen zài nǎlǐ jiànguò ba? 워먼 짜이 나리 찌엔 꾸워 바
죄송합니다. 다른 사람과 착각했습니다.	**不好意思, 认错人了。** Bùhǎoyìsi, rèncuòrénle. 부하오이쓰, 런추워런러
안녕하세요. 저를 기억하세요?	**你好, 还记得我吗?** Nǐhǎo, hái jìde wǒ ma? 니하오, 하이 지더 워 마
박은미입니다. 당신 성함은요?	**我叫朴恩美。请问您贵姓?** Wǒ jiào Piáoēnměi. Qǐngwèn nín guìxìng? 워 찌아오 피야오은메이. 칭원 닌 꾸이씽

명함을 드리죠. 당신 것도 주시겠습니까?	给您我的名片。您的名片可否也给我一张? Gěi nín wǒde míngpiàn. Nínde míngpiàn kěfǒu yě gěi wǒ yìzhāng? 게이 닌 워더 밍피엔. 닌더 밍피엔 커퍼우 예 게이 위 이짱
제 이름은 박은미…. 아, 명함을 드리겠습니다.	我叫朴恩美…。啊, 给您我的名片。 Wǒ jiào Piáoēnměi…. A, gěi nín wǒ de míngpiàn. 워 찌야오 피야오은메이. 아, 게이 닌 위 더 밍피엔
저는 박은미, 한국에서 왔습니다.	我叫朴恩美, 是从韩国来的。 Wǒ jiào Piáoēnměi, shì cóng Hánguó lái de. 워 찌야오 피야오은메이, 스 총 한꾸위 라이 더
무역 회사에서 일하는 회사원입니다.	我在贸易公司工作。 Wǒ zài màoyì gōngsī gōngzuò. 워 짜이 마오이 꿍쓰 꿍쪼우
아이는 둘 있습니다.	有两个孩子。 Yǒu liǎng gè háizi. 요우 리앙 거 하이쯔
골프에 관심이 있습니까?	喜欢打高尔夫球吗? Xǐhuān dǎ gāo'ěrfūqiú ma? 시환 따 까오얼푸치우 마

기본 인사

감정 표현

회술 표현

주제별 회제

사교

해외 여행

비즈니스

35

이소애 씨를 소개하겠습니다.	我来介绍一下李晓爱。 Wǒ lái jièshào yíxià Lǐxiǎoài. 워 라이 지에샤오 이쌰리샤오애
친구인 장징 씨를 소개합니다.	我来介绍一下我的朋友张静。 Wǒ lái jièshào yíxià wǒde péngyou Zhāngjìng. 워 라이 지에샤오 이쌰 워더 펑요우 쨩찡
김 선생, 장징 씨와 만나는 건 처음이시죠?	金先生, 和张静是第一次见吧? Jīnxiānsheng, hé Zhāng jìng shì dì yī cì jiàn ba? 찐시엔성, 허 쨩찡 스 디 이츠 찌엔 바
이 선생, 이분은 장징 씨입니다.	李先生, 这位是张静。 Lǐxiānsheng, zhèwèi shì Zhāng jìng. 리시엔성, 쩌웨이 스 쨩찡
장징 씨, 내 아내입니다.	张静, 这是我太太。 Zhāngjìng, zhèshì wǒ tàitai. 쨩찡, 쩌스 워 타이타이
이쪽은 한국 친구 김 씨입니다. 중국에 막 도착했습니다.	这位是我的韩国朋友金女士, 刚到中国。 Zhèwèi shì wǒde Hánguó péngyou Jīn nǚshì, gāng dào Zhōngguó. 쩌웨이 스 워더 한구워 펑요우 찐 뉘스, 깡 따오 쫑꿔

김선생, 동료 장징을 소개하겠습니다.

金先生, 给您介绍一下我的同事张静。

Jīnxiānsheng, gěi nín jièshào yíxià wǒde tóngshì Zhāngjìng.

찐시엔성, 게이 닌 지에샤오 이쌰 워더 퉁스 짱찡

03 개인적인 질문

한국어 할 줄 아세요?

会说韩语吗?

Huì shuō hányǔ ma?

후이 수워 한위 마

중국어는 어디서 배우셨나요?

汉语在哪里学的?

Hànyǔ zài nǎlǐ xuéde?

한위 짜이 나리 쉐더

중국 어디 태생이세요?

在中国的哪里出生的?

Zài Zhōngguóde nǎlǐ chūshēng de?

짜이쫑꿔더 나리 추성 더

이곳 생활은 어떠십니까?

这里的生活怎么样?

Zhèlǐ de shēnghuó zěnmeyàng?

쩌리 더 성훠 쩐머양

어디에서 근무하십니까?

在哪里工作?

Zài nǎlǐ gōngzuò?

짜리 나리 꿍쭈워

기본 인사

감정 표현

회술 표현

주제별 화제

사교

해외 여행

비즈니스

37

어느 학교 다니세요?	上哪所学校? Shàng nǎ suǒ xuéxiào? 상 나 쑤워 쒜샤오
어느 대학을 나오셨 나요?	毕业于哪所大学? Bìyè yú nǎ suǒ dàxué? 삐예 위 나 쑤워 따쒜
관심사는 무엇입니까?	对什么感兴趣? Duì shénme gǎnxìngqù? 뚜이 선머 간싱취
가족은 몇 분입니까?	家里有几口人? Jiā li yǒu jǐ kǒu rén? 찌아 리 요우 지 커우 런
어떻게 하면 연락이 됩니까?	怎样才能联系到您? Zěnyàng cáinéng liánxì dào nín? 쩐양 차이넝 리엔시 따오 닌
여기는 놀러 오셨습 니까?	是来这里玩的吗? Shì lái zhèlǐ wán de ma? 스 라이 쩌리 완 더 마
여기는 업무로 오신 겁니까?	是因为工作上的事来这 里的吗? Shì yīnwèi gōngzuò shàng de shì lái zhèlǐ de ma? 스 인웨이 꿍쭈워 상 더 스 라이 쩌리 더 마
한국 생활에는 이제 익숙해지셨습니까?	现在习惯韩国的生活了吗? Xiànzài xíguàn Hánguó de shēnghuóle ma? 시엔짜이 시꽌 한구워 더 성훠러 마

한국엔 언제까지 있게 됩니까?	在韩国要呆到什么时候?
	Zài Hánguó yào dāi dào shénme shíhou?
	짜이 한꾸워 야오 따이 따오 선머 스허우

04 초면의 인사

	您好!
	Nín hǎo!
	닌하오
처음 뵙겠습니다.	你好!
	Nǐ hǎo!
	니하오
	* 중국어에서 '처음 뵙겠습니다.'라는 표현은 '안녕하세요.'와 같다. 您好!나 你好!로 표현하면 된다.
만나서 반갑습니다.	见到您很高兴。
	Jiàn dào nín hěn gāoxìng.
	찌엔 따오 닌 헌 까오씽
만나 뵈어 영광입니다. (정중한 표현)	能见到您是我的荣幸。
	Néng jiàn dào nín shì wǒ de róngxìng.
	넝 찌엔 따오 닌 스 워 더 롱씽
성함은 알고 있었습니다.	我已经听说过您的大名了。
	Wǒ yǐjīng tīng shuō guò nín de dàmíngle.
	워 이찡 팅 수워 구어 닌 더 다밍러

기본 인사

감정 표현

화술 표현

주제별 회화

사교

해외 여행

비즈니스

줄곧 뵙고 싶었습니다.	一直都希望可以见到您。 Yìzhí dōu xīwàng kěyǐ jiàndào nín. 이쯔 떠우 시왕 커이 찌엔따오 닌
드디어 직접 뵙게 되었군요.	终于见到您本人了。 Zhōngyú jiàndào nínběnrénle. 쫑위 찌엔따오 닌뻔런러
잘 부탁드립니다.	请多多关照。 Qǐng duōduōguānzhào. 칭 두워두워꽈안짜오
저야말로 잘 부탁드립니다.	也请您多多关照。 Yě qǐng nín duōduōguānzhào. 예 칭 닌 두워두워꽈안짜오

40

감 사

感谢
Gǎnxiè
깐씨에

인사 중에 가장 중요한 것이 감사와 사과다. 이런 인사를 잘하는 사람이 호감을 얻고 갈등을 줄일 수 있다. 가장 일반적인 표현은 谢谢이다. 강조하고 싶으면 太谢谢了。/太感谢了。로 표현하면 된다. 친근한 사이에서는 감사의 말을 자주 사용하지 않고, 젊은이들 사이에서는 谢了。를 종종 사용한다.

01 감사의 말

고마워요.	谢谢。 Xièxie. 씨에씨에
매우 감사합니다.	太谢谢了。 Tài xièxiele. 타이 씨에씨에러
진심으로 감사합니다.	太感谢了。 Tài gǎnxièle. 타이 깐씨에러
어쨌든 감사합니다.	不管怎么样, 谢谢了。 Bùguǎn zěnmeyàng, xièxiele. 부꽌 쩐머양, 씨에씨에러
여러 모로 신세를 졌습니다.	多有打扰。/ 给您添麻烦了。 Duō yǒu dǎrǎo. / Gěi nín tiānmáfanle. 두워 요우 다라오 / 게이 닌 티엔마판러

기본 인사 / 감정 표현 / 화술 표현 / 주제별 회제 / 사교 / 해외 여행 / 비즈니스

41

| 폐를 끼쳐 드렸습니다. | 给您添麻烦了。
Gěi nín tiānmáfanle.
게이 닌 티엔마판러 |

도와줘서 고마워요.	谢谢您的帮助。 Xièxie nínde bāngzhù. 씨에씨에 닌더 빵쭈
호의에 감사드려요.	谢谢您的好意。 Xièxie nínde hǎoyì. 씨에씨에 닌더 하오이
만나러 와 줘서 고마워.	谢谢您来见我。 Xièxie nín lái jiàn wǒ. 씨에씨에 닌 라이 찌엔 워
그렇게 말해줘서 고마워요.	谢谢您那么说。 Xièxie nín nàme shuō. 씨에씨에 닌 나머 수워
알려줘서 고마워.	谢谢您告诉我。 Xièxie nín gàosu wǒ. 씨에씨에 닌 까오쑤 워
격려해 줘서 고마워.	谢谢您鼓励我。 Xièxie nín gǔlì wǒ. 씨에씨에 닌 꾸리 워

전화해 줘서 고마워. 잘 가.	谢谢您打电话给我, 再见。 Xièxie nín dǎdiànhuà gěi wǒ, zàijiàn. 씨에씨에 닌 다띠엔화 게이 워, 짜이찌엔
음악 콘서트 표, 고마웠습니다.	谢谢您的音乐会票。 Xièxie nínde yīnyuèhuìpiào. 씨에씨에 닌더 인웨후이피아오
서류를 체크해 줘서 고마워요.	谢谢您对资料的核对。 Xièxie nín duì zīliào de héduì. 씨에씨에 닌 뚜이 쯔리아오 더 허뚜이
이거 무척 감사합니다.	这真是太感谢了。 Zhè zhēnshi tài gǎnxièle. 쩌 쩐스 타이 깐씨에러
친절하게 해 주셔서 감사합니다.	您真热情, 谢谢。 Nín zhēn rèqíng, xièxie. 닌 쩐 러칭, 씨에씨에
친절하게 대해 주셔서 도움이 되었습니다.	您真热情, 帮了大忙了。 Nín zhēn rèqíng, bāngle dàmángle. 닌 쩐 러칭, 빵러 따망러
당신 덕분에 도움이 되었습니다.	多亏了您的帮助。 Duōkuīle nín de bāngzhù. 두워쿠이러 닌 더 빵쭈

기본 인사

감정 표현

호칭 표현

주제별 화제

사교

해외 여행

비즈니스

43

천만에요.	不客气。 Búkèqi. 부커치
저야말로 감사합니다.	是我应该谢谢您。 Shì wǒ yīnggāi xièxie nín. 스 워 잉까이 씨에씨에 닌
천만에요. 도움이 되었다니 기뻐요.	不客气。很高兴能帮上忙。 Búkèqi. Hěn gāoxìng néng bāngshàngmáng. 부커치 헌 까오씽 넝 빵상망
천만에요. 기꺼이 도와드리겠어요.	不客气，我会尽力而为的。 Búkèqi, wǒ huì jìnlì'érwéide. 부커치, 워 후이 찐리얼우에더
천만에요. 별거 아닙니다.	不客气，没什么的。 Búkèqi, méishénme de. 부커치, 메이선머 더
아니요, 저야말로.	不是，是我应该谢谢您。 Búshì, shì wǒ yīnggāi xièxie nín. 부스, 스 워 잉까이 씨에씨에 닌
천만에요. 인사까지 하지 않으셔도 됩니다.	不客气，别放在心上。 Búkèqi, bié fàngzài xīnshàng. 부커치, 비에 팡짜이 씬상 * '인사까지 하지 않으셔도 됩니다'는 중국어 중에 别放在心上(마음에 두지 말자.)로 표현한다.

대단한 일도 아냐.	没什么大不了的。 Méishénme dàbuliǎo de. 메이선머 따부리아오 더
또 언제든지 말만 해.	需要的话, 随时开口。 Xūyào dehuà, suíshí kāikǒu. 쉬야오 더화, 쑤이스 카이코우
필요할 때는 주저 말 고 말해.	需要的话, 直接开口。 Xūyào dehuà, zhíjiē kāikǒu. 쉬야오 더화, 쯔지에 카이코우
맘에 들었다니 기뻐.	很高兴您喜欢。 Hěn gāoxìng nín xǐhuān. 헌 까오씽 닌 시환
제 일이기도 하니까.	是我份内的事。 Shì wǒ fènnèi de shì. 스 워 펀네이 더 스
나에게 의지해도 괜 찮아.	包在我身上。 Bāo zài wǒ shēnshang. 빠오 짜이 위 선상
나도 즐거웠어.	我也很开心。 Wǒ yě hěn kāixīn. 위 예 헌 카이씬

기본 인사

감정 표현

회술 표현

주제별 회제

사교

해외 여행

비즈니스

45

Unit 04 사과

道歉
Dàoqiàn
따오 치엔

사과 표현은 감사 표현과 같이 많이 사용하지 않는다. 사람에 따라 언어의 사용 습관이 다르지만 不好意思(bùhǎoyìsi)와 对不起(duìbuqǐ)는 자주 사용하는 표현이다. 抱歉(bàoqiàn)도 자주 사용하지만 문어적인 표현이다. 강조하고 싶으면 真不好意思。(zhēn bùhǎoyìsī) / 太对不起了。(tài duìbùqǐle)로 표현하면 된다.

01 실례할 때

실례합니다.	不好意思。 Bùhǎoyìsi. 부하오이쓰
잠시 실례(자리를 비움)하겠습니다. 곧 돌아오겠습니다.	不好意思, 暂时离开一下。马上回来。 Bùhǎoyìsi, zànshí líkāi yíxià. Mǎshàng huílái. 부하오이쓰, 짠스 리카이 이쌰 마상 후이라이
실례하지만 중국 분입니까?	不好意思, 请问是中国人吗? Bùhǎoyìsi, qǐngwèn shì zhōngguórén ma? 부하오이쓰, 칭원 스 쫑꾸워런 마
실례하지만 성함을 여쭤봐도 되겠습니까?	不好意思, 请问您贵姓? Bùhǎoyìsi, qǐngwèn nín guìxìng? 부하오이쓰, 칭원 닌 꾸이 씽
잠시 실례합니다. 지나가도 되겠습니까?	不好意思, 可以让一下吗? Bùhǎoyìsi, kěyǐ ràngyíxià ma? 부하오이쓰, 커이 랑이쌰 마

46

말씀하시는 중에 죄송합니다.	**不好意思, 打断您。** Bùhǎoyìsi, dǎduàn nín. 부하오이쓰, 다뚜완 닌
미안, 갑자기 생각이 안 나서.	**对不起, 突然想不起来了。** Duìbuqǐ, tūrán xiǎngbùqǐláile. 뚜이부치, 투란 시앙부치라이러

02 사죄 표현

미안해요.	**对不起。** Duìbuqǐ. 뚜이부치
너무 죄송했습니다.	**太对不起了。** Tài duìbuqǐle. 타이 뚜이부치러
제가 잘못했습니다.	**是我的错。** Shì wǒde cuò. 스 워더 추워
잘못을 해서 죄송합니다.	**对不起, 我错了。** Duìbuqǐ, wǒ cuòle. 뚜이부치, 워 추워러
죄송합니다. 제 부주의였습니다.	**对不起, 是我不小心。** Duìbuqǐ, shì wǒ bùxiǎoxīn. 뚜이부치, 스 워 부샤오씬

기본 인사

감정 표현

회술 표현

주제별 회처제

사교

해외 여행

비즈니스

정말 죄송합니다. 깜빡했습니다.	真抱歉, 我忘记了。 Zhēn bàoqiàn, wǒ wàngjìle. 전 빠오치엔, 워 왕지러
죄송합니다. 그럴 생각이 아니었습니다.	对不起, 我不是那个意思。 Duìbuqǐ, wǒ búshì nàge yìsi. 뚜이부치, 워 부스 나거 이쓰
폐를 끼칠 생각은 없었습니다.	本不想给您添麻烦的。 Běn bùxiǎng gěi nín tiānmáfan de. 뻔 부시앙 게이 닌 티엔마판 더
어쩔 수 없었습니다.	没办法。 Méi bànfǎ. 메이 빤파
제가 사죄드려야 합니다.	我得向您道歉。 Wǒ děi xiàng nín dàoqiàn. 워 데이 시앙 닌 따오치엔
번거롭게 해드려 죄송합니다.	给您添麻烦了。 Gěi nín tiānmáfanle. 게이 닌 티엔마판러
앞으로 주의하겠습니다.	以后一定注意。 Yǐhòu yídìng zhùyì. 이허우 이띵 쭈이
폐를 끼쳐서 죄송합니다.	抱歉给您添麻烦了。 Bàoqiàn gěi nín tiānmáfanle. 빠오치엔 게이 닌 티엔마판러

이렇게 되어 버려 죄송합니다.	**变成这样, 真是抱歉。** Biàn chéng zhèyàng, zhēnshi bàoqiàn. 비엔청 쩌양, 쩐스 빠오치엔
이렇게 늦어서 미안해. 많이 기다렸어?	**对不起, 迟到了。等了很长时间吧?** Duìbuqǐ, chídàole. Děngle hěn cháng shíjiān ba? 뚜이부치, 츠따오러 덩러 헌 창 스찌엔 바
기다리게 해서 죄송했습니다.	**抱歉让您久等了。** Bàoqiàn ràngnín jiǔděngle. 빠오치엔 랑닌 찌우덩러
약속을 지키지 못해 죄송합니다.	**我失约了, 很抱歉。** Wǒ shīyuēle, hěn bàoqiàn. 워 스웨러, 헌 빠오치엔
심기가 불편하셨다면 죄송합니다.	**让您不愉快的话, 我道歉。** Ràng nín bùyúkuài dehuà, wǒ dàoqiàn. 랑 닌 부위콰이 더화, 워 따오치엔
제가 지나쳤다면 죄송합니다.	**您觉得我过分的话, 我道歉。** Nín juéde wǒ guòfèn dehuà, wǒ dàoqiàn. 닌 줴더 워 꾸워펀 더화, 워 따오치엔
용서해 주시겠습니까?	**能原谅我吗?** Néng yuánliàng wǒ ma? 넝 위엔리앙 워 마
대단히 실례가 많았습니다.	**有很多失礼之处。** Yǒu hěnduō shīlǐzhīchù. 요우 헌 두워 스리쯔추

기본 인사

감정 표현

회술 표현

주제별 화제

사교

해외 여행

비즈니스

49

03 사죄에 응답하기

괜찮아요.	没关系。 Méiguānxi. 메이꽌안시
괜찮아요. 아무것도 아닙니다.	没关系。没什么的。 Méiguānxi. Méishénme de. 메이꽌안시 메이선머 더
걱정하지 마세요.	别担心。 Bié dānxīn. 비에 딴씬
신경 쓰지 마세요.	别放在心上。 Bié fàngzàixīnshàng. 비에 팡짜이씬상
용서할게요.	原谅你了。 Yuánliàng nǐle. 위엔리앙 니러
대단한 일은 아니에요.	没什么大不了的。 Méishénme dàbuliǎo de. 메이선머 따부리아오 더
저야말로 죄송합니다.	是我应该道歉才对。 Shì wǒ yīnggāi dàoqiàn cái duì. 스 워 잉까이 따오치엔 차이 뚜이
저야말로 잘못했어요.	是我错了。 Shì wǒ cuòle. 스 워 추워러

누구든지 잘못은 있으니까.	谁都会犯错。 Shuí dōu huì fàncuò. 수이 떠우 후이 판추워
할 수 없는 일이야.	没办法的事嘛。 Méi bànfǎ de shì ma. 메이 빤파 더 스 마
앞으로 조심하면 돼.	以后小心点就可以。 Yǐhòu xiǎoxīndian jiù kěyǐ. 이허우 샤오씬디엔 찌우 커이
마음에 담아두지 않았어.	我没放在心上。 Wǒ méi fàngzàixīnshàng. 워 메이 팡짜이씬상
당신 탓은 아니야.	不是你的错。 Búshì nǐde cuò. 부스 니더 추워

기본 인사

감정 표현

회술 표현

주제별 회화

사교

해외 여행

비즈니스

51

축하 · 조의

祝贺 · 吊唁

Zhùhè, Diàoyàn

쭈허, 띠아오옌

축하할 때는 호들갑을 떠는 것이 미덕이지만 죽음 앞에선 슬픔을 억제하여 표현하는 것이 중국인이다. 祝贺는 경사스러운 일이 있을 때 사용되지만 단독적으로 사용되지 않고 축하할 대상이나 축하할 이유를 뒤에 붙여야 한다. 예를 들어 祝贺你。(zhùhè nǐ) / 祝贺你升职。(zhùhè nǐ shēngzhí, 승진을 축하한다) 처럼 사용해야 한다. 恭喜도 자주 사용하는 축하 인사 표현이다. 신년에는 新年好。(xīnniánhǎo) / 新年快乐。(xīnniánkuàilè)을 많이 사용한다.

01 축하할 때

축하해요!	**祝贺你!/恭喜!** Zhùhènǐ! / Gōngxǐ! 쭈허니 / 꿍시
결혼을 축하합니다.	**祝贺新喜。** Zhùhèxīnxǐ. 쭈허씬시 *결혼 축하는 간단하게 恭喜。를 더 많이 사용한다.
합격 축하합니다!	**祝贺你被录取了!** Zhùhè nǐ bèi lùqǔle! 쭈허 니 뻬이 루취러 **祝贺你成功就职!** Zhùhè nǐ chénggōng jiùzhí! 쭈허 니 청꿍 찌우쯔 *합격에 대한 축하 표현은 상황에 따라 다르다. 학교 입학 시험에 합격했을 때는 祝贺你被录取了。로 표현하고 입사했을 때는 祝贺你成功就职。를 사용할 수 있다. 보통은 아주 간단하게 恭喜。라는 표현도 많이 사용한다.

우리 같이 그를 축하하자!	我们一起来祝贺他吧! Wǒmen yìqǐ lái zhùhè tā ba! 위먼 이치 라이 쭈허 타 바 * 다른 사람에게 제3자를 축하하기로 제안할 때 사용하는 표현이다.
승진을 축하드립니다.	恭喜您升职了。 Gōngxǐ nín shēngzhile. 꿍시 닌 성쯔러
생일 축하해요.	生日快乐。 Shēngrikuàilè. 성르콰이러
건배하자!	干杯! Gānbēi! 깐뻬이
행복을 빕니다. / 부디 행복하세요.	祝你幸福。 Zhù nǐ xìngfú. 쭈 니 씽푸
새해 복 많이 받으세요.	新年快乐。 Xīnniánkuàilè. 씬니엔콰이러
행운을 빕니다!	祝你好运! Zhùnǐ hǎoyùn! 쭈니 하오윈

기본 인사

감정 표현

회술 표현

주제별 회제

사교

해외 여행

비즈니스

53

입사를 환영합니다.	欢迎进入我们公司。 Huānyíng jìnrù wǒmen gōngsī. 환잉 찐루 워먼 꽁쓰
여자라면 대환영이야.	是女的的话, 非常欢迎。 Shì nǚde dehuà, fēicháng huānyíng. 스 뉘더 더화, 페이창 환잉
어서 오십시오.	欢迎光临。 Huānyíng guānglín. 환잉 꽈앙린 * 주로 식당에서 손님을 맞이할 때의 인사말
잘 오셨습니다.	欢迎。 Huānyíng. 환잉
참으로 잘 와주셨습니다.	真是非常欢迎。 Zhēnshi fēicháng huānyíng. 쩐스 페이창 환잉
왕멍 씨, 진심으로 환영합니다.	王蒙, 非常欢迎您。 Wángméng, fēicháng huānyíng nín. 왕멍, 페이창 환잉 닌
부산에 오신 것을 환영합니다.	欢迎来釜山。 Huānyíng lái Fǔshān. 환잉 라이 푸산

03 조의 표하기

조의를 표합니다.	表示哀悼。 Biǎoshì āidào. 비아오스 아이 따오
진심으로 애도를 표합니다.	真心表示哀悼。 Zhēnxīn biǎoshì āidào. 쩐씬 비아오스 아이 따오
할아버지가 돌아가셔서 쓸쓸해.	爷爷去世了, 感觉很冷清。 Yéye qùshìle, gǎnjué hěn lěngqīng. 예예 취스러, 깐쮀 헌 렁칭
부디 낙심하지 마십시오.	别太伤心了。 Bié tài shāngxīnle. 비에 타이 상씬러
이번에 큰일을 당하셨군요.	这次遇到大事了啊。 Zhè cì yùdào dàshìle a. 쩌츠 위따오 따스 러아
깊은 동정을 표합니다.	表示深切哀悼。 Biǎoshì shēnqiè āidào. 비아오스 선치에 아이따오
충심으로 위로의 말씀을 올립니다.	送上最衷心的慰问。 Sòngshàng zuìzhōngxīnde wèiwèn. 쏭상 주이쫑씬더 웨이원

기본 인사

감정 표현

활동 표현

주제별 화제

사교

해외 여행

비즈니스

55

왕초보 실생활 **중국어회화 + 기본패턴**

PART
02

. . . . . .

감정 표현

表达感情
Biǎodá gǎnqíng
비아오다 깐칭

희로애락을 느끼는 것은 어느 누구든 마찬가
지지만 동양인은 감정 표현이 풍부하지 않
다. 특히 한국인은 중국인보다 표정 관리가
어렵다. 특히 처음 만났을 때 웃음이 너무 부
족한 편이다. 따라서 따라하자면 쑥스러운
표현도 많지만 과감하게 흉내 내는 용기가
필요하다.

기쁨

高兴
Gāoxìng
까오씽

우리는 선물을 받았을 때도, 좋은 일이 있어도 기쁨을 표현하는 데 서툴다. 선물을 받았을 때 크게 기뻐해 주는 것은 상대에 대한 예의이기도 하다. 자신의 마음 상태를 표현하지 않으면 상대방은 그 마음을 알 수 없다. 자신의 기쁜 마음을 나타내는 것은 전혀 실례가 되지 않는다. 중국인을 상대할 때도 이런 점을 고려해야 한다. 그들은 칭찬을 잘하는 편이고 자기 자랑도 잘하는 편이다.

01 감탄을 나타낼 때

멋져요!	**真帅!** Zhēn shuài! 쩐 수와이 * 중국어에서는 형용사가 단독으로 사용되지 않고, 정도 부사를 앞에 붙여 사용한다. 여기서는 真(참)과 帅(멋지다)의 조합으로 이루어졌다.
아름다워요.	**真漂亮。** Zhēn piàoliang. 쩐 피아오리앙
너무 예뻐요.	**非常漂亮。** Fēicháng piàoliang. 페이창 피아오리앙
대단한 남자군!	**他真厉害!** Tā zhēn lìhai! 타 쩐 리하이

대단히 미인이시네요!	您长得真漂亮! Nín zhǎngde zhēn piàoliang! 닌 짱더 쩐 피아오리앙
재미있네요!	有意思! Yǒuyìsi! 요우이쓰
맛있네요!	好吃! Hǎo chī! 하오 츠
엄청나네요!	太好了! Tài hǎole! 타이 하오 러
경치가 좋네요!	景色真好! Jǐngsè zhēn hǎo! 찡써 쩐 하오
멋진 그림이네요!	真是张好画! Zhēnshi zhāng hǎo huà! 쩐스 짱 하오 화 * 张은 画를 수식하는 양사이다.

기본 인사

감정 표현

활술 표현

주제별 화제

사교

해외 여행

비즈니스

59

기쁨을 표현할 때

어머, 기뻐라!	**啊, 真高兴。** A, zhēn gāoxìng. 아, 쩐 까오씽
정말 너무 기뻐!	**真的很高兴。** Zhēnde hěn gāoxìng. 쩐더 헌 까오씽
그 얘길 들으니 기쁩니다.	**很高兴能听到这个消息。** Hěn gāoxìng néng tīngdào zhège xiāoxi. 헌 까오씽 넝 팅따오 쩌거 샤오시 **很高兴能听到你这么说。** Hěn gāoxìng néng tīngdào nǐ zhème shuō. 헌 까오씽 넝 팅따오 니 쩌머 수어
이보다 더 기쁠 수는 없어요.	**没有比这更让人高兴的了。** Méiyǒu bǐ zhè gèng ràng rén gāoxìng dele. 메이요우 비 쩌 껑 랑 런 까오씽 더러
즐거워!	**真高兴。** Zhēn gāoxìng. 쩐 까오씽 **很愉快。** Hěn yúkuài. 헌 위콰이
기분이 좋아.	**心情很好。** Xīnqíng hěnhǎo. 씬칭 헌하오

오늘은 기분이 좋아!	今天心情很好。 Jīntiān xīnqíng hěnhǎo. 찐티엔 씬칭 헌하오
기분이 최고야!	心情非常好! Xīnqíng fēicháng hǎo! 씬칭 페이창 하오
앗싸! / 좋아 죽겠어!	太好了! Tài hǎole! 타이 하오러
대박이 터졌어!	大获成功。 Dà huò chénggōng. 따 휘 청꿍
고마워라!	谢谢! Xièxie! 씨에씨에
운이 좋네!	运气真好。 Yùnqì zhēn hǎo. 윈치 쩐 하오
그저 운이 좋았어.	只是运气好。 Zhǐshì yùnqì hǎo. 쯔스 윈치 하오
꿈을 실현했어!	美梦成真了。 Měimèng chéng zhēnle. 메이멍 청 쩐러

기본 인사

감정 표현

활용 표현

주제별 화제

사교

해외 여행

비즈니스

61

그거 다행이군요.	那真幸运。 Nà zhēn xìngyùn. 나 쩐 씽윈
얼마나 다행스러운 이야기인가.	这真是太幸运了。 Zhè zhēnshì tài xìngyùn le. 쩌 쩐스 타이 씽윈 러
파티에 와 주시면 기쁘겠습니다.	如果您能来参加宴会, 我会非常高兴的。 Rúguǒ nín néng lái cānjiā yànhuì, wǒ huì fēicháng gāoxìng de. 루구워 닌 넝 라이 찬찌야 옌후이, 워 후이 페이창 까오씽 더
만나러 와 주셔서 기뻤습니다.	非常高兴您能来。 Fēicháng gāoxìng nín néng lái. 페이창 까오씽 닌 넝 라이
여기서 너를 만날 수 있다니 운이 좋아!	能在这里见到你, 真是幸运。 Néng zài zhèlǐ jiàn dào nǐ, zhēnshi xìngyùn. 넝 짜이 쩌리 찌엔 따오 니, 쩐 스 씽윈

걱정 · 실망

担心 · 失望
Dānxīn, Shīwàng
딴씬, 스왕

희로애락이라는 말처럼, 인생에 좋은 일만 있을 수는 없다. 좌절을 겪고 나면 당연하게 생각되던 일도 감사하게 느껴지는 법이다. 그리고 친구 사이에도 걱정을 나누면 우정이 깊어질 수가 있고 조언을 듣고 좋은 길을 찾을 수도 있다.

01 걱정할 때

어떡하면 좋을까?	怎么办才好? Zěnmebàn cái hǎo? 쩐머빤 차이 하오
심각한 일이 생겼어.	出大事了。 Chū dàshìle. 추 따스러
안색이 나쁘네.	你的脸色不好。 Nǐde liǎnsè bù hǎo. 니더 리엔써 부 하오
한숨도 못 잤어.	一会儿都没睡。 Yíhuìr dōu méi shuì. 이후이얼 떠오 메이 수이
무슨 일이 있었니?	发生什么事了吗? Fāshēng shénme shì le ma? 파성 선머 스 러 마

기본 인사

감정 표현

활술 표현

주제별 화제

사교

해외 여행

비즈니스

어디 몸이 안 좋니?	哪里不舒服吗? Nǎlǐ bù shūfu ma? 나리 부 수푸 마
마음이 무거워.	心情很沉重。 Xīnqíng hěn chénzhòng. 씬칭 헌 천쭝

02 실망했을 때

실망이야.	真失望。 Zhēn shīwàng. 쩐 스왕
어떻게 그런 말을!	怎么说这种话! Zěnme shuō zhèzhǒng huà! 쩐머 수워 쩌쫑 화
노력이 허사가 되었다.	努力白费了。 Nǔlì báifèi le. 누리 빠이페이 러
시간 낭비였어.	真是浪费时间。 Zhēnshì làngfèi shíjiān. 쩐스 랑페이 스찌엔
운이 안 좋아.	真倒霉。 Zhēn dǎoméi. 쩐 따오메이

또 시작이네.	又来了。 Yòuláile. 요우라이러
바보 같은 실수를 했어.	做了蠢事。 Zuòle chǔnshì. 쭈워러 춘스
안타까워요.	很可惜。 Hěn kěxī. 헌 커시
괜히 고생했어.	白辛苦了。 Bái xīnkǔle. 빠이 씬쿠러
그렇게나 분발했는데.	已经很努力了。 Yǐjing hěn nǔlile. 이징 헌 누리러
실망하지 마.	别失望。 Bié shīwàng. 비에 스왕
너 때문에 실망했어.	对你很失望。 Duì nǐ hěn shīwàng. 뚜이 니 헌 스왕
다시 기회가 있어.	还有机会。 Hái yǒu jīhuì. 하이 요우 지후이

기본 인사

감정 표현

회술 표현

주제별 회제

사교

해외 여행

비즈니스

포기할 때

포기했어.	放弃了。 Fàngqile. 팡치러
전망이 없어.	没有希望。 Méiyǒu xīwàng. 메이요우 시왕
어쩔 수 없어.	没有办法。 Méiyǒu bànfǎ. 메이요우 빤파
이제 항복이야.	现在服了。 Xiànzài fúle. 시엔짜이 푸러 * 항복은 중국어로 직접 번역하면 投降(tóuxiáng 터우 시양)인데 구어 체에서는 服(승복하다, 신복하다)가 많이 사용한다.
절망적이야.	真绝望。 Zhēn juéwàng. 쩐 쮀왕
없는 것보단 나아.	比没有好。 Bǐ méiyǒu hǎo. 비 메이요우 하오
그럴 운명이었어.	那是命。 Nà shì mìng. 나 스 밍

이제 끝난 일이야.	都结束了。 Dōu jiéshùle. 떠우 지에수러
그렇게 하는 것 말고 달리 길이 없어.	除此之外没有别的办法了。 Chúcǐzhīwài méiyǒu biéde bànfǎle. 추츠쯔와이 메이요 비에더 빤파러
이제 이 회사에 미련은 없어.	现在对这个公司没有什么留恋。 Xiànzài duì zhège gōngsī méiyǒu shénme liúliàn. 시엔짜이 뚜이 쩌거 꿍쓰 메이요우 선머 리우리엔
내가 상상한대로야.	和我想的一样。 Hé wǒ xiǎngde yíyàng. 허 워 시앙더 이양
거 봐, 내가 말한대로지.	看吧, 我都说了。 Kànba, wǒ dōu shuōle. 칸바, 워 떠우 수워러
당연한 결과야.	这是当然的结果。 Zhè shì dāngránde jiéguǒ. 쩌 스 땅란더 지에꾸워

기본 인사
감정 표현
회술 표현
주제별 회제
사교
헤외 요행
비즈니스

67

03 슬픔·위로

伤心·安慰
Shāngxīn, Ānwèi
상씬, 안웨이

걱정과 달리 슬픔은 대부분 참기 힘들고 감정과 몸으로 함께 표현된다. 단순히 말뿐이 아니라 눈물이나 오열, 화 등을 동반해서 표현하는 경우가 대부분이다. 슬픔을 받아들이거나 표출할 수 있는 시간이 필요하니 대화할 때 표현할 수 있는 기회를 주고 기다려 주자.

01 슬픔을 나타낼 때

슬퍼.	伤心。 Shāngxīn. 상씬
가슴이 찢어지는 아픔이었어.	心中撕裂的痛。 Xīnzhōng sīliède tòng. 씬쭝 쓰리에더 통
나는 쭉 슬픔에 잠겼어.	我很伤心。 Wǒ hěn shāngxīn. 워 헌 상씬
정말 상처받았어.	真伤了心。 Zhēn shāngle xīn. 쩐 상러 씬
울고 싶네요.	想哭。 Xiǎng kū. 시앙 쿠

내 마음은 아무도 몰라.	谁都不理解我。 Shuí dōu bù lǐjiě wǒ. 수이 떠우 부 리지에 워
너는 내 마음을 몰라.	你不理解我。 Nǐ bù lǐjiě wǒ. 니 부 리지에 워
얼마나 무정한가!	太无情了! Tài wúqíngle! 타이 우칭러
아무것도 하고 싶지 않아요.	什么事都不想做。 Shénmeshì dōu bùxiǎng zuò. 선머스 떠우 부시앙 쭈워
허무해.	一片空白。 Yípiàn kòngbái. 이피엔 콩빠이
슬픈 표정을 하고 있네.	表情很伤心。 Biǎoqíng hěn shāngxīn. 비아오칭 헌 시앙씬
비참해요.	真悲惨。 Zhēn bēicǎn. 쩐 뻬이찬
절망적인 기분이야.	很绝望。 Hěn juéwàng. 헌 쮀왕
네가 없어서 쓸쓸했어.	你不在,真冷清。 Nǐ búzài, zhēn lěngqīng. 니 뿌짜이, 쩐 렁칭

기본 인사

감정 표현

희로 표현

주제별 화제

사교

해외 여행

비즈니스

우울해. 일자리를 잃었어.	真郁闷，丢了工作。 Zhēn yùmèn, diūle gōngzuò. 쩐 위먼, 디우 꿍쭈워
오늘은 우울해.	今天很郁闷。 Jīntiān hěn yùmèn. 찐티엔 헌 위먼
왜 우울한 거야?	为什么郁闷? Wèishénme yùmèn? 웨이선머 위먼
비오는 날은 우울해져.	下雨的时候会郁闷。 Xiàyǔ deshíhou huì yùmèn. 쌰위 더스허우 후이 위먼
아무것도 할 의욕이 생기지 않아.	什么事都不想做。 Shénme shì dōu bùxiǎng zuò. 선머 스 떠우 부시앙 쭤
그렇게나 우울해 보이니?	我看起来那么郁闷吗? Wǒ kànqǐlái nàme yùmèn ma? 워 칸치라이 나머 위먼 마
여자 친구가 떠나갔어.	女朋友走了。 Nǚpéngyǒu zǒu le. 뉘펑요우 쪼우러

70

03 동정할 때

딱하기도 해라.	真惨啊。 Zhēn cǎn a. 쩐 찬 아
그거 안됐네요.	真不幸。 Zhēn búxìng. 쩐 부 씽
이야, 유감이군요.	哎呀, 挺遗憾的。 Āiyā, tǐng yíhàn de. 애야, 팅 이한 더
가엾어라!	真可怜! Zhēn kělián! 쩐 커리엔
운이 없었네요.	真不走运。 Zhēn bù zǒuyùn. 쩐 부 쪼우윈
정말 안타깝습니다.	真可惜。 Zhēn kěxī. 쩐 커시
정말 슬픈 일이군요.	真是让人伤心的事。 Zhēnshì ràngrén shāngxīn de shì. 쩐스 랑런 샹씬 더 스

자, 힘을 내세요.	加油。 Jiāyóu. 찌야 요우
걱정하지 말아요.	别担心。 Bié dānxīn. 비에 딴씬
유감이군. 하지만 힘을 내요.	是很遗憾, 但还是要加油。 Shì hěn yíhàn, dàn háishì yào jiāyóu. 스 헌 이한, 딴 하이스 야오 찌야요우
그런 일도 흔히 있는 겁니다.	那种事常有。 Nà zhǒng shì cháng yǒu. 나 쫑 스 창 요우
이 세상이 끝난 건 아니잖아요.	还不是世界末日嘛。 Hái búshì shìjiè mòrì ma. 하이 부스 스지에 모리 마
인생이란 그런 거예요.	人生就是这样。 Rénshēng jiùshì zhèyàng. 런성 찌우스 쩌양

분노·다툼

愤怒·争吵

Fènnù, Zhēngchǎo

펀누, 쩡차오

누구나 그렇듯 중국인들도 분노를 감추는 사람도, 그 자리에서 화를 표출하는 사람도 있다. 이렇듯 화를 낼 때는 太过分了!(너무해요!)라는 말을 자주 사용한다. 물론 지역에 따라 차이가 있기 때문에 분노를 표하는 표현도 다양하다. 자신이 화를 내지는 않더라도 알아들을 수는 있어야 한다.

01 화가 났을 때

너무해요!	**太过分了!** Tài guòfènle! 타이 꾸워퍼언러
너무 화가 나요.	**太气人了。** Tài qìrénle. 타이 치런러
변명하지 마.	**不要找借口。** Búyào zhǎo jièkǒu. 부야오 짜오 지에커우
어떤 변명도 듣고 싶지 않아.	**我不想听任何解释。** Wǒ bùxiǎng tīng rènhé jiěshì. 워 부시앙 팅 런허 지에스
너는 도대체 무슨 생각을 하는 거야?	**你到底怎么想的?** Nǐ dàodǐ zěnmexiǎngde? 니 따오디 쩐머시앙더

기본 인사
감정 표현
화술 표현
주제별 회화
사교
해외 여행
비즈니스

내게 명령하지 마!	别命令我! Bié mìnglìng wǒ! 비에 밍링 워
깔보지 마!	别瞧不起我! Bié qiáobuqǐ wǒ! 비에 치아오부치 워
더는 참을 수 없어.	忍无可忍。 Rěnwúkěrěn. 런우커런
나를 모욕하지 마.	别侮辱我。 Bié wǔrǔ wǒ. 비에 우루 워
참는 것도 한도가 있어요.	忍耐也是有限度的。 Rěnnài yěshì yǒu xiàndù de. 런나이 예스 요우 시엔두 더
그만 좀 해 줄래?	你还有完没完? Nǐ hái yǒuwánméiwán? 니 하이 요우완메이완
그건 정말 짜증 나.	这真气人。 Zhè zhēn qìrén. 쩌 쩐 치런
정말 뻔뻔하군!	真是恬不知耻! Zhēnshì tiánbùzhīchǐ! 쩐스 티엔부쯔츠

나를 화나게 하는군.	你是想气我吧。 Nǐ shì xiǎng qìwǒ ba. 니 스 시앙 치워 바
내가 말했잖아!	我说的吧! Wǒ shuōde ba! 워 수워더 바
내게 말 걸지 마!	别跟我说话! Bié gēnwǒ shuōhuà! 비에 껀워 수워화
그녀는 아주 무례해.	她非常不懂礼貌。 Tā fēicháng bùdǒnglǐmào. 타 페이창 부똥리마오
놔요!	放手! Fàngshǒu! 팡서우
입 다물어!	闭嘴! Bìzuǐ! 삐주이
만지지 마!	别碰我! Bié pèngwǒ! 비에 펑워
나가!	出去! Chūqù! 추취

기본 인사

감정 표현

화술 표현

주제별 화제

사교

해외 여행

비즈니스

비켜!	**让开!** Ràng kāi! 랑 카이
가까이 오지 마!	**别靠近我!** Bié kàojìn wǒ! 비에 카오찐 위
화났어요? / 삐졌어?	**生气了?** Shēngqìle? 성치러
나쁜 뜻은 없었어요.	**没有恶意。** Méiyǒu èyì. 메이요우 어이
그는 당신에게 화가 나 있어요.	**他生你的气呢。** Tā shēng nǐde qì ne. 타 성 니더 치 너
저 녀석은 신경을 거슬 리는 거 말하고 있어.	**那家伙在说些让人恼火 的事。** Nà jiāhuo zài shuōxiē ràngrén nǎohuǒ de shì. 나 짜훠 짜이 쉬시에 랑런 나오훠 더 스
너는 말을 함부로 하 는구나.	**你是瞎说的吧。** Nǐ shì xiāshuō de ba. 니 스 싸수워 더 바
형편없는 영화네!	**这部电影真没意思!** Zhè bù diànyǐng zhēn méiyìsi! 쩌 부 띠엔잉 쩐 메이이쓰 * 部가 电影의 양사로 사용한다.

쓸데없는 소리하지 마.	别尽说些没用的。 Bié jìn shuōxiē méiyòngde. 비에 찐 수워씨에 메이용더
나를 모욕할 셈이냐?	你这算是在侮辱我吗? Nǐ zhè suànshì zài wǔrǔ wǒ ma? 니 쩌 쑤완스 짜이 우루 워 마

02 싸울 때 표현

뻥치고 있네!	别瞎说! Bié xiāshuō! 비에 샤수워 * 别瞎说!는 직역하면 '말을 함부로 하지 말라'는 뜻인데 싸울 때 많이 사용한다.
농담은 그만둬라!	别开玩笑了! Bié kāiwánxiàole! 비에 카이완샤오러
아무것도 모르는 주제에!	你什么都不知道! Nǐ shénmedōu bùzhīdào! 니 선머떠우 부쯔따오
너 미쳤구나.	你真是疯了。 Nǐ zhēnshi fēngle. 니 쩐스 펑러

기본 인사

감정 표현

회식 표현

주제별 화제

사교

해외 여행

비즈니스

트집 잡지 마.	别找茬儿。 Bié zhǎochár. 비에 짜오차얼
바보 같은 짓은 그만둬!	别干蠢事。 Bié gàn chǔnshì. 비에 깐 춘스
까불지 마!	别闹了。 Bié nàole. 비에 나오 러
시치미 떼지 마!	别装蒜。 Bié zhuāngsuàn. 비에 쭈왕쑤완
폭력은 안돼!	不能使用暴力! Bùnéng shǐyòng bàolì! 부넝 스용 빠오리
그건 오해입니다.	那是误会。 Nà shì wùhuì. 나 스 우후이
억지 논리 말하지 마!	别强词夺理! Bié qiǎngcíduólǐ! 비에 챵츠뚸리
이런 형편없는 놈!	你真太不像话了! Nǐ zhēn tàibúxiànghuàle! 니 쩐 타이부시앙화러

* 놈은 직역하면 家伙(Jiāhuo 찌야훠)라 하는데 여기서는 쓰지 않다.

03   욕설 표현

겁쟁이!	**胆小鬼!** Dǎnxiǎoguǐ! 딴샤오꾸이
구두쇠!	**小气鬼!** Xiǎoqìguǐ! 샤오치꾸이
이런 바보!	**笨蛋!** Bèndàn! 뺀딴 * 애인이나 친구 사이에 애정 어린 장난으로도 할 수 있는 말.
이런 나쁜 녀석!	**坏蛋!** Huàidàn! 화이딴 * 애인 사이에 애정 어린 장난으로도 할 수 있는 말.
이 녀석!	**这家伙!** Zhè jiāhuo! 쩌 찌야휘
교활한 녀석!	**滑头!** Huátóu! 화터우
은혜도 모르는 녀석!	**不知感恩的家伙!** Bùzhī gǎn'ēn de jiāhuo! 부쯔 깐언 더 찌야휘

기본 인사

감정 표현

회술 표현

주제별 화제

사교

해외 여행

비즈니스

79

이런 저질스런 녀석!	这种低俗的家伙！ Zhè zhǒng dīsú de jiāhuo! 쩌 쫑 디쑤 더 찌아훠

04 짜증내는 말

너는 도움이 안돼.	你帮不上忙。 Nǐ bāngbúshàng máng. 니 빵부상 망
돌아버리겠어.	要疯了。 Yào fēngle. 야오 펑러
단지 그거뿐이야?	就这样? Jiù zhèyàng? 찌우 쩌양
부족해.	不够。 Búgòu. 부거우
그는 내게 불공평해.	他对我不公平。 Tā duìwǒ bù gōngpíng. 타 뚜이워 부 꿍핑
지루해.	真无聊。 Zhēn wúliáo. 쩐 우리아오

시시해.	**真没劲。** Zhēn méijìn. 전 메이찐
형편없어.	**真不像话。** Zhēn búxiànghuà. 전 부샹화
보잘것없어.	**不怎么样。** Bùzěmeyàng. 부쩌머양
관심 없어.	**不感兴趣。** Bù gǎnxìngqù. 부 깐씽취
뻔한 일이야.	**这是明摆着的事。** Zhè shì míngbǎizhe de shì. 쩌 스 밍빠이쩌 더 스
너무 바빠.	**太忙了。** Tài mángle. 타이 망러
이 일은 너무 힘겨워.	**这件事太费劲了。** Zhè jiàn shì tài fèijìngle. 쩌 찌엔 스 타이 페이찡러
이제 더 이상 견딜 수 없어.	**已经吃不消了。** Yǐjīng chībuxiāole. 이찡 츠부샤오러

기본 인사

감정 표현

외출 표현

주제별 화제

사교

해외 여행

비즈니스

네 말은 납득이 안 돼.

你的话没有说服力。
Nǐdehuà méiyǒu shuōfúlì.
니더화 메이요우 수워푸리

오늘 그는 시비조야.

今天他是故意找茬。
Jīntiān tā shì gùyì zhǎochá.
찐티엔 타 스 구이 짜오차

이 얼마나 돈과 시간의 낭비야.

浪费了多少金钱和时间啊。
Làngfèile duōshǎo jīnqián hé shíjiān a.
랑페이러 두워사오 찐치엔 허 스찌엔 아

쓸데없는 짓하지 마.

别尽干些没用的。
Bié jìn gànxiē méiyòng de.
비에 찐 깐씨에 메이 용 더

왜 이렇게나 시간이 걸리냐?

怎么花那么长时间?
Zěnme huā nàmecháng shíjiān?
전머 화 나머창 스찌엔

10분으로 맞추는 것은 무리야.

10分钟不太可能。
Shífēnzhōng bútàikěnéng.
스퍼언쫑 부타이커넝

그는 나를 우습게 봐.

他小看我。
Tā xiǎokàn wǒ.
타 샤오칸 워

흔한 모임이었어.

很一般的聚会。
Hěn yìbān de jùhuì.
헌 이빤 더 쥐후이

Unit 05 진정·화해

镇静·和好
Zhènjìng, Héhǎo
전찡, 히하오

인간관계에서 화나는 일은 많지만 그래도 집단 내에선 싫어도 관계를 이어나가야 한다. 화날 때는 혼자 삭히고 나중에 냉정해졌을 때 차분히 따지고 화해하는 것이 바람직하다.

01 진정시킬 때

진정해요.	冷静点。 Lěngjìng diǎn. 렁찡 띠엔
너무 화내지 마.	别太生气了。 Bié tài shēngqìle. 비에 타이 성치러
그만 좀 해.	够了吧。 Gòule ba. 거우러 바
그만하면 됐잖아.	到此为止吧。 Dàocǐwéizhǐ ba. 따오츠웨이쯔 바
그런 일로 화낼 거 없어.	别为这种事生气。 Bié wèi zhèzhǒngshì shēngqì. 비에 웨이 쩌쫑스 성치
흥분하지 마.	别激动。 Bié jīdòng. 비에 지똥

| 이 정도는 다행이지 뭐. | 这已经够幸运的了。
Zhè yǐjing gòu xìngyùn dele.
쩌 이찡 거우 씽윈 더러 |

02 화해하기

화해는 할 수 없니?	不能和好吗？ Bùnéng héhǎo ma? 부넝 허하오 마
화해하거라.	和好吧。 Héhǎo ba. 허하오 바
우리 화해합시다.	我们和好吧。 Wǒmen héhǎo ba. 워먼 허하오 바
악의는 없었어.	没有恶意。 Méiyǒu èyì. 메이요우 어이
내가 졌어.	我输了。 Wǒ shūle. 워 수러
없던 일로 하자.	当作没发生过吧。 Dàngzuò méifāshēngguò ba. 땅쭤 메이파성꿔 바

사이 좋게 지내거라.	好好相处。 Hǎohāo xiāngchǔ. 하오하오 샹추

03 후회하는 말

아차! 잊어버렸어.	哎呀, 我忘了。 Āiyā, wǒ wàngle. 아이야, 워 왕러
쳇, 집에 두고 왔어.	哎呀, 我忘在家里了。 Āiyā, wǒ wàng zài jiālǐle. 아이야, 워 왕 짜이 찌아리러
제길! 전철을 놓쳤어.	真是的, 没赶上地铁。 Zhēnshì de, méigǎnshàng dìtiě. 쩐스 더, 메이깐상 디티에
좀더 서둘렀으면 탈 수 있었는데.	再快一点儿的话, 本来能赶上的。 Zài kuài yìdiǎnr dehuà, běnlái néng gǎnshàng de. 짜이 콰이 이띠엔얼 더화, 뻔라이 넝 깐상 더
소용없게 되었어.	白忙了。 Bái mángle. 빠이 망러

06 놀람·난처할 때

惊讶·为难
Jīngyà, Wéinán
찡야, 웨이난

놀랐을 때 가장 많이 쓰는 표현은 吓我一跳이다. 길을 건널 때나 좁은 골목을 지날 때 미처 차를 보지 못해 놀랐을 때 자주 사용하는 표현이다. 또한 당혹스럽거나 난처한 상황에 처하면 怎么办?(zěnmebàn 어떡하지?)을 자주 사용한다.

01 놀랄 때

그거 놀랍네!	**真让人吃惊！** Zhēn ràng rén chījīng! 쩐 랑 런 츠찡
저런 세상에!	**哎哟，天哪！** Āiyo, tiān na! 아이요, 티엔 나
깜짝이야!	**吓我一跳！** Xià wǒ yí tiào! 쌰 워 이 티아오
아이, 깜짝이야!	**啊！吓我一跳！** A! Xià wǒ yí tiào! 아! 쌰 워 이 티아오
너 때문에 놀랐잖아!	**被你吓到了！** Bèi nǐ xiàdàole! 뻬이 니 쌰따오러

놀라게 하지 마.	**别吓我。** Bié xià wǒ. 비에 쌰 워
믿을 수 없어!	**无法相信!** Wúfǎ xiāngxìn! 우 파 시앙씬
충격이다!	**真受打击!** Zhēn shòu dǎjī! 쩐 서우 다지
정말 충격이야!	**真让人受打击!** Zhēn ràng rén shòu dǎjī! 쩐 랑 런 서우 다지
앗차!	**哎呀!** Āiyā! 아이야
그럴 리가 없어!	**不可能!** Bùkěnéng! 부커넝
어머나, 어머나!	**哎哟, 哎哟!** Āiyo, āiyo! 아이요, 아이요
아니, 어떻게 아는 거야?	**哎? 你怎么知道的?** Āi? Nǐ zěnme zhīdào de? 아이? 니 쩐머 쯔따오 더

그거 이상한데.	真奇怪。 Zhēn qíguài. 쩐 치꽈이
설마 농담이지?	开玩笑的吧? Kāiwánxiào deba? 카이완샤오 더바
정말이야?	真的? Zhēnde? 쩐더

02   무서울 때

소름이 끼쳤어.	都起鸡皮疙瘩了。 Dōu qǐjīpígēdale. 떠우 치지피거다러
간담이 서늘했어.	胆战心惊的。 Dǎnzhànxīnjīng de. 딴짠씬찡 더
무서워요.	吓人。 Xiàrén. 쌰런
기겁을 했어.	受到了惊吓。 Shòudàole jīngxià. 서우따오러 찡쌰

죽는 줄 알았어.	吓死了。 Xià sǐle. 쌰 쓰러 * 한국어 문장에서는 '무섭다'가 직접적으로 나타나지 않지만 중국어로 표현할 때는 吓(놀라다)가 있어야 한다.
머리칼이 곤두설 지경이었어.	寒毛直竖。 Hánmáo zhí shù. 한마오 쯔 수 * 한국어는 '머리칼'로 표현하지만 중국어는 寒毛(솜털)로 표현한다.

03 난처할 때

어떡하지?	怎么办? Zěnmebàn? 쩐머빤
어떡하면 좋을까?	怎么办才好呢? Zěnmebàn cái hǎo ne? 쩐머빤 차이 하오 너
이거 난처하군.	这真让人为难。 Zhè zhēn ràng rén wéinán. 쩌 쩐 랑 런 웨이난
난처한 것 같군.	好像挺为难的。 Hǎoxiàng tǐng wéinán de. 하오시앙 팅 웨이난 더

기본 인사

감정 표현

화술 표현

주제별 화제

사교

해외 여행

비즈니스

89

| 그게 어려운 점이군. | 那确实是让人为难的地方。
Nà quèshí shì ràng rén wéinán de dìfang.
나 췌스 스 랑 런 웨이난 더 디팡 |
| 뭐라고 말씀 드려야
좋을지 모르겠습니다. | 不知道该怎么跟您说。
Bùzhīdào gāi zěnme gēn nín shuō.
부쯔따오 까이 쩐머 껀 닌 수워 |

04 부끄러울 때

부끄럽군!	真丢人! Zhēn diūrén! 쩐 디우런
	不好意思了! Bùhǎoyìsile! 부하오이스러
부끄러워하지 말아요.	别不好意思。 Bié bùhǎoyìsi. 비에 부하오이쓰
창피하게 하지 마!	别让我丢人了! Bié ràng wǒ diūrénle! 비에 랑 워 디우런러

부끄러운 줄 알아!

要知道羞耻!
Yào zhīdào xiūchǐ!
야오 쯔따오 씨우츠

* 부도덕한 짓을 한 사람에게 꾸짖는 말.

내가 생각해도 부끄럽다.

我想想都觉得挺丢人的。
Wǒ xiǎngxiang dōu juéde tǐng diūrén de.
워 샹샹 또우 쮀더 팅 디우런 더

너 얼굴이 새빨개졌어.

你脸红了。
Nǐ liǎnhóngle.
니 리엔훙러

놀리지 마.

别拿我开玩笑。
Bié ná wǒ kāiwánxiào.
비에 나 워 카이완샤오

부끄러워 말고 속마음을 털어놔 봐.

别不好意思, 把心里话都说出来吧。
Bié bùhǎoyìsi, bǎ xīnlǐhuà dōu shuōchūlái ba.
비에 부하오이쓰, 바 씬리화 떠우 수워추라이 바

부끄러워할 거 없어.

没什么不好意思的。
Méishénme bùhǎoyìsi de.
메이션머 부하오이쓰 더

부끄럽다고 생각하지 않아?

不觉得丢人吗?
Bù juéde diūrén ma?
부 쮀더 디우런 마

쥐구멍에라도 들어가고 싶네.

真想钻进老鼠洞里去。
Zhēn xiǎng zuānjìn lǎoshǔdòng lǐ qù.
쩐 시앙 쭈완찐 라오수똥 리 취

91

사라져 버리고 싶어.	真想人间蒸发。 Zhēn xiǎng rénjiān zhēngfā. 쩐 시앙 런찌엔 쩡파
술을 많이 마셔서 아 무 기억도 안 나.	酒喝多了, 什么都不记得了。 Jiǔ hēduōle, shénme dōu bú jìdele. 찌우 허두워러, 션머 두워 부 지더러

05 후회, 아쉬움 표현

저런 말은 하지 않았 으면 좋았을걸.	如果没说那样的话就好了。 Rúguǒ méi shuō nàyàngdehuà jiùhǎole. 루구워 메이 수워 나양더화 찌우하오러
그런 짓을 하다니 나 도 경솔했어.	那么做, 我也是太草率了。 Nàme zuò, wǒ yěshì tài cǎoshuàile. 나머 쭈워, 위 예스 타이 차오수와이러
바보 같은 짓을 하고 말았어.	我还是干了蠢事。 Wǒ háishì gànle chǔnshì. 위 하이스 깐러 춘스
내가 한 일을 후회하 고 있어.	我后悔自己做的事。 Wǒ hòuhuǐ zìjǐ zuòdeshì. 위 허우후이 쯔지 쭈워더스
더 공부했으면 좋았 을걸.	要是多学点就好了。 Yàoshi duō xué diǎn jiùhǎole. 야오스 두워 쉐 띠엔 찌우하오러

다른 방법이 없었어.	**当时没别的办法。**
	Dāngshí méi biéde bànfǎ.
	땅스 메이 비에더 빤파
	* 한국어 문장에는 '당시'라는 표현이 없지만 중국어로 표현할 때는 보통 当时(당시)나 那时(nà shí, 그때)를 사용한다.
후회하지 말아요.	**别后悔。**
	Bié hòuhuǐ.
	비에 허우후이

왕초보 실생활 **중국어회화 + 기본패턴**

PART
03

· · · · · ·

화술 표현

说话艺术

Shuōhuà yìshù
수위화 이수

화술의 근본은 상대방을 나의 의도대로 설득
시키는 작업이다. 그러기 위해서는 상대의
재미없는 얘기도 잘 들어줘야 하기고 하고
사교적 매너를 익히는 과정이기도 하다. 또
상대의 논리를 논박해야 할 경우도 있으므로
대화를 펼치다 보면 그 사람의 지적, 인격적
수준이 드러나게 마련이다.

01 칭찬하기

称赞
Chēngzàn
칭찬

칭찬은 고래도 춤추게 한다는 말처럼, 칭찬을 들으면 누구나 기분이 좋아진다. 그러나 칭찬을 많이 하는 것보다는 확실하게 하는 것이 중요하다. 특히 만난 지 얼마 안 되는 사람을 칭찬할 때는 포인트를 잘 찾아서 납득할 수 있는, 진심 이 담긴 칭찬을 해야만 상대가 호감을 갖게 된다.

01 성과 칭찬하기

훌륭합니다!	了不起! Liǎobuqǐ! 리아오부치
잘했어요!	做得很好! Zuòde hěnhǎo! 쭈워더 헌하오
대단하군!	真厉害! Zhēn lìhai! 쩐 리하이
잘 어울려요.	很合适。 Hěn héshi. 헌 허스
옷을 잘 입는군.	很会穿衣服。 Hěn huì chuānyīfu. 헌 후이 추완이푸

그에게 박수를 보냅시다.	给他鼓鼓掌。 Gěi tā gǔgǔzhǎng. 게이 타 구구짱
용케 해냈군!	成功了呢! Chénggōngle ne! 청꿍러 너
네가 자랑스러워.	以你为豪。 Yǐ nǐ wéi háo. 이 니 웨이 하오
믿음직하네.	值得信赖。 Zhídé xìnlài. 쯔더 씬라이
귀여운 따님이네요.	女儿真可爱。 Nǚ'ér zhēn kě'ài. 뉘얼 쩐 커아이
좋은 시계를 차고 있네요.	您戴的表很好。 Nín dàide biǎo hěnhǎo. 닌 따이더 비아오 헌하오

02 격려하기

| 힘내라구! / 파이팅! | 加油!
Jiāyóu!
찌야요우 |

낙심하지 말고 힘내!	别气馁, 加油! Bié qìněi, jiāyóu! 비에 치네이, 찌야요우
행운을 빌고 있어.	在为你祈求好运。 Zài wèi nǐ qíqiú hǎoyùn. 짜이 웨이 니 치치우 하오윈
운에 맡기고 해 봐!	听从命运的安排吧! Tīngcóng mìngyùn de ānpái ba! 팅총 밍윈 더 안파이 바
포기하면 안돼!	不能放弃! Bùnéng fàngqì! 부넝 팡치
거의 다 왔어.	马上就到了。 Mǎshàng jiù dàole. 마샹 찌우 따오러
해 봐야 해!	一定要试试! Yídìng yào shìshi! 이띵 야오 스스
넌 할 수 있어!	你可以的! Nǐ kěyǐ de! 니 커이 더
분명히 잘 될 거야.	一定会有好结果的。 Yídìng huì yǒu hǎo jiéguǒ de. 이띵 후이 요우 하오 지에구워 더

기회는 있어!	有机会! Yǒu jīhuì! 요우 지후이
	机会是有的! Jīhuì shì yǒude! 지후이 스 요우더
계속 도전해 봐야 해.	要一直挑战。 Yào yìzhí tiǎozhàn. 야오 이쯔 티아오짠
마음을 강하게 먹어.	下定决心。 Xiàdìng juéxīn. 싸띵줴씬
자신을 가져!	要有自信! Yào yǒu zìxìn! 야오 요우 쯔씬
바로 그런 기세야!	就要有这样的干劲! Jiù yào yǒu zhèyàng de gànjìn! 찌우 야오 요우 쩌양 더 깐찡 * 잘하고 있을 때 하는 말.

기본 인사

감정 표현

회화 표현

주제별 회제

사교

해외 여행

비즈니스

어떻게 그렇게 영어를 잘하세요?	英语怎么说得这么好? Yīngyǔ zěnme shuōde zhème hǎo? 잉위 쩐머 수워더 쩌머 하오
대단하네!	真厉害! Zhēn lìhai! 쩐 리하이
뛰어나군!	了不起! Liǎobuqǐ! 리아오부치
만물박사시군요.	您真是博学多才。 Nín zhēnshi bóxuéduōcái. 닌 쩐스 보쒜두워차이
기억력이 좋으시네요.	您的记忆力真好。 Nín de jìyìlì zhēnhǎo. 닌 더 지이리 쩐하오

멋져!	真帅气! Zhēn shuàiqi! 쩐 수와이치

나이에 비해 젊어 보이세요.	看起来比实际年龄小。 Kànqǐlái bǐ shíjì niánlíng xiǎo. 칸치라이 비 스지 니엔링 샤오
탤런트 같으세요.	像演员。 Xiàng yǎnyuán. 시앙 옌위엔
몸매가 날씬하시네요.	您真苗条。 Nín zhēn miáotiáo. 닌 쩐 미아오티아오
멋진 헤어스타일이네.	发型很帅气。 Fàxíng hěn shuàiqi. 파씽 헌 수와이치
당신에게 아주 잘 어울려요.	很适合您。 Hěn shìhé nín. 헌 스허 닌
옷에 대한 센스가 좋으세요.	很会穿衣服。 Hěn huì chuānyīfu. 헌 후이 추완이푸

05 소유물을 칭찬할 때

| 헤어스타일이 멋져요. | 发型很帅气。
Fàxíng hěn shuàiqi.
파씽 헌 수와이치 |

저택이 굉장하군요!	您的房子真大! Nín de fángzi zhēn dà! 닌 더 팡쯔 쩐 따
셔츠가 멋지네요.	衬衫很漂亮。 Chènshān hěn piàoliang. 천산 헌 피아오리앙
훌륭합니다!	真了不起! Zhēn liǎobuqǐ! 쩐 리아오부치
그거 정말 좋은데요.	那真的很好。 Nà zhēnde hěn hǎo. 나 쩐더 헌 하오
정말 근사한데요.	真漂亮。 Zhēn piàoliang. 쩐 피아오리앙
어디에서 이런 근사한 가구를 구하셨나요?	在哪里买的这么漂亮的 家具? Zài nǎlǐ mǎide zhème piàoliang de jiājù? 짜이 나리 마이더 쩌머 피아오리앙 더 찌아쥐

06 칭찬에 대한 응답

칭찬해 주시니 감사합니다.	**谢谢您的夸奖。** Xièxie nínde kuājiǎng. 씨에씨에 닌더 쿠아찌앙
분에 넘치는 과찬이십니다.	**过奖了。** Guòjiǎngle. 꾸워찌앙러
아니요, 천만에 말씀이십니다.	**哪里哪里。** Nǎlǐ nǎlǐ. 나리 나리
당신 덕분입니다.	**托您的福。** Tuō nínde fú. 투워 닌더 푸
아, 정말입니까? 기뻐요!	**啊，是吗? 谢谢!** A, shì ma? Xièxie! 아, 스 마 씨에씨에 * '기쁘다'를 직역하면 高兴(Gāoxìng 까오씽)이 되는데 이 문장에서는 谢谢로 표현하면 충분하다.
너무 비행기 태우지 마세요.	**别给我戴高帽子了。** Bié gěi wǒ dài gāomàozile. 비에 게이 워 따이 까오마오쯔러

기본 인사

감정 표현

화술 표현

주제별 화제

사교

해외 여행

비즈니스

비난

谴责
Qiǎnzé
챙쩌

어떤 일에 대해서 기대했던 바가 이루어지지 않았을 때 그 결과를 다른 사람의
책임으로 돌려서 원망하거나 비난하는 경우가 많다. 이처럼 누군가의 비난에
반응할 때 무작정 흥분하기보다 자신의 입장을 차분하고 단호하게 표현하는
것이 효과적이다.

01 비난할 때

까불지 마!	**别闹了!** Biénàole! 비에나오러
그거 취소해.	**把那个取消掉。** Bǎ nàge qǔxiāo diào. 바 나거 취샤오 따아오
창피한 줄 아세요.	**要知道羞耻。** Yào zhīdào xiūchǐ. 야오 쯔따오 씨우츠
거짓말은 이제 듣고 싶지 않아.	**不想再听谎话了。** Bùxiǎng zài tīng huǎnghuàle. 부시앙 짜이 팅 황화러
속임수야.	**你在骗人。** Nǐ zài piàn rén. 니 짜이 피엔 런

시치미 떼지 마!	别装模作样! Bié zhuāngmúzuòyàng! 비에 쭈왕무쭈위양
날 속인 거지?	骗我的吧? Piàn wǒ deba? 피엔 워 더바

02 / 말을 제지할 때

이제 못 참겠다.	忍无可忍了。 Rěnwúkěrěnle. 런우커런러
이제 됐어.	够了。 Gòule. 거우러
들으면 들을수록 진저리난다.	越听越烦。 Yuè tīng yuè fán. 웨 팅 웨 판
아, 지긋지긋해.	啊, 受够了。 A, shòugòule. 아, 수워거우러
이번엔 뭐야?	这次怎么啦? Zhècì zěnme la? 쩌츠 쩐머라

기본 인사

감정 표현

회술 표현

주제별 회제

사교

해외 여행

비즈니스

105

닥쳐!	**闭嘴!** Bìzuǐ! 삐주이
듣고 싶지 않아.	**不想听。** Bùxiǎng tīng. 부시앙 팅
이러쿵저러쿵 말참견 하지 마.	**别这个那个地乱插嘴。** Bié zhègenàgede luàn chāzuǐ. 비에 쩌거나거더 루완 차주이
큰소리 지르지 마.	**小点儿声说话。** Xiǎodiǎnr shēng shuōhuà. 샤오띠엔얼 셩 수워화
	别这么大声。 Bié zhème dàshēng. 비에 쩌머 따셩
투덜대지 마.	**别发牢骚。** Bié fāláosāo. 비에 파라오싸오
좀 얌전히 있어.	**老老实实呆着。** Lǎolaoshíshí dāizhe. 라오라오스스 따이쩌

03 비난에 반응할 때

나를 끌어들이지 마.	别把我扯进来。 Bié bǎ wǒ chějinlái. 비에 바 워 처찐라이
내게 화풀이하지 말아요.	别拿我出气。 Bié náwǒchūqì. 비에 나워추치
왜 나를 헐뜯어?	为什么指责我? Wèishénme zhǐzé wǒ? 웨이션머 쯔쩌 워
너, 정신이 어떻게 된 거 아냐?	你,是不是有毛病? Nǐ, shibushì yǒumáobìng? 니, 스부스 요마오삥
너는 항상 내 트집을 잡아.	你总是找我的茬儿。 Nǐ zǒngshì zhǎowǒdechár. 니 쫑스 짜오워더차얼
내 욕하지 마!	别骂我! Bié mà wǒ! 비에 마 워
끼어들지 마!	别插嘴! Bié chāzuǐ! 비에 차주이

기본 인사

감정 표현

화술 표현

주제별 화제

사교

해외 여행

비즈니스

말대답하지 마.	别顶嘴。 Bié dǐngzuǐ. 비에 띵쭈이
잘 생각하고 행동해라.	想好了再做。 Xiǎnghǎole zàizuò. 시앙하오러 짜이쭈워
그런 식으로 말하지 마.	别那样说话。 Bié nàyàng shuōhuà. 비에 나양 수워화
핑계는 그만해!	别找理由了! Bié zhǎo lǐyóule! 비에 짜오 리요우러
조심해!	小心点儿! Xiǎoxīndiǎnr! 샤오씬띠엔얼
지레짐작하지 마.	别听着风就是雨。 Bié tīngzhefēng jiùshìyǔ. 비에 팅쩌펑 찌우스위
멋대로 말하지 마.	别随便乱说话。 Bié suíbiàn luàn shuōhuà. 비에 쒜삐엔 루안 쉬화
너는 태도가 나빠.	你态度不好。 Nǐ tàidu bùhǎo. 니 타이두 부하오

조용히 해라.	安静点儿。 Ānjìng diǎnr. 안찡 띠엔얼
바보 같은 짓은 그만둬.	别干蠢事。 Bié gàn chǔnshì. 비에 깐 춘스
나이를 생각해라.	想想自己多大了。 Xiǎngxiang zìjǐ duōdàle. 시앙시앙 쯔지 두워따러
네 생각은 너무 낙관적이야.	你太乐观了。 Nǐ tài lèguānle. 니 타이 러꽈안러
부끄럽지 않니?	不害羞吗? Bú hàixiū ma? 부 하이씨우 마
내 입장이 되어 생각해 봐라.	站在我的立场上想想吧。 Zhànzài wǒde lìchǎngshàng xiǎngxiang ba. 짠짜이 워더 리창상 시앙시앙 바
장소를 분별해라.	什么场合说什么话。 Shénme chǎnghé shuō shénme huà. 선머 창허 수워 썬머 화
내 탓으로 돌리지 마.	别怪到我头上。 Bié guàidào wǒtóushàng. 비에 꽈이따오 워터우상

기본 인사

감정 표현

회화 표현

주제별 화제

사교

해외 여행

비즈니스

109

Unit 03 충고

忠告
Zhōnggào
쫑까오

충고는 비난과 달리 상대방에게 도움을 주고자 하는 얘기이지만 듣는 이의 입장을 충분히 고려하는 신중함이 필요하다. 머리로는 이해한다 해도 마음이 상하면 그것이 아무리 좋은 충고라 해도 받아들이기가 힘들어진다. 그러므로 충고의 효과를 예측해 보고 장소, 상황 선택에도 신경을 써야 한다.

01 충고할 때

잘 생각해서 결심해라.	想好后再作决定。 Xiǎnghǎohòu zài zuò juédìng. 시앙하오허우 짜이 쭈워 줴띵
냉정하게 잘 생각해라.	冷静下来好好想想。 Lěngjìng xiàlái hǎohāo xiǎngxiang. 렁찡 쌰라이 하오하오 시앙시앙
그게 가장 중요한 점이야.	那是最重要的。 Nà shì zuì zhòngyào de. 나 스 주이 쫑야오 더
자기 분수를 알아라.	量力而行。 Liàngliérxíng. 리앙리얼씽
네게 바라는 것은 조금 더 노력하는 것이다.	我所希望的只是要你再努力一点。 Wǒ suǒ xīwàngde zhǐshì yào nǐ zài nǔlì yìdiǎn. 위 수워 시왕더 쯔스 야오 니 짜이 누리 이띠엔

110

좀 더 노력을 해야 해.	要再努力一点。 Yào zài nǔlì yìdiǎn. 야오 짜이 누리 이띠엔
자존심을 가져라.	要有自尊心。 Yào yǒu zìzūnxīn. 야오 요우 쯔쭌씬
좀 더 적극적이길 바란다.	希望你能再积极一点。 Xīwàng nǐ néng zài jījí yìdiǎn. 시왕 니 넝 짜이 지지 이띠엔
그렇게 말하긴 쉬운 일이지.	那样说起来是简单。 Nàyàng shuōqǐlái shì jiǎndān. 나양 쉬치라이 스 찌엔딴
투덜거릴 이유는 없어.	没有发牢骚的理由。 Méiyǒu fāláosāo de lǐyóu. 메이요우 파라오싸오 더 리요우
웃음이 없으면 행복해질 수 없어.	失去了笑容就不会幸福。 Shīqùle xiàoróng jiù bú huì xìngfú. 스취러 샤오롱 찌우 부 후이 씽푸
매일 반성이 필요하다.	需要每天反省。 Xūyào měitiān fǎnxǐng. 쉬야오 메이티엔 판씽
불평할 시간이 있으면 분발해라.	有埋怨的时间不如去努力。 Yǒu mányuàn de shíjiān bùrú qù nǔlì. 요우 만위엔 더 스찌엔 부루 취 누리

기본 인사

감정 표현

화술 표현

주제별 회제

사교

해외 여행

비즈니스

111

우밍, 그녀에게 사과 해라.	吴明, 去向她道歉。 Wúmíng, qù xiàngtā dàoqiàn. 우밍, 취 시앙타 따오치엔
우밍, 내 말을 들어라.	吴明, 听我的。 Wúmíng, tīng wǒ de. 우밍, 팅 워 더
위험해! 장난은 안 돼.	危险! 别闹。 Wēixiǎn! Bié nào. 웨이시엔 비에 나오
스스로 해라.	自己做。 Zìjǐ zuò. 쯔지 쭈워
도중에 포기하지 마.	别半途而废。 Bié bàntú'érfèi. 비에 빤투얼페이
그걸 하는 게 네 의 무야.	那是你的义务。 Nà shì nǐ de yìwù. 나 스 니 더 이우
이건 내가 경험에서 말하는 거야.	这是我的经验之谈。 Zhè shì wǒ de jīngyànzhītán. 쩌 스 워 더 찡옌쯔탄
잘 기억해 둬라.	好好记着。 Hǎohāo jìzhe. 하오하오 지쩌

생각해 보거라.	想想吧。 Xiǎngxiang ba. 시앙시앙 바
무리하지 마라.	别勉强。 Bié miǎnqiáng. 비에 미엔치앙
성급하게 굴지 마.	慢慢来。 Mànmānlái. 만만라이
서두를 필요는 없어.	不着急。 Bù zháojí. 부 짜오지
내 얘기가 도움이 되면 좋겠는데 말야.	我说的能帮上忙就太好了。 Wǒshuōde néng bāngshàngmáng jiù tài hǎole. 워수워더 넝 빵상망 찌우 타이 하오러
주의하는 것이 좋겠어요!	希望以后注意一点。 Xīwàng yǐhòu zhùyì yìdiǎn. 시왕 이허우 쭈이 이띠엔
그러면 안 돼요.	那样不行。 Nàyàng bùxíng. 나양 부씽
쓸데없는 짓 말아요.	别尽干些没用的。 Bié jìn gànxiē méiyòngde. 비에 찐 깐 씨에 메이용더

기본 인사
감정 표현
화술 표현
주제별 화제
사교
해외 여행
비즈니스

나쁜 친구들과 사귀지 마라.	**别交不好的朋友。** Bié jiāo bùhǎode péngyǒu. 비에 찌아오 부하오더 펑요우
그에게 너무 심하게 대하지 말아요.	**别对他太过分了。** Bié duì tā tài guòfènle. 비에 뚜이 타 타이 꾸워펀러

03 지시할 때

그건 이렇게 하세요.	**那个这样做。** Nàge zhèyàng zuò. 나거 쩌양 쭈워
무슨 일이 있어도 그건 해야 해.	**不管怎么样那个都要做。** Bùguǎnzěnmeyàng nàge dōu yào zuò. 부꽈안쩐머양 나거 떠우 야오 쭈워
여섯 시까지 꼭 와야 해!	**6点前一定要来。** Liùdiǎnqián yídìng yào lái. 리우띠엔치엔 이띵 야오 라이
무슨 일이든 말씀하십시오.	**有什么事尽管说。** Yǒu shénmeshì jǐnguǎn shuō. 요우 선머스 찐꽈안 수워

그 사람 지시를 따르세요.	按照他说的做。 Ànzhào tā shuōde zuò. 안짜오 타 수워더 쭈워
그 기계를 만지지 마세요.	别摸那个机器。 Bié mō nàge jīqì. 비에 모 나거 지치
불평하지 말고 시키는대로 해.	别发牢骚, 让做什么就做什么。 Bié fā láosāo, ràng zuò shénme jiù zuò shénme. 비에 파 라오싸오, 랑 쭈워 선머 찌우 쭈워 선머

기본 인사

감정 표현

회술 표현

주제별 화제

사교

해외 여행

비즈니스

115

04 질문하기

询问
Xúnwèn
쉰원

어려운 분야나 복잡한 사정을 이야기할 때는 상대방이 제대로 이해하고 있는
지 도중에 확인하는 것이 필요하다. 상대방이 자신의 말을 잘 이해했는지 확인
하기 위해서 자주 쓰는 표현은 知道了吗? / 理解了吗?이다. 대화에서 모르
는 것은 모른다고 말하는 용기 또한 필요하다.

01 이해 여부를 확인할 때

이해하시겠어요?	理解了吗? Lǐjiěle ma? 리지에러 마
알겠어?	知道了吗? Zhīdàole ma? 쯔따오러 마
확실히 그런 거야?	确定是那个? Quèdìng shì nàge? 췌띵 스 나거
제가 하는 말을 이해 하겠어요?	我说的理解了吗? Wǒshuōde lǐjiěle ma? 워수워더 리지에러 마
지금까지 제가 한 말 을 이해하시겠어요?	到现在为止,我说的都理 解了吗? Dào xiànzài wéizhǐ, wǒ shuōde dōu lǐjiěle ma? 따오 씨엔짜이 웨이즈, 위 수워더 떠오 리지에러 마

무슨 뜻인지 이해하시겠어요?	什么意思知道了吗? Shénmeyìsi zhīdàole ma? 선머이쓰 쯔따오러 마
여러 가지 이야기했습니다만, 이해가 되셨습니까?	说了很多, 理解了吗? Shuōle hěnduō, lǐjiěle ma? 수워러 헌 두워, 리지에러 마
그렇게 해도 괜찮은 거야?	那样做也没关系吗? Nàyàng zuò yě méiguānxi ma? 나양 쭈워 예 메이꽈안시 마
내 얘기 제대로 듣고 있는 거야?	在好好听我说话吗? Zài hǎohāo tīng wǒ shuōhuà ma? 짜이 하오하오 팅 위 수워화 마

02 되묻는 표현

뭐라고?	什么? Shénme? 선머
진짜?	真的? Zhēnde? 쩐더
무슨 얘기야?	什么意思? Shénme yìsi? 선머 이쓰

기본 인사

감정 표현

회술 표현

주제별 회제

사교

국외 여행

비즈니스

117

뭐라고 했죠?	你说什么? Nǐ shuō shénme? 니 수워 션머
방금 뭐라고 말씀하셨죠?	您刚说什么? Nín gāng shuō shénme? 닌 깡 수워 션머
한번 더 얘기해 주실래요?	可以再说一遍吗? Kěyǐ zàishuō yíbiàn ma? 커이 짜이 수워 이비엔 마
더 확실히 얘기해 주시겠어요?	可以再说清楚点吗? Kěyǐ zàishuō qīngchǔ diǎn ma? 커이 짜이수워 칭추 띠엔 마

03 질문하기

하나 물어봐도 됩니까?	可以问一下吗? Kěyǐ wèn yíxià ma? 커이 원 이쌰 마
지금 뭐 하고 있어?	现在在干什么? Xiànzài zài gànshénme? 시엔짜이 짜이 깐션머
누구십니까?	您是哪位? Nín shì nǎwèi? 닌 스 나웨이

누구를 추천할까요?	# 推荐谁? Tuījiàn shuí? 투이찌엔 수이
누구에게 물어보면 될까?	# 可以问谁呢? Kěyǐ wèn shuí ne? 커이 원 수이 너
무슨 용무로 나가세요?	# 您要出去办什么事? Nín yào chūqù bàn shénme shì? 닌 야오 추취 빤 선머 스
이건 무슨 줄이죠?	# 这儿排队干什么? Zhèr páiduì gànshénme? 쩌얼 파이뚜이 깐선머 * 줄을 선 사람에게 묻는 말
그건 몇 층에 있습니까?	# 那个在几楼? Nàge zài jǐ lóu? 나거 짜이 지 러우

기본 인사

감정 표현

회화 표현

주제별 회제

사교

해외 여행

비즈니스

119

Unit 05

의견 묻기

询问意见
Xúnwèn yìjiàn
쉰윈 이찌엔

이유를 물어볼 때 중국에서는 为什么(wèishénme)를 즐겨 사용하고 더불어 시간은 언제(什么时候 shénmeshíhòu), 장소는 어디에(哪儿 nǎr / 哪里 nǎli), 사람은 누가(谁 shéi), 사물은 무엇이(什么 shénme), 어떻게(怎么 zěnme)라고 묻는다.

---

01 의견을 물을 때

무슨 용건이시죠?	**有什么事吗?** Yǒu shénmeshì ma? 요우 선머스 마
무슨 말을 하는 거야?	**什么意思?** Shénme yìsi? 선머 이쓰
왜 그런 말을 하니?	**为什么这么说?** Wèishéme zhème shuō? 웨이선머 쩌머 수워
왜 그런 짓을 했니?	**为什么这么做?** Wèishénme zhème zuò? 웨이선머 쩌머 쭈워
무엇부터 시작할까요?	**从哪儿开始呢?** Cóng nǎr kāishǐ ne? 총 날 카이스 너

120

주말은 어떻게 보낼 예정입니까?	周末准备怎么过? Zhōumò zhǔnbèi zěnmeguò? 쩌우모 쭌뻬이 쩐머꾸워
이곳의 생활은 어떻습니까?	这里的生活怎么样? Zhèlǐ de shēnghuó zěnmeyàng? 쩌리 더 성훠 쩐머양
언제쯤 완성되겠습니까?	什么时候能完成? Shénmeshíhòu néng wánchéng? 선머스허우 넝 완청

02 상대의 견해 묻기

어떻게 생각하세요?	您怎么想? Nín zěnmexiǎng? 닌 쩐머시앙
어느 것으로 하시겠어요?	要哪一个? Yào nǎyíge? 야오 나이거
제가 어떻게 하면 될까요?	我要怎么做? Wǒ yào zěnmezuò? 위 야오 쩐머쭈워
그가 누구라고 생각하십니까?	您觉得他是谁? Nín juéde tā shì shuí? 닌 쮀더 타 스 수이

기본 인사

감정 표현

회화 표현

주제별 화제

사교

해외 여행

비즈니스

121

다른 제안이 있습니까?	有别的提案吗? Yǒu biéde tíàn ma? 요우 비에더 티안 마
좋은 아이디어가 떠오릅니까?	有好的想法吗? Yǒu hǎode xiǎngfǎ ma? 요우 하오더 시앙파 마
차는 어떻게 드시겠습니까?	茶要怎么喝? Chá yào zěnme hē? 차 야오 쩐머 허
FTA에 대해 어떻게 생각하세요?	对于FTA, 您是怎么想的? Duìyú FTA, nín shì zěnmexiǎng de? 뚜이위 FTA, 닌 스 쩐머시앙 더

03 의중을 탐색할 때

그 일에 대해 의견이 있습니까?	对那件事有什么意见吗? Duì nàjiànshì yǒu shénme yìjiàn ma? 뚜이 나찌엔스 요우 선머 이찌엔 마
기탄없이 의견을 말씀해 주시겠습니까?	有什么意见, 但说无妨? Yǒu shénme yìjiàn, dàn shuō wúfáng? 요우 선머 이찌엔, 딴 수워 우팡

뭘 할 생각이세요?	想做什么? Xiǎng zuò shénme? 시앙 쭈워 선머
그의 제안을 어떻게 처리하시겠어요?	他的提案会怎么处理? Tāde tí'àn huì zěnme chǔlǐ? 타더 티안 후이 쩐머 추리
당신의 생각을 알아요.	我知道您的想法。 Wǒ zhīdào nín de xiǎngfǎ. 워 쯔따오 닌 더 시앙파
당신의 속셈을 모르 겠군요.	我不知道您的用意。 Wǒ bùzhīdào nín de yòngyì. 워 부쯔따오 닌 더 용이
어찌할 생각이세요?	您是怎么想的? Nín shì zěnmexiǎng de? 닌 스 쩐머시앙 더
진심으로 하시는 말 씀인가요?	是真心话吗? Shì zhēnxīnhuà ma? 스 쩐씬화 마
솔직한 생각은요?	真实的想法呢? Zhēnshíde xiǎngfǎ ne? 쩐스더 시앙파 너
우리의 문제점에 대 해서는 아십니까?	知道我们的问题吗? Zhīdào wǒmende wèntí ma? 쯔따오 워먼더 원티 마

기본 인사

감정 표현

화술 표현

주제별 화제

사교

해외 여행

비즈니스

123

실패 이유는 뭐라고 생각합니까?	您觉得失败的原因是什么? Nín juéde shībài de yuányīn shì shénme? 닌 쮀더 스빠이 더 위엔인 스 선머
당신은 누구를 지지 하세요?	您支持谁? Nín zhīchí shuí? 닌 쯔츠 수이
대통령이 되면 뭘 하 시겠습니까?	当上总统后会做什么? Dāngshàng zǒngtǒng hòu huì zuò shénme? 땅상 쭝통 허우 후이 쭈워 선머

06 대답하기

回答
Huídá
후이다

상대편이 대화를 주도하여 일방적으로 설명하는 경우 이쪽에선 제대로 이해하고 있는지 아니면 잘못 들었는지 수시로 맞장구나 의사 표현을 던져줘야 한다. 중국에서는 경청해서 듣고 있다는 호응의 표시로 嗯 / 哦를 넣어 '아, 그렇군요! 라는 말을 자주 사용한다.

01 이해했을 때

그렇군요. 알겠습니다.	嗯, 知道了。 Èng, zhīdàole. 응, 쯔따오러 * '그렇군요.'를 직역하면 原来是这样(Yuánlái shì zhèyàng 위엔라이 스 쩌양)인데 실제 중국인의 대화는 嗯이나 哦(ó 오)만 사용한다.
아하, 잘 알았습니다.	啊! 知道了。 A! Zhīdàole. 아 쯔따오러
알았어.	知道了。 Zhīdàole. 쯔따오러
알 것 같아요.	大概知道了。 Dàgài zhīdàole. 다까이 쯔따오러
무슨 말씀인지 알겠습니다.	明白您的意思了。 Míngbai nínde yìsile. 밍빠이 닌더 이쓰러

125

당신 기분이 어떤지 알겠어요.	我很理解您的心情。 Wǒ hěn lǐjiě nínde xīnqíng. 워 헌 리지에 닌더 씽칭

02 이해가 안 될 때

정말 모르겠어요.	真的不知道。 Zhēnde bùzhīdào. 쩐더 부쯔따오
도저히 모르겠어요.	还是不知道。 Háishì bùzhīdào. 하이스 부쯔따오
이해가 안 됩니다.	不理解。 Bùlǐjiě. 부리지에
무슨 말을 하는지 모르겠어요.	没听懂您的意思。 Méi tīngdǒng nínde yìsi. 메이 팅똥 닌더 이쓰
무슨 말인지 전혀 모르겠어요.	我完全不知道您在说什么。 Wǒ wánquán bùzhīdào nín zài shuō shénme. 워 완취엔 부쯔따오 닌 짜이 수워 선머
그건 금시초문입니다.	这我从来没听说过。 Zhè wǒ cónglái méi tīngshuōguò. 쩌 워 총라이 메이 팅수워꾸워

126

03 질문에 답할 때

글쎄요. 그건 어려운 질문이네요.	嗯, 这个问题比较难回答。 Èng, zhège wèntí bǐjiào nán huídá. 응, 쩌거 원티 삐찌아오 난 후이다 * '글쎄요.'는 사전에서 是呀(Shi ya 스야)로 번역하는데 실제 중국 사람들이 대화할 때는 嗯이라는 표현을 많이 사용한다.
제 대답은 거절입니다.	我不同意。 Wǒ bùtóngyì. 워 부퉁이 * '거절하다'를 직역하면 拒绝(Jùjué 쥐줴)인데 여기서는 구어체로 상대방의 의견에 동의하지 않을 때 쓰는 不同意로 표현한다.
실례지만 대답할 수 없습니다.	不好意思, 我不能回答。 Bùhǎoyìsi, wǒ bùnéng huídá. 부하오이쓰, 워 부넝 후이다 不好意思, 我回答不了。 Bùhǎoyìsi, wǒ huídá bùliǎo. 부하오이쓰, 워 후이다 부리아오
좋은 질문입니다.	是个好问题。 Shì ge hǎo wèntí. 스 거 하오 원티
말하지 않겠습니다.	不说了。 Bùshuōle. 부수워러
저도 모르겠네요.	我也不知道。 Wǒ yě bùzhīdào. 워 예 부쯔따오

127

네, 알겠습니다.	好的, 我知道了。 Hǎode, wǒ zhīdàole. 하오더 워 쯔따오러
네, 확실히 그렇죠.	是的, 确实是这样。 Shìde, quèshí shì zhèyàng. 스더, 췌스 스 쩌양
맞아요, 그렇지요.	对, 是这样。 Duì, shì zhèyàng. 뚜이, 스 쩌양
지당하십니다.	您说得很对。 Nín shuōde hěn duì. 닌 수워더 헌 뚜이
물론이고말고요.	这是当然的。 Zhè shì dāngrán de. 쩌 스 땅란 더
바로 그겁니다.	对。 Duì. 뚜이
당연합니다.	当然。 Dāngrán. 땅란
네, 간 적이 있습니다.	嗯, 去过。 Èng, qùguò. 응, 취 꾸워

네, 정말입니다.	嗯, 真的。 Èng, zhēnde. 응, 쩐더
네, 그렇습니다.	嗯, 是的。 Èng, shì de. 응, 스 더
네, 저도 그렇게 생각하고 있습니다.	嗯, 我也这么想。 Èng, wǒ yě zhèmexiǎng. 응, 워 예 쩌머시앙
네, 거기 도착하는대로 전화할게요.	嗯, 我一到就给您打电话。 Èng, wǒ yídào jiù gěi nín dǎdiànhuà. 응, 워 이따오 찌우 게이 닌 다띠엔화
응, 그렇게 할게.	嗯, 我会那么做的。 Èng, wǒ huì nàme zuò de. 응, 워 후이 나머 쭈워 더

05 부정하는 대답

아뇨, 아직입니다.	没有, 还没呢。 Méiyǒu, háiméine. 메이요우, 하이메이너
아니요, 아닙니다.	不, 不是。 Bù, búshì. 부, 부스

아니요, 이제 괜찮습니다.	不是, 现在没关系了。 Búshì, xiànzài méiguānxile. 부스, 시엔짜이 메이꽈안시러
아니요, 그렇지 않습니다.	不是, 不是那样。 Búshì, búshì nàyàng. 부스, 부스 나양
아니요, 좋아합니다.	不, 喜欢。 Bù, xǐhuān. 부, 시환
아니요, 먹겠습니다.	不, 我吃。 Bù, wǒ chī. 부, 워 츠 * 이것은 '먹는다'뿐 아니라 '받다', '마시다'라고도 해석된다.
아니요, 가고 싶지 않습니다.	不, 不想去。 Bù, bùxiǎng qù. 부, 부시앙 취

06   무관심 표현

아무래도 좋아. / 아무거나 괜찮아.	什么都喜欢。 Shénme dōu xǐhuān. 선머 떠우 시환
	什么都可以。 Shénme dōu kěyǐ. 선머 떠우 커이

누가 상관한대?	谁说要管? Shuí shuō yào guǎn? 수이 수워 야오 꽈안
나와는 상관없어.	和我没有关系。 Hé wǒ méiyǒu guānxì. 허 워 메이요우 꽈안시
나는 신경 안 써.	我不管。 Wǒ bùguǎn. 워 부꽈안
아무도 신경 안 써.	什么都不管。 Shénme dōu bùguǎn. 선머 떠우 부 꽈안
내버려 둬.	别管了。 Biéguǎnle. 비에 꽈안 러
그가 없어도 지장은 없어.	没有他也没有问题。 Méiyǒu tā yě méiyǒu wèntí. 메이요우 타 예 메이요우 원티
그들이 뭐라든 아무 렇지 않아.	他们说什么都无所谓。 Tāmen shuōshénme dōu wúsuǒwèi. 타먼 수워선머 떠우 우쑤워웨이 * 이 문장에서 说(말하다)뿐 아니라 干(Gàn 깐, 하다), 做(zuò 쭈워, 하 다)를 사용해도 된다. 그럼 他们干/做什么都无所谓。(Tāmen gàn/ zuò shénme dōu wúsuǒwèi. 타먼 깐/쭈워 선머 떠우 우쑤워웨이)로 말 하면 된다.
별로 할 얘기가 없어.	没有什么可说的。 Méiyǒu shénme kěshuōde. 메이요우 선머 커수워더

기본 인사
감정 표현
활용 표현
주제별 회제
사교
해외 여행
비즈니스

어느 쪽이든 괜찮아.	哪边都可以。 Nǎbiān dōu kěyǐ. 나비엔 떠우 커이
새삼스러울 게 없어요.	没什么特别的感觉。 Méishénme tèbié de gǎnjué. 메이 선머 터비에 더 깐줴
내버려 두는 게 좋아.	不管比较好。 Bùguǎn bǐjiào hǎo. 부꽈안 비찌아오 하오
맘대로 해, 상관없으 니까.	随便, 没关系。 Suíbiàn, méiguānxi. 쑤이비엔, 메이꽈안시

07 찬성 · 반대

赞成 · 反对

Zànchéng, Fǎnduì

짠 청, 판뚜이

찬성할 때는 同意(tóngyì, 통이)를 많이 사용하지만 구어적으로는 嗯(èng) /
对(duì)을 더 자주 사용한다. 그리고 일상생활에서는 발음을 두 번 반복해서
찬성을 표하는데 즉 嗯,嗯!/ 对,对! 이런 식으로 표현한다. 반대할 때는 항
상 완곡하게 是吗?(shìma) 같은 반문이나 의문을, 不是吧?(búshiba) 같은
추측을 사용한다.

01 동의하기

좋은 생각이네!	**很好的想法。** Hěnhǎode xiǎngfǎ. 헌하오더 시앙파
그건 아주 타당하네.	**那个正好。** Nàge zhènghǎo. 나거 쩡하오
그거 괜찮네요.	**那不错。** Nà búcuò. 나 부추워
확실히 맞는 말이야.	**说得很对。** Shuōde hěnduì. 수워더 헌뚜이
보증할게!	**我保证。** Wǒ bǎozhèng. 워 빠오쩡

133

나는 이의가 없어.	我没意见。 Wǒ méi yìjiàn. 워 메이 이찌엔
이의 없습니다.	没有异议。 Méiyǒu yìyì. 메이요우 이이
당신에게 찬성입니다.	我同意您的意见。 Wǒ tóngyì nín de yìjiàn. 워 퉁이 닌 더 이찌엔
네 말이 맞다.	你说得对。 Nǐ shuōdeduì. 니 수워더뚜이
저도 그렇습니다.	我也是。 Wǒ yěshì. 워 예스
저도 똑같습니다.	我也一样。 Wǒ yě yíyàng. 워 예 이양
저도 그렇게 생각합니다.	我也这么想。 Wǒ yě zhèmexiǎng. 워 예 쩌머시앙
완전히 동감입니다.	非常同意。 Fēicháng tóngyì. 페이창 퉁이

의심의 여지가 없습니다.

没有疑义。
Méiyǒu yíyì.
메이요우 이이

그것도 일리가 있습니다.

这也有道理。
Zhè yěyǒu dàolǐ.
쩌 예요우 따오리

이 점에 대해선 동감입니다.

在这点上我同意。
Zài zhèdiǎn shàng wǒ tóngyì.
짜이 쩌띠엔 상 위 퉁이

저도 그렇게 생각하고 있었습니다.

我也是这么想的。
Wǒ yěshì zhème xiǎng de.
워 예스 쩌머 시앙 더

마침 그렇게 생각하고 있었습니다.

我(正好)也是这么想的。
Wǒ (zhènghǎo) yěshì zhème xiǎng de.
워 (쩡하오) 예스 쩌머 시앙 더

* 이 문장에서 마침(正好)이라는 단어는 구어체에서 자주 사용하지 않는다.

제가 말하고 싶은 건 바로 그겁니다.

我想说的就是这个。
Wǒ xiǎng shuō de jiùshì zhège.
워 시앙 수워 더 찌우스 쩌거

마침 그렇게 얘기하려던 참이었습니다.

我(正好)也要这么说。
Wǒ (zhènghǎo) yě yào zhème shuō.
워 (쩡하오) 예 야오 쩌머 수워

* 이 문장에서 마침(正好)이라는 단어는 구어체에서 자주 사용하지 않는다.

기본 인사

감정 표현

회화 표현

주제별 회제

사교

해외 여행

비즈니스

네, 그렇게 하세요.	好, 这么做吧。 Hǎo, zhème zuò ba. 하오, 쩌머 쭈워 바
네, 좋아요.	行, 可以。 Xíng, kěyǐ. 씽, 커이
	好, 可以。 Hǎo, kěyǐ. 하오, 커이
괜찮다고 생각합니다.	我觉得可以。 Wǒ juéde kěyǐ. 워 쮀더 커이
어서 사용하세요.	快去用吧。 Kuài qù yòng ba. 콰이 취 용 바
응, 나도 그렇게 생각해.	嗯, 我也这么想。 Èng, wǒ yě zhème xiǎng. 응, 워 예 쩌머 시앙

03 반대하기

아뇨, 안 됩니다.	不, 不行。 Bù, bùxíng. 부, 부씽
미안합니다. 안 됩니다.	对不起, 不行。 Duìbuqǐ, bùxíng. 뚜이부치, 부씽
아니, 반대입니다.	不, 我反对。 Bù, wǒ fǎnduì. 부, 위 판뚜이
아니요, 전혀 없습니다.	不, 完全没有。 Bù, wánquán méiyǒu. 부, 완취엔 메이요우
그렇게는 생각하지 않습니다.	我不这么想。 Wǒ bú zhème xiǎng. 위 부 쩌머 시앙
아니지 않을까요?	不是吗? Búshì ma? 부스 마
동의하기 어렵습니다.	很难同意。 Hěn nán tóngyì. 헌 난 통이
제 생각과는 다릅니다.	和我想的不一样。 Hé wǒ xiǎng de bùyíyàng. 허 워 시앙 더 부이양

137

좋은 생각은 아닌 것 같은데요.	想法好像不是很好。 Xiǎngfǎ hǎoxiàng búshì hěnhǎo. 시앙파 하오시앙 부 스 헌하오
설마 그럴 리는 없겠지요.	不会那样吧。 Bú huì nàyàng ba. 부 후이 나양 바
설마 믿을 수가 없습니다.	不是吧, 不相信。 Búshì ba, bù xiāngxìn. 부스 바, 부 시앙씬
설마 농담이시죠?	开玩笑的吧? Kāiwánxiào de ba? 카이완샤오 더 바
그 제안에 강력히 반대합니다.	非常不同意那个提议。 Fēicháng bù tóngyì nàge tíyì. 페이창 부 통이 나거 티이
먼저 반대하고 싶은 점은 이겁니다.	首先想反对的就是这个。 Shǒuxiān xiǎng fǎnduì de jiùshì zhège. 서우시엔 시앙 판뚜이 더 찌우스 쩌거
그건 불가능해요.	那个不可能。 Nàge bùkěnéng. 나거 부커넝
그건 말도 안 돼요.	那个太不像话了。 Nàge tài bú xiànghuà le. 나거 타이 부 시앙화 러

절대 안 돼!	**绝对不行!** Juéduì bùxíng! 쮀뚜이 부씽
바보 같은 얘기하지 말아요.	**别说傻话。** Bié shuō shǎ huà. 비에 수워 사 화
너는 너무 낙관적이야.	**你太乐观了。** Nǐ tài lèguān le. 니 타이 러꽈안 러

04 잘못 지적하기

그렇게 얘기하시니 말씀드리겠습니다.	**您既然这么说, 那我就说了。** Nín jìrán zhème shuō, nà wǒ jiù shuōle. 닌 지란 쩌머 수워, 나 워 찌우 수워 러
아무래도 당신이 틀 린 것 같습니다.	**不管怎么说好像是您错了。** Bùguǎn zěnme shuō hǎoxiàng shì nín cuòle. 부꽈안 쩐머 수워 하오시앙 스 닌 추워러
착각하셨네요.	**您搞错了。** Nín gǎo cuòle. 닌 까오 추워러
네 얘기엔 설득력이 부족해.	**你的话缺乏说服力。** Nǐ de huà quēfá shuōfú lì. 니 더 화 췌파 수워푸 리

기본 인사

감정 표현

회화 표현

주제별 회제

사교

해외 여행

비즈니스

당신 주장의 타당성은 모르겠어요.	不知道您的想法是否妥当。 Bù zhīdào nínde xiǎngfǎ shìfǒu tuǒdang. 부 쯔따오 닌더 시앙파 스퍼우 투워땅
당신의 의견은 진실과 거리가 멉니다.	您的意见不切实际。 Nín de yìjiàn búqièshíjì. 닌 더 이찌엔 부치에스지
그것만으론 반대할 근거가 안 됩니다.	反对的依据只有这个是不行的。 Fǎnduì de yījù zhǐyǒu zhège shì bùxíng de. 판뚜이 더 이쮜 쯔요우 쩌거 스 부씽 더
당신의 주장은 틀렸어요.	您的想法错了。 Nín de xiǎngfǎ cuòle. 닌 더 시앙파 추워러
그건 별개의 문제입니다.	这个是别的问题。 Zhège shì bié de wèntí. 쩌거 스 비에 더 원티
그건 여기에선 관계가 없습니다.	那个和这个没有关系。 Nàge hé zhège méiyǒu guānxi. 나거 허 쩌거 메이요우 꽈안시
그것만으론 증거가 불충분합니다.	只有那个的话，证据是不充分的。 Zhǐyǒu nàge dehuà, zhèngjù shì bù chōngfèn de. 쯔요우 나거 더화, 쩡쮜 스 부 충퍼언 더

그건 지나친 단순화입니다.	这个太简单了。 Zhège tài jiǎndānle. 쩌거 타이 찌엔딴러
그건 너무 성급한 일반화입니다.	这个太一般了。 Zhège tài yìbānle. 쩌거 타이 이빤러

05 긍정도 부정도 안 함

※ 긍정도 부정도 하기 힘든 난감한 질문이 있다. 이런 경우엔 애매하게 대답하는 것이 최선이다.

그랬습니까? / 그러니?	是吗？ Shì ma? 스 마
그렇습니까? 아, 네.	是吗？哦。 Shì ma? O. 스 마? 오
	是吗？嗯。 Shì ma? Èng. 스 마? 응
어머, 그래?	啊哟, 是吗？ Ayō, shì ma? 아요, 스마

기본 인사

감정 표현

화술 표현

주제별 화제

사교

해외 여행

비즈니스

141

그렇군요.	是这样啊。 Shì zhèyàng a. 스 쩌양 아
그래요? 그거 안됐군요.	是吗? 那不行啊。 Shì ma? Nà bùxíng a. 스 마 나 부 씽 아
그렇겠지!	是吧! Shì ba! 스 바
확실히는 몰라.	不确定。 Bú quèdìng. 부 췌띵
그럴지도 몰라.	也许会。 Yěxǔ huì. 예 쉬 후이
아마 그럴걸.	可能会。 Kěnéng huì. 커넝 후이
경우에 따라 달라.	看情况而定。 Kàn qíngkuàng ér dìng. 칸 칭쾅 얼 띵 那要看情况。 Nà yào kàn qíngkuàng. 나 야오 칸 칭쾅

어느 쪽이라고 말할 수 없어.	不好说是哪边。 Bùhǎoshuō shì nǎ biān. 부하오수워 스 나 비엔
아무래도 좋아.	怎么都行。 Zěnme dōu xíng. 쩐머 떠우 씽
약간은.	有点儿。 Yǒudiǎnr. 요우띠엔얼
전적으로 그렇다는 건 아냐.	不完全是这样。 Bù wánquán shì zhèyàng. 부 완취엔 스 쩌양
특별히 그런 건 아닙니다.	不是特别要这样。 Búshì tèbié yào zhèyàng. 부스 터비에 야오 쩌양
항상 그런 건 아닙니다.	不是常常这样。 Búshì chángcháng zhèyàng. 부스 창창 쩌양
전혀 모르겠습니다.	完全不知道。 Wánquán bù zhīdào. 완취엔 부 쯔따오
아무도 모르지요.	什么都不知道。 Shénme dōu bù zhīdào. 선머 떠우 부 쯔따오

기본 인사

감정 표현

회화 표현

주제별 회화

사교

해외 여행

비즈니스

143

그에게 부탁해도 소용없어.	求他也没用。 Qiú tā yě méi yòng. 치우 타 예 메이 용

06 일부 인정할 때

말씀하신 것은 사실이겠지만….	虽然您说的是事实, 但…。 Suīrán nín shuō de shì shìshí, dàn…. 쑤이란 닌 수워 더 스 스스, 딴
그건 아무래도 괜찮습니다만….	虽然这也无所谓, 但…。 Suīrán zhè yě wúsuǒwèi, dàn…. 쑤이란 쩌 예 우쑤워웨이, 딴
뭐, 그건 인정하지만….	嗯, 虽然这我也同意, 但…。 Èng, suīrán zhè wǒ yě tóngyì, dàn…. 응, 쑤이란 쩌 워 예 통이, 딴
말씀하신 것은 이해하지만….	您说的我知道, 但…。 Nín shuō de wǒ zhīdào, dàn…. 닌 수워 더 워 쯔따오, 딴
그렇군요. 하지만 문제는….	是这样啊。但问题是…。 Shì zhèyàng a. Dàn wèntí shì…. 스 쩌양 아 딴 원티 스

144

오해하지 말아 주시길 바랍니다만….	希望您别误会…。 Xīwàng nín bié wùhuì…. 시왕 닌 비에 우후이…
믿어지지 않을지도 모르지만….	虽然不知道您会不会相信, 但…。 Suīrán bù zhīdào nín huì bú huì xiāngxìn, dàn …. 쑤이란 부 쯔따오 닌 후이 부 후이 시앙신, 딴

07 대답 보류하기

생각 좀 하겠습니다. / 검토해 보겠습니다.	我考虑一下。 Wǒ kǎolǜ yíxià. 워 카오뤼 이쌰
생각할 시간을 주세요.	给我一点考虑的时间。 Gěi wǒ yìdiǎn kǎolǜ de shíjiān. 게이 워 이띠엔 카오뤼 더 스찌엔
생각해 보겠습니다.	我会考虑的。 Wǒ huì kǎolǜ de. 워 후이 카오뤼 더
좀 생각해 볼게요.	我想一下。 Wǒ xiǎng yíxià. 워 시앙 이쌰

기본 인사

감정 표현

회술 표현

주제별 화제

사교

해외 여행

비즈니스

하룻밤 생각해 볼게요.	我用一个晚上考虑一下。 Wǒ yòng yíge wǎnshang kǎolù yíxià. 위 용 이거 완상 카오뤼 이샤
생각이 있습니다.	我有一点想法。 Wǒ yǒu yìdiǎn xiǎngfǎ. 위 요우 이띠엔 시앙파
상사의 승인을 얻어야 합니다.	要得到上司的同意。 Yào dédào shàngsi de tóngyì. 야오 더따오 샹쓰 더 통이
부장님의 의견을 확인해야 합니다.	要问问部长的意见。 Yào wènwen bùzhǎng de yìjiàn. 야오 원원 부짱 더 이찌엔
사장에게 말하고 검토해야 합니다.	向总经理汇报后要研究一下。 Xiàng zǒngjīnglǐ huìbào hòu yào yánjiū yíxià. 시앙 쫑찡리 후이빠오 허우 야오 옌찌우 이싸 * '말하다'를 직역하면 说(Shuō 수워)인데 사장에게 말하는 것이라 존댓말로 汇报(보고하다)를 사용한다.
지금은 아무말도 할 수 없습니다.	目前没法说什么。 Mùqián méifǎshuō shénme. 무치엔 메이파수워 션머
약속드릴 수는 없습니다.	不能承诺什么。 Bùnéng chéngnuò shénme. 부넝 청누오 션머

146

나중에 결정하겠습니다.	**以后再做决定。** Yǐhòu zài zuò juédìng. 이허우 짜이 쭈워 쮀띵
나중에 대답을 드려 도 되겠습니까?	**以后回答您可以吗?** Yǐhòu huídá nín kěyǐ ma? 이허우 후이따 닌 커이 마

기본 인사

감정 표현

회술 표현

주제별 화제

사교

해외 여행

비즈니스

147

Unit 08 부탁 · 제안

请求 · 提议

Qǐngqiú, Tíyì

칭치우, 티이

부탁한다는 것은 상대의 호의를 이끌어내야 하므로 가능한 한 상대를 높여주는 태도가 필요하다. 친한 상대라면 想找你帮点忙。(Xiǎng zhǎo nǐ bāngdiǎn máng.) / 能帮个忙吗? (Néng bāng ge máng ma?)라고 해도 되지만, 조심스러운 관계라면 想请你帮点忙可以吗? (Xiǎng qǐng nǐ bāngdiǎn máng kěyǐ ma?)라고 말한다.

01 부탁할 때

부탁 좀 해도 될까요?	想请你帮点忙可以吗? Xiǎng qǐng nǐ bāngdiǎnmáng kěyǐma? 시앙 칭 니 빵띠엔망 커이마
좀 도와줄래?	能帮个忙吗? Néng bānggemáng ma? 넌 빵거망 마
죄송합니다만….	不好意思….。 Bùhǎoyìsi…. 부하오이쓰
부탁이 있는데요.	想请您帮个忙。 Xiǎng qǐng nín bānggemáng. 시앙 칭 닌 빵거망
좀 물어볼 게 있는데요.	有点事想问一下。 Yǒudiǎn shì xiǎng wèn yíxià. 요우띠엔 스 시앙 원 이쌰

148

잠깐 괜찮겠어요?	有时间吗?
	Yǒu shíjiān ma?
	요우 스찌엔 마
	* 상대방의 시간을 잠시 빼앗을 때 하는 말.

이거 좀 해 주실래요?	这个可以帮个忙吗?
	Zhège kěyǐ bānggemáng ma?
	쩌거 커이 빵거망 마

화장실 좀 써도 될까요?	可以用一下洗手间吗?
	Kěyǐ yòngyíxià xǐshǒujiān ma?
	커이 용이쌰 시서우찌엔 마

괜찮으시면 지금 가도 될까요?	可以的话, 现在走行吗?
	Kěyǐdehuà, xiànzài zǒu xíngma?
	커이더화, 시엔짜이 쪼우 씽마

소금을 집어 주시겠어요?	可以把盐递给我吗?
	Kěyǐ bǎ yán dìgěiwǒ ma?
	커이 바 엔 디게이워 마

그 가게까지 차로 데려다 줄래?	能开车送我去那个店吗?
	Néng kāichē sòng wǒ qù nàge diàn ma?
	넝 카이처 쏭 워 취 나거 띠엔 마

펜을 빌려주시겠어요?	可以借我一支笔吗?
	Kěyǐ jiè wǒ yìzhībǐ ma?
	커이 지에 워 이쯔삐 마

1만 위안 빌려주시겠어요?	可以借我一万块钱吗?
	Kěyǐ jiè wǒ yíwànkuàiqián ma?
	커이 지에 워 이완콰이치엔 마

기본 인사

감정 표현

회술 표현

주제별 화제

사교

해외 여행

비즈니스

149

전화를 주시겠어요?	可以给我打个电话吗? Kěyǐ gěi wǒ dǎgediànhuà ma? 커이 게이 워 다거띠엔화 마
제게 전화를 해 주시면 감사하겠습니다만.	可以给我打个电话的话, 我将会十分感激。 Kěyǐ gěi wǒ dǎgediànhuà dehuà, wǒ jiānghuì shífēn gǎnjī. 커이 게이 워 다거띠엔화 더 화, 워 찌앙후이 스퍼언 깐지
소리를 작게 해 주세요.	声音开小一点。 Shēngyīn kāi xiǎoyidiǎn. 성인 카이 샤오이띠엔
내가 돌아올 때까지 여기서 기다려.	在这里等我回来。 Zài zhèlǐ děng wǒ huílái. 짜이 쩌리 떵 워 후이라이
폐를 끼쳐 죄송합니다.	不好意思, 麻烦您了。 Bùhǎoyìsi, máfan nínle. 부하오이쓰, 마판 닌러
말씀 중에 죄송합니다.	不好意思, 打断您一下。 Bùhǎoyìsi, dǎ duàn nín yíxià. 부하오이쓰, 다 뚜완 닌 이쌰
수고스러울 거라고 생각하지만.	想麻烦您一下。 Xiǎng máfan nín yíxià. 시앙 마판 닌 이쌰

02 부탁 받을 때

무슨 일이죠?	有什么事吗? Yǒu shénmeshì ma? 요우 선머스 마
무슨 문제라도?	有什么问题吗? Yǒu shénme wèntí ma? 요우 선머 원티 마
어떻게 된 겁니까?	怎么回事? Zěnmehuíshì? 쩐머후이스
문제없어.	没问题。 Méiwèntí. 메이원티
물론이지.	当然。 Dāngrán. 땅란
괜찮아.	没关系。 Méiguānxi. 메이꽈안시
얘기해 봐.	说吧。 Shuōba. 수워바
알았어!	好! Hǎo! 하오

* '알다'는 知道(zhīdào 쯔따오)로 번역이 되지만 부탁받을 때 중국인
들은 '好'를 많이 쓴다.

알겠습니다.	好的。 Hǎode. 하오더
마음대로 하세요.	都行。 Dōuxíng. 떠우씽
	随便。 Suíbiàn. 쑤이비엔 * 随便보다 都行이 예의바른 표현이다.
기꺼이 도와줄게.	我很乐意帮忙。 Wǒ hěn lèyì bāngmáng. 워 헌 러이 빵망
말씀대로 하겠습니다.	我会照您说的做的。 Wǒ huì zhào nín shuōde zuòde. 워 후이 짜오 닌 수워더 쭈워더
뭐든지 할게.	做什么都行。 Zuò shénme dōu xíng. 쭈워 선머 떠우 씽
먼저 하세요.	先做吧。 Xiān zuò ba. 시엔 쭈워 바

03　권유할 때

먼저 드시죠.	**先吃吧。** Xiān chī ba. 시엔 츠 바
커피 한 잔 어때?	**喝杯咖啡, 怎么样?** Hē bēi kāfēi, zěnmeyàng? 허 뻬이 카페이, 쩐머양
차라도 하실까요?	**喝杯茶吧。** Hē bēi chá ba. 허 뻬이 차 바 * 한국어는 질문으로 되어 있지만 중국어에서는 서술형 요청문이다.
우리 집에 올래?	**来我家吧。** Lái wǒ jiā ba. 라이 워 찌야 바 * 한국어는 질문으로 되어 있지만 중국어에서는 서술형 요청문이다.
창문을 열까요?	**开不开窗?** Kāibukāi chuāng? 카이부카이 추왕
저랑 쇼핑 가실래요?	**和不和我一起去买东西?** Hébuhé wǒ yìqǐ qù mǎidōngxi? 허부허 워 이치 취 마이똥시
영화 보러 가지 않을래?	**去不去看电影?** Qùbuqù kàn diànyǐng? 취부취 칸 띠엔잉

들어 드릴까요?	要不要帮你拿? Yàobuyào bāng nǐ ná? 야오부야오 빵 니 나
이건 어떠십니까?	这个怎么样? Zhège zěnmeyàng? 쩌거 쩐머양
같이 하지 않을래?	要不要一起做? Yàobuyào yìqǐ zuò? 야오부야오 이치 쭈워
지름길로 가자.	抄近道吧。 Chāojìndào ba. 차오찐따오 바
터놓고 얘기합시다.	放开了说吧。 Fàngkāile shuō ba. 팡카이러 수워 바
이제 그만합시다.	就这样吧。 Jiùzhèyàng ba. 찌우쩌양 바
오늘은 이만합시다.	今天就到这儿吧。 Jīntiān jiù dào zhèr ba. 찐티엔 찌우 따오 쩌얼 바

154

이걸로 청산된 것으로 합시다.	**就用这个还吧。** Jiù yòng zhège huán ba. 찌우 용 쩌거 환 바 * 빚이나 신세진 것을 청산한다는 뜻.
커피 마시면서 얘기해요.	**边喝咖啡边说吧。** Biān hē kāfēi biān shuō ba. 비엔 허 카페이 비엔 수워 바
일 끝나고 시간 있어?	**结束后有时间吗?** Jiéshù hòu yǒu shíjiān ma? 지에수 허우 요우 스찌엔 마
내일은 바빠?	**明天忙吗?** Míngtiān máng ma? 밍티엔 망 마
언제 한번 모이자.	**什么时候聚一次吧。** Shénme shíhòu jù yícì ba. 선머 스허우 쥐 이츠 바
노래방 가서 놀자.	**去(歌厅)唱歌吧。** Qù (gētīng) chànggē ba. 취 (거팅) 창거 바

서둘러 주시겠어요?	请快一点。 Qǐng kuài yìdiǎn. 칭 콰이 이띠엔
빨리 해!	快点！ Kuài diǎn. 콰이 띠엔
초긴급으로 해 주세요.	请用最快的速度。 Qǐng yòng zuìkuàide sùdù. 칭 용 쮀콰이더 쑤두
서둘러, 여유가 없어.	快点，没时间了。 Kuài diǎn, méi shíjiānle. 콰이 띠엔, 메이 스쩨엔러
빨리 일어나!	快起床！ Kuài qǐchuáng. 콰이 치 추앙
서둘러서 미안해요.	让你这么赶，真不好意思。 Ràng nǐ zhème gǎn, zhēn bùhǎoyìsi. 랑 니 쩌머 깐, 쩐 부하오이쓰
어서 끝내자.	快点完成吧。 Kuài diǎn wánchéng ba. 콰이 띠엔 완청 바

06 재촉에 대한 응답

서두를 필요 없어요.	不用着急。 Búyòng zháojí. 부용 짜오지
서두르지 말고 하세요.	别着急。 Bié zháojí. 비에 짜오지
너무 재촉하지 말아요.	别太着急了。 Bié tài zháojíle. 비에 타이 짜오지러
그렇게 조급해 하지 마세요.	别那么着急。 Bié nàme zháojí. 비에 나머 짜오지
서두른다고 빨리 끝 나지는 않아요.	要快也快不起来。 Yào kuài yě kuài bù qǐlái. 야오 콰이 예 콰이 부 치라이
나중에 해도 돼요.	以后做可以。 Yǐhòu zuò kěyǐ 이허우 쭈워 커이
천천히 해도 돼요.	慢慢做。 Mànmān zuò. 만만 쭈워

여기서 담배를 피워도 됩니까?	这里可以抽烟吗? Zhèlǐ kěyǐ chōuyān ma? 쩌리 커이 처우엔 마
안됩니다. 여긴 금연 구역입니다.	不行, 这里是禁烟区。 Bùxíng, zhèlǐ shì jìnyānqū. 부씽, 쩌리 스 찐엔취
여기서 사진을 찍어도 될까요?	这里可以照相吗? Zhèlǐ kěyǐ zhàoxiàng ma? 쩌리 커이 짜오시앙 마
잠깐 실례해도 되겠습니까?	可以出去一下吗? Kěyǐ chūqùyíxià ma? 커이 추취이쌰 마 * 갑자기 나가야 할 상황
여기 앉아도 되겠습니까?	可以坐这里吗? Kěyǐ zuò zhèlǐ ma? 커이 쭈워 쩌리 마
여기에 주차를 해도 되겠습니까?	这里可以停车吗? Zhèlǐ kěyǐ tíngchē ma? 쩌리 커이 팅처 마
잠깐 봐도 되겠어요?	可以看一下吗? Kěyǐ kànyíxià ma? 커이 칸이쌰 마

Unit 09 승낙 · 거절

应允 · 拒绝
Yìngyǔn, Jùjué
잉윈, 쥐줴

'예스'를 말하긴 쉽지만 '노'라고 거절하기는 어렵다. 그러니까 상대방의 마음을 배려하는 정중한 거절 방법이 필요하다. 我很想帮你，但…。(Wǒ hěn xiǎng bāng nǐ, dàn. 도와드리고 싶지만….) 이런 말을 곁들이고 뒤에 거절의 말을 위치시키면 된다. 평소에 중국 사람들은 不好意思。(Bùhǎoyìsi.) / 对不起。(Duìbuqǐ.) / 很抱歉。(Hěn bàoqiàn. 미안하다.)를 자주 사용한다.

01 승낙할 때

물론이죠.	当然可以。 Dāngrán kěyǐ. 땅란 커이
기꺼이 그러죠.	我很乐意。 Wǒ hěn lèyì. 워 헌 러이
예, 그러시죠.	好, 就那样吧。 Hǎo, jiù nàyàng ba. 하오, 찌우 나양 바
좋습니다!	好的！ Hǎode! 하오더
가능하면 무엇이든 할게.	我会尽力的。 Wǒ huì jìnlì de. 워 후이 찐리 더

맡겨 주세요.	请交给我吧。 Qǐng jiāo gěi wǒ ba. 칭 찌아오 게이 워 바
내가 해 볼게요.	我来试试看。 Wǒ lái shìshikàn. 워 라이 스스칸
알았어. 다음은 내가 알아서 할게.	知道了,下次我会看着办的。 Zhīdàole, xiàcì wǒ huì kànzhebàn de. 쯔따오러, 싸스 워 후이 칸저빤 더
좋아, 결정났어! 약속 한 거야.	好,就这样! 我们说好了 的啊。 Hǎo, jiù zhèyàng! Wǒmen shuō hǎole de a. 하오, 찌우 쩌양 워먼 수워 하오러 더 아
설사 무슨 일이 있더 라도 하겠습니다.	不管怎么样我都会做的。 Bùguǎn zěnmeyàng wǒ dōu huì zuò de. 부꽈안 쩐머양 워 떠우 후이 쭈워 더
그런 거 쉽지.	这样的很简单。 Zhèyàngde hěn jiǎndān. 쩌양더 헌 찌엔 딴
그런 건 식은죽 먹기야.	这样的简直是太简单了。 Zhèyàngde jiǎnzhíshì tài jiǎndānle. 쩌양더 찌엔쯔스 타이 찌엔 딴러
뭐든지 좋아요.	都可以。 Dōu kěyǐ. 떠우 커이

괜찮아요.	没关系。 Méiguānxi. 메이꽈안시
괜찮고말고요.	当然没关系。 Dāngrán méiguānxi. 땅란, 메이꽈안시
네, 합시다.	好, 那就做吧。 Hǎo, nà jiù zuò ba. 하오, 나 찌우 쭈워 바
네가 원하는대로 할게.	我会按你的意思做的。 Wǒ huì àn nǐde yìsi zuò de. 워 후이 안 니더 이쓰 쭈워 더
너에게 달렸어.	由你决定。 Yóu nǐ juédìng. 요우 니 쮀띵
지장이 없다면.	没有问题的话。 Méiyǒu wèntí dehuà. 메이요우 원티 더화

02 거절할 때

| 미안하지만 도울 수 없어요. | 不好意思, 没办法帮助你。
Bùhǎoyìsi, méi bànfǎ bāngzhù nǐ.
부하오이쓰, 메이 빤파 빵쭈 니 |

유감이지만, 급한 일이 들어와서요.	# 不好意思, 突然有急事。 Bùhǎoyìsi, tūrán yǒu jíshì. 부하오이쓰, 투란 요우 지스 * '유감이다'는 직역하면 遗憾(Yíhàn 이한)인데 중국에서는 不好意思 (미안하다)를 더 많이 사용한다.
안 되겠는데요.	# 不行。 Bùxíng. 부씽
유감이지만 안 됩니다.	# 不好意思, 不行。 Bùhǎoyìsi, bùxíng. 부하오이쓰, 부씽
그건 무리한 요구입니다.	# 那是无理的要求。 Nà shì wúlǐ de yāoqiú. 나 스 우리 더 야오치우
도저히 무리입니다.	# 实在没有办法。 Shízài méiyǒu bànfǎ. 스짜이 메이요우 빤파
그건 곤란합니다.	# 这有点困难。 Zhè yǒudiǎn kùnnán. 쩌 요우띠엔 쿤난
좀 봐 줘라!	# 就给个面子吧。 Jiù gěige miànzi ba. 찌우 게이거 미엔쯔 바
	# 就放我一马吧。 Jiù fàngwǒyìmǎ ba. 찌우 팡워이마 바 * 부탁 등으로 괴롭히지 말라는 말.

미안하지만, 오늘은 상황이 나빠요.	不好意思, 今天的情况不好。 Bùhǎoyìsi, jīntiān de qíngkuàng bù hǎo. 부하오이쓰, 찐티엔 더 칭쾅 부 하오
이번엔 도울 수가 없네요.	这次没法帮你。 Zhè cì méi fǎ bāng nǐ. 쩌 츠 메이 파 빵 니
미안하지만 지금은 바빠요.	不好意思, 现在有点忙。 Bùhǎoyìsi, xiànzài yǒudiǎn máng. 부하오이쓰, 시엔짜이 요우띠엔 망
그럴 기분이 아니야.	没这个心情。 Méi zhège xīnqíng. 메이 쩌거 씽칭
달리 급한 일이 있어서.	有急事。 Yǒu jíshì. 요우 지스
그럴 수 있으면 좋겠지만.	虽然那样的话很好。 Suīrán nàyàng de huà hěnhǎo. 쑤이란 나양 더 화 헌하오
아니요, 괜찮습니다.	没有, 没关系的。 Méiyǒu, méiguānxi de. 메이요우, 메이꽌시 더
필요없어.	不需要。 Bù xūyào. 부 쉬야오

기본 인사

감정 표현

회화 표현

주제별 화제

사교

해외 여행

비즈니스

아직은 안 돼. 나중에.	还不行, 以后吧。 Hái bùxíng, yǐhòu ba. 하이 부씽, 이허우 바 * 조건부 거절 표현.
여기선 안 돼.	在这儿不行。 Zài zhèr bùxíng. 짜이 쩌얼 부씽
절대로 용서 못해!	绝对不能原谅。 Juéduì bùnéng yuánliàng 줴뚜이 부닝 위엔리앙

Unit 10 자기 표현

自我表达
Zìwǒ biǎodá
쯔 워 비아오다

자기 의견을 밝힐 때 개인으로서의 의견인지 소속 단체의 입장인지 명확히 해 줄 필요가 있다. 자기 의견의 타당성을 높이기 위해 일반론을 추가하는 것도 흔히 사용된다. 일반적으로 我想 / 我觉得을 자기 의견 앞에 붙여 사용한다.

01 자신의 견해를 밝힐 때

저로서는….	在我看来…。 Zài wǒ kàn lái…. 짜이 워 칸라이
제 쪽에서는….	我们觉得…。 Wǒmen juéde…. 워먼 쮀더
저에 관해 말하자면….	关于我呢…。 Guānyú wǒ ne…. 꽈안위 워 너
사실을 말씀드리면….	说句实话…。 shuō jù shíhuà…. 수워 쮜 스화
제 생각으로는….	我觉得…。 Wǒ juéde…. 워 쮀더
저는 그렇다고 생각 합니다.	我是这么想的。 Wǒ shì zhème xiǎngde. 워 스 쩌머 시앙더

기본 인사

감정 표현

회술 표현

주제별 회제

사교

해외 여행

비즈니스

165

제 생각을 말씀드리겠습니다.	我说说我的想法。 Wǒ shuōshuo wǒde xiǎngfǎ. 워 수워수워 워더 시앙파
제 의견을 말씀드리겠습니다.	我说说我的意见。 Wǒ shuōshuo wǒde yìjiàn. 워 수워수워 워더 이찌엔
이 문제에 관해 생각을 말씀드리겠습니다.	我来说一下对这个问题的看法。 Wǒ lái shuōyíxià duì zhège wèntí de kànfǎ. 워 라이 수워이샤 뚸 쩌거 원티 더 칸파
요컨대 제가 말하고 싶은 점은….	总而言之, 我想要说的是…。 Zǒng'éryánzhī, wǒ xiǎng yào shuōde shì…. 쫑얼엔쯔, 워 시앙 야오 수워더 스
일반적으로 말하면….	一般来说…。 Yìbān lái shuō…. 이빤 라이 수워
내가 보는 한으론 A 쪽이 낫습니다.	在我看来A更好。 Zàiwǒkànlái A gèng hǎo. 짜이워칸라이 A 껑 하오
그것과는 다른 의견을 갖고 있습니다.	我有不同意见。 Wǒ yǒu bùtóng yìjiàn. 워 요우 부통 이찌엔
제겐 그게 타당하다고 생각됩니다.	我觉得那更合适。 Wǒ juéde nà gèng héshì. 워 쮀더 나 껑 허스

166

02 비밀 털어놓기

사실을 말하면….	说句实话…。 Shuō jù shíhuà…. 수워 쥐 스화
아무한테도 말하지 마.	不要告诉别人。 Búyào gàosù biérén. 부야오 까오쑤 비에런
클럽의 비밀을 털어 놓겠습니다.	我要把俱乐部的秘密说 出来。 Wǒ yào bǎ jùlèbù de mìmì shuō chūlai. 워 야오 바 쥐러부 더 미미 수워 추라이
까놓고 말해 그녀를 좋아합니다.	说句实话, 我喜欢她。 Shuō jù shíhuà, wǒ xǐhuan tā. 수워 쥐 스화, 워 시환 타
자백할 것이 있어.	我有要坦白的。 Wǒ yǒu yào tǎnbái de. 워 요우 야오 탄빠이 더
너에게 고백할 것이 있어.	我有要对你坦白的。 Wǒ yǒu yào duì nǐ tǎnbái de. 워 요우 야오 뚜이 니 탄빠이 더
모든 것을 말할게.	我全都说。 Wǒ quán dōu shuō. 워 취엔 떠우 수워

167

우리끼리만 이야기인데.	这只是我们之间说的。 Zhè zhǐshì wǒmen zhījiān shuō de. 쩌 쯔스 워먼 쯔지엔 수워 더
이거 비밀이야.	这是秘密啊。 Zhè shì mìmì a. 쩌 스 미미 아
그는 입이 가벼워.	他的嘴巴不牢。 Tāde zuǐba bù láo. 타더 주이빠 부 라오
그만 말이 나와 버렸어.	不小心说出来了。 Bùxiǎoxīn shuō chūlái le. 부샤오신 수워 추라이 러
솔직히 말할게.	我实话实说。 Wǒ shíhuà shíshuō. 워 스화 스 수워
내가 아는 것은 대개 이런 겁니다.	我知道的大概就是这些。 Wǒ zhīdào de dàgài jiùshì zhèxiē. 워 쯔따오 더 다까이 찌우스 쩌씨에
그에겐 절대 말하지 않을게.	一定不对他说。 Yídìng bú duì tā shuō. 이띵 부 뚜이 타 수워

168

03 의심할 때

정말이야?	**是真的吗?** Shì zhēnde ma? 스 쩐더 마
농담이죠?	**是开玩笑的吧?** Shì kāiwánxiàode ba? 스 카이완샤오더 바
수상한데.	**有点奇怪。** Yǒudiǎn qíguài. 요우띠엔 치꽈이
그런 얘기는 못 믿어.	**这话没法相信。** Zhè huà méifǎ xiāngxìn. 쩌 화 메이파 시앙씬 **这事没法相信。** Zhè shì méifǎ xiāngxìn. 쩌 스 메이파 시앙씬
그녀가 진심으로 얘기하는 걸까?	**她说的是真心的吗?** Tā shuōde shì zhēnxīn de ma? 타 수워더 스 쩐신 더 마?
저 남자 말은 믿을 수 없어.	**那个男的的话没法相信。** Nàge nánde dehuà méifǎ xiāngxìn. 나거 난더 더화 메이파 시앙씬

기본 인사
감정 표현
회화 표현
주제별 화제
사교
해외 여행
비즈니스

그렇다면 좋겠네요.	那样的话就好了。 Nàyàngdehuà jiùhǎole. 나양더화 찌우하오러
그렇지 않을까요?	不是那样吗? Búshì nàyàng ma? 부스 나양 마
분명히 그렇겠죠.	明明就会是那样。 Míngmíng jiù huì shì nàyàng. 밍밍 찌우 후이 스 나양
그런 것 같네요.	好像是那样。 Hǎoxiàng shì nàyàng. 하오 시앙 스 나양
그렇지 않으면 좋겠네요.	如果不是那样就好了。 Rúguǒ búshì nàyàng jiùhǎole. 루꾸워 부스 나양 찌우하오러
곤란하다고 생각합니다.	我觉得有点困难。 Wǒ juéde yǒudiǎn kùnnán. 워 쮀더 요우띠엔 쿤난
괜찮을 것 같아요.	好像还可以。 Hǎoxiàng hái kěyǐ. 하오시앙 하이 커이

05 | 의견이 없을 때

이렇다 할 의견이 없을 때는 확실히 의견이 없다고 말을 하는 것이 배려이기도 하다.

그 건에 관해서는 별로 의견이 없습니다.	对那个没有什么意见。 Duì nàge méiyǒu shénme yìjiàn. 뛰 나거 메이요우 선머 이찌엔
그 건에는 별로 관심이 없습니다.	我不太在意那个。 Wǒ bútài zàiyì nàge. 워 부타이 짜이이 나거
그 점에 분명한 의견은 없습니다.	对于那个没有什么明确的意见。 Duìyú nàge méiyǒu shénme míngquè de yìjiàn. 뚜이위 나거 메이요우 선머 밍춰 더 이찌엔
그 건에 대해 발언할 입장은 아닙니다.	对于那个不能说什么。 Duìyú nàge bùnéng shuō shénme. 뚜이위 나거 부넝 수워 선머
그 건에 대해 아무 의견도 갖고 있지 않습니다.	对于那个没有任何意见。 Duìyú nàge méiyǒu rènhé yìjiàn. 뚜이위 나거 메이요우 런허 이찌엔
거기에 대해 말할 게 없습니다.	对于那个没有什么想说的。 Duìyú nàge méiyǒu shénme xiǎngshuōde. 뚜이위 나거 메이요우 선머 시앙수워더

기본 인사
감정 표현
회술 표현
주제별 화제
사교
해외 여행
비즈니스

171

결정 · 확신하기

决定 · 确信

Juédìng, Quèxìn

쮀이띵, 취에신

우리는 '~일 수 있습니다' 라는 추측 표현을 자주 사용하는데, 책임지기 싫어하는 느낌이 든다. 때로는 명확하게 표현하는 게 좋은 인상을 줄 수 있다.

01 결심하기

검토할 시간을 주세요.	请给我们商量的时间。 Qǐng gěi wǒmen shāngliang de shíjiān. 칭 게이 워먼 상리앙 더 스찌엔
잘 생각해 보겠습니다.	我会好好考虑的。 Wǒ huì hǎohāo kǎolǜ de. 워 후이 하오하오 카오뤼 더
제 결정을 얘기하겠습니다.	说一下我的决定。 Shuō yíxià wǒ de juédìng. 수워 이싸 워 더 쮀띵
그걸로 결정이다. / 그걸로 결정이 났습니다.	那样决定了。 Nàyàng juédìngle. 나양 쮀띵러
그걸로 전부 정리가 되겠네요.	那样就全部整理好了。 Nàyàng jiù quánbù zhěnglǐ hǎole. 나양 찌우 취엔부 쩡리 하오러
그것으로 좋을 겁니다.	那个比较好。 Nàge bǐjiào hǎo. 나거 삐찌아오 하오

02 결정하기

결정하셨습니까?	决定了吗? Juédìngle ma? 쮀띵러 마
아직 결정을 못했습니다.	还没决定。 Hái méi juédìng. 하이 메이 쮀띵
그것은 만장일치로 결정되었습니다.	那个是大家一起决定的。 Nàge shì dàjiā yìqǐ juédìng de. 나거 스 다 찌야 이치 쮀띵 더
동전을 던져서 결정합시다.	扔硬币决定吧。 Rēng yìngbì juédìng ba. 렁 잉삐 쮀띵 바
그건 당신이 결정할 일이에요.	那是你要决定的。 Nà shì nǐ yào juédìng de. 나 스 니 야오 쮀띵 더
제 마음대로 결정할 수가 없습니다.	我不能决定。 Wǒ bùnéng juédìng. 워 부넝 쮀딩
어떻게 결정하셔도 저는 괜찮아요.	怎么决定我都没意见。 Zěnme juédìng wǒ dōu méi yìjiàn. 쩐머 쮀띵 워 떠우 메이 이찌엔

기본 인사

감정 표현

화술 표현

주제별 화제

사교

해외 여행

비즈니스

당신이 옳다고 확신해요.	确定你是对的。 Quèdìng nǐ shì duìde. 췌띵 니 스 뚜이더
내기를 해도 좋아요.	打赌也行。 Dǎdǔ yě xíng. 다 두 예 씽
그건 제가 보증합니다.	这个我可以保证。 Zhège wǒ kěyǐ bǎozhèng. 쩌거 워 커이 빠오쩡
맹세합니다.	我发誓。 Wǒ fāshì. 워 파스
그건 의심의 여지가 없습니다.	没什么可怀疑的。 Méishénme kě huáiyí de. 메이선머 커 화이이더
무슨 근거로 그렇게 확신하죠?	为什么这么确定? Wèishéme zhème quèdìng? 웨이선머 쩌머 췌딩
물론이죠!	当然! Dāngrán! 땅란

174

04 당위성 표현

거기 가셔야 합니다.	要去那里。 Yào qù nàlǐ. 야오 취 나리
그녀에게도 기회를 줘야 합니다.	也要给她机会。 Yě yào gěi tā jīhuì. 예 야오 게이 타 지후이
그에게 말하지 않을 수가 없었어요.	不能不和他说。 Bùnéng bù hé tā shuō. 뿌녕 뿌 허 타 수워
그걸 어떻게 말해야 될까요?	那个应该怎么说? Nàge yīnggāi zěnme shuō? 나거 잉까이 쩐머 수워
오늘밤 야근을 해야 합니다.	今天晚上要加夜班。 Jīntiān wǎnshang yào jiāyèbān. 찐티엔 완상 야오 찌야예빤
우리는 효도를 해야 한다.	我们应该尽孝道。 Wǒmen yīnggāi jìn xiàodào. 워먼 잉까이 찐 샤오따오
이 문제는 보류해야 합니다.	这个问题要保留。 Zhège wèntí yào bǎoliú. 쩌거 원티 야오 빠오리우

기본 인사

감정 표현

화술 표현

주제별 화제

사교

해외 여행

비즈니스

그럴 줄 알았어!	我就知道。 Wǒ jiù zhīdào. 워 찌우 쯔따오
당신 예측이 딱 맞았어요.	你的预测完全准确。 Nǐ de yùcè wánquán zhǔnque. 니 더 위처 완취엔 쭌췌
우리 예상대로 결과가 나왔어요.	结果正如我们所料。 Jiéguǒ zhèngrú wǒmen suǒ liào. 지에꾸워 쩡루 위먼 쑤워 리아오
당신이 오리라고는 전혀 예상도 못했어.	没想到你会来。 Méi xiǎngdào nǐ huì lái. 메이 시앙따오 니 후이 라이
그건 전혀 의외의 상황이었어요.	那完全是没想到的情况。 Nà wánquán shì méi xiǎngdào de qíngkuàng. 나 완취엔 스 메이 시앙따오 더 칭쾅
전혀 짐작도 안 가요.	完全没有预料到。 Wánquán méiyǒu yùliào dào. 완취엔 메이요우 위리아오 따오
속단하지 마세요.	不要轻易下结论。 Búyào qīngyì xiàjiélùn. 부야오 칭이 쌰지에룬

12 대화의 기술

对话的技巧
Duìhuà de jìqiǎo
뚜이화 더 지 치아오

처음엔 언어 능력보다 오히려 말을 거는 용기가 더 요구된다. 첫 시도는 좀 바보 같은 얘기라도 상관없다. 대화를 이어나가면 되는 것이다. 상대의 말을 들을 때는 적당히 맞장구를 치는 것이 필요하다. 잘 듣고 있으니 계속하라는 격려인 셈이다.

01 말을 걸 때

날씨가 좋군요.	天气不错。 Tiānqì búcuò. 티엔치 부추워 * 날씨로 대화의 실마리를 여는 것은 만국 공통. 언어 능력보다 말을 거는 용기가 더 요구된다.
잠시 실례합니다.	失陪一下。 Shīpéi yíxià. 스페이 이싸
저기, 있잖아요.	嗯, 是这样。 Èng, shì zhèyàng. 응, 스 쩌양
여러분, 잠시 얘기를 들어주세요.	各位, 请听我说两句。 Gèwèi, qǐng tīng wǒ shuō liǎng jù. 거웨이, 칭 팅 워 수워 리앙 쥐
바쁘신데 실례합니다.	您这么忙, 真是对不起。 Nín zhème máng, zhēnshì duìbuqǐ. 닌 쩌머 망, 쩐스 뚜이부치

177

전할 얘기가 있습니다.	有要转达的话。 Yǒu yào zhuǎndá dehuà. 요우 야오 쭈완다 더화
저기, 이거 들었어?	哎, 你听到了吗? Āi, nǐ tīngdàole ma? 아이, 니 팅따오러 마
무슨 얘기 중이었어?	在说什么呢? Zài shuō shénme ne? 짜이 수워 선머 너
이 자리에 누군가 있습니까?	这位子有人吗? Zhè wèizi yǒurén ma? 쩌 웨이쯔 요우런 마
멀리까지 가십니까?	要去很远的地方吗? Yào qù hěn yuǎn de dìfang ma? 야오 취 헌 위엔 더 디팡 마
신문은 어떠세요?	报纸怎么样? Bàozhǐ zěnmeyàng? 빠오쯔 쩐머양
중국어를 하십니까?	会说汉语吗? Huì shuō hànyǔ ma? 후이 수워 한위 마
여긴 처음이십니까?	是第一次来这儿吗? Shì dìyīcì lái zhèr ma? 스 디이츠 라이 쩌얼 마

여보세요.	喂? Wéi? 웨이
시간 좀 있으세요?	有时间吗? Yǒu shíjiān ma? 요우 스찌엔 마
잠깐 이야기를 나누고 싶은데요.	想和你聊一会儿。 Xiǎng hé nǐ liáo yíhuìr. 시앙 허 니 리아오 이후이얼
잠깐 이야기 좀 할까요?	可以聊一会儿吗? Kěyǐ liáo yíhuìr ma? 커이 리아오 이후이얼 마
드릴 말씀이 있는데요.	我有话想跟您说。 Wǒ yǒu huà xiǎng gēn nín shuō. 워 요우 화 시앙 껀 닌 수워
당신에게 할 이야기가 좀 있습니다.	我有话想对您说。 Wǒ yǒu huà xiǎng duì nín shuō. 워 요우 화 시앙 뚜이 닌 수워
금방 얘기하겠습니다.	马上就和您说。 Mǎshàng jiù hé nín shuō. 마상 찌우 허 닌 수워

기본 인사

감정 표현

화술 표현

주제별 화제

사교

해외 여행

비즈니스

179

그렇군요.	原来是那样。 Yuánlái shì nàyàng. 위엔라이 스 나양
맞습니다.	没错。 Méicuò. 메이추워
그래서?	所以呢? Suǒyǐne? 쑤워이너
그렇겠지.	应该(是)吧。 Yīnggāi (shì) ba. 잉까이 (스) 바
	是啊。 Shì a. 스 아
모르겠네.	不知道啊。 Bùzhīdào a. 부쯔따오 아
듣고 있어.	在听。 Zài tīng. 짜이 팅
그거 심하네.	(那)有点过分。 (Nà) yǒudiǎn guòfèn. (나) 요우띠엔 꾸워퍼언

예를 들면?	比如说呢? Bǐrú shuō ne? 비루 수워 너
안됐네.	真不好。 Zhēn bù hǎo. 쩐 부 하오
	真不像话。 Zhēn búxiànghuà. 쩐 부시앙화
저런, 세상에.	哎呦, 我的天哪。 Āi yōu, wǒ de tiān na. 아이 요우, 워 더 티엔 나
역시 그렇군.	果然如此。 Guǒrán rúcǐ. 꾸워란 루츠
알아, 알아.	知道, 知道。 Zhīdào, zhīdào. 쯔따오, 쯔따오
알고 있었어요.	已经知道了。 Yǐjīng zhīdàole. 이찡 쯔따오러
그거 재밌네.	那个挺有意思的。 Nàge tǐng yǒuyìsi de. 나거 팅 요우이쓰 더

기본 인사

감정 표현

활용 표현

주제별 회제

사교

해외 여행

비즈니스

놀랄 일이네.	真是件没想到的事呢。 Zhēnshi jiàn méixiǎngdào de shì ne. 쩐스 찌엔 메이시앙따오 더 스 너
그게 어쨌는데?	那个怎么样了。 Nàge zěnmeyàngle. 나거 쩐머양러
그렇게 생각하세요?	你是那么想的吗? Nǐ shì nàme xiǎng de ma? 니 스 나머 시앙 더 마
저도 그렇게 생각해요.	我也是那么想的。 Wǒ yěshì nàme xiǎng de. 워 예스 나머 시앙 더
뭐, 그렇게 말할 수 도 있겠네요.	这个么, 也可以这样说。 Zhège me, yě kěyǐ zhèyàng shuō. 쩌거 머, 예 커이 쩌양 수워 * 이쯤 되면 동의할 의향은 거의 없는 수준.
그거 잘됐네.	真是太好了。 Zhēnshi tài hǎole. 쩐스 타이 하오러
역시나!	果然是! Guǒrán shì! 꾸워란 스

03 대화 도중 끼어들 때

말씀 도중에 죄송합니다만….	不好意思打断一下…。 Bùhǎoyìsi dǎ duàn yíxià…. 부하오이쓰 다 뚜완 이쌰
말씀 중에 잠깐 실례를 해도 될까요?	不好意思, 打断一下可以吗? Bùhǎoyìsi, dǎ duàn yíxià kěyǐ ma? 부하오이쓰, 다 뚜완 이쌰 커이 마
뭐 좀 얘기해도 될까요?	可以说句话吗? Kěyǐ shuōjùhuà ma? 커이 수워쥐화 마
좀 여쭙고 싶은 게 있는데요.	我想请教一下。 Wǒ xiǎng qǐngjiào yíxià. 워 시앙 칭찌아오 이쌰
지금 바쁘세요?	现在忙吗? Xiànzài máng ma? 시엔짜이 망 마
잠깐 괜찮을까?	稍微打扰一下可以吗? Shāowēi dǎrǎo yíxià kěyǐ ma? 사오웨이 다라오 이쌰 커이 마
잠시 질문 드려도 될까요?	可以提个问题吗? Kěyǐ tí ge wèntí ma? 커이 티 거 원티 마

잠시 실례할게요.	**失陪一下。** Shīpéi yíxià. 스페이 이쌰
말씀 도중인데 괜찮 으세요?	**打断一下, 可以吗?** Dǎduàn yíxià, kěyǐ ma? 다뚜완 이쌰, 커이 마
좀 기다리세요.	**请稍等一下。** Qǐng shāoděngyíxià. 칭 사오덩이쌰
거기서 좀 멈춰 주세요.	**请在那里停一下。** Qǐng zài nàlǐ tíng yíxià. 칭 짜이 나리 팅 이쌰
잠시 멈춰 주세요.	**请稍微停一下。** Qǐng shāowēi tíng yíxià. 칭 사오웨이 팅 이쌰 * 끼어드는 사람에게 할 말을 좀 나중에 하고 기다리란 의미도 된다.
그 대목에서 한 말씀 드리겠습니다.	**在这里, 我想说一句。** Zài zhèlǐ, wǒ xiǎng shuō yíjù. 짜이 쩌리, 워 샹 수워 이쥐

04 말을 재촉할 때

빨리 말씀하세요.	请快点说。 Qǐng kuài diǎn shuō. 칭 콰이 띠엔 수워
얘기해 봐.	说吧。 Shuō ba. 수워 바
얘기를 계속해 주세요.	请继续说。 Qǐng jìxù shuō. 칭 지쉬 수워
어땠어?	怎么样? Zěnme yàng? 쩐머 양
어떻게 됐어?	怎么样了? Zěnme yàngle? 쩐머 양러
인상은 어땠어?	印象怎么样? Yìnxiàng zěnme yàng? 인시앙 쩐머 양
마음에 들었어?	满意吗? Mǎnyì ma? 만이 마
그 얘기 듣고 싶군.	是想要听那个啊。 Shì xiǎng yào tīng nàge a. 스 시앙 야오 팅 나거 아

기본 인사

감정 표현

회화 표현

주제별 화제

사교

해외 여행

비즈니스

뭔가 말해 봐.	说点什么吧。 Shuō diǎn shénme ba. 수워 띠엔 선머 바
할 말이 있으면 말해 봐요.	有想说的就说吧。 Yǒu xiǎngshuōde jiù shuō ba. 야오 시앙수워더 찌우 수워 바
이유를 말해 보세요.	说说理由。 Shuōshuo lǐyóu. 수워수워 리요우
하고 싶은 말을 해 봐.	把你想说的话说出来吧。 Bǎ nǐ xiǎngshuōdehuà shuō chūlái ba. 바 니 시앙수워더화 수워 추라이 바
그래서 당신은 뭐라고 했습니까?	所以您说了什么? Suǒyǐ nín shuōle shénme? 쑤워이 닌 수워러 선머
더 자세히 말해 줘.	请说得再仔细点。 Qǐng shuōde zài zǐxì diǎn. 칭 수워더 짜이 쯔시 띠엔

05 화제 전환하기

화제를 바꿔 볼까요?	换个话题怎么样? Huànge huàtí zěnmeyàng? 환거 화티 쩐머양

그건 그렇다 치고….	就算是那样…。 Jiùsuàn shì nàyàng…. 찌우쑤안 스 나양
얘기는 다르지만….	虽然是不一样的意思…。 Suīrán shì bùyíyàng de yìsi…. 쑤이란 스 부이양 더 이스
그 얘긴 그만합시다.	这个话题到此为止吧。 Zhège huàtí dàocǐwéizhǐ ba. 쩌거 화티 따오츠웨이쯔 바
그 얘긴 지금 말하고 싶지 않아.	那个话题现在不想说。 Nàge huàtí xiànzài bùxiǎng shuō. 나거 화티 시엔짜이 부시앙 수워
그 얘긴 나중에 다시 합시다.	这个话题以后再说吧。 Zhège huàtí yǐhòu zàishuō ba. 쩌거 화티 이허우 짜이수워 바
그런데 말이죠.	就是说啊。 Jiùshishuōa. 찌우스수워아
그건 다른 질문이잖 아요.	那个是别的问题。 Nàge shì biéde wèntí. 나거 스 비에더 원티
그건 그렇고, 다음 문제로 넘어갑시다.	这个就这样吧, 说下一个 问题吧。 Zhège jiù zhèyàng ba, shuō xià yígè wèntí ba. 쩌거 찌우 쩌양 바, 수워 쌰 이거 원티 바

이제 본론으로 들어 갑시다.	现在回到主题吧。 Xiànzài huídào zhǔtí ba. 시엔짜이 후이따오 쭈티 바
	现在言归正传吧。 Xiànzài yánguīzhèngzhuàn ba. 시엔짜이 옌꾸이 쩡 쭈안 바
이야기가 좀 빗나갔습니다만.	虽然有点偏离主题。 Suīrán yǒudiǎn piānlí zhǔtí. 쑤이란 요우띠엔 피엔리 쭈티
처음 이야기로 돌아 가면….	回到刚开始说的…。 Huídào gāngkāishǐ shuōde…. 후이따오 깡카이스 수워더
그러고 보니….	这样看来…。 Zhèyàng kàn lái…. 쩌양 칸 라이
그런데 좀 쉴까요?	那么休息一下怎么样? Nàme xiūxi yíxià zěnme yàng? 나머 씨우 이쌰 쩐머 양

06 말문이 막힐 때

글쎄요.	是吗? Shì ma? 스 마
	嗯…。 Ēng…. 응
음….	嗯…。 Ēng…. 응
뭐랄까?	怎么说呢? Zěnme shuō ne? 쩐머 수워 너
그니까….	所以说啊…。 Suǒyǐ shuō a…. 쑤워이 수워 아
저기….	那…。 Nà…. 나
말하자면….	说起来…。 Shuōqǐlái…. 수워치라이
	这样说的话…。 Zhèyàng shuōdehuà…. 쩌양 수워더화

뭐라고 하면 좋을 지….	不知道该说什么好…。 Bùzhīdào gāi shuō shénme hǎo…. 부쯔따오 까이 수워 선머 하오
적당한 말이 생각나 진 않지만….	虽然不知道该怎么说…。 Suīrán bùzhīdào gāi zěnme shuō…. 쑤이란 부쯔따오 까이 쩐머 수워
내가 알기로는….	据我所知…。 Jùwǒsuǒzhī…. 쥐워쑤워쯔
잘 기억이 나지 않지 만….	虽然不太记得, 但…。 Suīrán bú tài jìdé, dàn…. 쑤이란 부 타이 지더, 딴
잘 모르겠습니다. 아 마….	不是很清楚, 大概…。 Búshì hěn qīngchǔ, dàgài…. 부스 헌 칭추, 다까이

07 마무리하는 표현

그러니까….	所以说…。 Suǒyǐ shuō…. 쑤워이 수워
하여간….	反正…。 Fǎnzhèng…. 판쩡

어쨌든….	不管怎么说…。 Bùguǎn zěnmeshuō…. 부꽈안 쩐머수워
바꿔 말하면….	换句话说…。 Huànjùhuàshuō…. 환쥐화수워
결국은….	结果…。 Jiéguǒ…. 지에꾸워
요컨대….	总而言之…。 Zǒng'éryánzhī…. 쫑얼엔쯔

기본 인사

감정 표현

화술 표현

주제별 화제

사교

해외 여행

비즈니스

왕초보 실생활 **중국어회화 + 기본패턴**

PART
04

. . . . . .

주제별 화제

分主题话题

Fēn zhǔtí huàtí
퍼언주티 화팅

다양한 화젯거리를 잘 애기할 수 있으면 좋은 인상을 줄 수 있다. 그리고 문화적 배경이 다른 사람들이 모여 애기할 때는 서로 다른 점을 어느 정도 알고 있어야 실례를 범하지 않을 것이다. 특히 한국인이 주의해야 할 점은 처음 만난 자리에서 너무 개인적인 질문은 실례라고 생각해야 한다. 그리고 외모에 대한 부정적인 의견은 금물이다.

날씨 · 계절

天气 · 季节

Tiānqì, Jìjié

티엔치, 지지에

날씨 얘기로 대화의 실마리를 여는 것은 국적 불문이다. 중국은 우리나라보다 훨씬 넓은 국토를 갖고 있으니까 지역마다 기후 차이가 있다. 북부 지역 날씨 는 우리나라와 같지만 남부 지역은 습기를 머금어 겨울에는 몹시 춥고, 여름에 는 답답하게 느껴진다.

01 날씨 표현

오늘 날씨 어때요?	今天天气怎么样? Jīntiān tiānqì zěnmeyàng? 찐티엔 티엔치 쩐머양
날씨가 좋아요.	天气很好。 Tiānqì hěn hǎo. 티엔치 헌 하오
흐린 날씨예요.	是阴天。 Shì yīn tiān. 스 인 티엔
화창해요.	风和日丽。 Fēng hé rì lì. 펑 허 르 리
이런 날씨가 지속되 면 좋겠네요.	要一直是这样的天气就 好了。 Yào yìzhí shì zhèyàng de tiānqì jiù hǎole. 야오 이쯔 스 쩌양 더 티엔치 찌우 하오러

날씨가 좋아서 기쁘다.	因为天气好, 所以心情也好。 Yīnwèi tiānqì hǎo, suǒyǐ xīnqíng yě hǎo. 인웨이 티엔치 하오, 쑤위이씬칭 예 하오
그다지 날씨가 좋지 않네요.	天气不是很好。 Tiānqì búshì hěn hǎo. 티엔치 부스 헌 하오
또 비가 올 것 같네요.	好像又要下雨了。 Hǎoxiàng yòu yào xiàyǔle. 하오시앙 요우 야오 싸위러
상당히 따뜻하군요.	非常暖和。 Fēicháng nuǎnhuo. 페이창 누안휘
세찬 비군요.	真是一场暴雨。 Zhēnshi yìchǎngbàoyǔ. 쩡스 이창빠우위
오후엔 갤 거야.	下午会转晴的。 Xiàwǔ huì zhuǎnqíngde. 싸우 후이 쭈완칭더

02 일기예보

오늘은 날씨가 어때요?	今天天气怎么样? Jīntiān tiānqì zěnme yàng? 찐티엔 티엔치 쩐머 양

기본 인사 / 감정 표현 / 화술 표현 / 주제별 화제 / 사교 / 해외 여행 / 비즈니스

오늘 일기예보는?	**今天的天气预报怎么说的?** Jīntiān de tiānqì yùbào zěnme shuō de? 찐티엔 더 티엔치 위빠오 쩐머 수워 더
일기예보에 의하면 내일은 비가 온대요.	**天气预报说明天会下雨。** Tiānqì yùbào shuō míngtiān huì xiàyǔ. 티엔치 위빠오 수워 밍티엔 후이 싸위
신문의 예보는 어떻 게 되어 있어요?	**报纸上的预报是怎么说的?** Bàozhǐ shàng de yùbào shì zěnme shuō de? 빠오쯔 상 더 위빠오 스 쩐머 수워 더
내일은 날씨가 좋아 질까요?	**明天天气会变好吗?** Míngtiān tiānqì huì biàn hǎo ma? 밍티엔 티엔치 후이 비엔 하오 마
예보로는 맑고 때로 흐린답니다.	**天气预报说是晴天, 有时 多云。** Tiānqì yùbào shuō shì qíngtiān, yǒushí duōyún. 티엔치 위빠오 수워 스 칭티엔, 요우스 두워윈
요즘 날씨가 변덕스 럽지 않나요?	**最近的天气是不是变化 无常?** Zuìjìn de tiānqì shì búshì biànhuà wúcháng? 쮀찐 더 티엔치 스 부스 비엔화 우창
점점 흐려지네요.	**天慢慢阴下来了。** Tiān màn mān yīn xiàláile. 티엔 만 만 인 싸 라이러

03 바람이 불 때

저녁엔 폭풍이 가라 앉겠지요.	晚上暴风会停吧。 Wǎnshàng bàofēng huì tíng ba. 완상 빠오펑 후이 팅 바
제법 바람이 부는군요.	风挺大的。 Fēng tǐng dà de. 펑 팅 다 더
바람이 완전히 멎었습니다.	风完全停了。 Fēng wánquán tíngle. 펑 완취엔 팅러
밖에는 바람이 세차겠죠?	外面风很大吧? Wàimiàn fēng hěn dà ba? 와이미엔 펑 헌 다 바
바람이 심하게 불고 있군요.	风好大啊。 Fēng hǎo dà a. 펑 하오 다 아
날씨가 개었어요.	天晴了。 Tiān qíngle. 티엔 칭러

당장이라도 비가 내릴 것 같군요.	好像马上要下雨了。 Hǎoxiàng mǎshàng yào xiàyǔle. 하이시앙 마상 야오 쌰위러
비는 내리지 않을 겁니다.	不会下雨的。 Búhuì xiàyǔ de. 부후이 쌰위 더
이슬비가 내릴 것 같습니다.	好像要下小雨了。 Hǎoxiàng yào xià xiǎoyǔle. 하오시앙 야오 쌰 샤오위러
억수같이 쏟아질 것 같다.	好像要下大雨了。 Hǎoxiàng yào xià dàyǔle. 하오시앙 야오 쌰 다위러
그냥 지나가는 비예요.	只是阵雨。 Zhǐshì zhènyǔ. 쯔스 쩐위
만일을 위해 우산을 가지고 가세요.	以防万一还是带着雨伞吧。 Yǐfángwànyī háishì dàizhe yǔsǎnba. 이팡완이 하이스 따이저 위싼바
제 우산 속으로 들어오시겠어요?	到我的伞里来吧。 Dào wǒde sǎnlǐ láiba. 따오 워더 싼리 라이바
우산을 빌려도 되겠습니까?	可以借用一下雨伞吗? Kěyǐ jièyòng yíxià yǔsǎn ma? 커이 지에용 이쌰 위싼 마

이제 비가 그쳤습니까?	现在雨停了吗? Xiànzài yǔ tíngle ma? 시엔짜이 위 팅러 마
아직 내리고 있습니다.	还在下。 Hái zài xià. 하이 짜이 쌰
하지만 곧 그칠 겁니다.	但是马上就要停了。 Dànshì mǎshàng jiùyào tíngle. 단 스 마상 찌우야오 팅러
여기서 비를 피합시다.	在这儿躲雨吧。 Zài zhèr duǒ yǔ ba. 짜이 쩌얼 두워 위 바

05 따뜻한 날씨

따뜻한 봄을 좋아해요.	喜欢温暖的春天。 Xǐhuan wēnnuǎn de chūntiān. 시환 원누안 더 춘티엔
따뜻하니 기분이 좋네요.	很暖和, 所以心情也好。 Hěn nuǎnhuo, suǒyǐ xīnqíng yě hǎo. 헌 누안훠, 쑤워이 씬칭 예 하오
날이 온화하군요.	天气很暖和。 Tiānqì hěn nuǎnhuo. 티엔치 헌 누안훠

기본 인사

감정 표현

회화 표현

주제별 화제

사교

해외 여행

비즈니스

199

오늘은 따뜻하네요.	今天挺暖和的。 Jīntiān tǐng nuǎnhuo de. 쩐티엔 팅 누안훠 더
이 시기로선 제법 따 뜻하네요.	就这个季节来说够暖和的。 Jiù zhège jìjié lái shuō gòu nuǎnhuo de. 쩌우 쩌거 지지에 라이 수워 거우 누안훠 더
점점 따뜻해지는군요.	慢慢暖和了。 Mànmān nuǎnhuole. 만만 누안훠러
이제 곧 따뜻해지겠 지요.	很快就要暖和了。 Hěnkuài jiùyào nuǎnhuole. 헌콰이 찌우야오 누안훠러
덥군요.	挺热的。 Tǐng rè de. 팅 러 더
오늘은 상당히 덥네요.	今天非常热。 Jīntiān fēicháng rè. 쩐티엔 페이창 러
벌써 무척 덥네요.	都已经这么热了。 Dōu yǐjīng zhème rèle. 떠우 이찡 쩌머 러러
오늘도 또 더워질 것 같아요.	今天好像更热了。 Jīntiān hǎoxiàng gèng rèle. 쩐티엔 하오시앙 껑 러러

| 무덥군요. | 很闷热。
Hěn mēnrè.
헌 먼러 |
| 이런 더위는 견딜 수 없어요. | 热得无法忍受了。
Rè de wúfǎ rěnshòule.
러 더 우파 런서우러 |

06 서늘하거나 추운 날씨

시원해서 기분이 좋네요.	因为很凉爽, 所以心情很好。 Yīnwèi hěn liángshuǎng, suǒyǐ xīnqíng hěn hǎo. 인웨이 헌 리앙수왕, 쑤워이 씬칭 헌 하오
이 지방은 대체로 시원해서 쾌적하군요.	这地方一般都很凉快, 所以很舒服。 Zhè dìfang yìbān dōu hěn liángkuài, suǒyǐ hěn shūfú. 쩌 디팡 이빤 떠우 헌 리앙콰이, 쑤워이 헌 수푸
시원해졌네요.	变凉快了。 Biàn liángkuài le. 비엔 리앙콰이러
좀 추워졌네요.	有点儿变冷了。 Yǒu diǎnr biàn lěngle. 요우 띠엔얼 비엔 렁러

기본 인사

감정 표현

회술 표현

주제별 화제

사교

해외 여행

비즈니스

201

쌀쌀하군요.	有点儿冷。 Yǒudiǎn er lěng. 요우띠엔 얼 렁
저는 추워 죽겠습니다.	我快冷死了。 Wǒ kuài lěng sǐle. 워 콰이 렁 쓰러
상당히 추워졌네요.	变得非常冷了。 Biàn dé fēicháng lěngle. 비엔 더 페이창 렁러

07　계절에 대한 화제

어느 계절을 제일 좋 아하세요?	最喜欢什么季节? Zuì xǐhuan shénme jìjié? 쮀 시환 선머 지지에
완전히 봄이군요.	完全就是春天呢。 Wánquán jiùshì chūntiān ne. 완취엔 찌우스 춘티엔 너
다시 봄이 돌아와 기 쁘군요.	又到春天了, 心情很好。 Yòu dào chūntiān le, xīnqíng hěn hǎo. 요우 따오 춘티엔 러, 씬칭 헌 하오
벚꽃은 지금이 한창 때입니다.	现在是樱花盛开的季节。 Xiànzài shì yīnghuā shèngkāi de jìjié. 시엔짜이 스 잉화 성카이 더 지지에

여름방학이 기다려집니다.	就等着放暑假呢。 Jiù děngzhe fàng shǔjià ne. 찌우 떵쩌 팡 수찌야 너
장마에 진입했습니다.	进入梅雨季节了。 Jìnrù méiyǔ jìjiéle. 찐루 메이위 지지에러
장마가 끝나서 다행이군요.	梅雨季节终于结束了。 Méiyǔ jìjié zhōngyú jiéshùle. 메이위 지지에 쫑위 지에수러
오늘 불쾌지수는 얼마입니까?	今天的不适指数是多少? Jīntiān de búshì zhǐshù shì duō shǎo? 찐티엔 더 부스 쯔수 스 뚜오 사오
가을 날씨는 변덕스러워요.	秋天天气多变。 Qiūtiān tiānqì duō biàn. 치우티엔 티엔치 뚜우 비엔
태풍이 다가오고 있습니다.	台风要来了。 Táifēng yào láile. 타이펑 야오 라이러
나뭇잎이 모조리 단풍 들었습니다.	树叶都红了。 Shùyè dōu hóngle. 수예 떠우 홍러
밖에는 눈이 내리고 있어요.	外面正在下雪。 Wàimiàn zhèngzài xiàxuě. 와이미엔 쩡짜이 싸쉐

203

| 어젯밤에는 서리가 내렸습니다. | 昨晚下了霜。
Zuówǎn xiàle shuāng.
쭈워완 싸러 수왕 |
| 봄기운이 느껴지지 않아요? | 有没有感觉到春天的气息?
Yǒuméiyǒu gǎnjuédào chūntiān de qìxī?
요우메이요우 깐줴따오 춘티엔 더 치시 |

기본 인사

감정 표현

화술 표현

주제별 화제

사교

해외 여행

비즈니스

Unit
02

시간 · 날짜

时间 · 日期

Shíjiān, Rìqí
스찌엔, 르치

'시간'은 중국어로 时间(shíjiān), 小时(xiǎoshí) 두 가지 표현이 있다. "몇 시간 잤어요?"라고 물을 때는 睡了几个小时?(Shuìle jǐgè xiǎoshí?)로 표현해야 하고 "시간이 정말 빨리 가요."라고 감탄할 때는 时间过得真快啊。(Shíjiān guò de zhēn kuài a.)로 표현해야 한다. 그리고 15분은 一刻(yíkè)을, 30분은 半(bàn)을 가리킨다.

01 시간을 말할 때

지금 몇 시죠?	现在几点了? Xiànzài jǐdiǎnle? 시엔짜이 지띠엔러
정확히 몇 시인가요?	准确时间是几点? Zhǔnquè shíjiān shì jǐ diǎn? 쭌췌 스찌엔 스 지 띠엔
8시 5분입니다.	8点零5分。 Bā diǎn líng wǔ fēn. 빠 띠엔 링 우 펀
정각 9시입니다.	9点整。 Jiǔ diǎn zhěng. 찌우 띠엔 쩡
금방 정오가 됩니다.	马上就到中午了。 Mǎshàng jiù dào zhōngwǔle. 마상 찌우 따오 쫑우러

7시가 넘었어요.	**7点多了。** Qī diǎn duōle. 치 띠엔 두워러
이미 11시 10분이 지났어요.	**已经过了11点10分了。** Yǐjīng guòle shíyīdiǎn shífēn le. 이징 꾸워러 스이띠엔 스펀 러
9시 10분 전입니다.	**9点差10分。** Jiǔdiǎn chà shífēn. 찌우띠엔 차 스펀
2시가 조금 지났습니다.	**2点多一点儿。** liǎngdiǎn duō yìdiǎnr. 리앙띠엔 두워 이띠엔얼
시간은 3시 반입니다.	**时间是3点半。** Shíjiān shì sāndiǎnbàn. 스찌엔 스 싼띠엔빤
내 시계는 정확합니다.	**我的表很准。** Wǒde biǎo hěn zhǔn. 워더 비아오 헌 쭌
내 시계는 11시입니다.	**我的表是11点。** Wǒde biǎo shì shíyī diǎn. 워더 비아오 스 스이 띠엔
당신 시계는 좀 빠른 것 같습니다.	**你的表好像有点快了。** Nǐde biǎo hǎoxiàng yǒudiǎn kuàile. 니더 비아오 하오시앙 요우띠엔 콰이러

이 시계는 몇 초밖에 늦지 않습니다.	这个表(钟)只晚了几秒钟。 Zhège biǎo(zhōng) zhǐ wǎnle jǐmiǎozhōng. 쩌거 비아오 (쫑) 쯔 완러 지미아오쫑 * 表는 손목시계이고 钟은 시계를 말한다.
내 시계는 뭔가 이상한 것 같습니다.	我的表好像有点问题。 Wǒde biǎo hǎoxiàng yǒudiǎn wèntí. 워더 비아오 하오시앙 요우띠엔 원티
알람을 7시에 맞춰놨는데 울리지 않았습니다.	闹钟设的是7点, 但是没有响。 Nàozhōng shède shì qīdiǎn, dànshì méiyǒu xiǎng. 나오쫑 서더 스 치띠엔, 딴스 메이요우 시앙
인터넷 쇼핑에서 구입한 시계입니다.	在网上买的表(钟)。 Zài wǎngshàng mǎide biǎo(zhōng). 짜이 완시앙 마이더 비아오(쫑) * 表는 손목시계, 钟은 시계를 말한다.
이제 슬슬 나갈 시간입니다.	现在是要准备出去的时间了。 Xiànzài shì yào zhǔnbèi chūqù de shíjiānle. 시엔짜이 스 야오 쭌뻬이 추취 더 스찌엔러
몇 시에 만나?	几点见? Jǐdiǎn jiàn? 지띠엔 찌엔
시간이 다 됐어.	时间到了。 Shíjiān dàole. 스찌엔 따오러

기본 인사

감정 표현

회술 표현

주제별 화제

사교

해외 여행

비즈니스

시간은 돈이다.	时间就是金钱。 Shíjiān jiùshì jīnqián. 스찌엔 찌우 스 찐치엔

02 연월일을 말할 때

오늘이 무슨 요일이죠?	今天是星期几? Jīntiān shì xīngqījǐ? 찐티엔 스 씽치지
오늘이 몇 월 며칠이죠?	今天是几月几号? Jīntiān shì jǐ yuè jǐ hào? 찐티엔 스 지 웨 지 하오
몇 년생이죠?	几几年生的? Jǐ jǐ nián shēng de? 지 지 니엔 성 더
1968년생입니다.	1968年生的。 Yī jiǔ liù bā nián shēng de. 이 찌우 리우 빠 니엔 성 더
모레는 돌아오겠습니다.	后天回来。 Hòutiān huílái. 허우티엔 후이라이
시험은 언제부터입니까?	考试从什么时候开始? Kǎoshì cóng shénmeshíhou kāishǐ? 카오스 총 선머스허우 카이스

일주일 후는 목요일 20일입니다.

一个星期后, 星期四, 20号。
Yígè xīngqī hòu, xīngqīsì, èrshíhào.
이거 씽치 허우, 씽치쓰, 얼스하오

마감은 6월 말입니다.

到6月底结束。
Dào liùyuèdǐ jiéshù.
따오 리우웨디 지에수

제 생일은 11월 30일입니다.

我的生日是11月30号。
Wǒde shēngri shì shíyī yuè sānshí hào.
워더 성르 스 스이 웨 싼스 하오

다음 모임은 7월 15일 화요일입니다.

下次的聚会时间是7月15日星期二。
Xiàcì de jùhuì shíjiān shì qī yuè shíwǔ rì xīngqī'èr.
쌰츠 더 쥐후이 스찌엔 스 치 웨 스우 르 씽치얼

우리 휴가가 언제 시작이지?

我们的休假从什么时候开始?
Wǒmen de xiūjià cóng shénmeshíhou kāishǐ?
워먼 더 씨우찌야 총 선머스허우 카이스

보통 월요일에서 금요일까지 영업합니다.

一般星期一到星期五营业。
Yìbān xīngqīyī dào xīngqīwǔ yíngyè.
이빤 씽치이 따오 씽치우 잉예

8월 25일까지 끝낼 수 있으세요?

8月25号前可以完成吗?
Bā yuè èrshíwǔ hào qián kěyǐ wánchéng ma?
빠 웨 얼스우 하오 치엔 커이 완청 마

월초엔 바쁩니다.

月初很忙。
Yuèchū hěn máng.
웨추 헌 망

이 표는 6일간 유효합니다.	这个表有效期是6天。 Zhège biǎo yǒuxiàoqī shì liùtiān. 쩌거 비아오 요우샤오치 스 리우티엔

03 때를 말할 때

언제 가세요?	什么时候走? Shénmeshíhou zǒu? 선머스허우 쪼우
언제 거기 갔어요?	什么时候去的那里? Shénmeshíhou qùde nàlǐ? 선머스허우 취더 나리
언제 그걸 알았죠?	什么时候知道的那件事? Shénmeshíhou zhīdàode nà jiàn shì? 선머스허우 쯔따오더 나 찌엔 스
언제 서울에 도착했습니까?	什么时候到的首尔? Shénmeshíhou dàode shǒu'ěr? 선머스허우 따오더 서우얼
가장 편한 시간은 언제세요?	什么时候最方便? Shénmeshíhou zuì fāngbiàn? 선머스허우 쮀 팡비엔

세 시는 어때요?	三点怎么样? Sāndiǎn zěnmeyàng? 싼띠엔 쩐머양
언제 그녀를 만날 겁니까?	什么时候见她? Shénmeshíhòu jiàn tā? 선머스허우 찌엔 타

04 장소 말하기

지금 어디에 있습니까?	现在在哪里? Xiànzài zài nǎlǐ? 시엔짜이 짜이 나리
어디 갔었나요?	去了哪里? Qùle nǎlǐ? 취러 나리
여기가 어디입니까?	这是哪里? Zhè shì nǎlǐ? 쩌 스 나리
어디 사십니까?	住在哪里? Zhù zài nǎlǐ? 쭈 짜이 나리

기본 인사

감정 표현

활술 표현

주제별 회제

시교

해외 여행

비즈니스

211

어디 가세요?	去哪里? Qù nǎlǐ? 취 나리
어디 가고 싶어요?	想去哪里? Xiǎng qù nǎlǐ? 시앙 취 나리
어디에서 만날까요?	在哪里见面? Zài nǎlǐ jiànmiàn? 짜이 나리 찌엔미엔
당신 회사는 어디입니까?	您的公司在哪里? Nínde gōngsī zài nǎlǐ? 닌더 꿍쓰 짜이 나리
어디 출신이세요?	您是哪里人? Nín shì nǎlǐ rén? 닌 스 나리 런
출구는 어디입니까?	出口在哪里? Chūkǒu zài nǎlǐ? 추커우 짜이 나리
어제는 어디 있었어요?	昨天在哪里的? Zuótiān zài nǎlǐ de? 쭈워티엔 짜이 나리 더
그걸 어디서 샀어요?	那个在哪里买的? Nàgè zài nǎlǐ mǎide? 나거 짜이 나리 마이더

어디서 태어나셨어요?	在哪里出生的? Zài nǎlǐ chūshēng de? 짜이 나리 추성 더
어디서 그걸 봤나요?	在哪里看到过那个? Zài nǎlǐ kàndàoguò nàgè? 짜이 나리 칸따오꾸워 나거

기본 인사

감정 표현

회술 표현

주제별 화제

사교

해외 여행

비즈니스

개인적인 화제

个人话题
Gèrén huàtí
거런 화티

문화적 배경이 다른 사람들이 모여 얘기할 때는 서로 다른 점을 어느 정도 알고 있어야 실례를 범하지 않을 것이다. 중국은 지역 차이가 커서 어느 지역 사람에겐 나이, 결혼 여부, 자녀, 직업 등에 대해서는 조심해야 하지만 또 다른 지역에서는 편하게 얘기할 수 있다. 그래서 중국의 지역적인 특징을 잘 파악해야 한다.

---

01 | 가족에 대한 이야기

가족에 대해 말씀해 주시겠습니까?	**可以说说您的家人吗?** Kěyǐ shuōshuo nínde jiārén ma? 커이 수워수워 닌더 찌야런 마
가족은 몇 분이나 됩니까?	**家里有几口人?** Jiāli yǒu jǐ kǒu rén? 찌아리 요우 지 커우 런
저희는 대가족입니다.	**我们家是个大家庭。** Wǒmen jiā shìgè dàjiātíng. 위먼 찌아 스거 다찌야팅
부모님과 함께 사십니까?	**和父母一起住吗?** Hé fùmǔ yìqǐ zhù ma? 허 푸무 이치 쭈마
가족과 함께 자주 외출하십니까?	**和家人常常一起出去吗?** Hé jiārén chángcháng yìqǐ chūqù ma? 허 찌야런 창창 이치 추취 마

결혼은 하셨습니까?	结婚了吗? Jiéhūn le ma? 지에훈 러 마
자녀는 있습니까?	有孩子吗? Yǒu háizi ma? 요우 하이쯔 마
초등학생 딸이 하나 있습니다.	有一个上小学的女儿。 Yǒu yígè shàng xiǎoxué de nǚ'ér. 요우 이거 상 샤오쉐 더 뉘얼
아이는 없습니다.	没有孩子。 Méiyǒu háizi. 메이요우 하이쯔
형제자매는 있으십니까?	有兄弟姐妹吗? Yǒu xiōngdìjiěmèi ma? 요우 씨옹디지에메이 마
형제는 몇 분입니까?	有几个兄弟姐妹? Yǒu jǐgè xiōngdìjiěmèi? 요우 지거 시옹디지에메이
남동생은 나이가 몇 입니까?	弟弟多大了? Dìdi duōdàle? 디디 두워다러
여동생은 뭘 합니까?	妹妹是干什么的? Mèimei shì gànshénme de? 메이메이 스 깐선머 더

왕멍은 제 절친한 친구입니다.	王蒙是我的好朋友。 Wángméng shì wǒde hǎopéngyou. 왕멍 스 워더 하오펑요우
우리는 사이가 좋습니다.	我们关系很好。 Wǒmen guānxi hěn hǎo. 위먼 꽌시 헌 하오
왕멍은 당신 친구지요?	王蒙是你的朋友吧? Wángméng shì nǐde péngyou ba? 왕멍 스 니더 펑요우 바
왕샤오 양은 언제부터 아는 사이였습니까?	什么时候认识王晓的? Shénmeshíhòu rènshí Wángxiǎo de? 선머스허우 런스 왕샤오 더
왕멍 씨는 제 동료입니다.	王蒙是我的同事。 Wángméng shì wǒde tóngshì. 왕멍 스 워더 통스
이 회사에서 제일 친한 사람은 누구입니까?	这个公司里您和谁关系最好? Zhège gōngsī lǐ nín hé shuí guānxi zuì hǎo? 쩌거 꿍쓰 리 닌 허 수이 꽌시 쮀 하오
당신 이외에 외국인 친구가 없습니다.	除了您以外, 没有外国朋友。 Chúle nín ycwài, méiyǒu wàiguó péngyou. 추러 닌 이와이, 메이요우 와이꾸워 펑요우

03 출신지에 대하여

어디 출신이세요?	在哪里出生的? Zài nǎlǐ chūshēng de? 짜이 나리 추성 더
저는 충남 출신입니다.	我是忠南人。 Wǒ shì zhōngnán rén. 워 스 쫑난 런
부여에서 태어나 서울에서 자랐습니다.	我在扶馀出生, 在首尔长大。 Wǒ zài fúyú chūshēng, zài shǒu'ěr zhǎng dà. 워 짜이 푸위 추성, 짜이 서우얼 짱 따
고교 시절까지 춘천에서 살았습니다.	一直到高中都住在春川。 Yìzhí dào gāozhōng dōu zhùzài chūnchuān. 이쯔 따오 까오쫑 떠우 쭈짜이 춘추완
부모님은 아직 목포에 계십니다.	父母还住在木浦。 Fùmǔ hái zhù zài mùpǔ. 푸무 하이 쭈 짜이 무푸
저희 집안은 원래 제주도 출신입니다.	我家原来在济州岛。 Wǒ jiā yuánlái zài jìzhōudǎo. 워 찌야 위엔라이 짜이 지쩌우따오
매년 고향의 조상님 산소에 참배합니다.	每年都回家乡去祖先的墓前祭拜。 Měinián dōu huí jiāxiāng qù zǔxiān de mùqián jìbài. 메이니엔 떠우 후이 찌야시앙 취 쭈시엔 더 무치엔 지빠이

기본 인사

감정 표현

희술 표현

주제별 화제

사교

해외 여행

비즈니스

217

어디 사십니까?	住在哪里? Zhù zài nǎlǐ? 쭈 짜이 나리
어느 동네에 사십니까?	住在哪个社区? Zhù zài nǎge shèqū? 쭈 자이 나거 서취
몇 번지에 사십니까?	住在几号? Zhù zài jǐ hào? 쭈 짜이 지 하오
직장에서 얼마나 떨어져 있습니까?	离工作的地方有多远? Lí gōngzuò de dìfang yǒu duō yuǎn? 리 꿍쭈워 더 디팡 요우 두워 위엔
숲은 많지만 출퇴근에는 불편합니다.	树木虽然很多, 但上下班不方便。 Shùmù suīrán hěnduō, dàn shàngxiàbān bù fāngbiàn. 수무 쑤이란 헌두워, 딴 상싸빤 부 팡비엔
주택 단지에서 새로 생긴 빌딩으로 옮겼습니다.	搬去了住宅小区里新盖的楼。 Bān qùle zhùzhái xiǎoqū lǐ xīn gài de lóu. 빤 취러 쭈짜이 샤오취 리 씬 까이 더 러우
여기에서 7년간 살고 있습니다.	在这里住了7年了。 Zài zhèlǐ zhùle qī niánle. 짜이 쩌리 쭈러 치 니엔러

05 주거 환경에 대하여

독신자 전용연립에 살고 있습니다.	**住在单身公寓里。** Zhù zài dānshēn gōngyù lǐ. 쭈 짜이 딴선 꿍위 리
좁아서 놀랐죠?	**比较小, 很意外吧?** Bǐjiào xiǎo, hěn yìwài ba? 비찌아오 샤오, 헌 이 와이 바
전형적인 원룸 맨션 입니다.	**典型的单间花园楼。** Diǎnxíng de dānjiān huāyuán lóu. 띠엔씽 더 딴찌엔 화위엔 러우
주방, 욕실, 화장실은 있습니다.	**有厨房, 浴室, 卫生间。** Yǒu chúfáng, yùshì, wèishēngjiān. 요우 추팡, 위스, 웨이성찌엔
도회지 집세는 비싸 서요.	**城市的房价很高。** Chéngshì de fángjià hěn gāo. 청스 더 팡찌야 헌 까오
셋집을 찾아야 합니다.	**要找出租房。** Yào zhǎo chūzūfáng. 야오 짜오 추쭈팡
부모님도 아파트에 사십니다.	**父母也住在公寓里。** Fùmǔ yě zhù zài gōngyù lǐ. 푸무 예 쭈 짜이 꿍위 리
전부 해서 방이 몇 개 있습니까?	**房间一共有几个?** Fángjiān yígòng yǒu jǐ gè? 팡찌엔 이꿍 요우 지 거

기본 인사

감정 표현

활술 표현

주제별 화제

사교

해외 여행

비즈니스

2층 건물로 작은 방이 세 개 있습니다.	是个两层楼的房子,有3个小房间。 Shìge liǎng céng lóu de fángzi, yǒu sān ge xiǎo fángjiān. 스거 량 청 러우 더 팡쯔, 요우 싼 거 샤오 팡찌엔
멋진 집이군요.	房子真漂亮。 Fángzi zhēn piàoliang. 팡쯔 전 피아오 리앙
건축하는 데 돈이 많이 들었겠어요.	建的时候花了不少钱吧。 Jiàn de shíhou huā le bùshǎo qián ba. 찌엔 더 스허우 화 러 부사오 치엔 바
1층에 거실과 식당이 있습니다.	1楼是客厅和餐厅。 Yīlóu shì kètīng hé cāntīng. 이러우 스 커팅 허 찬팅
이 방 넓이는 어때요?	这个房间宽度怎么样? Zhège fángjiān kuāndù zěnmeyàng? 쩌거 팡찌엔 쿠완뚜 쩐머양
이 방은 햇볕이 잘 듭니다.	这个房间阳光充足。 Zhège fángjiān yángguāng chōngzú. 쩌거 팡찌엔 양꽈앙 총쭈
이 방엔 미닫이가 붙은 벽장이 두 개 있습니다.	这个房间有两个有推拉门的壁橱。 Zhège fángjiān yǒu liǎnggè yǒu tuīlā mén de bìchú. 쩌거 팡찌엔 요우 리앙거 요우 투이라 먼 더 삐추

06 종교에 대하여

당신의 종교는 무엇입니까?

您信什么教?
Nín xìn shénme jiào?
닌 씬 선머 찌아오

저는 무신론자입니다.

我是无神论者。
Wǒ shì wúshénlùn zhě.
워 스 우선룬 쩌

저는 불교도입니다.

我是佛教信徒。
Wǒ shì fójiào xìntú.
워 스 포찌아오 씬투

저는 이슬람교 신자입니다.

我是伊斯兰教信徒。
Wǒ shì yīsīlánjiào xìntú.
워 스 이쓰란찌아오 씬투

저는 기독교 신자입니다.

我是基督教信徒。
Wǒ shì jīdūjiào xìntú.
워 스 지두찌아오 씬투

저는 천주교 신자입니다.

我是天主教信徒。
Wǒ shì tiānzhǔjiào xìntú.
워 스 티엔쭈찌아오 씬투

신의 존재를 믿으세요?

相信神的存在吗?
Xiāngxìn shén de cúnzài ma?
시앙씬 선 더 춘짜이 마

부처님을 믿어 보지 않을래요?

试试信佛吧!
Shìshi xìn fó ba!
스스 씬 푸오 바

종교는 싫습니다.	不喜欢宗教。 Bù xǐhuān zōngjiào. 부 시환 쭝찌아오
예수님은 어떤 분이 었나요?	耶稣是个怎么样的人？ Yēsū shì ge zěnmeyàng de rén? 예쑤 스 거 전머양 더 런
한국에선 종교를 갖 고 있어도 차별은 없 습니다.	在韩国就算信教也不会 被区别对待。 Zài hánguó jiùsuàn xìnjiào yě bú huì bèi qūbié duìdài. 짜이 한꾸워 찌우쑤완 씬찌아오 예 부 후이 뻬이 취비에 뚜이따이
종교가 다르다고 차 별하는 나라도 있습 니다.	也有因为宗教不同就被 区别对待的国家。 Yěyǒu yīnwèi zōngjiào bùtóng jiù bèi qūbié duìdài de guójiā. 예요우 인웨이 쭝찌아오 부퉁 찌우 뻬이 취비에 뚜이따이 더 꾸워찌야
학교에서 종교를 가르 치는 것은 안됩니다.	在学校传教是不行的。 Zài xuéxiào chuánjiào shì bùxíng de. 짜이 쉐샤오 추완찌아오 스 부씽 더
종교 얘기는 그만두자.	不要再说关于宗教的话 题了。 Búyào zàishuō guānyú zōngjiào de huàtíle. 부야오 짜이 수워 꽈안위 쭝찌아오 더 화티러

학교 · 학력

学校 · 学历

Xuéxiào, Xuélì

쉐샤오, 쉐리

학생은 대부분의 시간을 학교에서 보내기 때문에 학교생활에 대한 대화가 많은 부분을 차지한다. 중국은 우리와 마찬가지로 초등학교(小学 xiǎoxué) 6년, 중학교(初中 chūzhōng, 中学 zhōngxué) 3년, 고등학교(高中 gāozhōng) 3년, 대학교(大学 dàxué) 4년을 기본으로 하고 있지만 일부 지역은 변형된 학제를 운영하기도 한다. 우리와 다른 점은 9월에 신학기가 시작되어 이듬해 7월에 끝나는 2학기제로 운영된다는 것이다. 또한 우리나라처럼 사교육이 발달하지 않아서 학원을 다니는 학생들은 소수에 불과하다.

01 학력에 관한 질문

어느 대학에 다니세요?	上哪所大学? Shàng nǎ suǒ dàxué? 상 나 쑤워 다쉐
비타민 대학에 다닙니다.	上vitamin大学。 Shàng Vitamin dàxué. 상 vitamin 다쉐
전공은 무엇입니까?	是什么专业? Shì shénme zhuānyè? 스 션머 쭈완예
경제학을 전공합니다.	专业是经济学。 Zhuānyè shì jīngjìxué. 쭈완예 스 찡지쉐
서양 미술을 전공합니다.	专业是西方美术。 Zhuānyè shì xīfāngměishù. 쭈완예 스 시방메이수

우측 탭: 기본 인사 / 감정 표현 / 회화 표현 / 주제별 화제 / 사교 / 해외 여행 / 비즈니스

국제 정치를 전공합니다.	专业是国际政治。 Zhuānyè shì guójì zhèngzhì. 쭈안예 스 꿔찌 쩡쯔
대학은 이미 졸업했습니다.	已经大学毕业了。 Yǐjīng dàxué bìyèle. 이찡 다쉐 삐예러
어느 대학을 나오셨나요?	是哪所大学毕业的? Shì nǎ suǒ dàxué bìyè de? 스 나 쑤워 다쉐 삐예 더 * 毕业는 '졸업하다'의 뜻이다.
어느 학교 출신입니까?	哪所大学毕业的? Nǎ suǒ dàxué bìyè de? 나 쑤워 다쉐 삐예 더
비타민 대학 출신입니다.	Vitamin大学毕业的。 Vitamin dàxué bìyè de. Vitamin 다쉐 삐예 더
무엇을 전공하셨습니까?	学的是什么专业? Xué de shì shénme zhuānyè? 쉐 더 스 선머 쭈안예
대학원에서 문학을 전공하고 석사 학위를 땄습니다.	读的是文学专业的研究生,并且拿到了硕士学位。 Dú de shì wénxué zhuānyè de yánjiūshēng, bìngqiě nádàole shuòshìxuéwèi. 두 더 스 원쉐 쭈안예 더 옌찌우셩, 삔체 나다오러 수워스쉐웨이

학부와 대학원에서 중국 문학을 전공했습니다.	大学本科和研究生都是中国文学专业。 Dàxué běnkē hé yánjiūshēng dōu shì zhōngguó wénxué zhuānyè. 따쉐 본크어 허 옌찌우셩 도우 스 쫑꿔윈쉐 쭈안예

02 학교 생활

무슨 동아리에 들었어요?	参加了什么社团? Cānjiāle shénme shètuán? 찬찌야러 선머 서투완
어느 동아리에 소속되어 있습니까?	参加了哪个社团? Cānjiāle nǎge shètuán? 찬찌야러 나거 서투완
학창시절 무슨 동아리 활동을 했어요?	做学生时参加过什么社团活动? Zuò xuéshēng shí cānjiāguò shénme shètuán huódòng? 쭈워 쉐성 스 찬찌야꾸워 선머 서투완 휘똥
아르바이트는 하고 있니?	在打工吗? Zài dǎgōng ma? 짜이 다꿍 마

기본 인사

감정 표현

활술 표현

주제별 회제

사교

해외 여행

비즈니스

가정교사를 하고 있어요. 일주일에 세 번 가르칩니다.	在做家教。一个星期上三次课。 Zài zuò jiājiào. Yígè xīngqī shàng sāncì kè. 짜이 쭈워 찌야찌아오 이거 씽치 상 싼츠 커 * 上课는 '수업하다'의 뜻이고 上三次课는 '세 번 가르치다'의 뜻이다.
졸업하면 어떻게 할 건가요?	毕业后想做什么？ Bìyè hòu xiǎng zuò shénme? 삐예 허우 샹 쭤 선머
아직 정하지 않았습니다.	还没定。 Hái méi dìng. 하이 메이 띵

03 학교와 학생

학생이세요?	是学生吗？ Shì xuéshēng ma? 스 쉐셩 마
몇 학년이세요?	几年级？ Jǐ niánjí? 지 니엔 지
4학년입니다.	4年级。 Sì niánjí. 쓰 니엔지

내년에 졸업합니다.	明年毕业。 Míngnián bìyè. 밍니엔 삐예
학교는 집에서 가까 워요?	学校离家近吗? Xuéxiào lí jiā jìn ma? 쉐샤오 리 찌야 찐 마
학교까지는 뭘로 통 학하세요?	怎么去学校? Zěnme qù xuéxiào? 전머 취 쉐샤오
전철로 한 시간 정도 걸립니다.	坐地铁要一个小时左右。 Zuò dìtiě yào yígè xiǎoshí zuǒyòu. 쭈워 디티에 야오 이거 샤오스 쭈워요우
지금 다니는 학교는 어때요?	现在上的学校怎么样? Xiànzài shàng de xuéxiào zěnmeyang? 시엔짜이 상 더 쉐샤오 전머양
무척 만족합니다.	非常满意。 Fēicháng mǎnyì. 페이창 만이
캠퍼스는 넓고 조용 해요.	校区又大又安静。 Xiàoqū yòu dà yòu ānjìng. 샤오취 요우 따 요우 안찡
이 학교는 남녀공학 입니까?	这所学校是男女混合学 校吗? Zhè suǒ xuéxiào shì nánnǚ hùnhé xuéxiào ma? 쩌 쑤워 쉐샤오 스 난뉘 훈허 쉐샤오 마

기본 인사 | 감정 표현 | 화술 표현 | 주제별 화제 | 사교 | 해외 여행 | 비즈니스

저게 도서관입니까?	那是图书馆吗? Nà shì túshūguǎn ma? 나 스 투수꽈안 마
식당도 있나요?	也有食堂吗? Yěyǒu shítáng ma? 예요우 스탕 마
운동장은 상당히 넓 군요.	运动场相当大啊。 Yùndòngchǎng xiāngdāng dà a. 윈똥창 시앙땅 따 아

04 공부와 시험

언제부터 중간고사가 시작됩니까?	什么时候期中考试? Shénme shíhòu qīzhōng kǎoshì? 선머 스허우 치쫑 카오스
내일부터 기말고사입 니다.	期末考试从明天开始。 Qīmò kǎoshì cóng míngtiān kāishǐ. 치모 카오스 총 밍티엔 카이스
시험 공부는 했어요?	复习考试了吗? Fùxí kǎoshì le ma? 푸시 카오스 러 마
벼락치기로 공부할 수밖에 없어요.	只能临时抱佛脚了。 Zhǐ néng línshíbàofójiǎole. 쯔 넝 린스빠오포오찌아오러

228

밤새 공부해야 해요.	得熬夜学习。 Děi áoyè xuéxí. 데이 아오예 쉐시
이번 시험은 어땠나요?	这次的考试怎么样? Zhè cì de kǎoshì zěnme yàng? 쩌 츠 더 카오스 쩐머 양
상당히 어려웠어요.	非常难。 Fēicháng nán. 페이창 난
예상 외로 쉬웠습니다.	比预想的简单。 Bǐ yùxiǎng de jiǎndān. 비 위시앙 더 찌엔딴
합격했습니다.	合格了。 Hégéle. 허거러
불합격했어요.	没合格。 Méi hégé. 메이 허거
그는 우수한 학생이었습니다.	他原来是个优等生。 Tā yuánlái shì ge yōuděngshēng. 타 위엔라이 스 거 요우떵성
학교 성적은 그리 좋지 않았어요.	在校时的成绩不是很好。 Zài xiào shí de chéngjì búshì hěnhǎo. 짜이 샤오 스 더 청지 부스 헌하오

그는 반에서 한번도 1등을 한 적은 없어요.	他从没有在班上拿过第一名。 Tā cóng méiyǒu zài bānshàng náguò dìyīmíng. 타 총 메이요우 짜이 빤상 나꾸워 디이밍

05 교실에서 하는 말

칠판을 잘 보세요.	请看黑板。 Qǐng kàn hēibǎn. 칭 칸 헤이빤
뭔가요? 얘기하세요.	什么？ 说吧。 Shénme? Shuō ba. 션머? 수워 바
잘 읽고 나서 대답하세요.	看过之后回答。 Kànguò zhīhòu huídá. 칸꾸워 쯔허우 후이다
5쪽까지 읽으세요.	读到第五页。 Dú dào dìwǔyè. 두 따오 디우예
칠판의 글씨를 쓰세요.	写黑板上的字。 Xiě hēibǎnshàng de zì. 시에 헤이빤상 더 쯔
13페이지를 펴세요.	把书翻到第13页。 Bǎ shū fāndào dì shísān yè. 바 수 판따오 디 스싼 예

책을 덮으세요.	把书合上。
	Bǎ shū hé shàng.
	바 수 허 상

여러분, 잘 들립니까?	大家听得清吗？
	Dàjiā tīng de qīng ma?
	다찌야 팅 더 칭 마

뒤에서도 잘 보입니까?	后面也看得清吗？
	Hòumiàn yě kàn de qīng ma?
	허우미엔 예 칸 더 칭 마

알겠습니까?	知道了吗？
	Zhīdàole ma?
	쯔따오러 마

질문은 없습니까?	有没有问题？
	Yǒuméiyǒu wèntí?
	요우메이요우 원티

잠깐 쉽시다.	暂时休息一下。
	Zànshí xiūxi yíxià.
	짠스 씨우시 이쌰

시작합시다.	开始吧。
	Kāishǐ ba.
	카이스 바

오늘은 이만 마치겠어요.	今天就到这里。
	Jīntiān jiù dào zhèlǐ.
	찐티엔 찌우 따오 쩌리

기본 인사

감정 표현

회술 표현

주제별 회제

사교

해외 여행

비즈니스

231

취미 · 취향

兴趣 · 爱好
Xìngqù, Àihào
씽취, 아이하오

동성이든 이성이든 상대의 호감을 사고 친밀하게 다가가고 싶으면 같은 취미를 공유하는 것이 좋다. 그리고 상대가 좋아하는 취향도 중요하지만 싫어하는 취향을 알아두는 것은 더욱 중요하다. 좋아한다는 표현은 喜欢(xǐhuan), 강조하면 很喜欢(hěn xǐhuan) / 非常喜欢(fēicháng xǐhuan) / 特别喜欢(tèbié xǐhuan)라고 한다.

---

01 취미를 말할 때

뭔가 취미가 있으세요?	**你的兴趣爱好是什么?** Nǐ de xìngqùàihào shì shénme? 니 더 씽취아이하오 스 션머
나는 낚시를 아주 좋아합니다.	**我非常喜欢钓鱼。** Wǒ fēicháng xǐhuan diàoyú. 워 페이창 시환 띠아오위
골동품 수집에 관심이 있습니다.	**我对收集古董很感兴趣。** Wǒ duì shōují gǔdǒng hěn gǎnxìngqù. 워 뚜이 서우지 구똥 헌 간씽취
재즈를 좋아하세요?	**喜欢爵士乐吗?** Xǐhuan juéshìyuè ma? 시환 줴스웨 마
노래를 잘하시네요.	**歌唱得真好。** Gē chàngde zhēn hǎo. 거 창더 쩐 하오

저는 음치입니다.	我五音不全。 Wǒ wǔyīnbùquán. 워 우인부취엔
내 취미는 플라모델 만들기입니다.	我的兴趣爱好是制作飞机模型。 Wǒ de xìngqùàihào shì zhìzuò fēijī móxíng. 워 더 씽취아이하오 스 쯔쭈워 페이지 모씽

02 취향 - 좋아함

좋아해. / 마음에 들어.	喜欢。 Xǐhuan. 시환
피자를 무척 좋아해.	非常喜欢披萨。 Fēicháng xǐhuan pīsà. 페이창 시환 피싸
이 옷, 마음에 들어.	这件衣服，我喜欢。 Zhè jiàn yīfú, wǒ xǐhuan. 쩌 찌엔 이푸, 워 시환
새 차는 마음에 들었니?	对新车还满意吗? Duì xīnchē hái mǎnyì ma? 뚜이 씬처 하이 만이 마

나는 포도주보다 맥주를 좋아합니다.	比起葡萄酒我更喜欢啤酒。 Bǐ qǐ pútáojiǔ wǒ gèng xǐhuan píjiǔ. 삐 치 푸타오찌우 워 껑 시환 피찌우
북경 오리구이를 좋아하게 됐어.	喜欢上了北京烤鸭。 Xǐhuanshàngle běijīngkǎoyā. 시환상러 베이징카오야
매운 카레가 좋아졌어.	喜欢上辣的咖喱了。 Xǐhuanshàng làde gālíle. 시환상 라더 까리 러
점점 그녀가 좋아졌어.	慢慢喜欢上她了。 Mànmān xǐhuanshàng tā le. 만만 시환상 타 러
야구에 관심을 갖게 되었어.	对棒球有了兴趣。 Duì bàngqiú yǒu le xìngqù. 뚜이 빵치우 요우 러 씽취 * '관심'은 중국어로 직역하면 关心(guānxīn 꽌신)인데 실제로는 兴趣를 많이 쓴다. 예를 들면 有兴趣(yǒuxìngqù 요우 씽취) / 感兴趣(gǎnxìngqù 깐 씽취, 관심이 있다), 有了兴趣 / 产生了兴趣(yǒule xìngqù 요우러 씽취) / (chǎnshēngle xìngqù 창성러 씽취, 관심을 갖게 되었다)
관심 있어.	有兴趣。 Yǒuxìngqù. 요우씽취 感兴趣。 Gǎnxìngqù. 깐씽취
이거 재미있을 거 같아.	这个好像会很有意思。 Zhège hǎoxiàng huì hěn yǒuyìsi. 쩌거 하오시앙 후이 헌 요우이쓰

이건 정말 재미있어.	这个真的很有意思。 Zhège zhēnde hěn yǒuyìsi. 쩌거 쩐더 헌 요우이쓰
만족이야.	满意。 Mǎnyì. 만이

03 취향- 싫어함

이거 마음에 안 들어.	不喜欢这个。 Bù xǐhuan zhège. 부 시환 쩌거
그건 별로 안 좋아해.	不太喜欢那个。 Bú tài xǐhuan nàge. 부 타이 시환 나거
나는 안 좋아해.	我不喜欢。 Wǒ bù xǐhuan. 워 부 시환
아주 싫어!	很不喜欢! Hěn bù xǐhuan! 헌 부 시환
	很讨厌! Hěn tǎoyàn! 헌 타오옌

기본 인사

감정 표현

회술 표현

주제별 화제

사교

해외 여행

비즈니스

| 이거 싫은데. | 讨厌这个。
Tǎoyàn zhège.
타오옌 쩌거 |
| 그와는 만나고 싶지
도 않아. | 也不想见到他。
Yě bùxiǎng jiàn dào tā.
예 부시앙 찌엔 따오 타 |

스포츠 화제

体育运动话题

Tǐyù yùndòng huàtí

티위 윈똥 화티

스포츠를 잘하면 영웅 대접을 받는 시대인데, 아마추어로서 스포츠를 즐기는 방법도 다양하다. 누구라도 마음 먹으면 동아리에 들어가 단체 운동을 할 수가 있다. 직접 하는 것이 싫으면 축구나 야구를 보러 함께 가는 것도 친목을 높이는 방법이다.

기본 인사

감정 표현

의술 표현

주제별 화제

사교

해외 여행

비즈니스

01   스포츠 화제

어떤 운동을 하십니까?	做什么运动? Zuò shénme yùndòng? 쭈워 선머 윈똥
시간이 있으면 뭔가 운동을 합니다.	有时间的时候去运动。 Yǒu shíjiān de shíhou qù yùndòng. 요우 스찌엔 더 스호우 취 윈똥
스포츠라면 뭐든지 합니다.	只要是运动都做。 Zhǐyào shì yùndòng dōu zuò. 쯔야오 스 윈똥 떠우 쭈워
골프와 야구를 합니다.	打高尔夫和棒球。 Dǎ gāo'ěrfū hé bàngqiú. 다 까오얼푸 허 빵치우
배드민턴과 탁구를 합니다.	打羽毛球和乒乓球。 Dǎ yǔmáoqiú hé pīngpāngqiú. 다 위마오치우 허 핑팡치우

요즘 스쿼시를 시작 했습니다.	最近开始打壁球了。 Zuìjìn kāishǐ dǎ bìqiúle. 쮀찐 카이스 다 삐치우러
여름엔 수영하러, 겨울엔 스키나 스케이트를 타러 갑니다.	夏天游泳, 冬天滑雪或滑冰。 Xiàtiān yóuyǒng, dōngtiān huáxuě huò huábīng. 싸티엔 요우용, 뚱티엔 화쉐 훠 화삥
실내 스포츠가 좋다고 생각합니다.	觉得室内运动比较好。 Juéde shìnèi yùndòng bǐjiào hǎo. 줴더 스네이 윈뚱 삐찌아오 하오
가족과 배드민턴을 치는 게 즐겁습니다.	喜欢和家人一起打羽毛球。 Xǐhuan hé jiārén yìqǐ dǎ yǔmáoqiú. 시환 허 찌야런 이치 다 위마오치우
팀으로 하는 운동을 좋아합니다.	我喜欢团队式运动。 Wǒ xǐhuan tuánduìshì yùndòng. 워 시환 투완뚜이스 윈뚱
전에는 볼링을 좋아했습니다.	以前喜欢打保龄球。 Yǐqián xǐhuan dǎ bǎolíngqiú. 이치엔 시환 다 빠오링치우
어릴 때부터 등산을 좋아했습니다.	从小时候开始就喜欢登山。 Cóng xiǎoshíhòu kāishǐ jiù xǐhuan dēngshān. 총 샤오스 허우 카이스 찌우 시환 떵산
지금은 등산에 빠져 있습니다.	现在喜欢登山。 Xiànzài xǐhuan dēngshān. 시엔짜이 시환 떵산

팀으로 하는 스포츠는 별로 하지 않습니다.	不太参加团队运动。 Bú tài cānjiā tuánduì yùndòng. 부타이 찬찌야 투완뚜이 윈똥
볼링 같은 개인 스포츠를 좋아합니다.	喜欢像打保龄球这样的个人运动。 Xǐhuanxiàng dǎ bǎolíngqiú zhèyàng de gèrén yùndòng. 시환시앙 다 빠오링치우 쩌양 더 거런 윈똥
사이클과 승마를 좋아합니다.	喜欢骑车和骑马。 Xǐhuan qíchē hé qímǎ. 시환 치처 허 치마
탁구 칠 줄 아세요?	会打乒乓球吗? Huì dǎ pīngpāngqiú ma? 후이 다 핑팡치우 마
스포츠엔 관심이 없습니다.	我对运动不感兴趣。 Wǒ duì yùndòng bù gǎn xìngqù. 워 뚜이 윈똥 부 깐 씽취
저는 운동을 잘 못합니다.	我不擅长运动。 Wǒ bú shàncháng yùndòng. 워 부 산창 윈똥
걷기는 건강에 좋습니다.	走路对健康有好处。 Zǒulù duì jiànkāng yǒu hǎochù. 쪼우루 뚜이 찌엔캉 요우 하오추

기본 인사

감정 표현

회술 표현

주제별 화제

사교

해외 여행

비즈니스

239

골프 예약을 할 수 있습니까?

打高尔夫球可以预约吗?
Dǎ gāo'ěrfū qiú kěyǐ yùyuē ma?
다 까오얼 푸 치우 커이 위 웨마

물론입니다. 언제 오시겠습니까?

当然, 什么时候来?
Dāngrán, shénmeshíhou lái?
땅란, 선머스허우 라이

10시에 시작하신다면 가능합니다.

10点开始的话是可以的。
Shí diǎn kāishǐ dehuà shì kěyǐ de.
스 띠엔 카이스 더 화 스 커이 더

장비를 빌릴 수 있습니까?

可以借装备吗?
Kěyǐ jiè zhuāngbèi ma?
커이 지에 쭈왕뻬이 마

1인당 얼마입니까?

一个人多少钱?
Yígèrén duōshǎo qián?
이거런 두워사오 치엔

그 외에 요금은 있습니까?

除此以外还有费用吗?
Chúcǐyǐwài hái yǒu fèiyòng ma?
추츠이와이 하이 요우 페이용 마

카트 한 대 비용은 100위안입니다.

一个手推车的费用是100元。
Yígè shǒutuīchē de fèiyòng shì yì bǎi yuán.
이거 서우 투이쳐 더 페이용 스 이바이 위안

03 　스포츠 관전

이번 주말 황산에 가지 않을래요?	这个周末去黄山怎么样? Zhège zhōumò qù Huángshān zěnmeyàng? 쩌거 쪼우머 취 황산 쩐머양
어디와 어디의 시합입니까?	是哪儿和哪儿的比赛? Shì nǎ'er hé nǎ'er de bǐsài? 스 나얼 허 나얼 더 삐싸이
복싱 시합 보는 거 좋아합니까?	喜欢看拳击比赛吗? Xǐhuan kàn quánjī bǐsài ma? 시환 칸 취엔지 삐싸이 마
전 TV로 프로야구 중계 보는 걸 좋아합니다.	我喜欢看电视上播的职业棒球赛。 Wǒ xǐhuan kàn diànshì shàng bō de zhíyè bàngqiú sài. 워 시환 칸 띠엔스 상 보 더 쯔예 빵치우 싸이
어느 팀이 이길 것 같습니까?	哪个队会赢? Nǎge duì huì yíng? 나 거 뚜이 후이 잉
지금 점수가 어떻게 됐어요?	现在的分数怎么样了? Xiànzài de fēnshù zěnmeyàngle? 시엔짜이 더 펀수 쩐머양러
누가 이기고 있죠?	谁领先了? Shuí lǐngxiānle? 수이 링 시엔러

자이언츠는 누가 등 판할까?	巨人队谁会出场呢? Jùrénduì shuí huì chūchǎng ne? 쥐런뚜이 수이 후이 추창 너
잘 맞추셨네요.	猜得很准。 Cāi de hěn zhǔn. 차이 더 헌 쭌
그 경기는 무승부로 끝났어요.	这场比赛平局。 Zhè chǎng bǐsài píngjú. 쩌 창 삐싸이 핑쥐
이거 재미있어지는군요.	这变得有意思了。 Zhè biàn de yǒuyìsi le. 쩌 비엔 더 요우이쓰 러
9회말이 되었습니다.	第九回合快结束了。 Dì jiǔ huíhé kuài jiéshù le. 띠 찌우 후이허 콰이 찌예수 러
만루입니다.	是满垒。 Shì mǎnlěi. 스 만레이
매우 접전이었어요.	是一场激烈的拉锯战。 Shì yìchǎng jīliè de lājùzhàn. 스 이창 지리에 더 라쮜짠
타이거즈에 기회가 왔군요.	老虎队的机会来了。 Lǎohǔduì de jīhuì láile. 라오후뚜이 더 찌후이 라이러
타자는 누구입니까?	击球手是谁? Jīqiúshǒu shì shuí? 지치우서우 스 수이

다음 시합은 어느 팀입니까?	下一场比赛是哪个队? Xiàyìchǎng bǐsài shì nǎge duì? 쌰이창 삐싸이 스 나거 뚜이
야구는 투수가 제일 중요합니다.	棒球投手是最重要的。 Bàngqiú tóushǒu shì zuì zhòngyào de. 빵치우 터우 서우 스 쮀이 쫑 야오더
야구는 시합 시간이 너무 길다.	棒球的比赛时间太长。 Bàngqiú de bǐsài shíjiān tài cháng. 빵치우 더 삐싸이 스 찌엔 타이 창
4번 이기면 우승입니다.	4号如果赢了的话就获胜了。 Sìhào rúguǒ yíngle dehuà jiù huòshèngle. 쓰하오 루꾸워 잉러 더화 찌우 훠 성러
오늘은 홈런을 보고 싶어.	今天想看本垒打。 Jīntiān xiǎng kàn běilěidǎ. 찐티엔 시앙 칸 뻔레이다

04 여러 가지 스포츠 경기

취권을 보신 적이 있습니까?	看过醉拳吗? Kànguò zuìquán ma? 칸꾸워 쮀이취엔 마
영국에선 야구를 하지 않습니다.	英国不打棒球。 Yīngguó bù dǎ bàngqiú. 잉꾸워 부 다 빵치우

기본 인사 · 감정 표현 · 화술 표현 · 주제별 화제 · 사교 · 해외 여행 · 비즈니스

243

야구는 가장 인기 있는 스포츠입니다.	棒球是最受欢迎的运动。 Bàngqiú shì zuì shòu huānyíng de yùndòng. 빵치우 스 쮀 서우 환잉 더 윈똥
기숙사 룸메이트가 아이스하키 선수입니다.	宿舍室友是冰球选手。 Sùshè shìyǒu shì bīngqiú xuǎnshǒu. 쑤서 스요우 스 삥치우 쉬엔서우
요즘엔 축구에 관심이 있습니다.	最近对足球感兴趣。 Zuìjìn duì zúqiú gǎn xìngqù. 쮀진 뚜이 쭈치우 깐 씽 취
스키 같은 겨울 스포츠를 좋아합니다.	喜欢滑雪这样的冬季运动。 Xǐhuan huáxuě zhèyàng de dōngjì yùndòng. 시환 화쉐쩌양 더 똥찌 윈똥
2002년 월드컵으로 축구를 좋아하게 되었습니다.	是2002年的世界杯让我喜欢上的足球。 Shì èr líng líng èr nián de shìjièbēi ràng wǒ xǐhuan shàng de zúqiú. 스얼링링얼 니엔 더 스지엔뻬이 랑 워 시환 상 더 쭈치우
여름에는 다이빙, 요트 등을 하러 갑니다.	夏天去跳水, 坐快艇等。 Xiàtiān qù tiàoshuǐ, zuò kuàitǐng děng. 쌰티엔 취 티아오수이, 쭈워 콰이팅 떵

기본 인사
감정 표현
활용 표현
주제별 회제
사교
해외 여행
비즈니스

Unit 07 여가 활동

娱乐活动
Yúlèhuódòng
위 러 휘 똥

중국에서 여가 시간은 주로 TV 시청이나 외식을 하지만 차 문화가 발달하여 차를 마시며 카드놀이를 즐기거나 이야기를 나누는 모습도 쉽게 볼 수 있다. 아침, 저녁에는 많은 사람들이 공원에 모여 태극권이나 음악에 맞춰 춤을 추는 경우도 많다. 최근에는 급속한 경제 성장에 따라 골프나 해외 관광 등 레저 활동이 늘고 있다.

01 바둑 게임

한 게임 하시겠어요?	要来下一盘吗? Yào lái xià yì pán ma? 야오 라이 쌰 이 판마
기력이 어떻게 되시죠?	下了几年棋了? Xiàle jǐnián qí le? 쌰러 찌니엔 치 러
저는 5급입니다.	我是5级。 Wǒ shì wǔ jí. 워 스 우지
그럼 호선으로 두는 거죠?	那么是要自选吗? Nàme shì yào zìxuǎn ma? 나머 스 야오 쯔 쉬엔 마
세점 접바둑입니다.	三点让子棋。 Sān diǎn ràng zǐ qí. 싼띠엔 랑 쯔치

245

여기가 급소라는 걸 아셨나요?	知道这里是要害之处吗? Zhīdào zhèlǐ shì yàohài zhī chù ma? 쯔따오 쩌리 스 야오하이 쯔 추마
바둑은 초등학생들에게 인기가 있습니다.	围棋受小学生的欢迎。 Wéiqí shòu xiǎoxuéshēng de huānyíng. 웨이치 서우샤오쉐셩 더 환잉
그 수는 무리수다.	这步棋走得没道理。 Zhè bù qí zǒu de méi dàolǐ. 쩌부 치 쪼우 더 메이 따오리

02 낚시하기

이 근처에선 뭐가 낚입니까?	在这附近钓什么鱼? Zài zhè fùjìn diào shénme yú? 짜이 쩌 푸찐 띠아오 선머 위
성과는 어땠어요?	成果怎么样? Chéngguǒ zěnme yàng? 청꾸워 쩐머 양
이 낚싯대는 아주 편리하네.	这个钓鱼竿很方便。 Zhège diàoyúgān hěn fāngbiàn. 쩌거 띠아오위깐 헌 팡비엔
어서 릴을 감아!	快点收线! Kuàidiǎn shōu xiàn! 콰이띠엔 서우시엔

아이고! 낚싯줄이 끊어졌어.	哎呦!鱼线断了。 Āi yōu! Yú xiàn duànle. 아이요우 위 시엔 뚜완러
끊어지지 않도록 줄을 풀었다가 감았다 밀당이 필요해.	为了防止不被拉断, 要反复放线收线。 Wèile fángzhǐ bú bèi lā duàn, yào fǎnfù fàng xiàn shōu xiàn. 웨이러 팡쯔 부뻬이라뚜완, 야오판푸 팡시엔 서우시엔
낚싯줄은 어떻게 그렇게 튼튼한가요?	钓鱼线怎么会这么结实? Diàoyúxiàn zěnme huì zhème jiēshi? 띠아오위시엔 쩐머 후이 쩌머 지에스

03 등산하기

등산은 멋진 취미입니다.	登山是很酷的爱好。 Dēngshān shì hěn kù de àihào. 떵산 스 헌 쿠 더 아이하오
등산을 위해 등산화와 옷을 샀어요.	为了登山买了登山鞋和登山服。 Wèile dēngshān mǎile dēngshān xié hé dēngshān fú. 웨이러 떵산 마이러 떵산 시에 허 떵산 푸
등산을 하니까 체력이 좋아졌어요.	登山让体力变好了。 Dēngshān ràng tǐlì biàn hǎole. 떵산 랑 티리 비엔 하오러

기본 인사

감정 표현

회술 표현

주제별 화제

사교

해외 여행

비즈니스

한달에 한 번 같이 올라가자.	每个月一起爬一次山吧。 Měigeyuè yìqǐ pá yícì shān ba. 메이거웨 이치 파 이치 산 바
정상까지는 30분 남았어.	登上山顶还需要30分钟。 Dēng shàng shāndǐng hái xūyào sānshí fēnzhōng. 떵상 산띵 하이 쉬야오 싼스 펀언쫑
정상에서 바라보는 경치는 환상적이야.	在山顶上看到的景色真是梦幻般的。 Zài shāndǐng shàng kàndào de jǐngsè zhēnshi mènghuàn bān de. 짜이 산띵 상 칸따오 더 찡써 쩐스 멍환빤더
정상에서는 뭐든지 맛있어.	在山上什么都好吃。 Zài shānshang shénme dōu hǎo chī. 짜이 산상 선머 떠우 하오츠
산의 날씨는 변덕이 심해.	山上天气多变。 Shānshang tiānqì duō biàn. 산상 티엔치 떠우 비엔
안개가 개고 있어.	雾正在散去。 Wù zhèngzài sànqù. 우 쩡짜이 산취
황산에 오르려면 이틀 걸려.	要登上黄山的话需要两天。 Yào dēng shàng Huángshān dehuà xūyào liǎng tiān. 야오 떵 상 황산 더화 쉬야오 리앙티엔

체력에 맞게 천천히 오르는 것이 안전해.	根据体力慢慢爬是最安全的。 Gēnjù tǐlì mànmanpá shì zuì ānquán de. 껀쥐 티리 만만파 스 쮀 안취엔 더
산에서 눈이 오면 아주 위험해.	山上下雪的话是很危险的。 Shānshang xiàxuě dehuà shì hěn wēixiǎn de. 산상 쌰쒜 더화 스 헌 웨이시엔 더
어느 산에 오르고 싶니?	想爬什么山? Xiǎng pá shénme shān? 시앙 파 선머 산

04 신문과 잡지

무슨 신문을 구독하십니까?	订阅什么报纸? Dìngyuè shénme bàozhǐ? 띵 웨 선머 빠오쯔
인민일보를 구독하고 있습니다.	订阅了人民日报。 Dìngyuèle rénmínrìbào. 띵웨러 런민르바오
중국 신문 중 어느 게 제일 좋다고 생각합니까?	你觉得中国的报纸中哪个最好? Nǐ juéde zhōngguó de bàozhǐ zhōng nǎge zuì hǎo? 니 쉐 더 쫑꾸워 더 빠오쯔 쭝 나거 쮀 하오

기본 인사

감정 표현

화술 표현

주제별 화제

사교

해외 여행

비즈니스

광고와 만화를 대충 보고 사설을 읽습니다.	广告和漫画大概看一下, 社论会仔细看。
	Guǎnggào hé mànhuà dàgài kàn yíxià, shèlùn huì zǐxì kàn.
	꽈앙까오 허 만화 다까이 칸 이쌰, 서룬 후이 쯔시 칸

* '읽다'는 직역하면 读(dú 뚜)인데 여기서는 仔细看(자세히 보다)가 더 어울린다.

신문은 헤드라인만 읽습니다.	看新闻只看标题。
	Kàn xīnwén zhǐ kàn biāotí.
	칸 씬원 쯔 칸 비아오티

어떤 잡지를 좋아합니까?	喜欢哪种杂志?
	Xǐhuan nǎ zhǒng zázhì?
	시환 나 쫑 짜쯔

재미있는 잡지를 소개해 주시겠습니까?	能给我介绍点儿有趣的杂志吗?
	Néng gěi wǒ jièshào diǎnr yǒuqù de zázhì ma?
	넝 게이 워 지에사오띠엔 얼 요우취 더 짜쯔 마

* '~해 주다'는 给我로 표현해야 하고 点儿는 '조금'이라는 뜻이다.

05 TV 시청

텔레비전을 자주 보세요?	经常看电视吗?
	Jīngcháng kàn diànshì ma?
	찡창 칸 띠엔스 마

집에 오면 먼저 TV를 켭니다.	一到家先开电视。 Yídàojiā xiān kāi diànshì. 이따오찌야 시엔 칸 띠엔스
어떤 TV 프로그램을 좋아하십니까?	喜欢什么电视节目? Xǐhuan shénme diànshì jiémù? 시환 선머 띠엔스 지에무
미국 드라마를 좋아합니다.	喜欢美国电视剧。 Xǐhuan měiguó diànshìjù. 시환 메이꾸워 띠엔스쮜
예약 녹화는 좀 복잡하네.	录像预约有点复杂。 Lùxiàng yùyuē yǒudiǎn fùzá. 루시앙 위웨 요우띠엔 푸짜
이 프로는 도움이 돼요.	这个节目很有帮助。 Zhège jiémù hěn yǒu bāngzhù. 쩌거 지에무 헌 요우 빵쭈
뉴스 프로만 봐요.	我只看新闻。 Wǒ zhǐ kàn xīnwén. 워 쯔 칸 씬원
이런 프로는 시간 낭비야.	看这种节目是浪费时间。 Kàn zhè zhǒng jiémù shì làngfèi shíjiān. 칸 쩌 쭝 지에무 스 랑페이 스찌엔
나는 TV를 전혀 안 봐.	我完全不看电视。 Wǒ wánquán bú kàn diànshì. 워 완취엔 부 칸 띠엔스

기본 인사

감정 표현

회술 표현

주제별 화제

사교

해외 여행

비즈니스

251

그게 언제 방송되죠?	那个什么时候放? Nàge shénmeshíhou fàng? 나거 선머스호우 팡
TV를 켜주실래요?	可以把电视打开吗? Kěyǐ bǎ diànshì dǎkāi ma? 커이 빠 띠엔스 다카이 마
지금 텔레비전에서 뭐하나요?	现在电视里在放什么? Xiànzài diànshì lǐ zài fàng shénme? 시엔짜이 띠엔스 리 짜이 팡 선머
다음 프로가 뭐죠?	下一个节目是什么? Xià yígè jiémù shì shénme? 쌰 이거 지에무 스 선머
채널을 바꾸자.	换个台吧。 Huàn ge tái ba. 환 거 타이 바
리모컨이 어디 있죠?	遥控器在哪儿? Yáokòngqì zài nǎr? 야오콩치 짜이 나 얼
리모컨 좀 줘 봐.	把遥控器给我。 Bǎ yáokòngqì gěi wǒ. 바 야오콩치 게이 워
TV를 끌까요?	要关电视吗? Yào guān diànshì ma? 야오 꽈안 띠엔스 마

볼륨 좀 낮춰 봐.	把声音开小点儿。 Bǎ shēngyīn kāi xiǎo diǎnr. 바 성인 카이 샤오 띠엔 얼
이게 재미있니?	这个有意思吗? Zhège yǒuyìsi ma? 쩌거 요우이쓰 마
연속극을 좋아합니다.	喜欢连续剧。 Xǐhuan liánxùjù. 시환 리엔쉬쥐
이 연속극이 젊은 여성에게 인기가 있어요.	这部电视剧受年轻女性的欢迎。 Zhè bù diànshìjù shòu niánqīng nǚxìng de huānyíng. 쩌 부 띠엔스쥐 서우 니엔칭 뉘씽 더 환잉

기본 인사

감정 표현

회술 표현

주제별 화제

사교

해외 여행

비즈니스

253

08 문화생활

文化生活

Wénhuàshēnghuó

원화 선 후오

영화나 음악은 일반인들이 손쉽게 즐길 수 있고 깊이 있는 지식을 쌓기에도 좋은 취미가 된다. 국적을 초월하여 누구와도 대화할 수 있는 소재이므로 좋아하는 음악가나 영화를 중국어로 알아두면 좋겠다. 또한 중국 소설을 읽어두면 중국인과의 대화에 좋은 소재가 되며 훌륭한 어학 교재로도 활용할 수 있다.

01 영화 이야기

어떤 영화를 좋아하세요?	喜欢什么电影? Xǐhuan shénme diànyǐng? 시환 선머 띠엔잉
액션 영화를 좋아합니다.	喜欢动作片。 Xǐhuan dòngzuòpiàn. 시환 똥쭈워피엔
그 영화는 어땠습니까?	那部电影怎么样? Nà bù diànyǐng zěnmeyàng? 나 부 띠엔잉 쩐머양
영화를 자주 보러 갑니까?	经常去看电影吗? Jīngcháng qù kàn diànyǐng ma? 찡창 취 칸 띠엔잉 마
영화 보러 거의 가지 않아요.	几乎不去看电影。 Jīhū bú qù kàn diànyǐng. 지후 부 취 칸 띠엔잉

저는 영화광입니다.	我是电影迷。 Wǒ shì diànyǐng mí. 워 스 띠엔잉 미
가장 좋아하는 영화 배우는 누구예요?	最喜欢的电影演员是谁? Zuì xǐhuan de diànyǐng yǎnyuán shì shuí? 쭈이 시환 더 띠엔잉 옌위엔 스 수이
그 영화의 주연은 누 구입니까?	那部电影的主演是谁? Nà bù diànyǐng de zhǔyǎn shì shuí? 나 부 띠엔잉 더 쭈옌 스 수이
지금 어떤 영화를 하 고 있나요?	现在在播什么电影? Xiànzài zài bō shénme diànyǐng? 시엔짜이 짜이 보 선머 띠엔잉
최근에 본 영화는 무 엇입니까?	最近看过什么电影? Zuìjìn kànguò shénme diànyǐng? 쮀찐 칸꾸워 선머 띠엔잉
주말에 영화관에 가 실래요?	周末去电影院怎么样? Zhōumò qù diànyǐngyuàn zěnmeyàng? 쪼우모 취 띠엔잉위엔 쩐머양
〈쇼생크 탈출〉을 누 가 감독했죠?	〈肖申克的救赎〉的导演 是谁? 〈Xiàoshēnkè de jiùshú〉 de dǎoyǎn shì shuí? 〈샤오선커 더 찌우수〉 더 따오옌 스 수이
그 영화는 자막이 있 나요?	那个电影有字幕吗? Nàge diànyǐng yǒu zìmù ma? 나거 띠엔잉 요우 쯔무 마

기본 인사

감정 표현

회술 표현

주제별 회제

사교

해외 여행

비즈니스

좌석이 매진되었어요.	票卖光了。 Piào mài guāng le. 피아오 메이 꽈앙 러

취미는 음악 감상입니다.	我的爱好是听音乐。 Wǒ de àihào shì tīng yīnyuè. 워 더 아이하오 스 팅 인웨
어떤 음악을 좋아하세요?	喜欢哪种音乐? Xǐhuan nǎ zhǒng yīnyuè? 시환 나 쫑 인웨
다양한 음악을 듣습니다.	听各种音乐。 Tīng gèzhǒng yīnyuè. 팅 거쫑 인웨
클래식을 좋아합니다.	喜欢古典音乐。 Xǐhuan gǔdiǎn yīnyuè. 시환 구띠엔 인웨
드보르작의 〈신세계〉를 대단히 좋아합니다.	非常喜欢德沃夏克的〈新世界〉。 Fēicháng xǐhuan déwòxiàkè de 〈xīn shìjiè〉. 페이창 시환 더워쌰커 더 〈씬 스지에〉

256

현대 음악은 도무지 모르겠습니다.	完全不懂现代音乐。 Wánquán bù dǒng xiàndài yīnyuè. 완취엔 부 똥 시엔따이 인웨
기타 곡이라면 아무 거나 좋아합니다.	只要是吉他弹的曲子都喜欢。 Zhǐyào shi jítā tán de qǔzi dōu xǐhuān. 쯔야오 스 지타 딴 더 취쯔 떠우 시환
실내악보다 관현악을 좋아합니다.	比起室内乐更喜欢管弦乐。 Bǐ qǐ shìnèiyuè gèng xǐhuan guǎnxiányuè. 비 치 스네이웨 껑 시환 꽈안시엔웨
비틀즈 노래 중 몇 개를 아주 좋아합니다.	非常喜欢披头士乐队的几首歌。 Fēicháng xǐhuan pītóushì yuèduì de jǐ shǒu gē. 페이창 시환 피터우스 웨뚜이 더 지 서우 더
뭔가 음악을 켤까요?	要放什么音乐? Yào fàng shénme yīnyuè? 야오 팡 선머 인웨
오늘밤 리사이틀은 몇 시부터입니까?	今天晚上独奏音乐会几点开始? Jīntiān wǎnshang dúzòu yīnyuèhuì jǐ diǎn kāishǐ? 찐티엔 완상 두쪼우 인웨후이 지 띠엔 카이스
한국 민요를 한 곡 불러주시겠습니까?	能唱一首韩国民谣吗? Néng chàng yìshǒu hánguó mínyáo ma? 넝 창 이서우 한꾸워 민야오 마

기본 인사

감정 표현

회술 표현

주제별 화제

사교

해외 여행

비즈니스

저는 음치라서요.	我五音不全。 Wǒ wǔyīnbùquán. 워 우인부취엔
뭔가 악기를 연주하 세요?	演奏什么乐器? Yǎnzòu shénme yuèqì? 옌쪼우 선머 웨치
피아노는 조금 칠 줄 압니다.	会弹一点儿钢琴。 Huì dàn yìdiǎnr gāngqín. 후이 딴 이띠엔 얼 깡친
제일 좋아하는 가수 가 누구예요?	最喜欢的歌手是谁? Zuì xǐhuan de gēshǒu shì shuí? 쭈이 시환 더 거서우 스 수이
등려군을 아주 좋아 합니다.	非常喜欢邓丽君。 Fēicháng xǐhuan Dènglìjūn. 페이창 시환 덩리쥔
제일 좋아하는 가수 는 비욘세입니다.	最喜欢的歌手是碧昂丝。 Zuì xǐhuan de gēshǒu shì bìángsī. 쭈이 시환 더 거서우 스 비앙쓰
10년간 등려군의 노 래를 듣고 있습니다.	听了10年邓丽君的歌。 Tīngle shí nián Dènglìjūn de gē. 팅러 스 니엔 덩리쥔 더 거
장국영의 목소리는 달빛 같은 느낌을 줍 니다.	张国荣的声音感觉就像 月光一样。 Zhāngguóróng de shēngyīn gǎnjué jiù xiàng yuèguāng yíyàng. 장궈룽 더 성인 깐줴 찌우 시앙 웨꽈앙 이양

재즈 CD를 상당히
수집했습니다.

收集了很多爵士乐CD。
Shōujíle hěnduō juéshìyuè de CD.
서우지러 헌두워 줴스웨 더 CD

03 미술 이야기

그림 그리기를 좋아
합니다.

喜欢画画。
Xǐhuan huàhuà.
시환 화화

미술관에 자주 갑니다.

经常去美术馆。
Jīngcháng qù měishùguǎn.
찡창 취 메이수꽈안

이번 주엔 뭔가 좋은
미술전을 하고 있습
니까?

这周是不是有个不错的
美术展?
Zhè zhōu shìbúshì yǒu ge búcuò de měishùzhǎn?
쩌 쩌우 스부스 요우 거 부춰 더 메이수짠

이 그림 한번 보세요.

看一下这幅画。
Kàn yíxià zhè fú huà.
칸 이쌰 쩌 푸 화

그건 누구 작품이죠?

那是谁的作品。
Nà shì shuí de zuòpǐn.
나 스 수이 더 쭈워핀

259

기본 인사

감정 표현

회술 표현

주제별 화제

사교

해외 여행

비즈니스

유화와 수채화를 즐깁니다.	喜欢油画和水彩画。 Xǐhuan yóuhuà hé shuǐcǎihuà. 시환 요우화 허 수이찬화
연필만으로 그리기를 좋아합니다.	只喜欢用铅笔画画。 Zhǐ xǐhuan yòng qiānbǐ huàhuà. 쯔 시환 용 치엔비 화화
어떻게 그림을 그리게 되셨습니까?	您是怎么开始画画的? Nín shì zěnme kāishǐ huàhuà de? 닌 스 쩐머 카이스 화화 더
좋아하는 화가는 누군가요?	喜欢哪位画家? Xǐhuan nǎ wèi huàjiā? 시환 나 웨이 화찌야
르누아르를 좋아합니다.	喜欢雷诺。 Xǐhuan léinuò. 시환 레이누오
그림을 아주 잘 그리시는군요.	画儿画得真好。 Huàr huà de zhēn hǎo. 화얼 화 더 쩐 하오
취미 중 하나는 조각을 감상하는 겁니다.	观赏雕刻是爱好之一。 Guānshǎng diāokè shì àihào zhīyī. 꽈안상 띠아오커 스 아이하오 쯔이
가끔 골동품점에 들를 때가 있습니다.	有时去逛古董店。 Yǒushí qù guàng gǔdǒngdiàn. 요우 스 취 꽈앙 구똥띠엔

제가 모은 장식품이나 소품을 보여드리죠.

给您看我收集的装饰品和手工艺品。

Gěi nín kàn wǒ shōují de zhuāngshìpǐn hé shǒugōngyìpǐn.

게이 닌 칸 워 서우지 더 쭈왕스핀 허 서우꿍이핀

04 독서에 대하여

어떤 책을 읽으십니까?

看什么书?

Kàn shénme shū?

칸 선머 수

대중 문학을 좋아합니다.

喜欢大众文学。

Xǐhuan dàzhòng wénxué.

시환 따쫑 원쉐

책을 많이 읽으세요?

看很多书吗?

Kàn hěnduō shū ma?

칸 헌 두워 수마

书看得很多吗?

Shū kàn de hěnduō ma?

수 칸 더 헌 두워 마

한 달에 책을 몇 권 정도 읽습니까?

一个月大概看几本书?

Yígè yuè dàgài kàn jǐ běn shū?

이거 웨 따까이 칸 지뻔 수

기본 인사

감정 표현

일상 표현

주제별 화제

사교

해외 여행

비즈니스

261

바빠서 천천히 독서 할 시간이 없습니다.	**太忙，没有时间慢慢看书。** Tài máng, méiyǒu shíjiān mànmān kànshū. 타이 망 메이요우 스찌엔 만만 칸 수
한국 작가의 소설을 읽은 적이 있습니까?	**看过韩国作家写的小说吗?** Kànguò hánguó zuòjiā xiě de xiǎoshuō ma? 칸 꾸워 한꾸워 쭈워찌야 시예 더 샤오 수워 마
책은 어떻게 고르십니까?	**怎么选书?** Zěnme xuǎn shū? 쩐머 쉬엔 수
이 책은 재미없어요.	**这本书没意思。** Zhè běn shū méiyìsi. 쩌 뻔 수 메이이쓰
이 책은 지루해요.	**这本书很无聊。** Zhè běn shū hěn wúliáo. 쩌 뻔 수 헌 우리아오
이걸 읽고 감동했습니다.	**读了这个以后很感动。** Dúle zhège yǐhòu hěn gǎndòng. 두러 쩌거 이허우 헌깐똥
한번 훑어봤어요.	**大致看了一遍。** Dàzhì kànle yíbiàn. 다쯔 칸러 이비엔
그녀는 책벌레입니다.	**她是书呆子。** Tā shì shūdāizi. 타 스 수따이쯔

좋아하는 작가는 누구입니까?	喜欢哪位作家? Xǐhuan nǎ wèi zuòjiā? 시환 나 웨이 쭈워찌야
제일 좋아하는 작가는 루쉰입니다.	最喜欢的作家是鲁迅。 Zuì xǐhuan de zuòjiā shì Lǔxùn. 쮀 시환 더 쭈워찌야 스 루쉰
요즘 베스트셀러는 무엇입니까?	最近的畅销书是什么? Zuìjìn de chàngxiāo shū shì shénme? 쮀찐 더 창샤오 수 스 선머

05 강습 받기

뭔가 배우고 있나요?	有没有在学什么? Yǒuméiyǒu zài xué shénme? 요우메이요우 짜이 쉐 선머
다도를 배우고 있습니다.	在学茶道。 Zài xué chádào. 짜이 쉐 차 따오
서예 교실에 다니기 시작했습니다.	开始上书法班了。 Kāishǐ shàng shūfǎbān le. 카스 상 수파빤 러
수영 교실에 다니기로 결정했습니다.	决定上游泳班。 Juédìng shàng yóuyǒng bān. 쮀띵 상 요우용 빤

바둑 교실에 다니기로 했습니다.

要去上围棋班。
Yào qù shàng wéiqí bān.
야오 취 상 웨이치 반

일주일에 한 번 강습을 받습니다.

一周上一次课。
Yìzhōu shàng yícì kè.
이 쩌우 상 이츠 커

* '강습을 받다'는 직역하면 接受辅导(Jiēshòu fǔdǎo 지에서우 푸따오)인데, 이 문장에서는 上课가 더 적당하다.

몰랐던 것을 배우는 것은 재미있습니다.

学习不知道的东西很有意思。
Xuéxí bùzhīdào de dōngxi hěn yǒuyìsi.
쉐시 부쯔따오 더 똥시 헌 요우이쓰

아직 초보자입니다.

还是初学者。
Háishì chūxuézhě.
하이스 추쉐저

3년 했더니 이제 상급이 되었습니다.

学了三年, 现在达到高级水平了。
Xué le sān nián, xiànzài dádào gāojí shuǐpíngle.
쉐 러 싼 니엔, 시엔짜이 다 따오 까오지 수이핑러

* 어기에서 '하다'는 동작에 따라 동사를 비꿔야 한디. 예를 들면 游了三年(泳) [Yóule sān nián (yǒng) 요우러 싼 니엔 (용), 수영을 3년 했더니…]

더 일찍 시작해야 했어요.

应该再早点开始的。
Yīnggāi zài zǎodiǎn kāishǐ de.
잉까이 짜이 짜오띠엔 카이스 더

어떻게 하면 되죠?

怎么做呢?
Zěnme zuò ne?
쩐머 쭈워 너

264

그건 이렇게 하는 거야.

这个是这样做的。
Zhège shì zhèyàng zuò de.
쩌거스 쩌양 쭈워 더

이렇게 하면 잘 돼.

这样做就行。
Zhèyàng zuò jiùxíng.
쩌양 쭈워 찌우씽

이 방법이 간단해.

这个方法很简单。
Zhège fāngfǎ hěn jiǎndān.
쩌거 팡파 헌 찌엔딴

내가 하는 법을 보여 줄게.

我做给你看。
Wǒ zuò gěi nǐ kàn.
워 쭈워 게이 니 칸

제 나름대로 해 볼게요.

我自己试试看。
Wǒ zìjǐ shìshikan.
워 쯔지 스스칸

이런 식으로?

这样吗?
Zhèyàng ma?
쩌양 마

깜짝 놀랄만큼 쉬워.

惊人地容易。
Jīngrén de róngyì.
징런 더 롱이

이런 식으로 하면 간단해.

这样做的话很简单。
Zhèyàng zuò dehuà hěn jiǎndān.
쩌양 쭈워 더화 헌 찌엔딴

좀 어렵네.

有点难。
Yǒudiǎn nán.
요우띠엔 난

기본 인사

감정 표현

회술 표현

주제별 화제

사교

해외 여행

비즈니스

성 격

性格
Xìnggé
씽거

여기에서는 성격이나 사람됨을 얘기한다. 전체적인 평가를 얘기하는 것이라 훌륭한 칭찬도 있고 부정적인 평가도 있는데, 男的(nánde)・女的(nǚde)라는 표현은 男人(nánrén)・女人(nǚrén)보다 더 많이 사용한다. 家伙(jiāhuo 놈, 녀석)란 말도 비난이 아닌 친근감을 가지고 말하기도 한다.

---

01 | 성격 말하기

자기 성격이 어떻다고 생각합니까?	**你认为自己的性格怎么样?** Nǐ rènwéi zìjǐ de xìnggé zěnmeyàng? 니 런웨이 쯔지 더 씽거 전머양
그는 어떤 사람입니까?	**他是个怎么样的人?** Tā shìge zěnmeyàng de rén? 타 스거 쩐머양 더 런
동료들은 좀 특이하지만 좋은 녀석들입니다.	**同事们虽然都有点特别, 但人都很好。** Tóngshìmen suīrán dōu yǒudiǎn tèbié, dàn rén dōu hěn hǎo. 통스먼 쑤이란 떠우 요우띠엔 터비에, 딴 런 떠우 헌 하오
무슨 일에도 낙천적입니다.	**不管什么情况下都很乐观。** Bùguǎn shénme qíngkuàng xià dōu hěn lèguān. 부꾸안 선머 칭쾅 쌰 떠우 헌 러꾸안
소극적인 편입니다.	**比较消极。** Bǐjiào xiāojí. 삐찌아오 샤오지

친구는 쉽게 사귀는 편입니까?	比较容易交到朋友吗? Bǐjiào róngyì jiāo dào péngyou ma? 삐찌아오 롱이 찌아오 따오 펑요우 마
모르는 사람에게도 말을 잘 거는 편입니다.	和陌生人也能谈得起来。 Hé mòshēngrén yě néng tán de qǐlái. 허 모셩런 예 넝 탄 더 치라이
그다지 사교적인 건 아닙니다.	不太善于交际。 Bú tài shànyú jiāoji. 부 타이 산위 찌아오지
내 성격은 언니와 전혀 다릅니다.	我的性格和姐姐完全不一样。 Wǒ de xìnggé hé jiějie wánquán bùyíyàng. 워 더 씽거 허 지에지에 완취엔 부이양
그녀를 어떻게 생각합니까?	你觉得她怎么样? Nǐ juéde tā zěnmeyàng? 니 쮀더 타 쩐머양
대단히 부지런한 사람입니다.	她是个相当勤快的人。 Tā shì ge xiāngdāng qínkuài de rén. 타 스 거 시앙땅 친콰이 더 런
좀 지루한 사람입니다.	是个没意思的人。 Shì ge méiyìsi de rén. 스 거 메이이쓰 더 런

기본 인사

감정 표현

회술 표현

주제별 화제

사교

해외 여행

비즈니스

267

그는 예의바르다.

他很有礼貌。
Tā hěn yǒu lǐmào.
타 헌 요우 리마오

그의 장점은 유머 센스라고 생각합니다.

我觉得他的优点是幽默。
Wǒ juéde tā de yōudiǎn shì yōumò.
워 쒜더 타 더 요우띠엔 스 요우모

나는 붙임성이 있다고 생각합니다.

我觉得自己很有人缘儿。
Wǒ juéde zìjǐ hěn yǒu rényuánr.
워 쒜더 쯔지 헌 요우 런위엔 얼

그는 남을 잘 웃깁니다.

他很搞笑。
Tā hěn gǎoxiào.
타 헌 까오샤오

나는 누구와도 협력할 수 있습니다.

我和谁都可以相处得很好。
Wǒ hé shuí dōu kěyǐ xiāngchǔ de hěn hǎo.
워 허 수이 떠우 커이 시앙추 더 헌 하오

친구는 나를 성격이 밝다고 얘기해 줍니다.

朋友们都说我性格开朗。
Péngyoumen dōu shuō wǒ xìnggé kāilǎng.
펑요우먼 떠우 수워 워 씽거 카이랑

우호적이고 배려가 있다는 얘기를 들어요.

听说(他)性格又好又很会关心人。
Tīngshuō (tā) xìnggé yòu hǎo yòu hěn huì guānxīn rén.
팅수워 (타) 씽거 요우 하오 요우 헌 후이 꽈안씬 런

섬세하고 동시에 대
범하다고 생각합니다.

我觉得他细心, 同时也很
大方。
Wǒ juéde tā xìxīn tóngshí yě hěn dàfang.
워 쮀더 타 시씬 통스 예 헌 따팡

인기 있는 사람입니다.

是个受欢迎的人。
Shìge shòu huānyíng de rén.
스거 서우 환잉 더 런

매력적입니다.

有魅力。
Yǒu mèilì.
요우 메이리

대범한 성격입니다.

性格洒脱。
Xìnggé sǎtuō.
씽거 싸투워

很大方。
Hěn dàfang.
헌 따팡

붙임성이 좋아요.

人缘儿好。
Rényuánr hǎo.
런위엔 얼 하오

머리가 잘 돌아가요.

脑子转得快。
Nǎozi zhuàn de kuài.
나오쯔 쭈완 더 콰이

믿음직한 사람입니다.

是个值得信任的人。
Shìge zhídé xìnrèn de rén.
스거 쯔더 씬런 더 런

기본 인사

감정 표현

회술 표현

주제별 회제

사교

해외 여행

비즈니스

건망증이 심합니다.	健忘症很严重。 Jiànwàngzhèng hěn yánzhòng. 찌엔왕쩡 헌 옌쭝
말주변이 없다고 생각합니다.	我觉得他不太会说话。 Wǒ juéde tā bú tài huì shuōhuà. 워 줴더 타 부 타이 후이 수워화
가끔 너무 말을 많이 하는 경우도 있습니다.	偶尔会有话多的时候。 Ǒu'ěr huì yǒu huà duō de shíhòu. 오우 얼 후이 요우 화 두워 더 스허우
저는 성격이 급한 편입니다.	我的性格比较急。 Wǒ de xìnggé bǐjiào jí. 워 더 씽거 삐찌아오 지
좀 장난기가 있습니다.	有点调皮。 Yǒudiǎn tiáopí. 요우띠엔 티아오피 *주로 아이에게 하는 말이다.
	有点不成熟。 Yǒudiǎn bù chéngshú. 요우띠엔 부 청수
그는 장난꾸러기입니다.	他是个淘气包。 Tā shìge táoqì bāo. 타 스거 타오치 빠오 *주로 아이에게 하는 말이다.

그녀는 말괄량이입니다.	她是个假小子。 Tā shìge jiǎxiǎozi. 타 스거 찌야샤오쯔
따분한 사람입니다.	他是个让人厌烦的人。 Tā shìge ràng rén yànfán de rén. 타 스거 랑 런 옌판 더 런
우유부단한 남자입니다.	他是个优柔寡断的男人。 Tā shìge yōuróuguǎduàn de nánrén. 타 스거 요우러우꾸와뚜완 더 난런
아주 뻔뻔스러워.	脸皮真厚。 Liǎnpí zhēn hòu. 리엔피 쩐 허우
상식이 부족한 여자 예요.	她是个缺乏常识的女人。 Tā shìge quēfá chángshí de nǚrén. 타 스거 췌파 창스 더 뉘런
그 여자는 제멋대로 예요.	她很任性。 Tā hěn rènxing. 타 헌 런씽
너무 수다스러워서 시끄러워.	太啰嗦了, 很吵。 Tài luōsuole, hěn chǎo. 타이 루워 쑤워러, 헌 차오

기본 인사

감정 표현

회슬 표현

주제별 화제

사교

해외 여행

비즈니스

271

외모

外貌
Wàimào
와이마오

이성을 볼 때 외모에 가장 먼저 관심이 가지만 처음 만난 자리에서 너무 외모에 대해 집중적으로 얘기를 하는 것은 실례다. 그리고 외모에 대한 부정적인 의견과 성형 여부에 대해서 물어보는 것은 어디서나 예의에 어긋난다.

01 신체 특징

그는 어떤 분입니까?	他是个什么样的人? Tā shìge shénmeyàng de rén? 타 스거 선머양 더 런
그는 어깨가 넓고 다부집니다.	他肩膀很宽而且很强壮。 Tā jiānbǎng hěn kuān érqiě hěn qiángzhuàng. 타 찌엔빵 헌 쿠완 얼치에 헌 치앙쭈왕
키가 어느 정도입니까?	个子大概多高? Gèzi dàgài duō gāo? 거쯔 따까이 두워 까오
키가 큰 편입니다.	个子算高的。 Gèzi suàn gāo de. 거쯔 쑤완 까오 더
그의 키는 174센티입니다.	他一米七四。 Tā yī mǐ qīsì. 타 이 미 치쓰

그녀는 키가 크고 날씬합니다.	她又高又苗条。 Tā yòu gāo yòu miáotiáo. 타 요우 까오 요우 미아오티아오
저 사람은 키와 체중이 표준입니다.	那个人的身高和体重都很标准。 Nàge rén de shēngāo hé tǐzhòng dōu hěn biāozhǔn. 나거 런 더 선까오 허 티쫑 떠우 헌 비아오쭌
체중은 어느 정도입니까?	体重大概是多少? Tǐzhòng dàgài shì duōshǎo? 티쫑 따까이 스 두워사오
내 몸무게는 65킬로입니다.	我的体重是65公斤。 Wǒ de tǐzhòng shì liùshíwǔ gōngjīn. 워 더 티쫑 스 리우스우 꿍찐
어느 정도 체중이 늘었어요.	体重增加了一些。 Tǐzhòng zēngjiāle yìxiē. 티쫑 쩡찌야러 이씨에
약간 살이 쪘습니다.	胖了一点。 Pàngle yìdiǎn. 팡러 이띠엔
3킬로 줄었습니다.	瘦了3公斤。 Shòule sān gōngjīn. 서우러 싼 꿍찐
약간 야위셨군요.	稍微瘦了点。 Shāowēi shòule diǎn. 사오웨이 서우러 띠엔

기본 인사

감정 표현

회술 표현

주제별 화제

사교

해외 여행

비즈니스

273

운동 부족으로 약간 살이 쪘습니다.	因为运动不够稍微胖了点。 Yīnwèi yùndòng búgòu shāowēi pàngle diǎn. 인웨이 윈똥 부거우 사오웨이 팡러 띠엔
약간 비만이 된 것 같습니다.	好像有点太胖了。 Hǎoxiàng yǒudiǎn tài pàngle. 하오시앙 요우띠엔 타이 팡러
그녀는 허리선이 아름답습니다.	她的腰部曲线很漂亮。 Tā de yāobù qūxiàn hěn piàoliang. 타 더 야오부 취시엔 헌 퍄오리앙
나는 허리가 날씬한 여자를 좋아합니다.	我喜欢腰细的女生。 Wǒ xǐhuan yāo xì de nǚshēng. 워 시환 야오 시 더 뉘성
나는 왼손잡이입니다.	我习惯用左手。 Wǒ xíguàn yòng zuǒshǒu. 워 시꽈안 용 쭈워서우
그녀는 손발이 작은 편입니다.	她的手和脚都比较小。 Tā de shǒu hé jiǎo dōu bǐjiào xiǎo. 타 더 서우 허 찌아오 떠우 삐찌아오 샤오
나는 팔이 꽤 긴 편입니다.	我的手臂算是很长的了。 Wǒ de shǒubì suànshì hěn cháng dele. 워 더 서우삐 쑤완스 헌 창 더러

02 외모에 대하여

그는 미남입니다.	**他是个美男子。** Tā shìge měi nánzǐ. 타 스거 메이 난쯔
그녀는 매력적인 여성입니다.	**她是很有魅力的女性。** Tā shì hěn yǒu mèilì de nǚxìng. 타 스 헌 요우 메이리 더 뉘씽
그녀는 얼굴이 하얗습니다.	**她的脸很白。** Tā de liǎn hěn bái. 타 더 리엔 헌 빠이
그녀는 늘 짙은 화장을 합니다.	**她总是化浓妆。** Tā zǒngshì huà nóng zhuāng. 타 쫑스 화 농 쭈왕
그는 얼굴이 큽니다.	**他的脸很大。** Tā de liǎn hěn dà. 타 더 리엔 헌 따
나는 단발머리를 하고 있어요.	**我是短发。** Wǒ shì duǎnfà. 워 스 뚜완파
헤어스타일을 바꿨습니다.	**换了发型。** Huànle fàxíng. 환러 파씽

기본 인사

감정 표현

회술 표현

주제별 화제

사교

해외 여행

비즈니스

275

큰 키에 수염이 있는 저 신사는 누구입니까?	个子高留着胡子的那位先生是谁? Gèzi gāo liúzhe húzi de nà wèi xiānsheng shì shuí? 거쯔 까오 리우쩌 후쯔 더 나 웨이 시엔성 스 수이 * '신사'라는 말은 중국어로 직역하면 绅士(shēnshi 선스)이지만 많이 사용하지 않는다.
당신은 어머니를 닮았어요, 아니면 아버지를 닮았어요?	你长得像妈妈还是像爸爸? Nǐ zhǎng de xiàng māma háishi xiàng bàba? 니 짱 더 시앙 마마 하이스 시앙 빠빠
아무도 닮지 않았어요.	长得都不像。 Zhǎng de dōu bú xiàng. 짱 더 떠우 부 시앙
여동생은 입 모양이 엄마와 판박이에요.	妹妹的嘴巴和妈妈的像是一个模子刻出来的。 Mèimei de zuǐbā hé māma de xiàng shì yígè múzi kè chūlái de. 메이메이 더 쭈이빠 허 마마 더 시앙 스 이거 무쯔 커 추라이 더
저는 아버지를 많이 닮았어요.	我长得很像爸爸。 Wǒ zhǎng de hěn xiàng bàba. 워 짱 디 힌 시앙 빠빠

03　패션에 대하여

틈만 있으면 패션 잡지를 보고 있어요.	只要有空就看时尚杂志。 Zhǐyào yǒu kòng jiù kàn shíshàng zázhì. 쯔야오 요우 콩 찌우 칸 스상 짜쯔
옷에 까다로운 편이에요.	对衣服比较挑剔。 Duì yīfu bǐjiào tiāotì. 뚜이 이푸 삐찌아오 티아오티
심플하고 적당한 가격의 옷을 사는 게 이득이죠.	买简单而且价格适中的衣服是比较好的。 Mǎi jiǎndān érqiě jiàgé shìzhòng de yīfu shì bǐjiào hǎo de. 마이 찌엔딴 얼치에 찌야거 스쭝 더 이푸 스 삐찌아오 하오 더
비싼 옷은 그만큼 가치가 있습니다.	贵的衣服有它的价值。 Guì de yīfu yǒu tā de jiàzhí. 꾸리 더 이푸 요우 타 더 찌야쯔
이 스커트 너무 화려한가?	这条裙子会不会太花哨了? Zhè tiáo qúnzi huìbúhuì tài huāshàole? 쩌 티아오 취인쯔 후이부후이 타이 화사오러
촌스럽게 보이진 않을까?	看起来土不土? Kàn qǐlái tǔbùtǔ? 칸 치라이 투부투

기본 인사

감정 표현

활술 표현

주제별 화제

사교

해외 여행

비즈니스

병원 · 약국

医院 · 药房
Yīyuàn, Yàofáng
이위엔, 야오 팡

중국은 국가에서 운영하는 병원과 개인이 운영하는 개인병원이 있다. 국가에서 운영하는 병원은 가격이 싸고 개인병원은 비싸다. 모두 시설이나 서비스 부분이 취약하지만 동네의 작고 허름한 병원보다는 외국인들이 상대적으로 많은 대학병원이나 종합병원을 가는 편이 좋다.

01 진찰 예약할 때

외래 입구는 어디입니까?	门诊入口在哪里? Ménzhěn rùkǒu zài nǎlǐ? 먼쩐 루커우 짜이 나리
접수는 어디입니까?	在哪里挂号? Zài nǎlǐ guàhào? 짜이 나리 꾸와하오
오늘이 처음입니다.	今天是第一次。 Jīntiān shìdìyīcì. 찐티엔 스디이츠
접수 용지는 어디 있습니까?	挂号单在哪里? Guàhàodān zài nǎlǐ? 꾸와하오딴 짜이 나리
의료보험증입니다.	这是医疗保险证。 Zhè shì yīliáo bǎoxiǎnzhèng. 쩌 스 이리아오 빠오시엔쩡

278

보험증은 여기에 제출합니까?	保险证是在这里交吗? Bǎoxiǎnzhèng shì zài zhèlǐ jiāo ma? 빠오시엔쩡 스 짜이 쩌리 찌아오 마
아까 전화로 예약한 왕밍입니다.	我是刚刚电话预约的王明。 Wǒ shì gānggāng diànhuà yùyuē de Wángmíng. 워 스 깡깡 띠엔화 위웨 더 왕밍
청린 선생님은 진료 중이십니까?	程琳医生在看病吗? Chénglín yīshēng zài kànbìng ma? 청린 이성 짜이 칸삥 마
이 병원은 몇 시부터 몇 시까지입니까?	这家医院的上班时间是从几点到几点? Zhè jiā yīyuàn de shàngbān shíjiān shì cóng jǐdiǎn dào jǐdiǎn? 쩌 찌야 이위엔 더 상반스찌엔 스 총 지띠엔 따오 지띠엔
안과는 어디 있습니까?	眼科在哪里? Yǎnkē zài nǎlǐ? 옌커 짜이 나리
신경과는 있습니까?	有神经科吗? Yǒu shénjīngkē ma? 요우 선찡커 마
진찰실은 어디 있습니까?	诊疗室在哪里? Zhěnliáoshì zài nǎlǐ? 쩐리아오스 짜이 나리
약만 받을 수 있습니까?	只能拿到药吗? Zhǐ néng ná dào yào ma? 쯔 넝 나 따오 야오 마

279

| 근처에 병원이 있습니까? | 附近有医院吗?
Fùjìn yǒu yīyuàn ma?
푸진 요우 이위엔 마 |

02 외상을 입었을 때

발가락이 부었습니다.	脚趾肿了。 Jiǎozhǐ zhǒngle. 찌아오 쯔 쫑러
발에 화상을 입었습니다.	脚被烫伤了。 Jiǎo bèi tàngshāngle. 찌아오 뻬이 탕상러
	脚被烧伤了。 Jiǎo bèi shāoshāngle. 찌아오 뻬이 사오상러 * 烫伤은 물로 인한 화상이고, 烧伤은 불로 인한 화상이다.
오른발에 물집이 생겼습니다.	右脚长水泡了。 Yòu jiǎo cháng shuǐpàole. 요우 찌아오 창 수이파오러
발목을 삐었습니다.	脚踝扭伤了。 Jiǎohuái niǔshāngle. 찌아오 화이 니우상러
무릎이 까졌습니다.	把膝盖蹭破了。 Bǎ xīgài cèng pòle. 빠 시까이 청 포러

개한테 물렸어요.	被狗咬了。 Bèi gǒu yǎole. 뻬이 거우 야오러
햇볕에 타서 아픕니다.	被晒伤了, 很疼。 Bèi shài shāngle, hěn téng. 뻬이 사이 상러, 헌 텅
부딪친 곳이 아직 아파요.	撞到的地方还疼。 Zhuàng dào de dìfang hái téng. 쭈왕 따오 더 디팡 하이 텅

03 증상 말하기

어디가 아프십니까?	哪里不舒服？ Nǎlǐ bù shūfu? 나리 부 수푸
항상 피로감을 느끼고 잠도 못 잡니다.	常常感到疲劳, 睡不着觉。 Chángcháng gǎndào píláo, shuì bùzháo jiào. 창창 간따오 피라오, 수이 부자오짜오
어깨가 결립니다.	肩膀酸痛。 Jiānbǎng suāntòng. 지엔빵 쑤안통
식욕이 없습니다.	没有食欲。 Méiyǒu shíyù. 메이요우 스위

기본 인사 감정 표현 일상 표현 주제별 회제 사교 해외 여행 비즈니스

배탈이 났습니다.	拉肚子了。 Lādùzile. 라두쯔러
설사를 합니다.	拉肚子。 Lādùzi. 라두쯔
변비가 있습니다.	便秘。 Biànmì. 비엔미
소화불량으로 고생하고 있습니다.	消化不良, 很不舒服。 Xiāohuà bùliáng, hěn bù shūfu. 샤오화 부리앙, 헌 부 수푸
빈혈로 고생하고 있습니다.	贫血, 很不舒服。 Pínxuè hěn bù shūfu. 핀쒜 헌 부 수푸
열이 있습니다.	发烧了。 Fāshāole. 파사오러
	有烧。 Yǒu shāo. 요우 사오
감기에 걸렸습니다.	感冒了。 Gǎnmàole. 깐마오러

금방 숨이 찹니다.	很快就会气喘吁吁的。 Hěn kuài jiù huì qìchuǎnxūxū de. 헌 콰이 찌우 후이 치추완쉬쉬더
구역질이 납니다.	反胃。 Fǎnwèi. 판웨이
계속 기침이 나옵니다.	一直咳嗽。 Yìzhí késou. 이쯔 커써우
가려워서 미치겠어요.	痒死了。 Yǎng sǐle. 양 쓰러
가끔 현기증이 납니다.	偶尔会头晕。 Ǒu'ěr huì tóu yūn. 오우 얼 후이 터우윈
꽃가루 알레르기가 있습니다.	对花粉过敏。 Duì huāfěn guòmǐn. 뚜이 화펀 꾸워 민
살이 빠졌어요.	瘦了。 Shòule. 서우러
머리가 지끈지끈 아 픕니다.	头钻心地疼。 Tóu zuānxīnde téng. 터우 쭈완씬더 텅

기본 인사 / 감정 표현 / 화술 표현 / 주제별 화제 / 사교 / 해외 여행 / 비즈니스

283

아랫배가 살살 아픕니다.	小肚子有点疼。 Xiǎo dùzi yǒudiǎn téng. 샤오 두쯔 요우띠엔 텅
눈이 따끔따끔 아픕니다.	眼睛刺痛。 Yǎnjīng cìtòng. 옌찡 츠통
위가 너무 쓰려서 참을 수 없습니다.	胃疼得无法忍受。 Wèi téngde wúfǎ rěnshòu. 웨이 텅더 우파 런서우
여기가 아픕니다.	这里疼。 Zhèlǐ téng. 쩌리 텅
숨을 쉬면 가슴이 아픕니다.	一呼吸胸口就疼。 Yì hūxī xiōngkǒu jiù téng. 이 후시 씨옹커우 찌우 텅
약간 붓기만 했는데 아픕니다.	有点肿，但是很疼。 Yǒudiǎn zhǒng, dànshì hěn téng. 요우띠엔 쫑, 딴스 헌 텅
누르면 아픕니다.	按的话会疼。 Àn dehuà huì téng. 안 더화 후이 텅
	一按就疼。 Yí àn jiù téng. 이 안 찌우 텅
관절이 가끔 아픕니다.	关节偶尔会疼。 Guānjié ǒu'ěr huì téng. 꽈안지에 오우 얼 후이 텅

걸으면 발목 쪽이 아픕니다.	走路的时候脚踝疼。 Zǒulù de shíhòu jiǎohuái téng. 쪼우루 더 스허우 찌아오화이 텅
이제 아프지 않아요.	现在不疼了。 Xiànzài bù téngle. 시엔짜이 부 텅러

04 의사와의 대화

제 몸이 어디가 나쁜 거죠?	我的身体哪里不好? Wǒ de shēntǐ nǎlǐ bù hǎo? 워 더 션티 나리 부 하오
어떻게 치료하면 되나요?	要怎么治疗呢? Yào zěnme zhìliáo ne? 야오 쩐머 쯔리아오 너
소변 검사를 받아야 합니까?	要检查小便吗? Yào jiǎnchá xiǎobiàn ma? 야오 찌엔차 샤오비엔 마
검사 결과를 알려 주시겠어요?	可以告诉我检查结果吗? Kěyǐ gàosu wǒ jiǎnchá jiéguǒ ma? 커이 까오수 워 찌엔차 지에꾸워 마
혈압이 오른 것 같은데요.	血压好像上升了。 Xuèyā hǎoxiàng shàngshēngle. 쉐야 하오시앙 상성러

기본 인사

감정 표현

왕초 표현

주제별 화제

사고

해외 여행

비즈니스

285

컨디션은 어떠세요?	身体怎么样? Shēntǐ zěnme yàng? 선티 쩐머 양
체온을 재겠습니다.	给您测一下体温。 Gěi nín cè yíxià tǐwēn. 게이 닌 처 이쌰 티원
주사를 놔드리겠습니다.	给您打针。 Gěi nín dǎzhēn. 게이 닌 다 쩐
진단서를 써 주시겠어요?	可以给我写个诊断书吗? Kěyǐ gěi wǒ xiě ge zhěnduànshū ma? 커이 게이 워 시에 거 쩐뚜완수 마
예정대로 여행을 해도 괜찮겠습니까?	按照原计划去旅行也没关系吗? Ànzhào yuánjìhuà qù lǚxíng yě méiguānxi ma? 안짜오 위엔지화 취 뤼씽 예 메이꽌시 마
입원을 하셔야 합니다.	得住院。 Děi zhùyuàn. 데이 쭈 위엔
다음엔 언제 오면 될까요?	下次什么时候要来? Xiàcì shénme shíhou yào lái? 쌰츠 선머 스허우 야오 라이
지시하신 말씀대로 따르겠습니다.	我会按照您说的做的。 Wǒ huì ànzhào nín shuōde zuò de. 워 후이 안짜오 닌 수워더 쭈워 더

오늘 진료비는 얼마입니까?	今天的诊疗费多少钱? Jīntiān de zhěnliáofèi duōshǎoqián? 쩐티엔 더 쩐리아오페이 두워사오치엔
지불은 어떻게 하면 될까요?	该怎么付钱? Gāi zěnme fù qián? 까이 쩐머 푸 치엔
내일 또 와야 합니까?	明天还要来吗? Míngtiān hái yào lái ma? 밍티엔 하이 야오 라이 마
감사합니다.	谢谢! Xièxie! 씨에씨에
선생님, 감사합니다.	谢谢医生! Xièxie yīshēng! 씨에씨에 이성

05 약국에서

여기에서 조제해 주십니까?	这里给配药吗? Zhèlǐ gěi pèi yào ma? 쩌리 게이 페이야오 마
이 처방전 약을 주세요.	请给我这个处方上的药。 Qǐng gěi wǒ zhège chǔfāng shàng de yào. 칭 게이 워 쩌거 추팡 상 더 야오

기본 인사

감정 표현

활용 표현

주제별 화제

사교

해외 여행

비즈니스

287

몇 번 복용하면 되나요?	**要吃几次?** Yào chī jǐ cì? 야오 츠 지 츠
한 번에 몇 알 먹으면 되나요?	**一次要吃几粒?** Yícì yào chī jǐlì? 이츠 야오 츠 지리
이 캡슐은 어떤 약효가 있나요?	**这个胶囊是治什么的?** Zhège jiāonáng shì zhì shénme de? 쩌거 찌아오낭 스 쯔 선머 더
진통제는 들어 있습니까?	**里面有镇痛剂吗?** Lǐmiàn yǒu zhèntòngjì ma? 리미엔 요우 쩐통지 마
말씀대로 하겠습니다.	**会按照您说的做的。** Huì ànzhào nín shuōde zuò de. 후이 안짜오 닌 수워더 쭈워 더
감기약은 있습니까?	**有感冒药吗?** Yǒu gǎnmàoyào ma? 야오 깐마오야오 마
변비엔 뭐가 좋습니까?	**什么对便秘好?** Shénme duì biànmì hǎo? 선머 뚜이 비엔미 하오
이 정제는 몇 알 들어 있습니까?	**这里面有几颗药?** Zhè lǐmiàn yǒu jǐ kē yào? 쩌 리미엔 요우 지 커 야오

붙이는 파스를 살 수 있을까요?	有贴的膏药吗? Yǒu tiēde gāoyao ma? 요우 티에더 까오야오 마
피로엔 무엇이 잘 듣습니까?	什么对缓解疲劳好? Shénme duì huǎnjiě píláo hǎo? 선머 뚜이 환지에 피라오 하오
어린이에게도 괜찮습니까?	孩子也可以吃(用)吗? Háizi yě kěyǐ chī(yòng) ma? 하이쯔 예 커이 츠(용) 마
바르는 약이 필요합니다.	需要涂抹的药。 Xūyào túmǒ de yào. 쉬야오 투모 더 야오
안약이 필요합니다.	需要眼药。 Xūyào yǎnyào. 쉬야오 옌야오
붕대와 탈지면을 주세요.	请给我绷带和药棉。 Qǐng gěi wǒ bēngdài hé yàomián. 칭 게이 워 뼁따이 허 야오미엔
거즈와 반창고를 주세요.	请给我纱布和创可贴。 Qǐng gěi wǒ shābù hé chuàngkětiē. 칭 게이 워 사부 허 추왕커티에
이 약은 내게 듣지 않습니다.	这个药对我没有效果。 Zhège yào duì wǒ méiyǒu xiàoguǒ. 쩌거 야오 뚜이 워 메이요우 샤오꾸워

기본 인사

감정 표현

회술 표현

주제별 화제

사교

해외 여행

비즈니스

289

작은 구급상자를 주세요.	请给我小型急救医药箱。 Qǐng gěi wǒ xiǎoxíng jíjiù yīyàoxiāng. 칭 게이 워 샤오씽 지찌우 이야오시앙
부작용은 없습니까?	有没有副作用？ Yǒuméiyǒu fùzuòyòng? 요우메이요우 푸쭈워 용
하루 세 번 복용하세요.	一天吃三次。 Yìtiān chī sāncì. 이티엔 츠 싼츠
매 식후와 자기 전에 먹으세요.	在每餐饭后和睡前服用。 Zài měi cān fàn hòu hé shuì qián fúyòng. 짜이 메이 찬 판 허우 허 수이 치엔 푸용

기본 인사
감정 표현
회화 표현
주제별 화제
사교
해외 여행
비즈니스

Unit 12 건강

健康
Jiànkāng
찌엔캉

중국인도 한국인만큼이나 건강에 관심이 많고, 무병 장수의 꿈을 가지고 있다. 건강에 대한 안부를 물어보는 것도 호감을 살 수 있는 좋은 표현인데 상대방의 컨디션을 물어볼 때는 身体怎么样?(shēntǐzěnmeyàng?)이라는 표현을 자주 사용한다. 여기서 身体(몸)은 건강(健康) 대신에 사용한다는 것을 주의한다.

01 컨디션 표현

오늘 컨디션은 어때요?	**今天精神怎么样?** Jīntiān jīngshén zěnmeyàng? 찐티엔 찡선 쩐머양
어디 편찮으세요?	**哪里不舒服吗?** Nǎlǐ bu shūfu ma? 나리 부 수푸 마
괜찮아요?	**没事吧?** Méishì ba? 메이스 바
안색이 좋지 않네요.	**脸色不太好啊。** Liǎnsè bútàihǎo a. 리엔써 부타이하오 아
기운이 없어 보인다.	**看起来没什么力气。** Kànqǐlái méishénme lìqi. 칸치라이 메이선머 리치

291

얼굴이 빨갛네요.	脸红了。 Liǎn hóngle. 리엔 훙러
발은 어떻게 된 거죠?	脚怎么了? Jiǎo zěnmele? 찌아오 쩐머러
의사에게 진찰을 받 도록 할까요?	去医院看看怎么样? Qù yīyuàn kànkan zěnmeyàng? 취 이 위엔 칸칸 쩐머양
오늘은 좀 좋아졌어요?	今天好点了吗? Jīntiān hǎo diǎnle ma? 쩐티엔 하오 띠엔러 마
완전히 나았습니까?	完全好了吗? Wánquán hǎole ma? 완취엔 하오러 마
아무 이상도 없습니다.	什么问题也没有。 Shénme wèntí yě méiyǒu. 선머 원티 예 메이요우
괜찮아요. 걱정 마세요.	没事, 别担心。 Méishì, bié dānxīn. 메이스, 비에 딴씬
컨디션은 좋습니다.	精神挺好的。 Jīngshén tǐng hǎo de. 찡선 팅 하오 더

02 건강 어드바이스

잠시 누워 쉬는 게 좋아요.	躺下休息一会儿比较好。 Tǎng xià xiūxi yíhuìr bǐjiào hǎo. 탕 쌰 씨우시 이후이 얼 삐찌아오 하오
좀 쉬는 게 어때요?	休息一下怎么样? Xiūxi yíxià zěnmeyàng? 씨우시 이쌰 쩐머양
몸조심하세요.	注意身体。 Zhùyì shēntǐ. 쭈이 선티
몸을 따뜻하게 하세요.	注意保暖。 Zhùyì bǎonuǎn. 쭈이 빠오누안
빨리 회복하시길 빕니다.	希望早日康复。 Xīwàng zǎorì kāngfù. 시왕 짜오르 캉푸
약은 좀 먹었어?	药吃了吗? Yào chīle ma? 야오 츠러 마
몸이 안 좋아서 힘들겠네요.	身体不好, 很不舒服吧。 Shēntǐ bù hǎo, hěn bù shūfu ba. 선티 부 하오, 헌 부 수푸 바

매일 운동을 하십니까?	每天都运动吗? Měitiān dōu yùndòng ma? 메이티엔 두 윈똥 마
매일 조금이라도 운동하려고 마음 먹고 있습니다.	我决定即使时间不长, 每天也都要运动运动。 Wǒ juédìng jíshǐ shíjiān bù cháng, měitiān yě dōu yào yùndòng yùndòng. 워 쮀에띵 지스 스찌엔 부 창, 메이티엔 예 떠우 야오 윈똥윈똥
매일 걷기를 합니다.	每天都走路。 Měitiān dōu zǒulù. 메이티엔 떠우 쪼우루
걷기보다 좋은 운동은 없습니다.	没有比走路更好的运动了。 Méiyǒu bǐ zǒulù gèng hǎo de yùndòngle. 메이요우 삐 쪼우루 껑 하오 더 윈똥러
계단을 오르면 숨이 차.	爬台阶会气喘吁吁。 Pá táijiē huì qì chuǎnxūxū. 파 타이지에 후이 치 추완쉬쉬
담배를 끊으려고 노력 중이야.	正在努力戒烟。 Zhèngzài nǔlì jièyān. 쩡짜이 누리 지에엔
일찍 자고 일찍 일어나는 것은 건강의 비결입니다.	早睡早起是拥有健康的秘诀。 Zǎoshuìzǎoqǐ shì yōngyǒu jiànkāng de mìjué. 짜오수이짜오치 스 용요우 찌엔캉 더 미줴

운전하지 말고 전철로 출근하는 게 좋습니다.	不开车乘地铁上班会比较好。 Bù kāichē chéng dìtiě shàngbān huì bǐjiào hǎo. 부 카이처 청 디티에 상빤 후이 비찌아오 하오
밤늦게 컴퓨터나 스마트폰을 보면 잠이 안 옵니다.	晚上看电脑或手机看得太晚会睡不着。 Wǎnshang kàn diànnǎo huò shǒujī kàn de tài wǎn huì shuìbùzháo. 완상 칸 띠엔나오 훠 서우지 칸 더 타이 완 후이 수이부짜오
당신은 다이어트해 본 적이 있습니까?	你减过肥吗? Nǐ jiǎnguòféi ma? 니 찌엔꾸워페이 마
커피보다는 녹차가 좋습니다.	比起咖啡, 绿茶更好。 Bǐ qǐ kāfēi, lǜchá gèng hǎo. 비 치 카페이, 뤼차 껑 하오
일요일엔 등산을 갑시다.	星期天去爬山吧。 Xīngqītiān qù páshān ba. 씽치티엔 취 파산 바
손을 자주 씻읍시다.	请勤洗手。 Qǐng qín xǐshǒu. 칭 친 시서우

기본 인사

감정 표현

회술 표현

주제별 회제

사교

해외 여행

비즈니스

왕초보 실생활 **중국어회화 + 기본패턴**

PART
05

·····
·····
·····
·····

사 교

社交
Shèjiāo
서찌아오

사교 과정은 사람과 사람이 친밀한 관계를
맺고 유지하는 것이다. 외국어를 빨리 마스
터하는 첫 번째는 방법은 그 나라에 가서 사
는 것이고 두 번째는 그 나라 사람과 연애나
우정을 맺는 것이다. 만약 연애 상대가 없다
면 드라마나 영화를 관심 있게 보자. 드라마
는 문화나 습성 등을 알 수 있는 좋은 교재가
될 것이다.

01 초대하기

招待
Zhāodài
짜오따이

우리나라도 자기 집에 낯선 사람을 초대하는 일이 드물어졌다. 누군가의 초대를 받는다는 것은 친밀감의 표현이며 유대관계를 돈독히 할 수 있는 좋은 기회이다. 특히 중국인의 초대를 받으면 상당히 친밀해졌다고 생각해도 된다. 남의 집에 갈 때는 특히 염두에 둬야 할 것이 바로 선물인데, 중국인의 집을 방문할 때는 비싸지 않더라도 선물을 준비해 가는 것이 좋다. 이는 중국과 비즈니스를 할 때도 선물을 주고 받는 일이 많은 것처럼 매우 자연스러운 일이다. 중국인들은 과일이나 술, 담배 등을 많이 선물로 주고받는다.

01 초대 제안

저희 집에 식사하러 오시겠습니까?	来我们家吃饭吗? Lái wǒmen jiā chīfàn ma? 라이 워먼 찌야 츠판 마
우리 집에 오시겠습니까?	来我们家吗? Lái wǒmen jiā ma? 라이 워먼 찌야 마
언제 놀러 와 주세요.	来玩。 Lái wán. 라이 완
당신을 초대하고 싶습니다.	我想请您吃饭。 Wǒ xiǎng qǐng nín chīfàn. 위 시앙 칭 닌 츠판

이번 토요일 저녁 식사하러 오시지 않겠습니까?	**这周六晚上来吃饭吗?** Zhè zhōu liù wǎnshang lái chīfàn ma? 쩌 쩌우 리우 완상 라이 츠판 마
함께 식사하러 나가시겠습니까?	**一起出去吃饭吗?** Yìqǐ chūqù chīfàn ma? 이치 추취 츠 판 마
생일 파티에 와 줘.	**来参加生日派对吧。** Lái cānjiā shēngrì pàiduì ba. 라이 찬찌야 성르 파이뚜이 바
우리 집에 올래?	**来我家吗?** Lái wǒjiā ma? 라이 워 찌야 마
선생님을 저희 집에 초대하고 싶습니다.	**我想在家里招待老师。** Wǒ xiǎng zài jiā lǐ zhāodài lǎoshī. 위 시앙 자이 찌야 리 짜오따이 라오스
역까지 마중 나가겠습니다.	**我去车站接您。** Wǒ qù chēzhàn jiē nín. 위 취 처짠 지에 닌
역에 도착하면 전화해.	**到了车站, 就来个电话。** Dàole chēzhàn, jiù lái ge diànhuà. 따오러 처짠, 찌우 라이 거 띠엔화
7시에 와 줄래?	**7点来好吗?** Qīdiǎn lái hǎo ma? 치띠엔 라이 하오 마

기본 인사

감정 표현

회순 표현

주제별 화제

시교

해외 여행

비즈니스

299

리밍도 올 거야.	李明也会来的。 Lǐmíng yě huì lái de. 리밍 예 후이 라이 더
사정을 알려 주세요.	请告诉我情况。 Qǐng gàosu wǒ qíngkuàng. 칭 까오수 워 칭쾅

02 약속 시간

날짜는 언제가 좋으세요?	您觉得哪一天好? Nín juéde nǎyìtiān hǎo? 닌 줴더 나이티엔 하오
다음 주 중에 뵐 수 있을까요?	下周可以见一面吗? Xiàzhōu kěyǐ jiàn yímiàn ma? 싸쩌우 커이 찌엔 이미엔 마
다음 주라면 괜찮습니다.	下周可以。 Xià zhōu kěyǐ. 싸 쩌우 커이
이르면 이를수록 좋습니다.	越早越好。 Yuè zǎo yuè hǎo. 웨 짜오 웨 하오
언제라도 좋습니다.	什么时候都可以。 Shénmeshíhou dōu kěyǐ. 선머스허우 떠우 커이

몇 시가 좋으십니까?	几点比较好? Jǐdiǎn bǐjiào hǎo? 지띠엔 삐찌아오 하오
3시 30분이 괜찮습니까?	3点半可以吗? Sān diǎn bàn kěyǐ ma? 싼 띠엔 빤 커이 마 * 30분은 항상 '半(bàn 빤)'이라고 표현한다. 그래서 3시 30분은 3시 반(3点半)으로 말한다.

03 약속 장소

어디서 만날까요?	在哪儿见面? Zài nǎr jiànmiàn? 짜이 나얼 찌엔미엔
어디가 제일 좋은 장소일까요?	哪儿最好? Nǎr zuì hǎo? 나얼 쮀하오
일이 끝나면 6시에 사무실 앞에서 만날까요?	事情结束以后6点在办公室门口见, 好吗? Shìqing jiéshù yǐhòu liù diǎn zài bàngōngshì ménkǒu jiàn, hǎo ma? 스칭 찌에수 이허우 리우띠엔 짜이 빤꿍스 먼커우 찌엔, 하오 마

기본 인사

감정 표현

활용 표현

주제별 회제

사교

해외 여행

비즈니스

301

정문 밖은 어떻습니까?	在正门外见怎么样? Zài zhèngmén wài jiàn zěnmeyàng? 짜이 쩡먼 와이 찌엔 쩐머양
그 커피숍은 어떻습니까?	那个咖啡馆怎么样? Nàge kāfēiguǎn zěnmeyàng? 나거 카페이꽈안 쩐머양
LG에서 기다리겠습니다.	我会在LG等的。 Wǒ huì zài LG děng de. 워 후이 짜이 LG 떵 더
알겠습니다. 근데 어디 근처죠?	知道了, 但是在哪儿附近? Zhīdaole, dànshì zài nǎr fùjìn? 쯔따오러, 딴스 짜이 나얼 푸찐

04 초대 승낙

기꺼이 가겠습니다.	我很乐意去。 Wǒ hěn lèyì qù. 워 헌 러이 취
물론 가겠습니다.	当然会去的。 Dāngrán huì qù de. 땅란 후이 취 더
반드시 가겠습니다.	一定会去的。 Yídìng huì qù de. 이띵 후이 취더

초대해 줘서 고마워.	谢谢你的邀请。 Xièxie nǐ de yāoqǐng. 씨에씨에 니더 야오칭
좋지요.	好。 Hǎo. 하오
좋고말고요.	当然好。 Dāngrán hǎo. 땅란 하오
좋아요. 그럼 그때 만납시다.	好，那就到时候见吧。 Hǎo, nà jiù dào shíhou jiàn ba. 하오, 나 찌우 따오 스허우 찌엔 바
그게 좋겠습니다.	那样比较好。 Nàyàng bǐjiào hǎo. 나양 삐찌아오 하오
저도 그때가 좋겠습니다.	我也觉得那个时候比较好。 Wǒ yě juéde nàge shíhou bǐjiào hǎo. 워 예 쥐더 나거 스허우 삐찌아오 하오
언제든지 좋으실 때 하십시오.	您方便的时候吧, 什么时候都行。 Nín fāngbiàn de shíhou ba, shénmeshíhou dōu xíng. 닌 팡비엔 더 스허우 바, 선머스허우 떠우 씽
저는 어디든지 좋아요. 당신은요?	我哪里都可以, 您呢？ Wǒ nǎlǐ dōu kěyǐ, nín ne? 워 나리 떠우 커이, 닌 너

기본 인사

감정 표현

활용 표현

주제별 화제

사교

해외 여행

비즈니스

그때 뵙기를 기대하 겠습니다.	很期待和您的见面。 Hěn qīdài hé nín de jiànmiàn. 헌 치따이 허 닌 더 찌엔미엔
나 말고 누가 오니?	除了我还有谁来? Chúle wǒ hái yǒu shuí lái? 추러 워 하이 요우 수이 라이

05   초대 거절

유감스럽지만 갈 수 없습니다.	很遗憾, 不能去。 Hěn yíhàn, bùnéng qù. 헌 이한, 부넝 취
미안하지만 그날은 안 됩니다.	对不起, 那天不行。 Duìbuqǐ, nàtiān bùxíng. 뚜이부치, 나티엔 부씽
가고 싶은 마음은 굴 뚝 같은데.	我真的非常想去。 Wǒ zhēnde fēicháng xiǎng qù. 위 쩐더 페이창 시앙 취
그날은 선약이 있어 서요.	那天有约了。 Nàtiān yǒu yuēle. 나 티엔 요우 웨러

고맙지만 지금은 너무 바빠서 말이야.	很感谢您, 但是我现在太忙了。 Hěn gǎnxiè nín, dànshì wǒ xiànzài tài mángle. 헌 깐씨에 닌, 딴스 워 씨엔짜이 타이 망러
언제 다른 날로 하는 게 좋을 것 같군요.	改天再说比较好。 Gǎitiān zàishuō bǐjiào hǎo. 까이티엔 짜이수워 삐찌아오 하오
다시 권유해 주세요.	请再去说说吧。 Qǐng zài qù shuōshuo ba. 칭 짜이 취 수워수워 바
낮엔 손님이 오기로 돼 있어요. 저녁엔 어때요?	白天有客人要来, 晚上怎么样? Báitiān yǒu kèrén yào lái, wǎnshang zěnmeyàng? 빠이티엔 요우 커런 야오 라이, 완상 쩐머양
미안하지만 오늘은 하루 종일 바쁩니다.	对不起, 今天一整天都很忙。 Duìbuqǐ, jīntiān yìzhěngtiān dōu hěn máng. 뚜이부치, 찐티엔 이쩡티엔 떠우 헌 망
정말 죄송하지만 이번 주는 시간이 없어요.	真的不好意思, 这个星期没有时间。 Zhēnde bùhǎoyìsi, zhège xīngqī méiyǒu shíjiān. 쩐더 부하오이쓰, 쩌거 씽치 메이요우 스찌엔
공교롭게도 약속이 있습니다.	真不凑巧, 我已经有约了。 Zhēn bú còuqiǎo, wǒ yǐjīng yǒu yuēle. 쩐 부 처우치아오, 워 이찡 요우 웨러

기본 인사

감정 표현

회술 표현

주제별 화제

사교

해외 여행

비즈니스

지금은 바빠요. 낮엔 어때요?	**现在有点忙, 白天怎么样?** *Xiànzài yǒudiǎn máng, báitiān zěnmeyàng?* 시엔짜이 요우띠엔 망, 빠이띠엔 쩐머양
오늘은 곤란한데 내일은 어때요?	**今天不行, 明天怎么样?** *Jīntiān bùxíng, míngtiān zěnmeyàng?* 찐티엔 부씽, 밍티엔 쩐머양
다른 날로 정하면 어떨까요?	**改天怎么样?** *Gǎitiān zěnmeyàng?* 까이티엔 쩐머양

Unit 02 방문

拜访
Bàifǎng
빠이팡

우리나라엔 남의 집에 방문할 때 정해진 인사말이 없는 것처럼 중국도 반드시 인사를 건네야 하는 것은 아니다. 하지만 별로 친근하지 않은 사람의 집에 방문할 때는 你好。(안녕하세요.)라는 말을 항상 해야 한다. 그러나 많은 지역에서는 친근한 사이라면 만날 때 특별한 인사말도 필요가 없다.

01 손님맞이

왕밍 씨댁이 여기입니까?	**王明家是这里吗?** Wángming jiā shì zhèlǐ ma? 왕밍 찌야 스 쩌리 마
왕밍 씨는 댁에 계십니까?	**王明在家吗?** Wángming zàijiā ma? 왕밍 짜이 찌야 마
리샹입니다. 왕밍 씨를 뵙고 싶습니다.	**我是李响, 我想见一下王明。** Wǒ shì Lǐ xiǎng, wǒ xiǎngjiàn yíxià wángmíng. 워 스 리 샹, 워 시앙찌엔 이쌰 왕밍
왕밍 씨와 세 시에 약속을 했습니다.	**和王明约了3点见面。** Hé wángmíng yuēle sān diǎn jiànmiàn. 허 왕밍 웨러 싼 띠엔 찌엔미엔
지나가다가 잠시 들렀습니다.	**路过来看看。** Lùguò lái kànkan. 루꾸워 라이 칸칸

307

제가 왔다고 전해 주십시오.	请告诉他我来过了。 Qǐng gàosu tā wǒ láiguòle. 칭 까오수 타 워 라이꾸워러
그럼 전화번호를 두고 가겠습니다.	那我留个电话号码。 Nà wǒ liú ge diànhuàhàomǎ. 나 워 리우 거 띠엔화하오마
어서 들어오십시오.	快请进。 Kuài qǐng jìn. 콰이 칭 찐
와 주셔서 기쁩니다.	很高兴您能来。 Hěn gāoxìng nín néng lái. 헌 까오씽 닌 넝 라이
이 집은 금방 찾을 수 있었어?	这个房子很好找吗? Zhège fángzi hěn hǎozhǎo ma? 쩌거 팡쯔 헌 하오짜오 마
윗도리는 여기 거세요.	请把上衣挂在这里吧。 Qǐng bǎ shàngyī guà zài zhèlǐ ba. 칭 바 상이 꽈 짜이 쩌리 바
초대해 주셔서 기쁩니다.	谢谢您的招待。 Xièxie nín de zhāodài. 씨에씨에 닌 더 짜오따이
제가 좀 일찍 도착했나요?	我是不是来得早了点? Wǒ shìbúshì láide zǎolediǎn? 워 스부스 라이더 짜오러띠엔

늦어서 죄송합니다.	不好意思, 迟到了。 Bùhǎoyìsi, chídàole. 부하오이쓰, 츠따오러
저에 대해서는 신경쓰 지 않으셔도 됩니다.	您不必为我费心。 Nín búbì wèi wǒ fèixīn. 닌 부삐 웨이 워 페이씬
일하시는데 방해가 되 지 않으면 좋겠네요.	希望没有打扰您工作。 Xīwàng méiyǒu dǎrǎo nín gōngzuò. 시왕메이요우 다라오 닌 꿍쭈워
자, 편안히 계세요.	请随意。 Qǐng suíyì. 칭 쑤이이
좋은 데서 사시네요.	房子不错啊。 Fángzi búcuò a. 팡쯔 부추워 아
앉으시죠.	请坐。 Qǐng zuò. 칭 쭈워
여기는 상당히 살기 좋아 보이는군요.	看起来, 在这儿生活相当 不错啊。 Kànqǐlái, zài zhèr shēnghuó xiāngdāng búcuò a. 칸치라이, 짜이 쩌얼 성훠 시앙땅 부추워 아
조용한 환경이군요.	环境很安静。 Huánjìng hěn ānjìng. 환찡 헌 안찡

기본 인사

감정 표현

회술 표현

주제별 회제

사교

해외 여행

비즈니스

이 방은 아늑하군요.	这个房间很温馨。 Zhège fángjiān hěn wēnxīn. 쩌거 팡찌엔 헌 원씬
실례지만 화장실은요?	不好意思, 卫生间在哪里? Bùhǎoyìsi, wèishēngjiān zài nǎ lǐ? 부하오이쓰, 웨이성찌엔 짜이 나 리
담배를 피워도 되겠 습니까?	可以抽烟吗? Kěyǐ chōuyān ma? 커이 처우 엔 마

02 주인이 하는 인사

누구십니까?	哪位? Nǎ wèi? 나 웨이
잠깐 기다려 주세요.	请稍等一下。 Qǐng shāo děng yíxià. 칭 사오 떵 이쌰
지금 손님이 계십니 다. 잠시만 기다려 주시겠습니까?	现在有客人, 可以稍等一 下吗? Xiànzài yǒu kèrén, kěyǐ shāo děng yíxià ma? 씨엔짜이 요우 커런, 커이 사오 떵 이쌰 마

왕밍 사장님이 곧 오십니다.	王明社长马上就来。 Wángmíng shèzhǎng mǎshàng jiù lái. 왕밍 서짱 마상 찌우라이
죄송하지만 지금 외출 중입니다.	非常抱歉，我现在在外面。 Fēicháng bàoqiàn, wǒ xiànzài zài wàimian. 페이창 빠오치엔, 워 씨엔짜이 짜이 와이미엔
전하실 말씀은 없습니까?	不要留言吗？ Búyào liúyán ma? 부야오 리우엔 마
어, 왕밍 씨. 오랜만이에요.	哎呦，王明，好久不见。 Āi yōu, Wángmíng, hǎojiǔ bújiàn. 아이 요우, 왕밍, 하오찌우 부찌엔
어서 오세요. 기대하며 기다리고 있었습니다.	请进，正等着您呢。 Qǐng jìn, zhèng děngzhe nín ne. 칭 찐, 쩡 떵쩌 닌 너
자, 들어오시지요.	快进来吧。 Kuài jìnlai ba. 콰이 찐라이 바
이쪽으로 오십시오.	请到这边来。 Qǐng dào zhè biān lái. 칭 따오 쩌 비엔 라이
이런 건 갖고 오시지 않아도 되는데. 고마워요.	不用带礼物来的，谢谢了。 Búyòng dài lǐwù lái de, xièxiele. 부용 따이 리우 라이 더, 씨에씨에러

기본 인사
감정 표현
화술 표현
주제별 회제
사교
해외 여행
비즈니스

집안을 안내해 드릴까요?	带您参观一下家里吧? Dài nín cānguān yíxià jiālǐ ba? 따이 닌 찬꽈안 이쌰 찌야리 바

03 선물 증정

받아 주세요!	请收下。 Qǐng shōu xià. 칭 서우 쌰
이거 받으세요.(선물주기)	请收下这个。 Qǐng shōu xià zhège. 칭 서우 쌰 쩌거
이거 선물입니다.	这是给您的礼物。 Zhè shì gěi nín de lǐwù. 쩌스 게이 닌 더 리우
선물, 무척 고마워요.	真的很感谢你的礼物。 Zhēnde hěn gǎnxiè nǐ de lǐwù. 쩐더 헌 깐씨에 니 더 리우
뜻밖입니다. 정말 고마워요.	真是没有想到, 很感谢。 Zhēnshi méiyǒu xiǎngdào, hěn gǎnxiè. 쩐스 메이요우 시앙따오,헌 깐씨에
이거 정말 고마워요.	真的很感谢。 Zhēnde hěn gǎnxiè. 쩐더 헌 깐씨에

저한테 주시는 겁니까? 감사합니다.	这是送给我的吗？ 非常感谢。 Zhè shì sòng gěi wǒ de ma? Fēicháng gǎnxiè. 쩌스 쑹 게이 워 더 마. 페이창 깐씨에
이런 것을 전부터 갖고 싶었습니다.	这个是我一直想要的。 Zhège shì wǒ yìzhí xiǎng yào de. 쩌거 스 워 이쯔 시앙 야오 더
고마워요. 그런 거 갖고 오지 않으셔도 되는데.	谢谢, 不用带礼物来的。 Xièxie, búyòng dài lǐwù lái de. 씨에씨에, 부용 따이 리우 라이 더
우와! 기뻐요! 정말 고마워요.	哇! 太高兴了, 非常感谢。 Wā! Tài gāoxìngle, fēicháng gǎnxiè. 와. 타이 까오씽러, 페이창 깐씨에
마음에 드신다니 기쁩니다.	很高兴您喜欢。 Hěn gāoxìng nín xǐhuan. 헌 까오씽 닌 시환

기본 인사

감정 표현

회술 표현

주제별 회제

사교

해외 여행

비즈니스

313

03 접대

招待
Zhāodài
짜오따이

초대나 파티에 음식은 매우 중요한 요소이다. 음식을 함께 나누면서 점점 친밀도가 높아지고 서로에 대한 경계가 없어진다. 주인은 손님이 편하게 음식을 즐길 수 있는 분위기를 만드는 것이 중요하다. 그리고 중국에서는 여름에도 따뜻한 차나 물을 더 선호한다. 찬물을 마시면 위에 자극을 주기 때문이라고 한다. 또한 요리의 대부분을 익혀서 먹기 때문에 생선회나 육회 등 익히지 않은 고기를 꺼리는 사람이 많다. 이처럼 문화는 많이 다르지만 무엇보다도 상대를 진심으로 대하는 것이 전해진다면 비즈니스든 인간관계든 잘 풀릴 것이다.

01 객실에서의 접대

거실로 가시지요.	**请到客厅去吧。** Qǐng dào kètīng qù ba. 칭 따오 커팅 취 바
이쪽으로 앉으십시오.	**请坐这边。** Qǐng zuò zhè biān. 칭 쭈워 쩌 비엔
자 편히 하십시오.	**请随意。** Qǐng suíyì. 칭 쑤이이
잠깐 실례할게요. 곧 돌아오겠습니다.	**不好意思, 离开一下, 马上就回来。** Bù hǎoyìsi, líkāi yíxià, mǎshàng jiù huílai. 부하오이쓰, 리카이 이쌰, 마상 찌우 후이라이

02 음식 권유

커피를 드시겠습니까?	要喝咖啡吗? Yào hē kāfēi ma? 야오 허 카페이 마
차와 커피 중 어느 쪽을 원하십니까?	茶和咖啡更喜欢哪一个? Chá hé kāfēi gèng xǐhuan nǎ yígè? 차 허 카페이 껑 시환 나 이거
저녁 식사 준비가 되었습니다.	晚餐已经准备好了。 Wǎncān yǐjīng zhǔnbèi hǎole. 완찬 이찡 쭌뻬이 하오러
이건 보통 중국의 가정 요리입니다.	这是中国的家常菜。 Zhè shì zhōngguó de jiāchángcài. 쩌 스 쫑꾸워 더 찌야창차이
중국의 가정 요리는 좋아하십니까?	喜欢中国的家常菜吗? Xǐhuan zhōngguó de jiāchángcài ma? 시환 쫑꾸워 더 찌야창차이 마
마음껏 드십시오.	请多吃点儿。 Qǐng duō chī diǎnr. 칭 두워 츠 띠엔얼
충분히 드셨습니까?	您吃饱了吗? Nín chī bǎole ma? 닌 츠 바오러 마
좀 더 드실래요?	再吃点儿吧? Zài chī diǎnr ba? 짜이 츠 띠엔얼 바

저희 집 마당에서 바비
큐 파티를 할 거예요.

在我们家的院子里会办
个烧烤派对。

Zài wǒmen jiā de yuànzi lǐ huì bànge shāokǎo pàiduì.

짜이 워먼 찌야 더 위엔쯔 리 후이 빤거 사오카오 파이뚜이

그냥 조촐한 모임이
에요.

只是简单的聚会。

Zhǐshì jiǎndān de jùhuì.

쯔스 찌엔딴 더 쮜후이

평상복을 입으셔도
돼요.

便装就行。

Biànzhuāng jiùxíng.

비엔쭈왕 찌우씽

각자 음식을 가져오
는 파티예요.

是个自带食物的派对。

Shìge zìdài shíwù de pàiduì.

스거 쯔따이 스우 더 파이뚜이

제가 특별히 가져왔으
면 하는 게 있으세요?

需要我带点什么来吗?

Xūyào wǒ dàidiǎn shénme lái ma?

쉬야오 워 따이띠엔 선머 라이 마

음료는 마음껏 드세요.

饮料尽管喝。

Yǐnliào jǐnguǎn hē.

인리아오 찐꽈안 허

제가 얘기에 끼어도
될까요?

我可以加入你们的谈话吗?

Wǒ kěyǐ jiārù nǐmen de tánhuà ma?

워 커이 찌아루 니먼 더 탄화 마

파티를 마음껏 즐기
시길 바라요.

希望您(你们)能尽情享受
派对。

Xīwàng nín(nǐmen) néng jìnqíng xiǎngshòu pàiduì.
시왕 닌 (니먼) 넝 찐칭 시앙서우 파이뚜이

기본 인사

감정 표현

화술 표현

주제별 화제

사교

해외 여행

비즈니스

중국의 명절

춘절(春节, 설날): 음력 1월 1일

중국에서 가장 큰 명절이다. 가족의 평안과 풍년을 기원하며 제를 지내고, 세배와 덕담을
주고받는 풍경이 우리나라와 비슷하다.

중추절(中秋节): 음력 8월 15일

우리나라의 추석과 같은 명절로, 온 가족이 모여 제사를 지내고, 달구경이나 달에게 소원을
빈다. 친지들과 함께 월병(月饼, 위에빙)을 나눠 먹기도 한다.

단오절(端午节): 음력 5월 5일

'굴원'이라는 충신을 기념하기 위해 만들어진 명절로, 우리나라의 단오도 여기에서 전
해졌다. 찹쌀에 팥, 대추, 설탕, 견과류 등을 넣고 대나무 잎이나 갈대 잎으로 싸서 만든 쯔
웅즈를 먹는다.

작별

道别
Dàobié
따오비에

天下无不散的宴席。(세상에 파하지 않는 술자리는 없다.)라는 말이 있다.
이별은 누구에게나 안타까운 일이다. 이별할 때 도망치듯이 아무 말 없이 가는
것은 예의 없는 행동이다.

01 │ 자리에서 일어날 때

슬슬 가 봐야겠어요.	该走了。 Gāi zǒule. 까이 쪼우러
아뇨, 이제 됐습니다.	不, 就到这儿吧。 Bù, jiù dào zhèr ba. 부, 찌우 따오 쩌얼바
이제 시간이 너무 늦어서요.	现在时间太晚了。 Xiànzài shíjiān tài wǎnle. 시엔짜이 스찌엔 타이 완러
이렇게 늦은 줄은 몰랐습니다.	都这么晚啦。 Dōu zhème wǎn la. 떠우 쩌머 완 라 不知道已经这么晚了。 Bùzhīdào yǐjīng zhème wǎn le. 부쯔따오 이징 쩌머 완 러

그만 너무 오래 있었습니다.	该走了, 已经呆了很久了。 Gāi zǒule, yǐjīng dāile hěnjiǔle. 까이 쪼우러, 이찡 따이러 헌쩌우러
일하러 돌아갈 시간이라서요.	该回去工作了。 Gāi huíqù gōngzuòle. 까이 후이취 꿍쭈워러
아쉽지만 더 폐를 끼칠 수는 없습니다.	不能再打扰了。 Bùnéng zài dǎrǎole. 부넝 짜이 다라오러
더 있고 싶습니다만, 볼일이 있어서요.	虽然想再待会儿, 但是还有点事儿。 Suīrán xiǎng zài dài huìr, dànshì hái yǒudiǎn shi'er. 쑤이란 시앙 짜이 따이 후이얼, 딴스 하이 요우띠엔 스얼
무척 즐거웠어. 고마워.	过得非常愉快, 谢谢。 Guòde fēicháng yúkuài, xièxie. 꾸워더 페이창 위콰이, 씨에씨에
맛있는 식사와 멋진 밤을 보내게 해 줘서 고마워.	饭菜很可口, 今晚过得很愉快, 非常感谢。 Fàncài hěn kěkǒu, jīnwǎn guòde hěn yúkuài, fēicháng gǎnxiè. 판차이 헌 커커우, 찐완 꾸워더 헌 위콰이, 페이창 깐씨에
정말로 즐겁게 말씀 나누었습니다.	真的聊得很开心。 Zhēnde liáode hěn kāixīn. 쩐더 리아오더 헌 카이씬

기본 인사

감정 표현

회술 표현

주제별 화제

사교

해외 여행

비즈니스

319

오늘은 만나서 즐거웠습니다.	今天见到你很高兴。 Jīntiān jiàn dào nǐ hěn gāoxing. 찐티엔 찐엔 따오 니 헌 까오씽
친절한 대접을 해 주셔서 감사합니다.	感谢您的盛情招待。 Gǎnxiè nínde shèngqíng zhāodài. 깐씨에 닌더 성칭 짜오따이
저희 집에도 꼭 오십시오.	下次一定要来我家。 Xiàcì yídìng yào lái wǒjiā. 쌰츠 이띵 야오 라이 워찌야

02　헤어질 때 주인의 인사

벌써 가시게요?	这么快就要走啊? Zhème kuài jiù yào zǒu a? 쩌머 콰이 찌우 야오 쪼우 아
차 마실 시간은 괜찮잖지요?	喝杯茶吧。 Hē bēi chá ba. 허 뻬이 차 바
저녁이라도 드시고 가시겠어요?	吃过晚饭再走吧? Chīguò wǎnfàn zài zǒu ba? 츠꿔 완판 짜이 쪼우 바
저는 괜찮습니다.	没关系。 Méiguānxì. 메이꽈안시

| 와주셔서 저야말로
즐거웠습니다. | 您能来，我很高兴。
Nín néng lái, wǒ hěn gāoxìng.
닌 넝 라이, 워 헌 까오씽 |
| 아무 때나 들러주세요. | 随时欢迎。
Suíshí huānyíng.
쑤이스 환잉 |

기본 인사

감정 표현

회술 표현

주제별 회지

사교

해외 여행

비즈니스

사랑

爱情
Àiqíng
아이칭

언어는 결국 사람과 사람이 소통하는 방법이기 때문에 현지인과 친밀한 관계를 맺고 유지하는 것이 언어를 습득할 수 있는 가장 좋은 방법이다. 외국어를 빨리 마스터하는 첫 번째는 그 나라에 가서 사는 것이고 두 번째는 그 나라 사람과 연애나 우정을 맺는 것이다. 연애 상대가 없다면 드라마나 영화를 관심 있게 보면서 미리 준비를 해두자. 드라마는 문화나 습성 등을 알 수 있는 좋은 교재가 될 것이다.

01 이성 관계

이성 친구는 있습니까?	**有异性朋友吗?** Yǒu yìxìng péngyou ma? 요우 이씽 펑요우 마
밍밍 씨는 남자 친구가 있습니까?	**明明有男朋友吗?** Míngmíng yǒu nánpéngyou ma? 밍밍 요우 난펑요우 마
누군가와 특별히 사귀고 있습니까?	**在和谁交往吗?** Zài hé shuí jiāowǎng ma? 짜이 허 수이 찌아오왕 마
특별히 교제하는 여자는 없습니다.	**没有在交往的女人。** Méiyǒu zài jiāowǎng de nǚrén. 메이요우 짜이 찌아왕 더 뉘런
그녀는 그냥 친구예요.	**她只是个朋友。** Tā zhǐshì ge péngyou. 타 쯔스 거 펑요우

322

| 이번 일요일에 그녀와 데이트합니다. | 这个星期天和她约会。
Zhège xīngqítiān hé tā yuēhuì.
쩌거 씽치티엔 허 타 웨후이 |

02 연애 이야기

그녀와 연애 중입니다.	和她在谈恋爱。 Hé tā zài tán liàn'ài. 허 타 짜이 탄 리엔아이
왕밍은 내 여동생에게 첫눈에 반해 버렸어.	王明对我妹妹一见钟情。 Wángmíng duì wǒ mèimei yíjiànzhōngqíng. 왕밍 뚜이 워 더 메이메이 이찌엔쫑칭
왕샤오밍은 리청 애인에게 홀딱 반했어.	王小明对李晨的女朋友一见钟情。 Wángxiǎomíng duì Lǐchén de nǚpéngyou yíjiànzhōngqíng. 왕샤오밍 뚜이 리청 더 뉘펑요우 이찌엔쫑칭
어울리는 커플이야.	真是很般配的一对情侣。 Zhēnshi hěn bānpèi de yíduì qínglǚ. 쩐스 헌 빤페이 더 이뚜이 칭뤼
우리는 사이 좋게 지내고 있습니다.	我们的关系很好。 Wǒmen de guānxi hěn hǎo. 워먼 더 꽈안시 헌 하오

기본 인사

감정 표현

회화 표현

주제별 화제

사교

해외 여행

비즈니스

첫사랑은 17세 때였습니다.	初恋是17岁的时候。 Chūliàn shì shíqī suì de shíhòu. 추리엔 스 스치 수이 더 스허우
왕밍 씨와는 아직 사귀니?	还在和王明交往吗? Hái zài hé Wángmíng jiāowǎng ma? 하이 짜이 허 왕밍 찌아오왕 마

03 이상형 표현

어떤 남자가 좋으세요?	喜欢什么样的男人? Xǐhuan shénmeyàng de nánrén? 시환 선머양 더 난런
어떤 사람과 결혼하고 싶으세요?	想要和什么样的人结婚? Xiǎng yào hé shénmeyàng de rén jiéhūn? 시앙 야오 허 선머양 더 런 지에훈
눈이 크고 머리가 긴 여성이 좋습니다.	喜欢大眼睛,长头发的女人。 Xǐhuan dà yǎnjīng, cháng tóufa de nǚrén. 시환 따 옌찡, 창 터우파 더 뉘런
얌전한 여자가 좋아요.	喜欢文静的女人。 Xǐhuan wénjìng de nǚrén. 시환 원찡 더 뉘런
키가 크고 잘생긴 사람이 좋아요.	喜欢个子高长得帅的人。 Xǐhuan gèzi gāo zhǎngde shuài de rén. 시환 거쯔 까오 장더 수와이 더 런

피부가 까맣고 남성적인 사람이 좋아요.	喜欢皮肤黑有男人味儿的人。 Xǐhuan pífū hēi yǒu nánrén wèi'er de rén. 시환 피푸 헤이 요우 난런 웨이얼 더 런
대머리만 아니라면 아무 남자라도 괜찮아요.	只要不是秃顶的男人就行。 Zhǐyào búshì tūdǐng de nánrén jiùxíng. 쯔야오 부스 투띵 더 난런 찌우씽
미인이라면 괜찮지요.	长得漂亮当然好。 Zhǎngde piàoliang dāngrán hǎo. 장더 피아오리앙 땅란 하오
스포츠 좋아하고 나를 지켜줄 것 같은 남자가 좋아요.	喜欢喜欢运动并且会守护我的男人。 Xǐhuan xǐhuan yùndòng bìngqiě huì shǒuhù wǒ de nánrén. 시환 시환 윈뚱 삥치에 후이 서우후 워 더 난런
유머가 있는 사람이 좋아요.	喜欢幽默的人。 Xǐhuan yōumò de rén. 시환 요우모 더 런
로맨틱하고 야심적인 남자를 좋아해요.	喜欢既浪漫又有野心的男人。 Xǐhuan jì làngmàn yòu yǒu yěxīn de nánrén. 시환 지 랑만 요우 요우 예씬 더 난런
포용력 있고 융통성 있는 남자가 좋아요.	喜欢既懂得包容又不死板的男人。 Xǐhuan jì dǒngdé bāoróng yòu bùsǐbǎn de nánrén. 시환 지 뚱더 빠오롱 요우 부쓰빤 더 난런

기본 인사
감정 표현
화술 표현
주제별 화제
사교
해외 여행
비즈니스

온화한 사람과 있으면 가장 마음 편해.	和温和的人在一起最舒服。 Hé wēnhé de rén zàiyìqǐ zuì shūfu. 허 원허 더 런 짜이이치 쮀 수푸
그녀는 내 타입이 아냐.	她不是我喜欢的类型。 Tā búshì wǒ xǐhuan de lèixíng. 타 부스 워 시환 더 레이씽
직업이 안정된 사람과 결혼하고 싶어.	想要和有稳定工作的人结婚。 Xiǎng yào hé yǒu wěndìng gōngzuò de rén jiéhūn. 시앙 야오 허 요우 원띵 꽁줘 더 런 지에훈

04 상대에게 반했을 때

그녀에게 홀딱 반하고 말았어요.	对她一见钟情。 Duì tā yíjiànzhōngqíng. 뚜이 타 이찌엔쫑칭
목소리가 귀여워서 반해 버렸어요.	因为声音很可爱所以喜欢上她(他)了。 Yīnwèi shēngyīn hěn kě'ài suǒyǐ xǐhuān shàng tā (tā) le. 인웨이 성인 헌 커아이 쑤위이 시환 상 타(타)러

그녀의 미소는 말로 표현할 수 없어요.	她的微笑是无法用语言来形容的。 Tā de wēixiào shì wúfǎ yòng yǔyán lái xíngróng de 타 더 웨이샤오 스 우파 용 위엔 라이 씽롱 더
그는 부자니까 마음이 놓여요.	他是有钱人, 放心吧。 Tā shì yǒuqiánrén, fàngxīn ba. 타 스 요우치엔런, 팡씬 바
그녀를 꼬시려고 해요.	想要勾引她。 Xiǎng yào gōuyǐn tā. 시앙 야오 거우인 타
이런 기분은 처음입니다.	这种感觉是第一次。 Zhè zhǒng gǎnjué shì dìyīcì. 쩌 쫑 깐줴 스 띠이츠
성실하고 정직한 점이 아주 좋습니다.	我很喜欢他(她)的诚实和正直。 Wǒ hěn xǐhuan tā(tā) de chéngshí hé zhèngzhí. 워 헌 시환 타 더 청스 허 쩡쯔
눈이 아름답습니다.	眼睛很漂亮。 Yǎnjīng hěn piàoliang. 옌찡 헌 피아오리앙
날씬한 다리가 매력적입니다.	纤细的腿很有魅力。 Xiānxì de tuǐ hěn yǒu mèilì. 시엔시 더 투이 헌 요우 메이리

기본 인사

감정 표현

활술 표현

주제별 화제

사교

해외 여행

비즈니스

327

손이 예쁘고 피부가 희니까 좋습니다.	因为她的手很漂亮, 皮肤 也很白, 所以喜欢她。 Yīnwèi tā de shǒu hěn piàoliang, pífū yě hěn bái, suǒyǐ xǐhuan tā 인웨이 타 더 서우 헌 피아오리앙, 피푸 예 헌 빠이, 쑤워이 시환 타
미인이라면 다른 건 아무래도 괜찮습니다.	如果长得漂亮, 那么其他 的都不重要。 Rúguǒ zhǎngde piàoliang, nàme qítāde dōu bú zhóngyào. 루꾸워 장더 피아오리앙, 나머 치타더 떠우 부 쫑야오
성격이 가장 중요합 니다.	性格最重要。 Xìnggé zuì zhòngyào. 씽거 쮜 쭝야오
그녀와 얘기하면 재 미있어.	和她聊天很有意思。 Hé tā liáotiān hěn yǒuyìsi. 허 타 리아오티엔 헌 요우이쓰

데이트·고백하기

约会·告白

Yuēhuì, Gàobái

웨후이, 까오바이

데이트 신청할 때는 무작정 만나자고 하는 게 아니라 사귀고 있는 사람이 있는지 묻고, 사귀고 싶은 의향을 밝힌 후 데이트 신청을 하는 것이 예의다. 또 데이트를 하자고 할 때 일정과 어떤 종류의 데이트인지도 설명하자. 사랑과 교제의 과정 중에는 여러 가지 다양한 감정 변화를 경험하게 된다. 사소한 일에 아주 즐겁고 기쁠 수 있고 또 반대로 화가 나거나 짜증이 나기도 한다. 이러한 감정을 솔직히 잘 표현할 수 있도록 표현을 익히자. 표정과 몸짓 그리고 진심을 전한다면 더 특별한 의미로 전달할 수 있을 것이다. 이 외에도 사랑하는 이유에 대한 표현을 덧붙이면 진심을 잘 전달할 수 있지 않을까?

01 데이트 신청

기본 인사

감정 표현

회화 표현

주제별 화제

사교

해외 여행

비즈니스

사귀는 사람이 있으세요?	有在交往的人吗? Yǒu zài jiāowǎng de rén ma? 요우짜이 찌아오왕 더 런 마
왕밍은 그냥 직장 동료일 뿐이에요.	王明只是同事而已。 Wángmíng zhǐshì tóngshì éryǐ. 왕밍 쯔스 통스 얼이
오늘 밤 시간 있어?	今天晚上有时间吗? Jīntiān wǎnshàng yǒu shíjiān ma? 찐티엔 완상 요우 스찌엔 마
당신에게 데이트 신청해도 될까요?	我想和你约会, 可以吗? Wǒ xiǎng hé nǐ yuēhuì, kěyǐ ma? 워 시앙 허 니 웨후이, 커이 마

* 중국에서는 데이트 신청하는 것보다 '有时间的话可以一起吃个饭吗?(Yǒu shíjiān dehuà kěyǐ yīqǐ chī gè fàn ma? 요우 스찌엔 더화 커이 이치 츠 거 판 마? 시간 있으면 같이 식사 한번 해도 돼요?)'라는 말을 더 많이 사용한다.

저와 함께 영화 보러 갈래요?	和我一起看场电影怎么样? Hé wǒ yìqǐ kàn chǎng diànyǐng zěnmeyàng? 허 워 이치 칸 창 띠엔잉 쩐머양
당신 손을 잡아도 될까요?	可以牵你的手吗? Kěyǐ qiān nǐ de shǒu ma? 커이 치엔 니 더 서우 마
미안해, 내가 늦었지.	对不起, 我迟到了。 Duìbuqǐ, wǒ chídàole. 뚜이부치, 워 츠따오러
당신과 또 데이트하고 싶어요.	下次还想和你约会。 Xià cì hái xiǎng hé nǐ yuēhuì. 쌰 츠 하이 시앙 허 니 웨후이
왕샤오밍과 사귀고 싶어요.	想和王小明交往。 Xiǎng hé Wángxiǎomíng jiāowǎng. 시앙 허 왕샤오밍 찌아오왕
맛있는 불고기 사드릴게요.	请你吃好吃的烤肉。 Qǐng nǐ chī hǎochīde kǎoròu. 칭 니 츠 하오츠더 카오러우 * 중국에서 '맛있다'라는 수식어는 자주 사용하지 않는다.
둘이서만 만나고 싶어요.	只想两个人见面。 Zhǐ xiǎng liǎnggerén jiànmiàn. 쯔 시앙 리앙거런 찌엔미엔
그 소리를 들으니 좀 다행스럽군요.	听了那句话, (感觉)真是万幸。 Tīng le nàjùhuà, (gǎnjué) zhēnshì wànxìng 팅 러 나쮜화, (깐쮀에) 쩐스 완씽

02 감정 표현

행복합니다.	**很幸福。** Hěn xìngfú. 헌 씽푸
기분이 아주 좋다.	**心情非常好。** Xīnqíng fēicháng hǎo. 씬칭 페이창 하오
꽤 흥분된다.	**非常兴奋。** Fēicháng xīngfèn. 페이창 씽펀
매우 기쁘다.	**很高兴。** Hěn gāoxìng. 헌까오씽
기분이 나쁘다.	**心情不好。** Xīnqíng bù hǎo. 씬칭 부 하오
매우 슬픕니다.	**很伤心。** Hěn shāngxīn. 헌 상씬
미칠 것 같다.	**快疯了。** Kuài fēngle. 콰이 펑러

좋아해요.

我喜欢你。
Wǒ xǐhuan nǐ.
워 시환 니

*중국어로는 '내가 당신을 좋아해요.'라고 표현한다.

사랑해요.

我爱你。
Wǒ ài nǐ.
워 아이 니

*중국어로는 '내가 당신을 사랑해요.'라고 표현한다.

당신 없이는 살 수가
없어요.

没有你我没法活。
Méiyǒu nǐ wǒ méi fǎ huó.
메이요우 니 워 메이 파 휘

당신의 모든 걸 사랑
합니다.

爱你的一切。
Ài nǐ de yíqiè.
아이 니 더 이치에

이런 느낌은 처음이
에요.

这种感觉是第一次。
Zhè zhǒng gǎnjué shì dìyīcì.
쩌 쫑 깐줴 스 디이츠

저는 밤낮 당신 생각
만 해요.

我日日夜夜都想着你。
Wǒ rìrìyèyè dōu xiǎngzhe nǐ.
워 르르예예 떠우 시앙쩌 니

사랑에 빠졌어요.

爱上你了。
Ài shàng nǐ le.
아이 상 니러

널 갖고 싶어.	想拥有你。 Xiǎng yǒngyǒu nǐ. 시앙 용요우 니
결혼해 주실래요?	和我结婚吧? Hé wǒ jiéhūn ba? 허 워 지에훈 바
당신을 위해서라면 뭐든지 할게요.	我会为你做一切。 Wǒ huì wèi nǐ zuò yíqiè. 워 후이 웨이 니 쭈워 이치에
밤하늘의 달이라도 따줄게.	即使要天上的月亮, 我也摘给你。 Jíshǐ yào tiānshàng de yuèliàng, wǒ yě zhāi gěi nǐ. 지스 야오 티엔상 더 웨리앙, 워 예 짜이 게이 니
당신이 해주는 요리를 먹고 싶어.	想要吃你给我做的菜。 Xiǎng yào chī nǐ gěi wǒ zuòde cài. 시앙 야오 츠 니 게이 워 쭈워더 차이
우리 부모님은 부자입니다.	我的父母是有钱人。 Wǒ de fùmǔ shì yǒuqiánrén. 워 더 푸무 스 요우치엔런

기본 인사
감정 표현
회술 표현
주제별 회제
사교
해외 여행
비즈니스

Unit 07

결혼 생활

结婚生活
Jiéhūn shēnghuó
지에훈 성훠

인생에서 제일 중요한 일 중의 하나가 결혼이라고 한다. 중국에서 결혼식은 즐거운 파티와 같다. 오는 사람이 많을수록 파티가 더욱 변화하고 재미가 있다.

---

01   결혼 생활

결혼하셨습니까? 독신입니까?	**结婚了吗? 是单身吗?** Jiéhūnle ma? Shì dānshēn ma? 지에훈러 마스 딴션 마
	已经结婚了, 还是单身? Yǐjīng jiéhūnle, háishì dānshēn? 이징 지에훈러, 하이스 딴션
여동생은 지난 토요 일에 결혼했습니다.	**妹妹上个星期六结婚了。** Mèimei shàngge xīngqíliù jiéhūnle. 메이메이 상거 씽치리우 지에훈러
몇 살에 결혼하고 싶 어요?	**想什么年纪的时候结婚?** Xiǎng shénme niánjì de shíhou jiéhūn? 시앙 선머 니엔찌 더 스호우 지에훈
멋진 사람을 찾아서 내 키면 결혼하겠습니다.	**遇到帅气的人, (我)也愿 意的话, 就结婚。** Yùdào shuàiqi de rén, (wǒ) yě yuànyì dehuà, jiù jiéhūn. 위따오 수와이치 더 런, (워) 예 위엔이 더 화, 찌우 지에훈
왕밍과 결혼하니?	**和王明结婚吗?** Hé Wángmíng jiéhūn ma? 허 왕밍 지에훈 마

334

결혼 축하해. 근데 상대는 누구야?	祝你新婚愉快。丈夫(妻子)是谁?
	Zhù nǐ xīnhūn yúkuài. Zhàngfu(qīzi) shì shuí?
	쭈 니 씬훈 위콰이. 짱푸(치즈) 스 수이

* 丈夫(Zhàngfū 짱푸)는 '남편', 妻子(qīzi 치즈)는 '아내'를 뜻한다.

맞선이란 말을 들어본 적이 있습니까?	听没听说过相亲?
	Tīng méi tīngshuōguò xiāngqīn?
	팅 메이 팅수워꾸어 시앙친

중매 결혼은 중매쟁이가 주선합니다.	婚姻介绍是媒人牵线的。
	Hūnyīn jièshào shì méirén qiānxiàn de.
	훈인 지에샤오 스 메이런 치엔시엔 더

당신은 맞선 보고 결혼할 생각입니까?	你想要通过相亲结婚吗?
	Nǐ xiǎng yào tōngguò xiāngqīn jiéhūn ma?
	니 시앙 야오 통꾸워 시앙친 지에훈 마

피로연은 호텔에서 합니까?	婚宴在酒店办吗?
	Hūnyàn zài jiǔdiàn bàn ma?
	훈옌 짜이 찌우띠엔 빤 마

신혼부부이시군요.	是新婚夫妇啊。
	Shì xīnhūn fūfù a.
	스 신훈 푸푸 아

신혼 여행은 괌에 갑니다.	新婚旅行去关岛。
	Xīnhūn lǚxíng qù guāndǎo.
	신훈 뤼씽 취 꽈안따오

남편 가족과 함께 삽니다.	和丈夫的家人一起生活。
	Hé zhàngfu de jiārén yìqǐ shēnghuó.
	허 짱푸 더 찌야런 이치 성훠

기본 인사 / 감정 표현 / 활용 표현 / 주제별 회제 / 사교 / 해외 여행 / 비즈니스

축하할 일이 생겼다면서요?	听说有喜了? Tīngshuō yǒuxǐle? 팅수워 요우시러
아내가 곧 아이를 낳습니다.	妻子马上要生了。 Qīzi mǎshàng yào shēngle. 치즈 마상 야오 성러
예정일은 언제입니까?	预产期是什么时候? Yùchǎnqī shì shénme shíhou? 위찬치 스 선머 스허우
그녀는 임신 3개월입니다.	她已经怀孕3个月了。 Tā yǐjīng huáiyùn sāngèyuèle. 타 이찡 화이윈 싼거웨러
자녀는 몇 명 갖고 싶으세요?	想要几个孩子? Xiǎng yào jǐgè háizi? 시앙 야오 지거 하이쯔
그녀는 화요일에 여자아이를 낳았습니다.	她星期二生了一个女孩儿。 Tā xīngqīèr shēngle yígè nǚhái'er. 타 씽치얼 성러 이거 뉘하이 얼
오늘밤 아내와 함께 아기 출생을 축하합니다.	今天晚上和妻子一起庆祝孩子的出生。 Jīntiān wǎnshang hé qīzi yìqǐ qìngzhù háizi de chūshēng. 찐티엔 완상 허 치즈 이치 칭쭈 하이쯔 더 추성

Unit 08 결별

诀别

Juébié

주에비에

결별은 누구에게나 가슴 아픈 일인데 결별을 먼저 결심한 사람이 상대에게 성의 없이 연락을 끊거나 도망치는 식으로 결별을 하는 것은 상대를 두 번 죽이는 일이다. 진심으로 헤어질 수밖에 없는 이유를 설명하는 것이 최선이고 그나마 상대에게 상처를 최소화하는 길이다.

01 사랑이 잘 안 될 때

우리 사이도 이걸로 끝이군.	我们就到此结束了。 Wŏmen jiù dàocĭjiéshùle. 워먼 찌우 따오츠지에수러
두 사람은 요즘 헤어졌나 봐.	两个人好像最近分手了。 Liănggerén hăoxiàng zuìjìn fēnshŏule. 리앙거런 하오시앙 쮀쩐 펀서우러
그 사람과는 인연을 끊었어요.	和那个人的缘分尽了。 Hé nàgerén de yuánfèn jìnle. 허 나거런 더 위엔펀 찐러
왕샤오밍과 헤어졌다니 정말이야?	听说和王小明分手了, 真的吗? Tīngshuō he Wángxiăomíng fēnshŏule, zhēnde ma? 팅수워 허 왕샤오밍 펀서우러, 쩐더 마
이제 안 만나는 게 좋겠어.	不要再见面了。 Búyào zài jiànmiànle. 부야오 짜이 찌엔미엔러

337

그녀는 너에게 전혀 관심이 없어.	她对你一点兴趣都没有。 Tā duì nǐ yìdiǎn xìngqù dōu méiyǒu. 타 뚜이 니 이띠엔 씽취 떠우 메이요우
나는 지금 실연 중이야.	我失恋了。 Wǒ shīliànle. 워 스리엔러

02　결별을 통보할 때

우린 끝났어.	我们结束了。 Wǒmen jiéshùle. 위먼 지에수러
이제 연락하지 마세요.	以后不要再联系了。 Yǐhòu búyào zài liánxìle. 이허우 부야오 짜이 리엔시러
우린 너무나 달라.	我们太不同了。 Wǒmen tài bùtóngle. 위먼 타이 부퉁러
당신에게 실망했습니다.	对你很失望。 Duì nǐ hěn shīwàng. 뚜이 니 헌 스왕
더 이상 당신을 사랑하지 않아요.	不再爱你了。 Bú zài ài nǐle. 부 짜이 아이 니러

338

당분간 혼자 지내고 싶어.

想要一个人呆一段时间。
Xiǎng yào yígerén dāi yíduàn shíjiān.
시앙 야오 이거런 따이 이뚜완 스찌엔

03 이혼에 대한 화제

우린 자주 싸워요.

我们经常吵架。
Wǒmen jīngcháng chǎojià.
워먼 찡창 차오찌야

아내가 바람을 피워.

妻子有外遇。
Qīzi yǒu wàiyù.
치즈 요우 와이위

이제 아내를 사랑하지 않아.

不再爱妻子了。
Búzài ài qīzile.
부짜이 아이 치즈러

우리 사이는 틀어지기 시작했어.

我们之间有了裂缝。
Wǒmen zhījiān yǒule lièfèng.
워먼 쯔찌엔 요우러 리에펑

너는 변했어.

你变了。
Nǐ biànle.
니 비엔러

지금 아내와 별거 중이야.

现在和妻子分居了。
Xiànzài hé qīzi fēnjūle.
시엔짜이 허 치즈 펀쮜러

이혼하자.	离婚吧。 Líhūn ba. 리훈 바
우린 지난 겨울에 헤어졌습니다.	我们去年冬天分手了。 Wǒmen qùnián dōngtiān fēnshǒu le. 워먼 취니엔 똥티엔 펀서우 러
그는 최근에 재혼했습니다.	他最近再婚了。 Tā zuìjìn zàihūnle. 타 쮀찐 짜이훈러
아내와 헤어지고 너와 재출발하고 싶어.	想和妻子离婚之后, 和你重新开始。 Xiǎng hé qīzi líhūn zhīhòu, hé nǐ chóngxīn kāishǐ. 시앙 허 치즈 리훈 쯔허우, 허 니 총씬 카이스
이혼하고 나서 금방 후회하는 사람도 있습니다.	有的人离婚之后马上就后悔了。 Yǒuderén líhūn zhīhòu mǎshàng jiù hòuhuǐle. 요우더런 리훈 쯔허우 마상 찌우 허우후이러
결혼도 이혼도 행복해지기 위해서입니다.	不管是结婚, 还是离婚, 都是为了能幸福。 Bùguǎn shì jiéhūn, háishì líhūn, dōu shì wèile néng xìngfú. 부꽈안 스 지에훈, 하이스 리훈, 떠우 스 웨이러 넝 씽푸
가벼운 싸움은 오히려 좋은 일입니다.	小吵小闹反而是好事。 Xiǎochǎoxiǎonào fǎn'ér shì hǎoshì. 샤오차오샤오나오 판 얼 스 하오스

전혀 싸우지 않는 것이 위험합니다.	从来不吵架是很危险的。 Cónglái bù chǎojià shì hěn wēixiǎn de. 총라이 부 차오찌야 스 헌 웨이시엔 더
이혼하니 기분이 후련합니다.	离婚之后心情很舒畅。 Líhūn zhīhòu xīnqíng hěn shūchàng. 리훈 쯔허우 씬칭 헌 수창
나는 이혼하고 나서 후회한 적은 없습니다.	我离婚之后从来没有后悔过。 Wǒ líhūn zhīhòu cónglái méiyǒu hòuhuǐguò. 워 리훈 쯔허우 총라이 메이요우 허우후이꾸워
아이가 있으면 이혼이 어려워집니다.	有了孩子离婚就难了。 Yǒule háizi líhūn jiù nánle. 요우러 하이쯔 리훈 찌우 난러
매달 양육비를 보내고 있습니다.	每个月都付抚养费。 Měigeyuè dōu fù fǔyǎngfèi. 메이거웨 떠우 푸 푸양페이
혼자가 되니까 오히려 저축을 하게 되었습니다.	一个人反而开始有了存款。 Yígerén fǎn'ér kāishǐ yǒule cúnkuǎn. 이거런 반얼 카이스 요우러 춘쿠안
역시 이혼은 괴롭습니다.	离婚果然很痛苦。 Líhūn guǒrán hěn tòngkǔ. 리훈 꾸워런 헌 통쿠
한국은 이혼율이 높답니다.	韩国的离婚率很高。 Hánguó de líhūnlǜ hěn gāo. 한꾸워 더 리훈뤼 헌 까오

기본 인사

감정 표현

회술 표현

주제별 화제

사교

해외 여행

비즈니스

왕초보 실생활 **중국어회화 + 기본패턴**

PART
06

·
·
·
·
·

해외여행

海外旅行
Hǎiwài lǚxíng
하이와이 뤼씽

해외여행이 흔해진 요즘이지만 해외여행을 떠나기 전엔 누구나 유쾌한 설렘을 경험한다. 그런데 막상 현지에 가면 한정된 시간 때문에 시간이 정신없이 지나가게 마련이다. 그래서 여러 모로 세심한 계획을 세우고 준비를 해둬야 한다. 특히 외국에선 언어 소통이 큰 문제이므로 여러 가지 표현을 잘 익혀둬야 한다.

Unit

01 항공편

航班
Hángbān
항빤

1992년 한중수교 이후 중국 여행을 즐기는 사람들이 계속 늘고 있다. 도시마다 다르지만 성수기에 항공권은 1개월 이상 여유를 두고 예약해야 저렴하게 구매할 수 있다. 요즘은 중국에서도 신용카드를 잘 받기 때문에 환전은 많이 하지 않아도 되지만 어느 정도의 인민폐를 가지고 있으면 더욱 안심될 것이다.

01 항공편 예약

항공편을 예약하고 싶습니다.	**想要订飞机票。** Xiǎng yào dìng fēijīpiào. 시앙 야오 띵 페이지피아오
항공편을 변경하고 싶습니다.	**想要改签(飞机票)。** Xiǎng yào gǎi qiān (fēijīpiào). 시앙 야오 까이 치엔 (페이지피아오)
오전 비행기로 변경하고 싶습니다.	**想要改成上午的飞机。** Xiǎng yào gǎi chéng shàngwǔ de fēijī. 시앙 야오 까이 청 상우 더 페이지
예약을 취소하고 싶습니다.	**想要取消预定。** Xiǎng yào qǔxiāo yùdìng. 시앙 야오 취샤오 위띵
대기자 명단에 넣어 주시겠습니까?	**可以把我加到等候名单里吗?** Kěyǐ bǎ wǒ jiā dào děnghòu míngdān lǐ ma? 커이 바 워 찌야 따오 떵허우 밍딴 리 마

○ Unit 01_ 항공편

가능하면 빨리 가고 싶습니다.	可能的话, 想要尽早走。 Kěnéng de huà, xiǎng yào jǐnzǎo zǒu. 커넝 더 화, 시앙 야오 찐짜오 쪼우
직행 편입니까?	是直飞的吗? Shì zhífēi de ma? 스 쯔페이 더 마
비즈니스 클래스로 부탁합니다.	请给我商务舱的机票。 Qǐng gěi wǒ shāngwùcāng de jīpiào. 칭 게이 워 상우창 더 지피아오

02 / 환전하기

환전하는 곳은 어디 입니까?	换钱的地方在哪儿? Huànqián de dìfang zài nǎ'er? 환치엔 더 디팡 짜이 나 얼
여기서 환전할 수 있 습니까?	这儿可以换钱吗? Zhè'er kěyǐ huànqián ma? 쩌얼 커이 환치엔 마
원을 위안으로 환전 하고 싶습니다.	想要把韩币换成人民币。 Xiǎng yào bǎ hánbì huàn chéng rénmínbì. 시앙 야오 바 한삐 환 청 런민삐
계산이 틀린 거 아닙 니까?	是不是算错了? Shìbúshì suàn cuòle? 스부스 쑤완 추워러

기본 인사

감정 표현

활용 표현

주제별 회제

시교

해외 여행

비즈니스

오늘 환율은 얼마입니까?	**今天的汇率是多少?** Jīntiān de huìlǜ shì duōshǎo? 찐티엔 더 후이뤼 스 두워샤오
수수료는 얼마입니까?	**手续费是多少?** Shǒuxùfèi shì duōshǎo? 서우쉬페이 스 두워샤오

03 탑승 수속

여기서 체크인할 수 있습니까?	**可以在这里办理登机手续吗?** Kěyǐ zài zhèlǐ bànlǐ dēngjī shǒuxù ma? 커이 짜이 쩌리 빤리 떵지 서우쉬 마
체크인은 몇 시부터입니까?	**登机手续几点开始办理?** Dēngjī shǒuxù jǐdiǎn kāishǐ bànlǐ? 떵지 서우쉬 지띠엔 카이스 빤리
탑승 시간은 언제입니까?	**几点登机?** Jǐdiǎn dēngjī? 지띠엔 떵지
정각에 출발합니까?	**整点出发吗?** Zhěngdiǎn chūfā ma? 쩡띠엔 추파 마

이 가방은 기내로 가지고 갈 수 있습니까?	这个包可以带上飞机吗?
	Zhège bāo kěyǐ dàishàng fēijī ma?
	쩌거 빠오 커이 따이상 페이지 마
상하이에서 갈아타려고 합니다.	要在上海转机。
	Yào zài Shànghǎi zhuǎnjī.
	야오 짜이 상하이 쭈완지
이 짐을 부치겠습니다.	这件行李托运。
	Zhè jiàn xínglǐ tuōyùn.
	쩌 찌엔 씽리 투워윈

기본 인사

감정 표현

활술 표현

주제별 회제

사교

해외 여행

비즈니스

항공편명 **航班号** háng bān hào 항빤 하오

항공권 **飞机票** fēi jī piào 페이지 피아오

탑승권 **登机牌** dēng jī pái 떵지 파이

출발시간 **出发时间** chūfā shíjiān 추파 스찌엔

도착시간 **到达时间** dàodá shíjiān 따오다 스찌엔

탑승구 **登机口** dēng jī kǒu 떵 지 커우

국내선 **国内航线** guónèi hángxiàn 꾸워네이 항시엔

국제선 **国际航线** guójì hángxiàn 꾸워지 항시엔

면세점 **免税店** miǎn shuì diàn 미엔수이 띠엔

환전소 **外汇兑换柜台** wàihuì duìhuàn guìtái 와이후이 뚜이환 꾸이타이

정각에 **准点** zhǔn diǎn 쭌띠엔

입국관리 **入境管理** rùjìng guǎnlǐ 루찡 꽈안리

세관 **海关** hǎi guān 하이꽈안

보안검색 **安检** ān jiǎn 안찌엔

04 기내에서

탑승권을 보여 주시겠습니까?	可以给我看一下登机牌吗? Kěyǐ gěi wǒ kàn yíxià dēngjīpái ma? 커이 게이 워 칸 이쌰 떵지파이 마
미안합니다. 지나가도 될까요?	对不起, 借过一下可以吗? Duìbuqǐ, jiè guò yíxià kěyǐ ma? 뚜이부치, 지에 꾸워 이쌰 커이 마
등받이를 기울여도 될까요? (뒷사람에게)	可以放下靠背吗? Kěyǐ fàngxià kàobèi ma? 커이 팡쌰 카오뻬이 마
음료는 뭐가 있나요?	有什么饮料? Yǒu shénme yǐnliào? 요우 선머 인리아오
모포를 주십시오.	请给我个毯子。 Qǐng gěi wǒ ge tǎnzi. 칭 게이 워 거 탄쯔
화장실은 어디 있습니까?	卫生间在哪儿? Wèishēngjiān zài nǎ'er? 웨이성찌엔 짜이 나얼
비행기는 정각에 도착합니까?	飞机准点到达吗? Fēijī zhǔndiǎn dàodá ma? 페이지 쭌띠엔 따오다 마

이 가방은 짐 선반에 들어가지 않습니다.	这个包放不进座位上的行李舱里。 Zhège bāo fangbújìn zuòwèi shàng de xínglicāng lǐ. 쩌거 빠오 팡부찐 쪼어웨이 상 더 씽리창 리
예, 둘 곳을 찾아보겠습니다.	哦, 我来找找可以放的地方。 Ò, wǒ lái zhǎozhao kěyǐ fang de dìfang. 오, 워 라이 쟈오쟈오 커이 팡 더 디팡
자리를 바꿔도 될까요?	可以换个位子吗? Kěyǐ huànge wèizi ma? 커이 환거 웨이쯔 마
이 헤드폰은 들리지 않습니다.	这个耳机听不见。 Zhège ěrjī tīngbújiàn. 쩌거 얼지 팅부찌엔
휴대폰을 사용해도 되나요?	可以用手机吗? Kěyǐ yòng shǒujī ma? 커이 용 서우지 마
한국 신문은 있습니까?	有韩国报纸吗? Yǒu hánguó bàozhǐ ma? 요우 한꾸워 빠오쯔 마
칭다오는 앞으로 얼마 후에 도착합니까?	还要多久才能到青岛? Hái yào duōjiǔ cái néng dào Qīngdǎo? 하이 야오 두워찌우 차이 넝 따오 칭다오

기내에서 볼 수 있는 단어

짐선반 **行李架** xíng lǐ jià 씽 리 찌야 / **行李舱** Xíng lǐ cāng 씽 리 창

조명 **照明** zhào míng 짜오 밍

통로측 **过道边** guò dào biān 꾸워 따오 비엔

창가측 **窗边** chuāng biān 추앙 비엔

좌석 **座位** zuò wèi 쭈워 웨이

접이식 테이블 **折叠桌** zhé dié zhuō 쩌 띠에 쭈워

스튜어디스 **空姐** kōng jiě 콩 지에

금연 **禁烟** jìn yān 찐 옌

안전벨트 **安全带** ān quán dài 안 취엔 따이

창 블라인드 **遮光板** zhē guāng bǎn 쩌 꾸앙 빤

팔걸이 **扶手** fú shǒu 푸 서우

(화장실) 사용 중 **(卫生间)使用中** (wèishēngjiān) shǐyòng zhōng

(웨이성찌엔) 스용 쫑

비어 있음 **无人** wú rén 우 런

구명조끼 **救生衣** jiù shēng yī 찌우 성 이

담요 **毯子** tǎn zi 탄 쯔

호출 버튼 **呼叫按钮** hūjiào ànniǔ 후찌아오 안니우

기본 인사
감정 표현
회화 표현
주제별 화제
사교
해외 여행
비즈니스

공항에서

在飞机场
Zài fēijīchǎng
짜이페지창

중국 공항에 도착하면 입국관리소를 통과하게 되는데 기내에서 입국신고서를
작성해 두면 당황하지 않고 통과할 수 있다. 항공편번호, 중국 내 체류지(호텔,
지인의 집 등) 주소와 전화번호, 본인 여권번호 등을 메모해 두자.

01 환승하기

이 공항에서 얼마나 머뭅니까?	在这个机场呆多久? Zài zhège jīchǎng dāi duōjiǔ? 짜이 쩌거 지창 따이 두워찌우
모두 내립니까?	全部都下飞机吗? Quánbù dōu xià fēijī ma? 취엔부 떠우 쌰 페이지 마
저는 뉴욕으로 가는 환승객입니다.	我是去纽约的中转乘客。 Wǒ shì qù niǔyuē de zhōngzhuǎn chéngkè. 워 스 취 니우웨 더 쭝쭈안 청커
대기실에 면세점은 있습니까?	候机室有免税店吗? Hòujīshì yǒu miǎnshuìdiàn ma? 허우지스 요우 미엔수이띠엔 마
동방항공으로 갈아탑니다.	换乘东方航空。 Huànchéng dōngfāng hángkōng. 환청 똥팡 항콩

수하물 부치는 곳은 어디인가요?	托运行李的地方在哪里? Tuōyùn xínglǐ de dìfang zài nǎlǐ? 투위윈 씽리 더 디팡 짜이 나리
제 비행 편은 예정대로입니까?	我的航班时间没变吗? Wǒ de hángbān shíjiān méi biàn ma? 워 더 항빤 스찌엔 메이 비엔 마

02 입국 절차

이제 곧 도착이다.	马上就到了。 Mǎshàng jiù dàole. 마상 찌우 따오러
입국카드를 주시겠어요?	请把入境卡给我。 Qǐng bǎ rùjìngkǎ gěi wǒ. 칭 바 루찡카 게이 워
여권 좀 보여 주시겠습니까?	请给我看一下护照。 Qǐng gěi wǒ kàn yíxià hùzhào. 칭 게이 워 칸 이쌰 후짜오
	请出示一下护照。 Qǐng chūshì yíxià hùzhào. 칭 추스 이쌰 후짜오
여기 있습니다.	在这里。 Zài zhèlǐ. 짜이 쩌리

기본 인사

감정 표현

회술 표현

주제별 회제

사교

해외 여행

비즈니스

방문 목적은 무엇입니까?	访问目的是什么? Fǎngwèn mùdì shì shénme? 팡원 무디 스 션머
관광 [유학]입니다.	来旅游[留学]。 Lái lǚyóu [liúxué]. 라이 뤼요우 [리우쉐]
며칠간 체류합니까?	要停留几天? Yào tíngliú jǐ tiān? 야오 팅리우 지 티엔

03 세관 통과

신고서를 주세요.	请把申报单给我。 Qǐng bǎ shēnbàodān gěi wǒ. 칭 바 션빠오따안 게이 워
가방을 열어 주십시오.	请把包打开。 Qǐng bǎ bāo dǎkāi. 칭 바 빠오 다카이
뭔가 신고할 것을 가지고 있습니까?	有需要申报的东西吗? Yǒu xūyào shēnbào de dōngxi ma? 요우 쉬야오 션빠오 더 똥시 마
신고할 것은 없습니다.	没有需要申报的。 Méiyǒu xūyào shēnbào de. 메이요우 쉬야오 션빠오 더

이것은 친구에게 줄 선물입니다.	这是要给朋友的礼物。 Zhè shì yào gěi péngyǒu de lǐwù. 쩌 스 야오 게이 펑요우 더 리우
이건 제가 쓸 것입니다.	这是我要用的。 Zhè shì wǒ yào yòng de. 쩌 스 워 야오 용 더
와인 두 병 가지고 있습니다.	带了两瓶红酒。 Dàile liǎng píng hóngjiǔ. 따이러 리앙 핑 홍찌우

04 공항에서 질문

카트는 있습니까?	有手推车吗? Yǒu shǒutuīchē ma? 요우 서우투이처 마
호텔로 가는 버스가 있습니까?	有去宾馆的巴士吗? Yǒu qù bīnguǎn de bāshì ma? 요우 취 빈꽈안 더 바스 마
짐은 어디에서 찾나요?	去哪里拿行李? Qù nǎlǐ ná xíngli? 취 나리 나 씽리
짐이 안 나왔습니다.	行李没有出来。 Xíngli méiyǒu chūlái. 씽리 메이요우 추라이

기본 인사

감정 표현

회술 표현

주제별 화제

사교

해외 여행

비즈니스

355

제 호텔은 여기입니다.	我的宾馆是这里。 Wǒ de bīnguǎn shì zhèlǐ. 워 더 빈꽈안 스 쩌리
내용물은 무엇입니까?	里面是什么？ Lǐmiàn shì shénme? 리미엔 스 선머
이것은 과세가 됩니다.	这个是要交税的。 Zhège shì yào jiāo shuì de. 쩌거 스 야오 찌아오 수이 더

중국 입국 신고서

성명 **姓名** Xìng míng 씽 밍

성 **姓** Xìng 씽

이름 **名** Míng 밍

국적 **国籍** guó jí 꾸워 지

생년월일 **出生日期** chūshēng rìqī 추성 르치

국내 주소 **国内住址** guónèi zhùzhǐ 꾸워네이 쭈쯔

직업 **职业** zhí yè 쯔 예

중국 체류 중 연락처 **中国滞留期间联络方式** zhōngguó zhìliú qíjiān liánluò
fāngshì 쫑꾸워 쯔리우 치찌엔 리엔루워 팡스

여권번호 **护照号码** hùzhào hàomǎ 후짜오 하오마

항공기 편명 **航班号** háng bān hào 항 빤 하오

탑승지 **搭乘地** dā chéng dì 다 청 디

여행 목적 **旅行目的** lǚxíng mùdì 뤼씽 무디

서명 **签名** Qiān míng 치엔 밍

체류 예정 기간 **滞留预定时间** zhìliú yùdìng shíjiān 쯔리우 위띵 스찌엔

기본 인사

감정 표현

회술 표현

주제별 회개

사교

해외 여행

비즈니스

03 교통

交通
Jiāotōng
찌아오퉁

최근에는 관광객들을 위한 한국어 안내 문구가 많이 있어 중국어를 모르더라도 대중교통을 이용하는 것이 훨씬 수월해졌다. 그래도 뭔가 물어볼 때는 외국어 능력도 중요하지만, 최대한 예의를 갖춘 표현을 사용하도록 해야 한다. 그리고 중국은 한국과는 다르게 기차 좌석에 硬座, 軟座, 硬臥, 軟臥 등 여러 가지 등급으로 나뉘어져 있다는 것도 기억하면 좋다.

01 길 묻기

미안합니다. 백화점은 어떻게 갈 수 있습니까?	**不好意思, 请问百货商店怎么走?** Bùhǎoyìsi, qǐngwèn bǎihuòshāngdiàn zěnmezǒu? 부하오이쓰, 칭 원 빠이훠상띠엔 쩐머쪼우 * 외국어도 중요하지만 용건을 말하기 전에 실례한다는 양해의 한 마디가 상대방으로 하여금 뭐든 가르쳐주고 싶은 기분이 들게 한다.
걸어서 몇 분 걸립니까?	**走着去要多长时间?** Zǒuzhequ yào duōchángshíjiān? 쪼우쩌취 야오 두워창스찌엔
프린스 호텔로 가는 길을 가르쳐 주시겠어요?	**可以告诉我怎么去博林斯宾馆吗?** Kěyǐ gàosù wǒ zěnme qù bólínsī bīnguǎn ma? 커이 까오수 워 쩐머 취 보린스 빈꽈안 마
여기에서 가깝습[멉]니까?	**离这儿近[远]吗?** Lí zhè'er jìn[yuǎn] ma? 리 쩌얼 찐[위엔]마

거기까지 걸어서 갈 수 있습니까?	可以走着去吗? Kěyǐ zǒuzhe qù ma? 커이 쪼우쩌 취 마
서점을 찾고 있는데 이 주변에 있습니까?	我在找书店, 这附近有吗? Wǒ zài zhǎo shūdiàn, zhè fùjìn yǒu ma? 워 짜이 짜오 수띠엔, 쩌 푸찐 요우 마
천단공원은 이 길로 가면 됩니까?	这是去天坛公园的路吗? Zhè shì qù Tiāntán gōngyuán de lù ma? 쩌 스 취 티엔탄 꿍위엔 더 루 마
저는 길치입니다.	我是路痴。 Wǒ shì lùchī. 워 스 루츠 * 음치는 音痴(Yīnchī 인츠). 방향 감각이 없어서 길을 못 찾는 사람은 路痴(Lù chī 루츠)라고 한다.
어떻게 가면 될까요?	要怎么走? Yào zěnme zǒu? 야오 전머 쪼우
편의점을 찾고 있습니다.	我在找便利店。 Wǒ zài zhǎo biànlì diàn. 워 짜이 짜오 비엔리 띠엔
이 근처에 있습니까?	这附近有吗? Zhè fùjìn yǒu ma? 쩌 푸찐 요우 마?
길을 잃고 말았습니다.	迷路了。 Mílùle. 미루러

버스를 타는 게 좋을까요?	**坐公交车会比较好吗?** Zuò gōngjiāo chē huì bǐjiào hǎo ma? 쭈워 꿍찌아오 처 후이 비찌아오 하오 마
거기 가는 버스는 없습니다.	**没有到那儿的公交车。** Méiyǒu dào nàr de gōngjiāo chē. 메이요우 따오 나얼 더 꿍찌아오 처

02 길 안내하기

꽤 멀어요.	**非常远。** Fēicháng yuǎn. 페이창 위엔
다음 모퉁이에서 우측으로 도세요.	**在下一个拐弯处往右转。** Zài xiàyígè guǎiwānchù wǎng yòu zhuǎn. 짜이 쌰이거 꽈이완추 왕 요우 쭈완
두 번째 모퉁이에서 왼쪽으로 도세요.	**在第二个拐弯处往左转。** Zài dìèrgè guǎiwānchù wǎng zuǒ zhuǎn. 짜이 디얼거 꽈이완추 왕 쭈워 쭈완
직진하세요.	**一直往前走。** Yìzhí wǎng qián zǒu. 이쯔 왕 치엔 쪼우
이 길을 쭉 가면 됩니다.	**这条路一直往前走。** Zhè tiáo lù yìzhí wǎng qián zǒu. 쩌 티아오 루 이쯔 왕 치엔 쪼우

되돌아가세요.	请往回走。 Qǐng wǎng huí zǒu. 칭 왕 후이 쪼우
저도 같은 방향입니다.	我也是一样的方向。 Wǒ yěshì yíyàng de fāngxiàng. 워 예스 이양 더 팡시앙
동행해 드리죠.	我和您一起去。 Wǒ hé nín yìqǐ qù. 워 허 닌 이치 취
여기서 걸어서 5분 정도입니다.	从这里走五分钟左右。 Cóng zhèlǐ zǒu wǔfēnzhōng zuǒyòu. 총 쩌리 쪼우 우펀쭝 쭈워요우
약도를 그려드릴게요.	给您画个简单的地图。 Gěi nín huà ge jiǎndān de dìtú. 게이 닌 화 거 찌엔딴 더 디투
현재 위치는 지도에서 여깁니다.	现在的位置是地图上的这里。 Xiànzài de wèizhì shì dìtú shàng de zhèlǐ. 시엔짜이 더 웨이쯔 스 디투 상 더 쩌리
버스를 타는 게 좋아요.	做公交车比较好。 Zuò gōngjiāochē bǐjiào hǎo. 쭈워 꽁찌아오처 비찌아오 하오
저도 여기는 처음이라서요.	我也是第一次到这儿。 Wǒ yěshì dìyīcì dào zhèr. 워 예스 디이츠 따오 쩌얼

길을 잃었어요.	迷路了。 Mílùle. 미루러
실례합니다! 여기는 어디입니까?	不好意思! 这儿是哪里? Bùhǎoyìsi! Zhèr shì nǎlǐ? 부하오이쓰. 쩌얼 스 나리
저도 잘 몰라요.	我也不是很清楚。 Wǒ yě búshì hěn qīngchǔ. 워 예 부스 헌 칭추
이 지도에서 여기가 어디인가요?	这里在地图上是哪里? Zhèlǐ zài dìtú shàng shì nǎlǐ? 쩌리 짜이 디투 상 스 나리
이 지도에 표시해 주시겠어요?	在这张地图上标一下可以吗? Zài zhè zhāng dìtú shàng biāo yíxià kěyǐ ma? 짜이 쩌 짱 디투 상 비아오 이쌰 커이 마
여긴 처음입니다.	是第一次来这儿。 Shì dìyīcì lái zhèr. 스 디이츠 라이 쩌얼
저는 길눈이 어둡습니다.	我不认路。 Wǒ bú rèn lú. 워 부 런 루

Unit 04 대중교통

公共交通
Gōnggòngjiāo tōng
꽁꽁찌아오통

중국에서 택시는 매우 중요한 교통수단이다. 중국 택시는 운전자의 안전을 위해 칸막이가 설치되어 있는 것이 특색이다. 택시에서 행선지를 말할 때 의사소통에 대비하여 행선지 주소를 메모했다가 택시기사에게 보여주는 것이 좋다. 버스는 우리나라의 버스처럼 버스카드를 사용하면 요금 절감이 된다. 그러나 우리나라와 같은 환승 기능은 없다. 이외에도 오토바이를 이용하기도 하는데 운전수와 승객의 흥정으로 가격이 결정된다.

01 택시 이용하기

택시를 불러 주시겠습니까?	可以帮我叫辆出租车吗? Kěyǐ bāng wǒ jiào liàng chūzūchē ma? 커이 빵 워 찌아오 리앙 추쭈처 마
어디까지 가십니까?	要去哪儿? Yào qù nǎr? 야오 취 나얼
근처에 택시 승강장이 있습니까?	附近有出租车站吗? Fùjìn yǒu chūzūchēzhàn ma? 푸찐 요우 추쭈처짠 마
어디서 기다리고 있으면 됩니까?	要在哪里等? Yào zài nǎlǐ děng? 야오 짜이 나리 떵
베이징 공항까지 부탁합니다.	麻烦去北京机场。 Máfan qù Běijīng jīchǎng. 마판 취 베이징 지창

기본 인사

감정 표현

회술 표현

주제별 회제

사교

해외 여행

비즈니스

363

왕부정거리까지 가 주세요.	麻烦去王府井大街。 Máfan qù Wángfǔjǐngdàjiē. 마판 취 왕푸징 따지에
곧바로 가 주세요.	请一直开。 Qǐng yìzhí kāi. 칭 이쯔 카이
공항까지 대략 얼마 입니까?	到机场大概需要多少钱？ Dào jīchǎng dàgài xūyào duōshǎo qián? 따오 지창 따까이 쉬야오 두워샤오 치엔
우리 모두 탈 수 있습니까?	我们都能坐下吗？ Wǒmen dōu néng zuò xià ma? 워먼 떠우 넝 쭈워 샤 마
트렁크를 열어 주시겠어요?	麻烦打开后备箱。 Máfan dǎkāi hòubèixiāng. 마판 다카이 허우삐이시앙
이 주소로 좀 데려다 주시겠습니까?	麻烦到这个地方。 Máfan dào zhège dìfang. 마판 따오 쩌거 디팡
서둘러 주시겠어요?	麻烦能开快点吗？ Máfan néng kāi kuài diǎn ma? 마판 넝 카이 콰이 띠엔 마
가장 가까운 길로 가 주세요.	麻烦走最近的路。 Máfan zǒu zuijìn de lù. 마판 쪼우 쮀쩐 더 루

여기서 세워 주세요.	请在这儿停车。 Qǐng zài zhèr tíngchē. 칭 짜이 쩌얼 팅처
요금은 얼마입니까?	多少钱? Duōshǎo qián? 두워샤오 치엔
거스름돈은 그냥 두 세요.	不用找钱了。 Búyòng zhǎoqiánle. 부용 짜오 치엔러
여기서 기다려 주시 겠어요?	能在这儿等一下吗? Néng zài zhèr děng yíxià ma? 넝 짜이 쩌얼 떵 이쌰 마
빈차가 좀처럼 안 오네.	没有空车。 Méiyǒu kōngchē. 메이요우 콩처
15분 기다려서 겨우 택시를 잡았어요.	等了15分钟才拦了一辆 出租车。 Děngle shíwǔ fēnzhōng cái lánle yíliàng chūzūchē. 떵러 스우펀쫑 차이 란러 이리앙 추쭈처
여기는 전화로 택시 를 부르는 게 편해요.	这里打电话叫出租车比 较方便。 Zhèlǐ dǎdiànhuà jiào chūzūchē bǐjiào fāngbiàn. 쩌리 다띠엔화 찌아오 추쭈처 비찌아오 팡비엔

기본 인사

감정 표현

활술 표현

주제별 화제

사교

해외 여행

비즈니스

버스 정류소는 어디에 있습니까?	**公交车站在哪里?** Gōngjiāo chēzhàn zài nǎlǐ? 꽁찌아오 처짠 짜이 나리
이 버스는 공항에 갑니까?	**这辆公交车去机场吗?** Zhè liàng gōngjiāochē qù jīchǎng ma? 쩌 리앙 꽁찌아오처 취 지창 마
60번 버스를 타세요.	**请坐60路公交车。** Qǐng zuò liùshí lù gōngjiāochē. 칭 쭈워 리우스 루 꽁찌아오처
미안합니다. 내릴 곳을 지나쳤습니다.	**对不起, 坐过站了。** Duìbuqǐ, zuòguòzhànle. 뚜이부치, 쭈워꾸워짠러
마지막 버스는 몇 시입니까?	**末班车是几点?** Mòbānchē shì jǐ diǎn? 모빤처 스 지 띠엔
이 버스는 어디 행입니까?	**这公交车是去哪儿的?** Zhè gōngjiāochē shì qù nǎr de? 쩌 꽁찌아오처 스 취 나얼 더
천단을 지나갑니까?	**路过天坛吗?** Lùguò Tiāntán ma? 루 꾸워 티엔탄 마
여기에서 몇 번째 정류장입니까?	**这里是第几站?** Zhèlǐ shì dì jǐ zhàn? 쩌리 스 디 지 짠

366

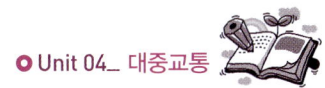

도착하면 알려주시겠습니까?	到了请告诉我? Dàole qǐng gàosù wǒ? 따오러 칭 까오쑤 워
천안문에 도착하면 내려주세요.	到达天安门时, 请让我下车。 Dàodá Tiān'ānmén shí, qǐng ràng wǒ xià chē. 따오따 티엔먼 스, 칭 랑 워 쌰 처
여기에 요금을 넣으면 됩니까?	把钱放在这里可以吗? Bǎ qián fàng zài zhèlǐ kěyǐ ma? 바 치엔 팡 짜이 쩌리 커이 마
죄송합니다. 이 자리에 누가 있습니까?	不好意思, 这个位子有人吗? Bùhǎoyìsi, zhège wèizi yǒurén ma? 부하오이쓰, 쩌거 웨이쯔 요우런 마
다음 버스는 몇 시에 옵니까?	下一班车几点到? Xiàyìbānchē jǐdiǎn dào? 쌰이빤처 지띠엔 따오
미술관에 갑니까?	去美术馆吗? Qù měishùguǎn ma? 취 메이수꽈안 마
여기에서 내릴게요.	在这里下车。 Zài zhèlǐ xiàchē. 짜이 쩌리 쌰처
도중에 내릴 수 있습니까?	可以在中途下车吗? Kěyǐ zài zhōngtú xiàchē ma? 커이 짜이 쫑투 쌰처 마

기본 인사

감정 표현

회화 표현

주제별 회제

사교

해외 여행

비즈니스

한국어 안내 방송을 하니까 편리하다.	(公交车上)有韩语提示, 很方便。
	(Gōngjiāo chē shàng) yǒu hányǔ tíshì, hěn fāngbiàn.
	(꽁찌아오 처 상) 요우 한위 티스, 헌 팡비엔

03 페리에서

출항은 몇 시입니까?	几点出发?
	Jǐ diǎn chūfā?
	지 띠엔 추파

승선 시간은 몇 시입니까?	几点上船?
	Jǐ diǎn shàng chuán?
	지 띠엔 상 추완

부산행 배는 몇 번 부두에서 떠납니까?	去釜山的船从几号码头出发?
	Qù fǔshān de chuán cóng jǐ hào mǎtóu chūfā?
	취 푸산 더 추완 총 지 하오 마터우 추파

2번 선실을 예약했습니다.	已经预约了2号船舱。
	Yǐjīng yùyuēle èr hào chuáncāng.
	이찡 위웨러 얼 하오 추완창

저 배는 옌타이행이군요.	这艘船是去烟台的。
	Zhè sōu chuán shì qù Yāntái de.
	쩌 써우 추완 스 취 옌타이 더

선편 여행은 좋아하십니까?	喜欢乘船旅行吗? Xǐhuan chéng chuán lǚxíng ma? 시환 청 추완 뤼씽 마
선편 여행은 이번이 처음입니다.	这是第一次乘船旅行。 Zhè shì dìyīcì chéng chuán lǚxíng. 쩌 스 디이츠 청 추완 뤼씽
뱃멀미로 속이 불편합니다.	我晕船, 有点不舒服。 Wǒ yūnchuán, yǒudiǎn bù shūfú. 워 윈추완, 요우띠엔 부 수푸
정말 파도가 잔잔하군요.	真是风平浪静。 Zhēnshi fēngpínglàngjìng. 쩐스 펑핑리앙찡
갑판에 가 봅시다.	去甲板上看看吧。 Qù jiǎbǎn shàng kànkan ba. 취 쨔야빤 상 칸칸 바
다음 기항지는 어디입니까?	下一个停靠站是哪里? Xiàyígè tíngkàozhàn shì nǎlǐ? 쌰이거 팅카오짠 스 나리
정박 중에 시내를 구경하고 싶습니다.	靠岸的时候想去市内逛逛。 Kàoàn de shíhou xiǎng qù shìnèi guàngguang. 카오안 더 스허우 시앙 취 스네이 꽈앙꽈앙
구명동의는 어디 있습니까?	救生衣在哪儿? Jiùshēngyī zài nǎr? 찌우성이 짜이 나얼
이제 곧 입항합니다.	马上要进港了。 Mǎshàng yào jìngǎngle. 마상 야오 찐깡러

기본 인사

감정 표현

왕초보 표현

주제별 회화

사교

해외 여행

비즈니스

369

열차 · 전철

火车 · 地铁

Huǒchē, Dìtiě

훠처, 띠티에

열차는 중국을 여행할 때 가장 유용하고 대중적인 교통수단으로, 장거리 운행용으로 特快, 直快과 중·단거리 운행용으로 快客과 普客 두 종류로 나뉜다. 중국은 짧은 거리를 이동할 때는 침대칸이 별 의미가 없지만 땅이 넓어 장거리 여행을 할 때는 침대칸이 유용하게 이용된다. 좌석의 종류에 따라 특급 침대칸인 软卧, 일반적인 침대칸 硬卧, 좌석칸인 软座와 硬座 4가지로 나뉘고 가격도 천차만별이다. 장거리 열차에서는 도난사고가 많이 일어나니 각별히 소지품 관리에 주의를 기울이자.

01 열차표 사기

텐진까지 왕복 한 장 주세요.	请给我一张去天津的往返车票。 Qǐng gěi wǒ yìzhāng qù Tiānjīn de wǎngfǎn chēpiào. 칭 게이 워 이짱 취 텐진 더 왕판 처 피아오
하얼빈까지 어른 두 장, 어린이 두 장 주세요.	请给我两张到哈尔滨的成人票和两张儿童票。 Qǐng gěi wǒ liǎng zhāng dào Hā'ěrbīn de chéngrén piào hé liǎng zhāng értóng piào. 칭 게이 워 리앙 짱 따오 하얼빈 더 청런 피아오 허 리앙 짱 얼퉁 피아오
왕복입니까?	是往返吗? Shì wǎngfǎn ma? 스 왕판 마

○ Unit 05_ 열차 · 전철

편도표를 주세요.	请给我单程票。 Qǐng gěi wǒ dānchéngpiào. 칭 게이 워 딴청피아오
금연차를 부탁합니다.	请给我禁烟车厢的票。 Qǐng gěi wǒ jìnyān chēxiāng de piào. 칭 게이 워 찐엔 처 시앙 더 피아오
이 급행은 어디로 갑니까?	这辆快车是去哪儿的? Zhè liàng kuàichē shì qù nǎr de? 쩌 리앙 콰이처 스 취 나얼 더
이 표로 이 급행을 탈 수 있습니까?	这张票可以坐这趟快车吗? Zhè zhāng piào kěyǐ zuò zhè tàng kuàichē ma? 쩌 짱 피아오 커이 쭈워 쩌 탕 콰이 처 마
식당차는 딸려 있습니까?	有餐车吗? Yǒu cānchē ma? 요우 찬처 마
별도 요금은 어디에서 지불합니까?	额外费用要在哪里付? Éwài fèiyòng yào zài nǎlǐ fù? 얼와이 페이용 야오 짜이 나리 푸
이 주위에 전철역은 있습니까?	这附近有地铁站吗? Zhè fùjìn yǒu dìtiězhàn ma? 쩌 푸찐 요우 디티에짠 마
가장 가까운 지하철역은 어디 있습니까?	最近的地铁站在哪儿? Zuìjìn de dìtiězhàn zài nǎr? 쮀찐 더 디티에짠 짜이 나얼

기본 인사

감정 표현

호술 표현

주제별 화제

사교

해외 여행

비즈니스

371

실례합니다. 북경대 역은 어디 있습니까?	对不起, 请问北京大学站在哪儿? Duìbuqǐ, qǐngwèn Běijīngdàxué zhàn zài nǎr? 뚜이부치, 칭원 베이찡따쉐이 짠 짜이 나얼
어디서 갈아타면 됩니까?	在哪儿换车? Zài nǎr huàn chē? 짜이 나얼 환 처

02 열차를 탈 때

다음 역에서 따싱을 타세요.	在下一站坐大兴线。 Zài xiàyízhàn zuò dàxìngxiàn. 짜이 싸이짠 쭈워 따싱시엔
베이하이에 가려면 무슨 선을 타야 합니까?	去北海要坐几号线? Qù Běihǎi yào zuò jǐhàoxiàn? 취 베이하이 야오 쭈워 지하오시엔
베이타이허로 가는 것은 무슨 선입니까?	去北戴河坐几号线? Qù běidàihé zuò jǐhàoxiàn? 취 베이따이허 쭈워 찌하오시엔
전철 노선도를 한 장 주시겠어요?	可以给我一张地铁路线图吗? Kěyǐ gěi wǒ yìzhāng dìtiě lùxiàn tú ma? 커이 게이 워 이짱 디티에 루시엔 투 마

어느 역에서 내리면 됩니까?	要在哪一站下车? Yào zài nǎyízhàn xià chē? 야오 짜이 나이짠 쌰 처
급행은 이 역에서 섭니까?	快车在这一站停吗? Kuàichē zài zhèyízhàn tíng ma? 콰이 처 짜이 쩌이짠 팅 마
이화원으로 가는 가장 좋은 방법은 무엇일까요?	去颐和园最好的方法是什么? Qù Yíhéyuán zuì hǎo de fāngfǎ shì shénme? 취 이허위엔 쭈이 하오 더 팡파 스 선머
난징 공항은 어떻게 가면 좋을까요?	怎么去南京机场比较好? Zěnme qù Nánjīng jīchǎng bǐjiào hǎo? 쩐머 취 난징 지창 비쩌아오 하오
당신은 전철을 잘못 탄 것 같군요.	您好像坐错地铁了。 Nín hǎoxiàng zuò cuò dìtiěle. 닌 하오시앙 쭈워 추워 디티에러
당신이 내릴 역은 여기에서 다섯 번째 역입니다.	您要下车的地方离这里还有五站。 Nín yào xiàchē de dìfang lí zhèlǐ háiyǒu wǔzhàn. 닌 야오 쌰처 더 디팡 리 쩌리 하이요우 우짠
특급을 타시면 안 됩니다. 그 역엔 정차하지 않으니까요.	不能坐特快车, 因为那站不停车。 Bùnéng zuò tèkuài chē, yīnwèi nàzhàn bù tíngchē. 부넝 쭈워 터콰이 처, 인웨이 나짠 부 팅처

373

이것은 급행입니까, 완행입니까?	这是快车, 还是慢车? Zhè shì kuàichē, háishì mànchē? 쩌스 콰이처, 하이스 만처

03 열차 객실에서

이 자리는 비어 있나요?	这个位子是空的吗? Zhège wèizi shì kōngdema? 쩌거 웨이쯔 스 콩더마
여기 앉아도 될까요?	可以坐在这儿吗? Kěyǐ zuò zài zhèr ma? 커이 쭈워 짜이 쩌얼 마
차표 좀 보여 주실까요?	请给我看一下车票。 Qǐng gěi wǒ kànyíxià chēpiào. 칭 게이 워 칸이쌰 처피아오
창문을 열어도 될까요?	可以开窗吗? Kěyǐ kāi chuāng ma? 커이 카이 추왕 마
식당 칸은 어디입니까?	餐车在哪儿? Cānchē zài nǎr? 찬처 짜이 나얼

374

도중하차해도 되나요?	可以在中途下车吗? Kěyǐ zài zhōngtú xià chē ma? 커이 짜이 쫑투 쌰 처 마
다음 정차 역은 어디 입니까?	下一站是哪儿? Xiàyízhàn shì nǎr? 싸이짠 스 나얼

Unit

06

렌터카 이용

使用租赁汽车

Shǐyòngzūlìnqìchē

스용쭈린지처

우리나라와 마찬가지로 각 공항이나 기차역 등에 거점들이 있어 미리 픽업이나 반납할 곳을 예약할 수 있다. 공항에 가면 사업장까지 데리러 오고 차를 반납한 뒤에도 공항에 데려다 준다. 운전면허증과 신용카드, 신분증(여권)이 있어야 차를 빌릴 수 있다. 도로 사정에 익숙하지 않기 때문에 목적지까지의 이동 루트를 미리 확인하고 출발해야 한다. 요즈음은 내비게이션 사용이 일반화되어 있지만 모두 중국어로 되어 있기 때문에 차를 렌트할 때 함께 빌려도 중국어를 알지 않는 한 유용하지는 않다. 또한 중국에서 외국인이 운전한다는 것은 결코 녹록치 않다. 속도 규정이나 신호등, 교차로 등 각종 법규가 있으나마나 하여 사고가 나기 쉬우므로 운전에 유의하자.

01 렌터카 이용

렌터카를 빌리고 싶습니다.	想要租用汽车。 Xiǎng yào zūyòng qìchē. 시앙 야오 쭈용 치처
현재 빌릴 수 있는 차는 있습니까?	现在有可以租用的汽车吗? Xiànzài yǒu kěyǐ zūyòng de qìchē ma? 시엔짜이 요우 커이 쭈용 더 치처 마
요금표를 보여 주세요.	请给我看一下价格表。 Qǐng gěi wǒ kànyíxià jiàgébiǎo. 칭 게이 워 칸이쌰 찌야거비아오
2일간 차를 빌리고 싶습니다.	想要租用2天的汽车。 Xiǎng yào zūyòng liǎng tiān de qìchē. 시앙 야오 쭈용 리앙티엔 더 치처

376

어떤 차종을 원하십니까?	想要哪种车型? Xiǎng yào nǎ zhǒng chēxíng? 시앙 야오 나 쭝 처씽
오토매틱 차를 원합니다.	想要自动挡的汽车。 Xiǎng yào zìdòngdǎng de qìchē. 시앙 야오 쯔똥땅 더 치처
내일 아침 비타민 호텔까지 가져와 주시겠어요?	明天早上能送到维他命宾馆吗? Míngtiān zǎoshang néng sòng dào wéitāmìng bīnguǎn ma? 밍티엔 짜오상 넝 쑹 따오 웨이타밍 삥꽈안 마
하루당 요금이 얼마입니까?	一天多少钱? Yìtiān duōshǎoqián? 이티엔 두워샤오치엔
요금에 보험은 들어 있나요?	租金中包含保险吗? Zūjīn zhōng bāohán bǎoxiǎn ma? 쭈찐 쭝 빠오한 빠오시엔 마
할인 요금은 있습니까?	有没有优惠价? Yǒuméiyǒu yōuhuìjià? 요우메이요우 요우후이찌야
서류에 기입을 했습니다.	已经填在资料里了。 Yǐjīng tián zài zīliào lǐ le. 이찡 티엔 짜이 쯔리아오 리 러
이게 제 국제면허증과 신용카드입니다.	这是我的国际驾驶证和信用卡。 Zhè shì wǒ de guójì jiàshǐzhèng hé xìnyòngkǎ. 쩌 스 워 더 꾸워지 찌야스쩡 허 씬용카

기본 인사

감정 표현

화술 표현

주제별 화제

사교

해외 여행

비즈니스

377

사고가 났을 경우 어디로 연락을 하면 됩니까?	出了事故的话要联系哪里? Chū le shìgù dehuà yào liánxì nǎlǐ? 추 러 스구 더화 야오 리엔시 나리

02 운전하면서

역까지 태워드리겠습니다.	带你去车站。 Dài nǐ qù chēzhàn. 따이 니 취 처짠
안전벨트를 매세요.	请系好安全带。 Qǐng jì hǎo ānquándài. 칭 찌 하오 안취엔따이
고속도로를 탑시다.	走高速路吧。 Zǒu gāosùlù ba. 쪼우 까오수루 바
앞차를 따라붙자.	追上前面的车子。 Zhuī shàng qiánmiàn de chē zi. 쭈이 상 치엔미엔 더 처쯔
속도를 줄이세요. 요철이 있는 길이니까.	请慢点开, 这条路不太平。 Qǐng màndiǎn kāi, zhè tiáo lù bútàipíng. 칭 만띠엔 카이, 쩌 티아오 루 부타이핑
뒤에 경찰차가 오고 있어요.	后面巡逻车开过来了。 Hòumian xúnluóchē kāiguòláile. 허우미엔 쉰루워처 카이구오라이러

다음 휴게소까지 꽤 됩니까?	离下一个休息区还要很久吗? Lí xiàyígè xiūxiqū hái yào hěnjiǔ ma? 리 쌰이거 씨우시취 하이 야오 헌찌우 마
누구에게 길을 물어보지그래요?	你是向谁问路? Nǐ shì xiàng shuí wèn lù? 니 스 시앙 쉬이 원 루
다음 표지판을 봐 주시겠어요?	帮我看一下下一个标志牌, 可以吗? Bāng wǒ kànyíxià xiàyígè biāozhìpái, kěyǐ ma? 빵 워 칸이쌰 쌰이거 비아오쯔파이, 커이 마
여기에 주차할 수 있습니까?	这儿可以停车吗? Zhèr kěyǐ tíngchē ma? 쩌얼 커이 팅처 마
어디에 차를 세울까요?	在哪儿停车呢? Zài nǎr tíngchē nǎr? 짜이 나얼 팅 처 너
차를 도로가에 세웁시다.	把车停在路边吧。 Bǎ chē tíng zài lùbiān ba. 바 처 팅 짜이 루비엔 바
주유소까지 2, 3킬로밖에 안 됩니다.	离加油站还有两三公里。 Lí jiāyóuzhàn háiyǒu liǎng sān gōnglǐ. 리 찌야요우짠 하이요우 리앙 싼 꿍리

구급차를 부탁해요! 자동차 사고입니다!	麻烦叫一下救护车! 发生车祸了! Máfan jiào yíxià jiùhùchē! Fāshēng chēhuòle! 마판 찌아오 이쌰 찌우후처, 파성 처훠러
도와주세요!	帮个忙! Bāng ge máng! 빵 거 망
부상자가 있습니다.	有人受伤了。 Yǒurén shòushāngle. 요우런 서우상러
뺑소니 사고예요. 빨리 번호를 적어요!	是逃逸事故! 快点记下车牌号! Shì táoyì shìgù! Kuàidiǎn jì xià chēpáihào! 스 타오이 스구, 콰이띠엔 지 쌰 처파이하오
속도 위반입니다.	超速了。 Chāosùle. 차오 수 러
신호 무시입니다.	闯红灯了。 Chuǎnghóngdēngle. 추앙 홍 떵러
정면 충돌 사고입니다.	车子迎面相撞了。 Chēzi yíngmiàn xiàngzhuàngle. 처쯔 잉미엔 시앙쭈왕러 * 중국어 중에 '정면충돌'과 '사고'를 같이 쓰지 않는다.

경찰을 불러주세요.	快叫警察来。 Kuài jiào jǐngchá lái. 콰이 찌아오 찡차 라이
이 분이 사고 목격자입니다.	这位是事故的目击者。 Zhè wèi shì shìgù de mùjízhě. 쩌 웨이 스 스구 더 무지저
저는 과실이 없습니다.	我没有过错。 Wǒ méiyǒu guòcuò. 워 메이요우 꾸워추워
이 아이가 갑자기 길에 뛰어들었습니다.	这个孩子突然跑到路上来。 Zhège háizi tūrán pǎo dào lù shang lái. 쩌거 하이쯔 투란 파오 따오 루 상 라이
저 사람이 신호를 무시했습니다.	那个人闯红灯了。 Nàgerén chuǎnghóngdēngle. 나거런 추왕 홍떵러
저는 제한속도를 지키고 운전했습니다.	我没有超速。 Wǒ méiyǒu chāosù. 워 메이요우 차오수
경찰입니다. 면허증을 보여주십시오.	我是警察。请出示一下您的驾照。 Wǒ shì jǐngchá. Qǐng chūshì yíxià nín de jiàzhào. 워 스 찡차. 칭 추스 이쌰 닌 더 찌야짜오

기본 인사
감정 표현
회술 표현
주제별 화제
사교
해외 여행
비즈니스

381

타이어 공기압 점검 좀 해 주세요.	麻烦检查一下车胎气压。 Máfan jiǎnchá yíxià chētāi qìyā. 마판 찌엔차 이쌰 처타이 치야
휘발유가 떨어졌습니다.	没有汽油了。 Méiyǒu qìyóule. 메이요우 치요우러
차가 고장입니다. 견인하러 와 주세요.	车子坏了, 麻烦来拖走。 Chēzi huàile, máfan lái tuō zǒu. 처쯔 화이러, 마판 라이 터우 쪼우
브레이크 어딘가가 좋지 않습니다.	刹车有点毛病。 Shāchē yǒudiǎn máobìng. 사처 요우띠엔 마오삥
배터리가 방전됐으니 충전해 주세요	电池没电了, 麻烦充一下电。 Diànchí méi diànle, máfan chōng yíxià diàn. 띠엔츠 메이 띠엔러, 마판 총 이쌰 띠엔
타이어가 펑크났습니다. 수리해 주세요.	车胎漏气了, 麻烦修一下。 Chētāi lòuqìle, máfan xiū yíxià. 처 타이 러우치러, 마판 씨우 이쌰
고장났을 경우 연락처를 알려주실래요?	车坏了的话, (我联系你,) 请给我一个联系方式。 Chē huàile dehuà,(wǒ liánxi nǐ,) qǐng gěi wǒ yígè liánxì fāngshì. 처 화이러 더화, (워 리엔시 니), 칭 게이 워 이거 리엔시 팡스

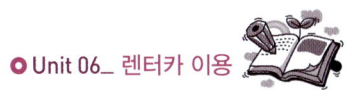

도로표지판과 용어

우회전 금지 **禁止右转** jìnzhǐ yòuzhuǎn 찐쯔 요우쭈완

위험 **危险** wēi xiǎn 웨이 시엔

횡단보도 **人行横道** rén xíng héng dào 런 씽 헝 따오

통행금지 **禁止通行** jìnzhǐ tōngxíng 찐쯔 통씽

일방통행 **单行线** dān xíng xiàn 딴 씽 시엔

주차(정차) 금지 **禁止停车** jìnzhǐ tíngchē 찐쯔 팅처

진입 금지 **禁止进入** jìnzhǐ jìnrù 찐쯔 찐루

추월 금지 **禁止超车** jìnzhǐ chāochē 찐즈 차오처

U턴 금지 **禁止掉转车头** jìnzhǐ diàozhuǎn chētóu 찐쯔 띠아오쭈완 처터우

높이 제한 **高度限制** gāodù xiànzhì 까오수 시엔쯔

지하도 **地下通道** dìxià tōngdào 디쌰 통따오

분리대 **隔离带** gé lí dài 거 리 따이

비상 전화 **紧急电话** jǐnjí diànhuà 찐지 띠엔화

낙석 위험 **当心落石** dāngxīn luòshí 땅씬 루워스

자동차 전용 **汽车专用** qìchē zhuānyòng 치처 쭈완용

교통 체증 **交通堵塞** jiāotōng dǔsè 찌아오통 두써

식당 찾기

寻找饭店
Xúnzhǎo fàndiàn
쉰짜오 판띠엔

관광지에서 관광객을 대상으로 하는 음식점보다 현지의 소문난 식당을 소개 받아 현지 음식을 맛보는 것도 좋은 경험이다. 최근에는 중국 여행을 다니는 한국인이 많다 보니 중국 각지의 맛있는 식당을 개인 블로그에 올려놓는 분들 이 많다. 그러므로 식당을 검색해 보고 이용해 보는 것도 좋다.

01 식당을 찾을 때

맛있는 레스토랑을 알려 주시겠습니까?	介绍个好吃的饭店吧? Jièshào ge hàochī de fàndiàn ba? 지에샤오 거 하오츠 더 판띠엔 바
너무 비싸지 않은 레스토랑이 좋겠네요.	不是太贵的饭店就好。 Bú shi tàiguì de fàndiàn jiù hǎo. 부 스 타이꾸이 더 판띠엔 찌우 하오
이 지방의 명물 요리를 먹고 싶은데요.	想吃这个地方的名菜。 Xiǎng chī zhège dìfang de míngcài. 시앙 츠 쩌거 디팡 더 밍차이
가볍게 먹을 수 있는 곳이 좋겠네요.	可以简单吃顿饭的地方就好。 Kěyǐ jiǎndān chī dùn fàn de dìfang jiù hǎo. 키이 찌엔딴 츠 뚠 판 더 디팡 찌우 하오
조용한 분위기의 식당이 좋습니다.	喜欢环境安静的饭店。 Xǐhuan huánjìng ānjìng de fàndiàn. 시환 환찡 안찡 더 판띠엔

지금 식사할 수 있나요?	现在可以吃饭吗? Xiànzài kěyǐ chīfàn ma? 시엔짜이 커이 츠판 마
중화요리는 어떠세요?	中国菜怎么样? Zhōngguócài zěnmeyàng? 쫑꾸워차이 쩐머양

02 식당을 말할 때

여기 자주 오세요?	经常来这里吗? Jīngcháng lái zhèlǐ ma? 찡창 라이 쩌리 마
이 식당은 항상 붐벼요.	这家饭店生意一直很好。 Zhè jiā fàndiàn shēngyì yìzhí hěn hǎo. 쩌 찌야 판띠엔 성이 이쯔 헌 하오 这家饭店常常很拥挤。 Zhè jiā fàndiàn chángcháng hěn yǒngjǐ. 쩌 찌야 판띠엔 창창 헌 용지
이 식당은 음식을 잘 해요,	这家饭店的菜很好吃。 Zhè jiā fàndiàn de cài hěn hǎochī. 쩌 찌야 판띠엔 더 차이 헌 하오츠
여기 분위기를 좋아 해요.	喜欢这里的环境。 Xǐhuan zhèlǐ de huánjìng. 시환 쩌리 더 환찡

기본 인사

감정 표현

회술 표현

주제별 회제

사교

해외 여행

비즈니스

이 식당은 못쓰겠네요.	这家饭店不能去了。 Zhè jiā fàndiàn bùnéng qùle. 쩌 찌야 판띠엔 부넝 취러
이 식당은 생선요리 를 잘해요.	这家饭店的鱼做得很好。 Zhè jiā fàndiàn de yú zuòde hěn hǎo. 쩌 찌야 판띠엔 더 위 쭈워더 헌 하오
이 집은 새우가 일품 입니다.	这家的虾是招牌菜。 Zhè jiā de xiā shì zhāopáicài. 쩌 찌야 더 쌰 스 짜오파이차이
이 식당은 본격 프랑 스 요리가 나와요.	这家饭店有正宗的法国菜。 Zhè jiā fàndiàn yǒu zhèngzōng de fǎguócài. 쩌 찌야 판띠엔 요우 쩡쫑 더 파구워차이

03 음식 권하기

자, 마음껏 드세요.	来, 尽管吃。 Lái, jǐnguǎn chī. 라이, 찐꽈안 츠
좋아하시는 거 뭐든 마음껏 드세요.	喜欢吃的尽管吃。 Xǐhuan chīde jǐnguǎn chī. 시환 츠더 찐꽈안 츠
아주 맛있어 보이죠?	看起来很好吃吧? Kànqǐlái hěn hǎochī ba? 칸치라이 헌 하오츠 바

따뜻할 때 드세요.	趁热吃。 Chèn rè chī. 천 러 츠
맛 좀 보세요.	尝尝。 Cháng chang. 창 창
많이 드세요.	多吃点。 Duō chī diǎn. 두워 츠 띠엔
수프 맛은 어떻습니까?	汤的味道怎么样? Tāng de wèidao zěnmeyàng? 탕 더 웨이따오 전머양
싫으시면 남기셔도 됩니다.	不喜欢的话, 剩下也没关系。 Bùxǐhuan dehuà, shèngxià yě méiguānxì. 부시환 더화, 셩쌰 예 메이꽈안시
스테이크는 부드럽죠?	牛排很嫩吧? Niúpái hěn nèn ba? 니우파이 헌 넌 바
고기를 좀 더 드시겠어요?	再吃点肉吗? Zài chī diǎn ròu ma? 짜이 츠 띠엔 러우 마
아뇨, 됐습니다. 많이 먹었습니다.	不用了, 够了, 已经吃了很多了。 Búyòngle, gòule, yǐjīng chīle hěnduōle. 부용러, 거우러, 이찡 츠러 헌두워러

기본 인사

감정 표현

활동 표현

주제별 화제

사교

해외 여행

비즈니스

387

디저트는 어떠십니까?	**甜点怎么样?** Tiándiǎn zěnmeyàng? 티엔띠엔 쩐머양
뭔가 음료를 드시겠 어요?	**要喝点什么饮料?** Yào hē diǎn shénme yǐnliào? 야오 허 띠엔 선머 인리아오
거실에서 커피를 마 십시다.	**在客厅喝杯咖啡吧。** Zài kètīng hē bēi kāfēi ba. 짜이 커팅 허 뻬이 카페이바

식사 성향

用餐喜好
Yòngcān xǐhào
용찬 시하오

외국에 나가서도 음식이 안 맞으면 난감해지는데 다행히도 중국은 음식이 매우 다양해서 우리의 입맛에 맞는 음식을 잘 찾을 수 있다. 배가 고플 때는 饿了라고 하고, 충분히 먹었으면 吃饱了라고 한다. 우리는 모여서 같이 식사하는 습관이 있는데 중국인들은 혼자 먹어도 개의치 않는다. 중국에서는 맛있는 식당으로 소문이 나면 보통 줄서서 기다리는 경우가 많다. 요즘은 번호표를 뽑고 기다리는 곳도 많이 볼 수 있다.

01 식사 성향

뭐든 잘 먹어요.	什么都喜欢吃。 Shénme dōu xǐhuan chī. 선머 떠우 시환 츠
식성이 까다로워요.	对吃的有点挑剔。 Duì chīde yǒudiǎn tiāotì. 뚜이 츠더 요우띠엔 티아오티
돼지고기를 못 먹어요.	不能吃猪肉。 Bùnéng chī zhūròu. 부넝 츠 쭈러우
제겐 너무 답니다.	对我来说太甜了。 Duì wǒ lái shuō tàitiánle. 뚜이 워 라이 슈어 타이티엔러
단것을 잘 먹습니다.	喜欢吃甜的。 Xǐhuan chī tiánde. 시환 츠 티엔더

기본 인사

감정 표현

회술 표현

주제별 회제

사교

해외 요항

비즈니스

389

기름기 있는 음식을 안 좋아해요.	不喜欢油腻的食物。 Bù xǐhuan yóunì de shíwù. 부 시환 요우니 더 스우
아쉽지만 입에 맞지 않습니다.	可惜不合(我)口味。 Kěxī bùhé (wǒ) kǒuwèi. 커시 부허 (워) 커우웨이

02 식욕을 말할 때

배가 고파요.	肚子饿了。 Dùzi èle. 두쯔 어러
배가 불러요.	吃饱了。 Chī bǎole. 츠 빠오러
식욕은 어떠세요?	食欲怎么样? Shíyù zěnmeyàng? 스위 쩐머양
먹고 싶은 생각이 없어요.	不想吃。 Bùxiǎng chī. 부시앙 츠
항상 그렇게 빨리 드세요?	常常吃得这么快吗? Chángcháng chī de zhème kuài ma? 창창 츠 더 쩌머 콰이 마

| 저는 조금밖에 안 먹어요. | 我吃不了多少。
Wǒ chībùliǎo duōshǎo.
워 츠부리아오 두워샤오 |
| 과식을 했나 봐요. | 好像是吃得太多了。
Hǎoxiàng shì chīde tài duōle.
하오시앙 스 츠더 타이 두워러 |

03 음식 맛 말하기

이 음식은 너무 맵군요!	这个菜太辣了! Zhège cài tài làle. 쩌거 차이 타이 라러
군침이 도는군요.	直流口水。 Zhí liú kǒushuǐ. 쯔 리우 커우수이
생각보다 맛있군요.	比想像的好吃。 Bǐ xiǎngxiàng de hǎo chī. 비 시앙시앙 더 하오 츠
이건 맛이 별로군요.	这个不太好吃。 Zhège bú tài hǎo chī. 쩌거 부 타이 하오 츠
이건 제 입맛에 안 맞아요.	这个不合我的口味。 Zhège bùhé wǒ de kǒuwèi. 쩌거 부허 워 더 커우웨이

기본 인사
감정 표현
회술 표현
주제별 회제
사교
해외 여행
비즈니스

391

아주 맛있어요.	非常好吃。 Fēicháng hǎo chī. 페이창 하오 츠
아무 맛도 없어요.	什么味道也没有。 Shénme wèidao yě méiyǒu. 선머 웨이따오 예 메이요우
달콤해요.	甜甜的。 Tián tián de. 티엔 티엔 더
싱거워요.	淡。 Dàn. 딴
써요.	苦。 Kǔ. 쿠
짜요.	咸。 Xián. 시엔
비린내 나요.	有腥味。 Yǒu xīng wèi. 요우 씽 웨이
시큼해요	酸溜溜的。 Suānliūliū de. 쑤완리우리우 더

신선해요.	新鲜。 Xīnxiān. 씬시엔
신선하지 않아요.	不新鲜。 Bù xīnxiān. 부 씬시엔
연해요	嫩。 Nèn. 넌
(고기가) 질겨요.	(肉)老。 (Ròu) lǎo. (러우)라오
기름기가 많아요.	油太多了。 Yóu tài duōle. 요우 타이 두워러
기름기가 없어요.	没有油。 Méiyǒu yóu. 메이요우 요우
국이 담백해요.	汤很清淡。 Tāng hěn qīngdàn. 탕 헌 칭딴
맛이 진하다.	味道很浓。 Wèidao hěn nóng. 웨이따오 헌 농

기본 인사

감정 표현

회술 표현

주제별 회제

사교

해외 여행

비즈니스

고소하다.	香。 Xiāng. 시앙	
바삭바삭하다.	脆脆的。 Cuì cuì de. 추이 추이 더	
끈적끈적하다.	黏稠。 Niánchóu. 니엔처우	
아리다.	麻。 Má. 마	

Unit 09 식당에서

在饭店
Zài fàndiàn
짜이판띠엔

중국의 고급 식당은 원형 테이블로 이루어진 곳이 많다. 유리로 된 회전판이 있어서 음식이 차려지면 돌려가며 먹을 수 있다. 가장 안쪽에 천으로 된 냅킨이 높게 세워진 곳이 주인공의 자리로 지위가 높거나 초청된 사람, 그날 계산을 하는 사람이 앉고 그 주인공의 오른쪽과 왼쪽 순서로 중요한 사람이 앉는다. 그리고 중국 식당에서는 물과 냅킨이 무료가 아닐 수도 있다는 것을 유념해야 한다.

01 | 예약 및 좌석 잡기

여기서 예약할 수 있나요?	**这里可以预约吗?** Zhèlǐ kěyǐ yùyuē ma? 쩌리 커이 위웨 마
손님은 몇 분이십니까?	**几位客人?** Jǐ wèi kèren? 지 웨이 커런
오후 6시 반에 5명이 갑니다.	**下午6点半, 5位。** Xiàwǔ liù diǎn bàn, wǔ wèi. 쌰우 리우띠엔 빤, 우 웨이
두 사람 좌석을 주십시오.	**请给我两个人的位子。** Qǐng gěi wǒ liǎnggerén de wèizi. 칭 게이 워 리앙거런 더 웨이쯔
금연석으로 부탁합니다.	**请给我禁烟区的位子。** Qǐng gěi wǒ jìnyān qū de wèizi. 칭 게이 워 찐엔 취 더 웨이쯔

기본 인사

감정 표현

회술 표현

주제별 회화

사교

해외 여행

비즈니스

395

안내해 드릴 때까지 잠시 기다려 주십시오.	一会儿服务员会来带您到位子上, 请稍微等一下。 Yíhuìr fúwùyuán huì lái dài nín dào wèizi shàng, qǐng shāowēi děng yíxià. 이 후이얼 푸우위엔 후이라이 따이 닌 따오 웨이쯔 상, 칭 샤오웨이 떵 이쌰
몇 분간만 기다려 주시겠습니까?	请稍等几分钟。 Qǐng shāoděng jǐfēnzhōng. 칭 샤오떵 지펀쫑

02 주문 표현

메뉴 좀 볼 수 있을까요?	给我看一下菜单。 Gěi wǒ kànyíxià càidān. 게이 워 칸이쌰 차이딴
뭘로 하시겠습니까?	要吃点什么? Yào chī diǎn shénme? 야오 츠 띠엔 선머
생각 좀 해 보겠습니다.	让我考虑一下。 Ràng wǒ kǎolǜ yíxià. 랑 워 카오뤼 이쌰
주문을 해도 될까요?	可以点菜吗? Kěyǐ diǎncài ma? 커이 띠엔차이 마

이걸로 주세요.	给我这个。 Gěi wǒ zhège. 게이 워 쩌거
저도 같은 걸 부탁합니다.	我也要一样的。 Wǒ yě yào yíyàngde. 워 예 야오 이양더
주방장의 추천 요리는 있습니까?	有厨师长推荐的菜吗? Yǒu chúshīzhǎng tuījiàn de cài ma? 요우 추스쩡 투이찌엔 더 차이 마
이건 무슨 요리입니까?	这是什么菜? Zhè shì shénme cài? 쩌 스 션머 차이
우선 마실 것을 주문하고 싶은데요.	想先点喝的。 Xiǎng xiān diǎn hēde. 시앙 시엔 띠엔 허더
오늘의 특별 요리로 할게요.	要今天的特色菜。 Yào jīntiān de tèsècài. 야오 찐티엔 더 터써차이
스테이크는 어떤 식으로 구울까요?	牛排要几分熟? Niúpái yào jǐ fēn shú? 니우파이 야오 지 펀 수
디저트로 아이스크림을 부탁해요.	饭后甜点要冰淇淋。 Fànhòutiándiǎn yào bīngqílín. 판허우티엔띠엔 야오 삥치린

기본 인사

감정 표현

회술 표현

주제별 화제

사교

해외 여행

비즈니스

나중에 또 주문할게요.	以后再点。 Yǐhòu zài diǎn. 이허우 짜이 띠엔
물 한 잔 주세요.	麻烦给一杯水。 Máfan gěi yìbēi shuǐ. 마판 게이 이뻬이 수이

03 식사할 때

많이 먹었습니다.	吃了很多。 Chīle hěnduō. 츠러 헌두워
모두 정말 맛있게 먹었습니다.	大家都吃得很好。 Dàjiā dōu chīde hěn hǎo. 따찌야 떠우 츠더 헌 하오
멋진 저녁이었습니다.	晚餐吃得很好。 Wǎncān chīde hěn hǎo. 완찬 츠더 헌 하오
지금까지 먹은 것 중 최고로 맛있었습니다.	这是我吃到的最好吃的了。 Zhè shì wǒ chī dào de zuì hǎochī dele. 쩌스 워 츠 따오 더 쮀 하오츠 더러
정말로 맛있었습니다.	真的很好吃。 Zhēnde hěn hǎo chī. 쩐더 헌 하오 츠

아침 식사는 매일 꼭 드십니까?	每天吃早饭吗? Měitiān chī zǎofàn ma? 메이티엔 츠 짜오판 마
늦게 일어나면 아침은 거르고 맙니다.	起得晚的话, 就吃不了早饭。 Qǐ de wǎn dehuà, jiù chī bùliǎo zǎofàn. 치 더 완 더화, 찌우 츠 부리아오 짜오판
아침엔 대개 빵을 먹습니다.	早上一般吃面包。 Zǎoshang yìbān chī miànbāo. 짜오상 이빤 츠 미엔빠오
밥과 된장국과 야채를 조금 먹습니다.	稍微吃一点饭、 大酱汤和蔬菜。 Shāowēi chī yìdiǎn fàn, dàjiàngtāng hé shūcài. 샤오웨이 츠 이띠엔 판, 다찌앙탕 허 수차이
무척 배가 고프네.	饿死了。 È sǐle. 어 쓰러
점심은 시켜 먹읍시다.	午饭叫外卖吧。 Wǔfàn jiào wàimài ba. 우판 찌아오 와이마이 바
점심은 어디에서 드세요?	在哪儿吃午饭? Zài nǎr chī wǔfàn? 짜이 나얼 츠 우판
점심에 짜장면은 어떠세요?	午饭吃炸酱面怎么样? Wǔfàn chī zhájiàngmiàn zěnmeyàng? 우판 츠 짜장미엔 쩐머양

기본 인사

감정 표현

회술 표현

주제별 회제

사교

해외 여행

비즈니스

399

배가 고프지만 점심을 먹을 시간이 없습니다.	很饿, 但是没有时间吃午饭。 Hěn è, dànshì méiyǒu shíjiān chī wǔfàn. 헌 어, 딴스 메이요우 스찌엔 츠 우판
오늘밤 식사는 어디서 할까요?	今天晚上去哪儿吃晚饭? Jīntiān wǎnshàng qù nǎr chī wǎnfàn? 쩐티엔 완상 취 나얼 츠 완판
어서 오세요. 저녁 음식이 다 됐습니다.	快进来, 晚饭已经准备好了。 Kuài jìnlái, wǎnfàn yǐjīng zhǔnbèi hǎole. 콰이 징라이, 완판 이찡 쭌뻬이 하오러
모두 맛있어 보이네.	看起来都很好吃。 Kànqǐlái dōu hěn hǎochī. 칸치라이 떠우 헌 하오츠
자주 밖에서 식사하십니까?	经常在外面吃吗? Jīngcháng zài wàimian chī ma? 쩽창 짜이 와이미엔 츠 마
항상 혼자 해먹습니다.	经常一个人做饭吃。 Jīngcháng yígèrén zuòfànchī. 쩽창 이거런 쭈위판츠

04 차 마시기

커피 한 잔 마실까요?	要喝杯咖啡吗? Yào hē bēi kāfēi ma? 야오 허 뻬이 카페이 마

400

커피 한 잔 사겠습니다.

买杯咖啡。
Mǎi bēi kāfēi.
마이 뻬이 카페이

我请喝咖啡。
Wǒ qǐng he kāfēi.
워 칭 허 카페이

제 커피는 진하게 해 주세요.

我的咖啡要浓一点。
Wǒ de kāfēi yào nóng yìdiǎn.
워 더 카페이 야오 농 이띠엔

커피에 설탕과 크림을 넣습니까?

咖啡里要放奶和糖吗?
Kāfēi lǐ yào fàng nǎi hé táng ma?
카페이 리 야오 팡 나이 허 탕 마

커피는 하루 몇 잔 드십니까?

一天喝几杯咖啡?
Yìtiān hē jǐ bēi kāfēi?
이 티엔 허 지 뻬이 카페이

신선한 토마토 주스가 좋겠네요.

新鲜的西红柿汁比较好。
Xīnxiān de xīhóngshìzhī bǐjiào hǎo.
씬시엔 더 시홍스쯔 비찌아오 하오

접시를 치워도 될까요?

盘子可以撤掉吗?
Pánzi kěyǐ chè diào ma?
판쯔 커이 처 띠아오 마

기본 인사

감정 표현

회술 표현

주제별 회제

사교

해외 여행

비즈니스

식사 이후

饭后
Fànhòu
판 호우

서비스에 대해 군이 강하게 불만을 표현해서 즐거운 식사 자리를 망칠 필요는 없지만 불편한 서비스는 그때그때 시정을 요구할 필요가 있다. 이렇게 시정을 요구하려면 간단한 표현을 알아두는 것이 유용하다. 패스트푸드점은 여행객들이 간단히 식사를 해결하기에 매우 편리해서 많이 이용한다.

01 | 서비스 표현

냅킨을 주세요.	**给点餐巾纸。** Gěi diǎn cānjīnzhǐ. 게이 띠엔 찬찐쯔
아직 요리가 안 나오는데요.	**菜还没上。** Cài hái méi shàng. 차이 하이 메이 상
이건 주문하지 않았습니다.	**没有点这个。** Méiyǒu diǎn zhège. 메이요우 띠엔 쩌거
음식에 이상한 것이 들어 있어요.	**菜里面有奇怪的东西。** Cài lǐmian yǒu qíguài de dōngxi. 차이 리미엔 요우 치꽈이 더 똥시
이거 식었어요. 바꿔주세요.	**这个凉了，麻烦换一下。** Zhège liángle, máfan huàn yíxià. 쩌거 리앙러, 마판 훤 이쌰

이건 제대로 익지 않은 것 같아요.	这好像没有熟啊。 Zhè hǎoxiàng méiyǒu shú a. 쩌 하오시앙 메이요우 수 아
주문을 바꿔도 될까요?	可以改菜单吗? Kěyǐ gǎi càidān ma? 커이 까이 차이딴 마

02 지불하기

각자 부담으로 할까요?	AA制怎么样? AA zhì zěnmeyàng? AA쯔 쩐머양
이건 제가 내겠습니다.	这个我来付。 Zhège wǒ lái fù. 쩌거 워 라이 푸
계산 부탁해요.	买单。 Mǎidān. 마이딴
전부 해서 얼마입니까?	一共多少钱? Yígòng duōshǎoqián? 이꽁 두워샤오치엔
봉사료가 포함되었습니까?	包含服务费吗? Bāohán fúwùfèi ma? 빠오한 푸우페이 마

기본 인사

감정 표현

회화 표현

주제별 회제

시교

해외 여행

비즈니스

403

거스름돈은 됐습니다.	不用找了。 Búyòng zhǎole. 부용 짜오러
계산이 틀린 것 같습니다.	好像算错了。 Hǎoxiàng suàn cuòle. 하오시앙 쑤완 추워러

03 패스트푸드 점에서

주문을 받을까요?	点餐吗? Diǎn cān ma? 띠엔 찬 마
치즈버거 두 개 싸 주십시오.	两个芝士汉堡, 带走。 Liǎng gè zhīshì hànbǎo, dài zǒu. 리앙 거 쯔스 한빠오, 따이 쪼우 * '带走'(dài zǒu 따이 쪼우)는 '가져가다'의 뜻인데 여기서 '싸다', '포장하다'의 뜻으로 사용된다.
여기서 드실 건가요, 가져가실 건가요?	是在这里吃, 还是带走? Shì zài zhèlǐ chī, háishì dàizǒu? 스 짜이 쩌리 츠, 하이스 따이쪼우
여기서 먹을 겁니다.	在这里吃。 Zài zhèlǐ chī. 짜이 쩌리 츠

	饮料呢? Yǐnliào ne? 인랴오 너
마실 것은요?	要喝点什么? Yào hē diǎn shénme? 야오 허 띠엔 선머
콜라 하나요. 작은 것 으로 주세요.	一杯可乐, 小杯的。 Yìbēi kělè, xiǎo bēi de. 이뻬이 커러, 샤오 뻬이더

관련어휘

도시락 **盒饭** hé fàn 허 판

샌드위치 **三明治** sān míng zhì 싼 밍 쯔

햄버거 **汉堡包** hàn bǎo bāo 한 빠오 빠오

핫도그 **热狗** rè gǒu 러 거우

피자 **比萨饼** bǐ sà bǐng 삐 싸 삥

스파게티 **意大利面** yìdàlì miàn 이따리 미엔

감자프라이 **薯条** shǔ tiáo 수티아오

라면 **方便面** fāng biàn miàn 팡 비엔 미엔

카레라이스 **咖喱饭** gā lí fàn 까 리 판

도넛 **甜甜圈** tián tián quān 티엔티엔 취엔

케첩 **番茄酱** fān qié jiàng 판 치에 찌앙

프라이드치킨 **炸鸡** zhá jī 짜 지

토마토 소스 **番茄酱** fān qié jiàng 판 치엔 찌앙

기본 인사

감정 표현

회술 표현

주제별 회치제

사교

해외 여행

비즈니스

405

쇼핑

购物
Gòuwù
꺼우우

요즘은 중국에서도 쇼핑할 때 판매원이 친절하다. 일상회화에서는 존경어가 엄격하지 않지만 쇼핑하러 가면 판매원이 고객에게 공손한 표현을 구사한다.

01 매장 찾기

상점가를 구경하고 싶어요.	想逛逛商店。 Xiǎng guàngguang shāngdiàn. 시앙 꽈앙꽈앙 상띠엔
좋은 가게를 소개해 주세요.	请介绍个好的商店。 Qǐng jièshào ge hǎo de shāngdiàn. 칭 지에샤오 거 하오 더 상띠엔
중국에서 제일 유명한 백화점은 어디 있습니까?	中国最有名的百货商店在哪儿? Zhōngguó zuì yǒumíng de bǎihuò shāngdiàn zài nǎr? 쫑꾸워 쮀이 요우밍 더 빠이훠 상띠엔 짜이 나얼
이 도시의 특산품은 무엇입니까?	这座城市的特产是什么? Zhè zuò chéngshì de tèchǎn shì shénme? 쩌 쭈워 청스 더 터찬 스 선머
어디 가면 카메라를 싸게 살 수 있나요?	去哪儿可以买到便宜的相机? Qù nǎr kěyǐ mǎi dào piányi de xiàngjī? 취 나얼 커이 마이 따오 피엔이 더 시앙지

근처에서 과일을 살 수 있습니까?	附近有水果卖吗? Fùjìn yǒu shuǐguǒ mài ma? 푸찐 요우 수이꾸워 마이 마
백화점 안에 면세점이 있습니까?	百货商店里有免税店吗? Bǎihuò shāngdiàn li yǒu miǎnshuìdiàn ma? 빠이휘 상띠엔 리 요우 미엔수이띠엔 마
백화점에 가면 좋은 물건을 살 수 있어요.	去百货商店可以买到好的东西。 Qù bǎihuò shāngdiàn kěyǐ mǎidào hǎode dōngxi. 취 빠이휘 상띠엔 커이 마이따오 하오더 똥시
어디에 가면 싸게 살 수 있습니까?	去哪儿可以买到便宜点儿的? Qù nǎr kěyǐ mǎidào piányi diǎnr de? 취 나얼 커이 마이따오 피엔이 디알 더
저 가게는 다른 곳보다 싸게 팔아요.	这家店比其他地方便宜。 Zhè jiā diàn bǐ qítā dìfang piányí. 쩌 찌야 띠엔 비 치타 디팡 피엔이
선물을 사고 싶어요.	想要买礼物。 Xiǎng yào mǎi lǐwù. 시앙 야오 마이 리우
중국의 전통적인 것을 사고 싶은데요.	想要买中国传统的东西。 Xiǎng yào mǎi zhōngguó chuántǒng de dōngxi. 시앙 야오 마이 쫑꾸워 추왕통 더 똥시
저와 함께 가 보시겠습니까?	和我一起去看看吧。 Hé wǒ yìqǐ qù kànkan ba. 허 워 이치 취 칸칸 바

기본 인사

감정 표현

회술 표현

주제별 회제

시고

해외 여행

비즈니스

매장 안내는 있습니까?	(卖场里)有导购吗? (Màichǎng li) yǒu dǎogòu ma? (마이창 리) 요우 따오거우 마
전자제품 매장은 어디입니까?	电器卖场在哪里? Diànqì màichǎng zài nǎlǐ? 띠엔치 마이창 짜이 나리
선물용 상품권은 어디서 살 수 있습니까?	(作为礼物用的)商品券在哪里有卖? (Zuòwéi lǐwù yòng de) shāngpǐnquàn zài nǎli yǒu mài? (쭈워웨이 리우 용 더) 상핀취엔 짜이 나리 요우 마이
식료품 매장은 지하입니까?	食品卖场在地下吗? Shípǐn màichǎng zài dìxià ma? 스 핀 마이창 짜이 디쌰 마
엘리베이터는 어디 있습니까?	电梯在哪儿? Diàntī zài nǎr? 띠엔티 짜이 나얼
이건 보증서가 붙어 있나요?	这个贴了质保书吗? Zhège tiēle zhìbǎoshū ma? 쩌거 티에러 쯔빠오수 마
수입품은 있습니까?	有进口商品吗? Yǒu jìnkǒu shāngpǐn ma? 요우 찐 커우 상핀 마

02 상품 고르기

어서 오십시오.	请进。 Qǐng jìn. 칭 찐
그냥 둘러보는 겁니다.	只是转一转。 Zhǐshì zhuànyízhuàn. 쯔 스 쭈완이쭈완
이건 어떠세요?	这个怎么样? Zhège zěnme yàng? 쩌거 쩐머양
저걸 보여 주세요.	给我看一下那个。 Gěi wǒ kànyíxià nàge. 게이 워 칸이쌰 나거
우측에서 두 번째가 멋져요.	右边第二个很不错。 Yòubiān dìèrge hěn búcuò. 요우 비엔 디얼거 헌 부추워
어머, 저것도 좋잖아요.	哎呦, 那个也挺好的嘛。 Āi yōu, nàge yě tǐnghǎode ma. 아이 요우, 나거 예 팅하오더 마
둘 다 좋아요. 망설이게 되네요.	两个都好, 不知道买哪个。 Liǎngge dōu hǎo, bù zhīdào mǎi nǎge. 리앙거 떠우 하오, 부 쯔따오 마이 나거
천천히 보십시오.	您慢慢看。 Nín mànmān kàn. 닌 만만 칸

이것과 같은 것은 있습니까?	有和这个一样的吗? Yǒu hé zhège yíyàngde ma? 요우 허 쩌거 이양더 마
만져 봐도 될까요?	可以摸摸看吗? Kěyǐ mōmōkàn ma? 커이 모모칸 마
이거라면 저한테 딱 맞네요.	这个我正好合适。 Zhège wǒ zhènghǎo héshì. 쩌거 워 쩡하오 허스
이것이 가장 마음에 듭니다.	这个最满意。 Zhège zuì mǎnyì. 쩌거 쮀 만이
좀 비싼 거 같군요.	稍微有点贵。 Shāowēi yǒudiǎn guì. 샤오웨이 요우띠엔 꾸이
그밖에 어떤 종류가 있습니까?	除了那个还有什么种类的? Chúle nàge háiyǒu shénme zhǒnglèi de? 추러 나거 하이요우 선머 쫑레이 더
이것은 뭘로 만들어져 있습니까?	这个是什么做的? Zhège shì shénme zuò de? 쩌거 스 선머 쭈워 더
이건 무엇에 쓰는 겁니까?	这个用来干什么的? Zhège yònglái gànshénme de? 쩌거 용라이 깐선머 더

이건 나에게 너무 큽니다.

这个对我来说太大了。
Zhège duìwǒláishuō tàidàle.
쩌거 뚜이워라이수워 타이따러

같은 것으로 다른 사이즈는 있습니까?

这个有别的码吗?
Zhège yǒu biéde mǎma?
쩌거 요우 비에더 마마

이건 마침 사고 싶었던 겁니다.

这个就是我想要买的。
Zhège jiùshì wǒ xiǎng yào mǎi de.
쩌거 찌우스 워 시앙 야오 마이 더

그걸 주세요. 얼마입니까?

给我那个, 多少钱?
Gěi wǒ nàge, duōshǎoqián?
게이 워 나거, 두워샤오치엔

사시겠습니까?

要买吗?
Yào mǎi ma?
야오 마이 마

하나면 됐습니다.

一个就够了。
Yígè jiù gòule.
이거 찌우 거우러

갖고 싶었던 것과 다릅니다.

和我想要的不一样。
Hé wǒ xiǎngyàode bù yíyàng.
허 워 시앙야오더 부 이양

그건 저한테 맞지 않는 것 같네요.

那个我好像不合适。
Nàge wǒ hǎoxiàng bù héshì.
나거 워 하오시앙 부 허스

기본 인사

감정 표현

화술 표현

주제별 화제

사교

해외 여행

비즈니스

품질이 더 좋은 것은 없습니까?	没有质量更好一点的吗? Méiyǒu zhìliàng gèng hǎo yìdiǎn de ma? 메이요우 쯔리앙 껑 하오 이띠엔 더 마
요즘 어떤 것이 잘 팔립니까?	最近什么好卖? Zuìjìn shénme hǎo mài? 쮀찐 선머 하오 마이
이건 좀 유행에 뒤떨어진 것 같군요.	这个好像过时了。 Zhège hǎoxiàng guòshíle. 쩌거 하오시앙 꾸워스러
좀처럼 마음에 드는 것이 보이지 않네요.	没有看到喜欢的。 Méiyǒu kàn dào xǐhuan de. 메이요우 칸 따오 시환 더
좀더 보는 것이 좋을 것 같네요.	再看看比较好。 Zài kànkan bǐjiào hǎo. 짜이 칸칸 삐찌아오 하오
생각해 보겠습니다.	我考虑一下。 Wǒ kǎolǜ yíxià. 워 카오뤼 이쌰
다음 기회에 살게요.	下次再买。 Xiàcì zài mǎi. 쌰츠 짜이 마이
이 넥타이는 얼마입니까?	这条领带多少钱? Zhè tiáo lǐngdài duōshǎoqián? 쩌 티아오 링따이 두워샤오치엔

벨트를 보고 싶습니다.	我想看看皮带。 Wǒ xiǎng kànkan pídài. 워 시앙 칸칸 피따이
이 디자인이 지금 유행하고 있습니까?	这个款式的现在流行吗? Zhège kuǎnshì de xiànzài liúxíng ma? 쩌거 쿠완스 더 시엔짜이 리우씽 마

03 의복 매장

이 정장을 입어 봐도 되겠습니까?	这件西装可以试试看吗? Zhè jiàn xīzhuāng kěyǐ shìshikàn ma? 쩌 찌엔 시쭈왕 커이 스스칸 마
이 옷감은 무엇입니까?	什么料子的? Shénme liàozi de? 선머 리아오쯔 더
이 디자인은 내게 맞을까요?	这个款式适合我吗? Zhège kuǎnshì shìhé wǒ ma? 쩌거 쿠완스 스허 워 마
이 짙은 갈색 정장은 어떻게 생각합니까?	您觉得这件深褐色的西装怎么样? Nín juéde zhè jiàn shēn hèsè de xīzhuāng zěnmeyàng? 닌 쮀더 쩌 찌엔 선 허써 더 시쭈왕 쩐머양

기본 인사
감정 표현
활술 표현
주제별 화제
사교
해외 여행
비즈니스

413

옷감은 별로 신경쓰지 않습니다.	对料子不是很讲究。 Duì liàozi búshì hěn jiǎngjiu. 뚜이 리아오쯔 부스 헌 찌앙찌우
이 옷감과 무늬로 정했습니다.	决定用这个料子和这个花纹。 Juédìng yòng zhège liàozi hé zhège huāwén. 줴띵 용 쩌거 리아쯔 허 쩌거 화원
안감은 어떤 천입니까?	衬里是什么料子的? Chènlǐ shì shénme liàozi de? 춘리 스 선머 리아오쯔 더
주름 들어간 바지도 맞추고 싶네요.	还想做条带褶皱的裤子。 Hái xiǎng zuò tiáo dài zhězhòu de kùzi. 하이 시앙 쭈워 티아오 따이 쩌쩌우 더 쿠쯔
허리 쪽은 느슨한 게 좋겠어요.	腰那里要宽松点。 Yāo nàlǐ yào kuānsōng diǎn. 야오 나리 야오 쿠완쏭 띠엔
벨트 위치는 정확히 이 부근입니다.	准确地说腰带位置在这儿附近。 Zhǔnquè de shuō yāodài wèizhì zài zhèr fùjìn. 쭌췌 더 서우 야오따이 웨이쯔 짜이 쩌얼 푸찐
가봉은 언제 됩니까?	什么时候能缝好? Shénme shíhou néng féng hǎo? 선머 스허우 넝 펑 하오
소매는 좀 더 짧게 해주세요.	把袖子改短一点。 Bǎ xiùzi gǎi duǎn yìdiǎn. 바 씨우쯔 까이 뚜완 이띠엔

414

남성용 속옷은 어디 있습니까?	男式内衣在哪儿? Nánshì nèiyī zài nǎr? 난스 네이이 짜이 나얼
스포츠 셔츠를 보여 주세요.	麻烦给我看一下运动衫。 Máfan gěi wǒ kànyíxià yùndòngshān. 마판 게이 워 칸이쌰 윈뚱산
엷은 파란색 셔츠를 보고 싶습니다.	想看淡蓝色的衬衫。 Xiǎng kàn dànlánsè de chènshān. 시앙 칸 딴란써 더 천산
좀 더 밝은 색상은 없습니까?	没有更亮一点的颜色吗? Méiyǒu gèng liàng yìdiǎn de yánsè ma? 메이요우 껑 리앙 이띠엔 더 옌써 마
이 예쁜 핑크색이 마음에 들어.	这粉色很好看。 Zhè fěnsè hěn hǎokàn. 쩌 펀써 헌 하오칸
이 재킷은 너무 화려합니다.	这件夹克太花哨了。 Zhè jiàn jiákè tài huāshàole. 쩌 찌엔 찌야커 타이 화샤오러
소매 넓이는 넉넉한 게 좋겠어요.	袖子宽点比较好。 Xiùzi kuāndiǎn bǐjiào hǎo. 씨우쯔 쿠완띠엔 비찌아오 하오
이 스웨터는 너무 헐거운 것 같아요.	这件毛衣太宽松了。 Zhè jiàn máoyī tài kuānsōngle. 쩌 찌엔 마오이 타이 쿠완쏭러

기본 인사

감정 표현

화술 표현

주제별 회제

사교

해외 여행

비즈니스

스타일북을 보여 주시겠어요?	可以给我看一下样式的册子吗?
	Kěyǐ gěi wǒ kàn yíxià yàngshì de cèzi ma?
	커이 게이 워 칸 이쌰 양스 더 처츠 마

이 슬랙스는 이 스웨터와 어울립니까?	这条休闲裤和这件毛衣能配吗?
	Zhè tiáo xiūxiánkù hé zhè jiàn máoyī néng pèi ma?
	쩌 티아오 씨우시엔쿠 허 쩌 찌엔 마오이 넝 페이 마

저 페티코트를 보여 주시겠어요?	可以给我看一下那条衬裙吗?
	Kěyǐ gěi wǒ kànyíxià nà tiáo chènqún ma?
	커이 게이 워 칸이쌰 나 티아오 천취인 마

실크 스타킹은 있습니까?	有丝袜吗?
	Yǒu sīwà ma?
	요우 쓰와 마

신고 있으면 늘어날까요?	穿穿会变松吗?
	Chuānchuan huì biàn sōng ma?
	추완추완 후이 비엔 쏭 마

이 셔츠는 물세탁이 가능해요.	这件衬衫可以水洗。
	Zhè jiàn chènshān kěyǐ shuǐxǐ.
	쩌 찌엔 천산 커이 수이시

이건 너무 꽉 끼네요.	这件太紧了。
	Zhè jiàn tài jǐnle.
	쩌 찌엔 타이 찐러

416

04 모자, 구두 가게

지금 유행하는 모자 좀 보여주세요.	给我看一下现在流行的帽子。 Gěi wǒ kànyíxià xiànzài liúxíng de màozi. 게이 워 칸이쌰 시엔쩌아 리우씽 더 마오쯔
어린이용 야구 모자를 찾고 있어요.	在找小孩子戴的棒球帽。 Zài zhǎo xiǎoháizi dài de bàngqiúmào. 짜이 짜오 샤오하이쯔 따이 더 빵치우마오
이 모자는 리본이 마음에 안 들어요.	不喜欢这顶帽子的色带。 Bù xǐhuan zhè dǐng màozi de sèdài. 부 시환 쩌 띵 마오쯔 더 써따이
이것과 비슷한 것이 있습니까?	有和这个差不多的吗? Yǒu hé zhège chàbuduō de ma? 요우 허 쩌거 차부두워 더 마
저한테 어울릴까요?	适合我吗? Shìhé wǒ ma? 스허 워 마
거울은 어디 있나요?	镜子在哪儿? Jìngzi zài nǎr? 찡쯔 짜이 나얼
검정 가죽구두가 필요한데요.	要买双黑色的皮鞋。 Yào mǎi shuāng hēisè de píxié. 야오 마이 수왕 헤이써 더 피시에

이건 무슨 가죽입니까?	**这是什么皮的?** Zhè shì shénme pí de? 쩌 스 션머 피 더
이 하이힐을 신어 봐도 됩니까?	**可以试一下这双高跟鞋吗?** Kěyǐ shì yíxià zhè shuāng gāogēnxié ma? 커이 스 이쌰 쩌 수왕 까오껀씨에 마
구둣주걱을 빌려주세요.	**借用一下鞋拔子。** Jièyòng yíxià xiébázi. 지에용 이쌰 씨에바쯔
폭이 좁아서 너무 빡빡합니다.	**鞋太窄了, 很紧。** Xié tài zhǎile, hěn jǐn. 시에 타이 짜이러, 헌 찐
더 큰 사이즈를 보여주세요.	**给我看一看大一码的。** Gěi wǒ kànyíkàn dàyìmǎ de. 게이 워 칸이칸 따이마 더
이게 딱 맞습니다.	**这个正好。** Zhège zhènghǎo. 쩌거 쩡하오
운동화를 사고 싶은데요.	**想要买运动鞋。** Xiǎng yào mǎi yùndòngxié. 시앙 야오 마이 윈똥씨에
더 화려한 것은 있습니까?	**有比这个更花哨的吗?** Yǒu bǐ zhège gèng huāshào de ma? 요우 삐 쩌거 껑 화샤오 더 마

이 색은 좋아하지 않습니다.	不喜欢这个颜色。 Bù xǐhuan zhège yánsè. 부 시환 쩌거 엔써
다른 스타일은 있습니까?	有别的风格的吗? Yǒu biéde fēnggé de ma? 요우 비에더 펑거 더 마
어떤 디자인이 유행하고 있습니까?	现在流行什么款式? Xiànzài liúxíng shénme kuǎnshì? 시엔짜이 리우씽 선머 쿠완스
이런 디자인은 좋아하지 않습니다.	不喜欢这种款式. Bù xǐhuan zhè zhǒng kuǎnshì. 부 시환 쩌 쫑 쿠완스
사이즈가 맞지 않아요.	大小不合适。 Dàxiǎo bù héshì. 따샤오 부 허스
다른 것으로 바꿔 줄 수 있나요?	可以换成别的吗? Kěyǐ huàn chéng biéde ma? 커이 환 청 비에더 마

05 화장품 코너

화장품 코너는 어디입니까?	化妆品柜台在哪儿? Huàzhuāngpǐn guìtái zài nǎr? 화쭈왕핀 구이 타이 짜이 나얼

립스틱을 사려고 하는데요.	想要买口红。 Xiǎng yào mǎi kǒuhóng. 시앙 야오 마이 커우훙
이건 무슨 향인가요?	这是什么香味儿的? Zhè shì shénme xiāngwèir de? 쩌 스 선머 시앙웨이얼 더
더 진한 색으로 주세요.	请给我更深一点的颜色。 Qǐng gěi wǒ gèng shēn yìdiǎn de yánsè. 칭 게이 워 껑 선 이띠엔 더 앤써
여기 샘플이 있습니다. 써보세요.	这里有试用品, 试试看吧。 Zhè li yǒu shìyòngpǐn, shìshikàn ba. 쩌 리 요우 스용핀, 스스칸 바
어떤 피부이신가요?	是哪种肤质? Shì nǎzhǒng fūzhì? 스 나쭝 푸쯔
피부가 건성이시네요.	您的皮肤是干性的。 Nín de pífū shì gānxìng de. 닌 더 피푸 스 깐씽 더 * 지성 피부: 油性皮肤 Yóuxìng pífū 요우씽 피푸
이쪽 색상이 어울린다고 생각합니다.	我觉得这边的颜色比较合适。 Wǒ juéde zhèbiān de yánsè bǐjiào héshì. 워 쮀더 쩌비엔더 앤써 비쩨아오 허스
다른 색상이 있습니까?	有别的颜色吗? Yǒu biéde yánsè ma? 요우 비에더 앤써 마

저에게 맞지 않아요.	不适合我。 Bú shìhé wǒ. 부 스허 워
1회 사용량은 이 정도입니다.	一次的使用量是这么多。 Yícì de shǐyòngliàng shì zhème duō. 이츠 더 스용리앙 스 쩌머 두위
이거 한 병으로 1년은 씁니다.	这一瓶可以用一年。 Zhè yìpíng kěyǐ yòng yìnián. 쩌 이핑 커이 용 이니엔
피부 진단을 받아보시겠습니까?	来测试一下皮肤吧。 Lái cèshì yíxià pífū ba. 라이 처스 이쌰 피푸 바
민감한 피부에 적합합니다.	适合敏感肤质。 Shìhé mǐngǎn fūzhì. 스허 민깐 푸쯔

06 가방 가게

| 이 소재는 무엇입니까? | 这是什么做的?
Zhè shì shénme zuò de?
쩌 스 선머 쭈워 더 |
| 샤넬 가방은 어디 있습니까? | 香奈儿的包在哪里?
Xiāngnài'ěr de bāo zài nǎlǐ?
시앙나이얼 더 빠오 짜이 나리 |

이건 인조 가죽인가요?	这是人造皮革吗? Zhè shì rénzào pígé ma? 쩌 스 런짜오 피거 마
이 디자인으로 다른 색은 있나요?	这个有别的颜色吗? Zhège yǒu biéde yánsè ma? 쩌거 요우 비에더 옌써 마
지금 유행하는 핸드백을 보여주세요.	请给我看一下现在流行的手提包。 Qǐng gěi wǒ kàn yíxià xiànzài liúxíng de shǒutí bāo. 칭 게이 워 칸 이쌰 시엔짜이 리우씽 더 서우티 빠오
최신형입니까?	这是最新款吗? Zhè shì zuì xīn kuǎn ma? 쩌스 쭈이 신 쿠안 마
중간 크기 가방을 원해요.	想要个不大不小的包。 Xiǎng yào ge bú dà bù xiǎo de bāo. 시앙 야오 거 부 따 부 샤오 더 빠오

07 보석점에서

보석 매장은 어디죠?	宝石卖场在哪儿? Bǎoshí màichǎng zài nǎr? 빠오스 마이창 짜이 나얼

다이아반지 좀 볼까요?	看一下钻石戒指吧? Kàn yíxià zuànshí jièzhǐ ba? 칸 이쌰 쭈완스 지에쯔 바
이건 몇 캐럿이죠?	这是几克拉的? Zhè shì jǐ kèlā de? 쩌 스 지 커라 더
끼어 봐도 되나요?	可以戴一下吗? Kěyǐ dài yíxià ma? 커이 따이 이쌰 마
이건 진짜입니까, 모조입니까?	这是真的还是仿制的? Zhè shì zhēnde háishì fǎngzhì de? 쩌 스 쩐더 하이스 팡쯔 더
체인 길이는 조정할 수 있습니다.	链子的长度可以调整。 Liànzi de chángdù kěyǐ tiáozhěng. 리엔쯔 더 창두 커이 티아오쩡
감정서는 있습니까?	有鉴定书吗? Yǒu jiàndìngshū ma? 요우 찌엔띵수 마

기본 인사

감정 표현

활습 표현

주제별 화제

사교

해외 여행

비즈니스

08 문방구, 서점

생일 카드 있습니까?	有生日贺卡吗? Yǒu shēngrì hèkǎ ma? 요우 성르 허 카 마

그건 6번 코너에 있습니다.	在6号柜台。 Zài liù hào guìtái. 짜이 리우하오 꾸이타이
현재 재고가 떨어졌습니다.	现在断货了。 Xiànzài duànhuòle. 시엔짜이 뚜완훠러
찾아볼 테니 기다려 주십시오.	帮您找找, 请稍微等一下。 Bāng nín zhǎozhao, qǐng shāowēi děng yíxià. 빵 닌 짜오짜오, 칭 샤오웨이 떵 이쌰
이 만년필을 선물 포장해 주세요.	这支钢笔帮我包装一下。 Zhè zhī gāngbǐ bāng wǒ bāozhuāng yíxià. 쩌 쯔 깡삐 빵 워 빠오쭈왕 이쌰
만화는 안쪽에 있습니다.	漫画在里面。 Mànhuà zài lǐmiàn. 만화 짜이 리미엔
전국 지도를 찾습니다.	在找全国地图。 Zài zhǎo quánguó dìtú. 짜이 짜오 취엔꾸워 디투

09 선물가게

당신이 쓰실 건가요?	是您要用的吗? Shì nín yàoyòngde ma? 스 닌 야오용더 마

애인에게 줄 선물을 찾습니다.	想买送给情人的礼物。 Xiǎng mǎi sònggěi qíngrén de lǐwù. 시앙 마이 쏭게이 칭런 더 리우
남자 친구에게 줄 넥타이를 사려고 해요.	想给男朋友买条领带。 Xiǎng gěi nánpéngyou mǎi tiáo lǐngdài. 시앙 게이 난펑요우 마이 티아오 링따이
이 지방의 공예품을 찾습니다.	在找这个地方的工艺品。 Zài zhǎo zhège dìfang de gōngyìpǐn. 짜이 짜오 쩌거 디팡 더 꿍이핀
예산은 3만 위안 정도입니다.	预算大概3万元左右。 Yùsuàn dàgài sān wàn yuán zuǒyòu. 위쑤안 따까이 싼 완 위엔 쭈워요우
스카프는 박스에 넣어 주세요.	丝巾放在盒子里。 Sījīn fàng zài hézi lǐ. 쓰찐 팡 짜이 허쯔 리
배송은 언제 됩니까?	什么时候可以送到? Shénme shíhou kěyǐ sòngdào? 선머 스허우 커이 쏭따오

10 식료품점

항상 어디 슈퍼에서 쇼핑을 하세요?	经常去哪个超市购物? Jīngcháng qù nǎge chāoshì gòuwù? 찡창 취 나거 차오스 거우우

기본 인사

감정 표현

회술 표현

주제별 화제

사교

해외 여행

비즈니스

오늘은 무척 붐비는 군요.	**今天人真多。** Jīntiān rén zhēn duō. 찐티엔 런 쩐 두워
카트를 가져올게.	**我去拿手推车。** Wǒ qù ná shǒutuīchē. 워 취 나 서우투이처
육류 코너에 가자.	**去肉类区吧。** Qù ròulèiqū ba. 취 러우레이취 바
방금 들어온 물건입니다.	**这是刚到的。** Zhè shì gāng dào de. 쩌 스 깡 따오 더
신선한 고기만 취급합니다.	**只用新鲜的肉。** Zhǐ yòng xīnxiān de ròu. 쯔 용 씬시엔 더 러우
방금 조리한 것입니다.	**刚刚做出来的。** Gānggāng zuò chūlái de. 깡깡 쭈워 추라이 더
유제품 코너는 어디입니까?	**乳制品柜台在哪儿?** Rǔzhìpǐn guìtái zài nǎr? 루쯔핀 꾸이타이 짜이 나얼
가공식품 코너는 어디입니까?	**加工食品区在哪儿?** Jiāgōngshípǐnqū zài nǎr? 찌야꿍스핀취 짜이 나얼

진공 포장된 건포도는 어디 있습니까?

真空包装的葡萄干在哪儿?
Zhēnkōng bāozhuāng de pútáogān zài nǎr?
쩐 콩 빠오쭈왕 더 푸타오깐 짜이 나얼

제조 연월일은 언제입니까?

生产日期是什么时候?
Shēngchǎn rìqī shì shénme shíhou?
성찬 르치 스 션머 스허우

판매는 이번주까지뿐입니다.

销售到这个星期为止。
Xiāoshòu dào zhège xīngqī wéizhǐ.
샤오서우 따오 쩌거 씽치 웨이쯔

왜 오늘은 야채가 비싼 걸까요?

为什么今天的蔬菜贵?
Wèishéme jīntiān de shūcài guì?
웨이선머 찐티엔 더 수차이 꾸이

여기 있는 건 전부 100위안이네요.

这里加起来一共100元。
Zhèlǐ jiāqǐlái yígòng yìbǎiyuán.
쩌리 찌야치라이 이꿍 이빠이위엔

이건 싸고 좋군요.

这个又便宜又好。
Zhège yòu piányi yòu hǎo.
쩌거 요우 피엔이 요우 하오

계산대로 가져가 주세요.

拿到结算台去。
Ná dào jiésuàntái qù.
나 따오 지에쑤완타이 취

전부 하나로 싸주시겠어요?

请全部包在一起。
Qǐng quánbù bāo zài yìqǐ.
칭 취엔부 바오 짜이 이치

기본 인사

감정 표현

회술 표현

주제별 회제

사교

해외 여행

비즈니스

427

시식해 보시겠어요?	试吃看看吧? Shìchī kànkan ba? 스츠 칸칸 바
이 오징어를 냉동시 켜도 됩니까?	这个鱿鱼冷冻起来也可 以吗? Zhège yóuyú lěngdòng qǐlái yě kěyǐ ma? 쩌거 요우위 렁뚱 치라이 예 커이 마
종이봉투를 주실래요?	可以给我个纸袋子吗? Kěyǐ gěiwǒ ge zhǐdàizi ma? 커이 게이워 거 쯔따이쯔 마

11 가격 흥정

이건 얼마죠?	这个多少钱? Zhège duōshǎoqián? 쩌거 두워샤오치엔
왜 가격이 다르죠?	为什么价格不一样? Wèishéme jiàgé bùyíyàng? 웨이선머 찌야거 부이양
세금 포함한 가격입 니까?	这是含税的价格吗? Zhè shì hánshuì de jiàgé ma? 쩌 스 한수이 더 찌야거 마

현금으로 사면 좀 할인해 주나요?	用现金买的话可以便宜一点吗? Yòng xiànjīn mǎi dehuà kěyǐ piányi yìdiǎn ma? 용 시엔찐 마이 더화 커이 피엔이 이띠엔 마
좀 할인할 수 있습니까?	可以便宜一点吗? Kěyǐ piányi yìdiǎn ma? 커이 피엔이 이띠엔 마
할인해 주면 두 개 사겠어요.	便宜一点的话, 买两个。 Piányi yìdiǎn dehuà, mǎi liǎng gè. 피엔이 이띠엔 더화, 마이 리앙 거
가격은 적당하군요. 그걸 주세요.	价格还行, 给我吧。 Jiàgé háixíng, gěi wǒ ba. 찌야거 하이씽, 게이 워 바
얼마나 깎아 주시겠어요?	可以便宜多少? Kěyǐ piányi duōshǎo? 커이 피엔이 두워샤오
5% 할인해 드립니다.	打九五折。 Dǎ jiǔwǔzhé. 다 찌우우쩌
이건 세일 중입니까?	这个在打折吗? Zhège zài dǎzhé ma? 쩌거 짜이 다 쩌 마
너무 비쌉니다.	太贵了。 Tài guìle. 타이 꾸이러

기본 인사

감정 표현

일상 표현

주제별 화제

사교

해외 여행

비즈니스

깎아 주시겠어요?	**可以便宜点吗?** Kěyǐ piányi diǎn ma? 커이 피엔이 띠엔 마
깎아주시면 사겠습니다.	**便宜点的话就买。** Piányi diǎn dehuà jiù mǎi. 피엔이 띠엔 더화 찌우 마이
이건 할인된 가격입니다.	**这是打折后的价格。** Zhè shì dǎzhé hòu de jiàgé. 쩌 스 다쩌 허우 더 찌야거
생각했던 것보다 비싼데요.	**比想的贵。** Bǐ xiǎngde guì. 삐 시앙더 꾸이
이게 최종적 가격입니다.	**这是最终价格。** Zhè shì zuìzhōng jiàgé. 쩌 스 쮀쭝 찌야거
예산 초과입니다.	**超过预算了。** Chāoguò yùsuànle. 차오꾸워 위쑤완러
이건 할인 대상입니다.	**这是打折商品。** Zhè shì dǎzhé shāngpǐn. 쩌 스 다 쩌 상핀

쇼핑 마무리

购物 最后阶段

Gòuwù zuìhòu jiēduàn
거우우 쭈이호우 찌엔뚜안

최근에는 대부분 해외 상점에서 우리나라 신용카드를 사용할 수 있어 여행 중 많은 현금을 소지하는 위험을 피할 수 있다. 하지만 카드 사용 시 비밀번호가 필요한 경우도 있으므로 이에 대한 대비도 해 놓자. 유럽이나 북미 등은 영수증만 있으면 제품 하자의 유무와 상관없이 소비자가 원하면 언제든 환불과 교환해 주는 것을 원칙으로 하고 있지만 중국의 경우는 반품과 교환이 자유롭지 못한 경우도 많다. 그러므로 구매 전에 꼭 확인할 필요가 있다.

01 가격 지불

얼마입니까?	**多少钱?** Duōshǎo qián? 두워샤오 치엔
계산은 어디서 합니까?	**在哪里付钱?** Zài nǎlǐ fùqián? 짜이 나리 푸치엔
전부해서 얼마나 됩니까?	**一共多少钱?** Yígòng duōshǎoqián? 이 꿍 두워샤오치엔
지불은 어떻게 하시겠습니까?	**怎么付钱?** Zěnme fùqián? 쩐머 푸치엔
신용카드도 됩니까?	**信用卡可以吗?** Xìnyòngkǎ kěyǐ ma? 씬용 카 커이 마

기본 인사

감정 표현

화술 표현

주제별 화제

사교

해외 여행

비즈니스

여행자 수표도 받습니까?	**收旅行支票吗?** Shōu lǚxíng zhīpiào ma? 서우 뤼씽 쯔피아오 마
영수증을 주시겠어요?	**可以给我发票吗?** Kěyǐ gěi wǒ fāpiào ma? 커이 게이 워 파피아오 마
할부로 이용할 수 있습니까?	**可以分期付款吗?** Kěyǐ fēnqī fùkuǎn ma? 커이 펀치 푸쿠완 마
200위안 받았습니다.	**收您200。** Shōu nín liǎngbǎi. 서우 닌 량바이
160위안 딱 맞게 받았습니다.	**160, 正好。** Yìbǎiliù, zhènghǎo. 이바이류, 쩡 하오
5위안 거스름돈입니다.	**这是5块钱零钱。** Zhè shì wǔkuàiqián língqián. 저스 우꾸아이치엔 링 치엔
수표는 사용할 수 있습니까?	**可以用支票吗?** Kěyǐ yòng zhīpiào ma? 커이 용 쯔피아오 마

432

02 주문과 배달

지금 주문하면 곧 받을 수 있습니까?	现在买的话马上可以拿到吗? Xiànzài mǎi dehuà mǎshàng kěyǐ nádào ma? 시엔짜이 마이 더화 마상 커이 나따오 마
선물로 하실 겁니까?	是礼物吗? Shì lǐwù ma? 스 리우 마
리본을 달아서 포장해 주시겠어요?	系上丝带包装起来, 可以吗? Jìshang sīdài bāozhuāng qǐlái, kěyǐ ma? 찌상 쓰따이 빠오쭈왕 치라이, 커이 마
집까지 배송해 주시겠어요?	可以送到家吗? Kěyǐ sòng dào jiā ma? 커이 쏭 따오 찌야 마
배달 시 지불해도 됩니까?	上门付款也可以吗? Shàngmén fùkuǎn yě kěyǐ ma? 상먼 푸쿠완 예 커이 마
언제 배달받을 수 있습니까?	什么时候可以收到? Shénme shíhou kěyǐ shōudào? 선머 스허우 커이 서우따오
한국으로 보내줄 수 있나요?	可以寄到韩国吗? Kěyǐ jìdào hánguó ma? 커이 지따오 한꾸워 마

기본 인사

감정 표현

화술 표현

주제별 화제

사교

해외 여행

비즈니스

이걸 반품하고 싶습니다.	这个想要退货。 Zhège xiǎng yào tuìhuò. 쩌거 시앙 야오 투이 훠
교환 카운터는 어디입니까?	换货柜台在哪儿? Huànhuò guìtái zài nǎr? 환훠 구이타이 짜이 나얼
이쪽 부분이 망가져 있습니다.	这边坏了。 Zhè biān huàile. 쩌 비엔 화이러
구입할 때는 몰랐습니다.	买的时候不知道。 Mǎi de shíhou bùzhīdào. 마이 더 스허우 부쯔따오
이걸 다른 걸로 바꿔 주세요.	请把这个换成别的。 Qǐng bǎ zhège huànchéng biéde. 칭 바 쩌거 환청 비에더
이 스커트를 환불해 주세요.	请帮我把这条裙子退掉。 Qǐng bāng wǒ bǎ zhè tiáo qúnzi tuì diào. 칭 빵 워 바 쩌 티아오 취인쯔 투이 띠아오
여기 영수증이 있습니다.	给你发票。 Gěi nǐ fāpiào. 게이 니 파 피아오

기본 인사
감정 표현
활송 표현
주제별 화제
사교
해외 여행
비즈니스

Unit 13 호 텔

宾馆
Bīnguǎn
빈 꽌

요즘은 인터넷으로 항공권과 함께 호텔까지 예약할 수 있어서 중국어를 몰라도 상관없을 정도다. 또한 서비스가 걱정이라면 중국에도 세계적으로 유명한 비즈니스 호텔이 얼마든지 있기 때문에 어느 곳에서나 시설이 비슷한 비즈니스 호텔을 찾아가 보는 것도 하나의 방법이다. 호텔 예약 시 주의할 점은 호텔 체크인-체크아웃 시간, 조식을 제공하는지를 확인해야 한다. 현지에 도착하면 좀 피곤하므로 일찍 체크인할 수 있는 호텔이 편리하다. 아침에 식당을 따로 가는 것은 번거롭고 비용도 발생하니 호텔에서 조식을 먹을 수 있으면 훨씬 이익이다.

01 예약하기

예약을 부탁합니다.	麻烦帮我预定一下。 Máfan bāng wǒ yùdìng yíxià. 마판 빵 워 웨띵 이쌰
몇 박 예정이십니까?	要住几个晚上? Yào zhù jǐge wǎnshang? 야오 쭈 지거 완상
다음주 3박을 예약하고 싶습니다.	想要预定下周的房间, 3个晚上。 Xiǎng yào yùdìng xià zhōu de fángjiān, sān ge wǎnshang. 시앙 야오 위띵 쌰 쩌우 더 팡찌엔, 싼 거 완상
1박에 얼마입니까?	一晚上多少钱 Yì wǎnshang duōshǎoqián? 이 완상 두워샤오치엔

435

어떤 방을 원하십니까?	**想要什么样的房间?** Xiǎng yào shénmeyàng de fángjiān? 시앙 야오 선머양 더 팡찌엔
몇 시쯤 도착하십니까?	**几点到?** Jǐ diǎn dào? 지 띠엔 따오
오늘 밤 방이 있을까요?	**今天晚上有房间吗?** Jīntiān wǎnshang yǒu fángjiān ma? 찐티엔 완상 요우 팡찌엔 마
한국에서 예약을 끝 냈습니다.	**在韩国已经预订了。** Zài hánguó yǐjīng yùdìngle. 짜이 한꾸워 이찡 위띵러
예약은 안 했는데 1 인실 있습니까?	**没有预订, 有单人间吗?** Méiyǒu yùdìng, yǒu dānrénjiān ma? 메이요우 위띵, 요우 딴런찌엔 마
2인실이 필요한데요.	**要个两人间。** Yào ge liǎngrénjiān. 야오 거 리앙런찌엔
아침식사는 포함입니까?	**包含早饭吗?** Bāohán zǎofàn ma? 빠오한 짜오판 마
더 싼 방은 없습니까?	**没有更便宜的房间了吗?** Méiyǒu gèng piányi de fángjiānle ma? 메이요우 껑 피엔이 더 팡찌엔러 마

| 예약을 취소하고 싶습니다. | 想要取消预订。
Xiǎng yào qǔxiāo yùdìng.
시앙 야오 취샤오 위띵 |

02 체크인 하기

체크인 하겠습니다.	办一下入住手续。 Bàn yíxià rùzhù shǒuxù. 빤 이쌰 루쭈 서우쉬
식당은 어디 있습니까?	餐厅在哪儿? Cāntīng zài nǎr? 찬 팅 짜이 나얼
짐을 부탁합니다.	麻烦帮我拿一下行李。 Máfan bāng wǒ ná yíxià xínglǐ. 마판 빵 워 나 이쌰 씽리
귀중품을 맡아주시겠습니까?	要寄存贵重物品吗? Yào jìcún guìzhòng wùpǐn ma? 야오 지춘 꾸이쫑 우핀 마
환전을 부탁합니다.	麻烦换一下钱。 Máfan huàn yíxià qián. 마판 환 이쌰 치엔
한국어를 말할 수 있는 사람이 있습니까?	有会说韩语的人吗? Yǒu huì shuō hányǔ de rén ma? 요우 후이 수워 한위 더 런 마

기본 인사

감정 표현

회술 표현

주제별 화제

사교

해외 여행

비즈니스

예약을 하셨습니까?	预定了吗? Yùdìngle ma? 위띵러 마
싱글[더블]로 예약했습니다.	预定了单人间[双人间]。 Yùdìngle dānrénjiān [shuāngrénjiān]. 위띵러 딴런찌엔 [수왕런찌엔]
이 숙박 카드를 기입해 주십시오.	填一下这张住宿卡。 Tián yíxià zhè zhāng zhùsùkǎ. 티엔 이쌰 쩌 짱 쭈쑤카
전망이 좋은 방을 주세요.	请给我景色好的房间。 Qǐng gěi wǒ jǐngsè hǎo de fángjiān. 칭 게이 워 찡서 하오 더 팡찌엔
호수가 보이는 방을 원합니다.	想要可以看到湖的房间。 Xiǎng yào kěyǐ kàndào hú de fángjiān. 시앙 야오 커이 칸따오 후 더 팡찌엔
계림이 보이는 방을 주세요.	请给我可以看到桂树林的房间。 Qǐng gěi wǒ kěyǐ kàndào Guìshùlín de fángjiān. 칭 게이 워 커이 칸따오 꾸이슈린 더 팡찌엔
금연실을 부탁합니다.	麻烦给一间禁烟的房间。 Máfan gěi yìjiān jìnyānde fángjiān. 마판 게이 이찌엔 찐옌더 팡찌엔
이 방은 마음에 안 듭니다.	不满意这间房。 Bù mǎnyì zhèjiān fáng. 부 만이 쩌찌엔 팡

짐을 방으로 옮겨 주시겠어요?

可以帮忙把行李拿到房间去吗?
Kěyǐ bāngmáng bǎ xínglǐ nádào fángjiān qù ma?
커이 빵망 바 씽리 나따오 팡찌엔 취 마

방을 바꾸고 싶습니다.

想要换间房。
Xiǎng yào huàn jiān fáng.
시앙 야오 환 찌엔 팡

더 넓은 방이 있습니까?

有更大的房间吗?
Yǒu gèngdàde fángjiān ma?
야오 껑따더 팡찌엔 마

그 방으로 하겠습니다.

就那间房吧。
Jiù nàjiānfáng ba.
찌우 나찌엔팡 바

03 서비스 부탁하기

아침 식사는 어디서 먹나요?

早饭在哪儿吃?
Zǎofàn zài nǎr chī?
짜오판 짜이 나얼 츠

아침 식사는 몇 시까지입니까?

早饭到几点结束?
Zǎofàn dào jǐdiǎn jiéshù?
짜오판 따오 지띠엔 지에수

기본 인사

감정 표현

회술 표현

주제별 화제

사교

해외 여행

비즈니스

바지 세탁을 부탁하고 싶은데요.	请帮我洗一下裤子。 Qǐng bāngwǒ xǐyíxià kùzi. 칭 빵워 시이쌰 쿠쯔
담요를 갖다 주시겠습니까?	能给我毯子吗? Néng gěi wǒ tǎnzi ma? 넝 께이 워 탄쯔 마
방 청소를 해 주세요.	麻烦打扫一下房间。 Máfan dǎsǎo yíxià fángjiān. 마판 다싸오 이쌰 팡찌엔
저한테 온 메시지는 있습니까?	有给我的留言吗? Yǒu gěi wǒ de liúyán ma? 요우 게이 워 더 리우엔 마
이 서류를 복사해 주시겠습니까?	可以帮我复印一下这份材料吗? Kěyǐ bāng wǒ fùyìn yíxià zhèfèn cáiliào ma? 커이 빵 워 푸인 이쌰 쩌펀 차이리아오 마
모닝콜을 해주었으면 좋겠네요.	有叫醒服务就好了。 Yǒu jiàoxǐngfúwù jiùhǎole. 요우 찌아오씽푸우 찌우하오러
드라이어를 빌려 주시겠습니까?	可以借用一下吹风机吗? Kěyǐ jièyòng yíxià chuīfēngjī ma? 커이 찌에용 이쌰 추이펑지 마
룸서비스를 부탁합니다.	叫一下客房服务。 Jiào yíxià kèfáng fúwù. 찌아오 이쌰 커팡 푸우

객실 번호를 불러 주세요.	请告诉我房间号码。 Qǐng gàosu wǒ fángjiān hàomǎ. 칭 까오쑤 워 팡찌엔 하오 마
룸서비스입니다. 무슨 일이십니까?	客房服务, 有什么事吗? Kèfáng fúwù, yǒu shénmeshì ma? 커팡 푸우, 요우 선머스 마
들어오세요.	请进。 Qǐng jìn 칭 찐
세탁 서비스를 부탁합니다.	麻烦帮我洗一下衣服。 Máfan bāng wǒ xǐyíxià yīfu. 마판 빵 워 시이싸 이푸

04 통신 이용하기

인터넷을 이용할 수 있습니까?	可以上网吗? Kěyǐ shàngwǎng ma? 커이 상왕 마
이메일을 체크하고 싶어요.	想看一下电子邮件。 Xiǎng kàn yíxià diànzǐ yóujiàn. 시앙 칸 이싸 띠엔쯔 요우찌엔
팩스는 있습니까?	可以传真吗? Kěyǐ chuánzhēn ma? 커이 추완쩐 마

1층에 인터넷을 할 수 있는 컴퓨터가 있습니다.	1楼有可以上网的电脑。 Yī lóu yǒu kěyǐ shàngwǎng de diànnǎo. 이 러우 요우 커이 상왕 더 띠엔나오
상세한 사항은 이메일로 알려드리겠습니다.	详细的情况通过电子邮件告诉您。 Xiángxì de qíngkuàng tōngguò diànzǐ yóujiàn gàosù nín. 시앙시 더 칭콰앙 통꾸워 띠엔쯔 요우찌엔 까오수 닌
방에서 한국으로 전화할 수 있나요?	房间的电话可以打到韩国吗? Fángjiān de diànhuà kěyǐ dǎ dào hánguó ma? 팡찌엔 더 띠엔화 커이 다 따오 한꾸워 마
전화를 끊고 기다려 주십시오.	请挂掉电话等一下。 Qǐng guàdiào diànhuà děng yíxià. 칭 꽈띠아오 띠엔화 떵 이쌰

05 호텔 트러블

방에 열쇠를 둔 채 잠가 버렸습니다.	把钥匙落在了房间里, 就锁上房门了。 Bǎ yàoshi là zài le fángjiān lǐ, jiù suǒshang fángmén le. 바 야오스 라 짜이 러 팡찌엔 리, 찌우 쑤어상 팡먼 러
TV가 작동하지 않습니다.	电视打不开。 Diànshì dǎ bù kāi. 띠엔스 다 부 카이

전화기가 고장입니다.	**电话坏了。** Diànhuà huàile. 띠엔화 화이러
전기가 나갔어요.	**停电了。** Tíngdiànle. 팅띠엔러
온수가 나오지 않습니다.	**没有热水。** Méiyǒu rè shuǐ. 메이요우 러 수이
온수가 미지근합니다.	**水不太热。** Shuǐ bú tài rè. 수이 부 타이 러
전등이 하나 나갔습니다.	**电灯有一个不亮。** Diàndēng yǒu yígè bú liàng. 띠엔떵 요우 이거 부 리앙
화장실 휴지가 없어요.	**卫生间没有卫生纸了。** Wèishēngjiān méiyǒu wèishēngzhǐle. 웨이성 찌엔 메이요우 웨이성쯔러
옆방이 소란스럽습니다.	**隔壁房间太吵了。** Gébì fángjiān tài chǎole. 거삐 팡찌엔 타이 차오러
창문을 열 수가 없네요.	**窗户打不开。** Chuānghu dǎbùkāi. 추왕후 다부카이
수리하는 사람을 부탁드려요.	**麻烦叫修理人员来一下。** Máfan jiào xiūlǐ rényuán lái yíxià. 마판 찌아오 씨우리 런위엔 라이 이쌰

기본 인사

감정 표현

회술 표현

주제별 화제

사교

해외 여행

비즈니스

443

보이를 보내주세요.	叫服务生来一下。 Jiào fúwùshēng lái yíxià. 찌아오 푸우성 라이 이쌰

06 체크아웃 하기

체크아웃을 하겠습니다.	结一下账。 Jié yíxià zhàng. 지에 이쌰 짱
이게 룸 키입니다.	这是房间钥匙。 Zhè shì fángjiān yàoshi. 쩌 스 팡찌엔 야오스
숙박을 연장하고 싶습니다.	想要延长住宿时间。 Xiǎng yào yáncháng zhùsù shíjiān. 시앙 야오 엔창 쭈수 스찌엔
일박을 더 하고 싶은데요.	想再住一个晚上。 Xiǎng zài zhù yígè wǎnshang. 시앙 짜이 쭈 이거 완상
하루 일찍 떠나고 싶은데요.	想提前一天离开。 Xiǎng tíqián yìtiān líkāi. 시앙 티치엔 이티엔 리카이
이게 청구서입니다.	这是费用清单。 Zhè shì fèiyòng qīngdān. 쩌 스 페이용 칭딴

계산을 부탁드립니다.

麻烦结个账。

Máfan jié ge zhàng.

마판 지에 거 짱

기본 인사

감정 표현

회술 표현

주제별 화제

사교

해외 여행

비즈니스

호텔에서 사용되는 어휘

로비 **大厅** dà tīng 따 팅

프런트(접수) **前台** qián tái 치엔 타이

휴대품 보관소 **随身行李保管处** suíshēn xínglǐ bǎoguǎnchù 쑤이션 싱리 빠오꽌추

비상구 **紧急出口** jǐnjí chūkǒu 찐지 추커우

객실 번호 **房间号码** fángjiān hàomǎ 팡찌엔 하오마

엘리베이터 **电梯** diàn tī 띠엔 티

에스컬레이터 **自动扶梯** zìdòng fútī 쯔똥 푸티

계단 **台阶** tái jiē 타이 지에

회전문 **旋转门** xuán zhuǎn mén 쉬엔 쭈완 먼

식당 **餐厅** cān tīng 찬 팅

식사권 **餐券** cān quàn 찬 취엔

포터 **行李搬运工** xínglǐ bānyùngōng 씽리 빤윈꿍

1인실 **单人间** dān rén jiān 딴 런 찌엔

더블베드(2인용 침대)의 2인실 **双人间(大床间)** shuāng rén jiān (dà chuáng jiān) 수왕 런 찌엔 (따 추왕 찌엔)

트윈베드(침대 2개)의 2인실 **双人间** shuāng rén jiān 수왕 런 찌엔

445

관 광

观光
Guānguāng
쫘안꽝

중국은 러시아, 캐나다에 이어 세계에서 세 번째로 넓은 국토를 가지고 있다. 남북으로 긴 영토이기 때문에 흑룡강성(黑龙江省)와 하이난섬(海南岛)은 기후도 매우 다르고, 오악五岳:산시성(山西省)의 북악 항산(北岳 恒山), 산시성의 서악 화산(西岳 华山), 허난성(河南省)의 중악 쑹산(中岳 嵩山), 산둥성(山东省)의 동악 타이산(东岳 泰山), 후난성(湖南省)의 남악 형산(南岳 衡山)]이라는 세계적으로 유명하는 높은 산도 있어서 관광할 만한 곳도 많다.

01 관광 안내소에서

관광 안내소는 어디에 있습니까?	**旅游咨询处在哪儿?** Lǚyóu zīxúnchù zài nǎr? 뤼요우 쯔쉰추 짜이 나얼
어떤 투어가 있습니까?	**有哪些旅游项目?** Yǒu nǎxiē lǚyóu xiàngmù? 요우 나씨에 뤼요우 시앙무
코스를 가르쳐 주세요.	**麻烦介绍一下路线。** Máfan jièshào yíxià lùxiàn. 마판 지에샤오 이쌰 루시엔
무료 관광지도를 주시겠어요?	**可以给一张免费的旅游地图吗?** Kěyǐ gěi yìzhāng miǎnfèi de lǚyóu dìtú ma? 커이 게이 이짱 미엔페이 더 뤼요우 디투 마

여기서 볼 만한 곳을 가르쳐 주시겠어요?	可以介绍一下这里值得一去的地方吗? Kěyǐ jièshào yíxià zhèlǐ zhídéyíqù de dìfang ma? 커이 지에샤오 이쌰 쩌리 쯔더이취 더 디팡 마
관광버스가 있습니까?	有观光巴士吗? Yǒu guānguāng bāshì ma? 요우 꽈안꽈앙 바스 마
가이드가 필요한데요.	我需要导游。 Wǒ xūyào dǎoyóu. 워 쉬야오 따오요우

02 표 구입하기

입장료는 얼마입니까?	入场券多少钱? Rùchǎngquàn duōshǎoqián? 루창취엔 두워샤오치엔
할인 티켓은 있나요?	有打折券吗? Yǒu dǎzhéquàn ma? 요우 다쩌취엔 마
어른 두 장 어린이 한 장 주세요.	给我两张成人票, 一张儿童票。 Gěi wǒ liǎngzhāng chéngrénpiào yìzhāng értóngpiào. 게이 워 리앙짱 청런피아오 이짱 얼통피아오

기본 인사

감정 표현

활술 표현

주제별 화제

사교

해외 여행

비즈니스

447

세 시 표를 사겠습니다.	买3点的票。 Mǎi sān diǎn de piào. 마이 싼 띠엔 더 피아오
그 시간 표는 매진입 니다.	那个时间的票已经卖完了。 Nàge shíjiān de piào yǐjīng màiwánle. 나거 스 찌엔 더 피아오 이찡 마이완러
이 티켓으로 전부 볼 수 있습니까?	这张票都包括了吗? Zhè zhāng piào dōu bāokuòle ma? 쩌 짱 피아오 떠우 빠오쿠워러 마
전부 지정석입니까?	全部是指定座位吗? Quánbù shì zhǐdìng zuòwèi ma? 취엔부 스 쯔띵 쭈워웨이 마

03 여행사 직원과 대화

당일치기로 좋은 곳 은 어디 있습니까?	当日往返的有什么好玩 的地方吗? Dāngrì wǎngfǎn de yǒu shénme hǎowán de dìfang ma? 땅르 왕판 더 요우 선머 하오완 더 디팡 마
경치가 좋은 곳을 아 십니까?	您知道哪里的风景好吗? Nín zhīdào nǎlǐ de fēngjǐng hǎo ma? 닌 쯔따오 나리 더 펑찡 하오 마

꼭 봐야 할 곳은 어디입니까?	哪里是一定要去看看的地方? Nǎli shì yídìng yào qù kànkan de dìfang? 나리 스 이띵 야오 취 칸칸 더 디팡
지금 축제를 하고 있나요?	现在有庆典活动吗? Xiànzài yǒu qìngdiǎn huódòng ma? 시엔짜이 요우 칭띠엔 훠똥 마
역사 유적이 있는 곳을 가고 싶어요.	想去有历史遗迹的地方。 Xiǎng qù yǒu lìshǐ yíjì de dìfang. 시앙 취 요우 리스 이지 더 디팡
여기서 멉니까?	离这里远吗? Lí zhèlǐ yuǎn ma? 리 쩌리 위엔 마
왕복으로 어느 정도 시간이 걸립니까?	往返需要多长时间? Wǎngfǎn xūyào duōchángshíjiān? 왕판 쉬야오 두워창스찌엔
몇 시에 어디서 출발합니까?	几点从哪儿出发? Jǐdiǎn cóng nǎr chūfā? 지띠엔 총 나얼 추 파
태평양 호텔에서 탈 수 있습니까?	可以在太平洋宾馆坐车吗? Kěyǐ zài tàipíngyáng bīnguǎn zuòchē ma? 커이 짜이 타이핑양 빈꽈안 쭈워 처 마
1인당 비용은 얼마입니까?	人均费用多少? Rénjūn fèiyòng duōshǎo? 런쥔 페이용 두워샤오

기본 인사

감정 표현

회술 표현

주제별 화제

사교

해외 여행

비즈니스

성인은 2백 위안입니다.	成人200。 Chéngrén liǎngbǎi. 청런 량바이.
중식 포함입니까?	包含午餐吗? Bāohán wǔcān ma? 빠오한 우찬 마
코스의 팸플릿을 보여 주세요.	请给我看一下路线指南。 Qǐng gěi wǒ kàn yíxià lùxiàn zhǐnán. 칭 게이 워 칸 이쌰 루시엔 쯔난
이 투어는 어디를 돕니까?	这个旅游项目去哪些地方? Zhège lǚyóu xiàngmù qù nǎxiē difang? 쩌거 뤼요우 시앙무 취 나시에 띠팡

Unit 15 관람하기

参观
Cānguān
찬 꽈안

지역마다 관광객이 꼭 둘러보면 좋을 장소들이 있다. 시내의 한 지역에 밀집된 장소는 걸어서 관광을 해도 좋지만 큰 도시의 경우 시티투어 버스를 이용하면 좋다. 시티투어 버스로 전체적인 도시를 둘러본 후 몇 곳의 주요 관심 장소를 정하여 자세히 관광하면 시간을 절약하면서도 중요 관광지를 놓치지 않고 둘러볼 수 있다. 박물관 관람을 하면 그 나라와 지역을 이해하는 기본이 되므로 사전에 미리 지역의 문화 및 예술에 대해 알아보고 박물관을 방문하면 의외로 많은 것을 알게 되고 흥미로운 관광이 된다. 갤러리나 박물관 등은 사진 촬영이 금지된 경우가 많다. 플래쉬에 의해 그림 색상 등이 변하기 때문이라고 한다.

01 명소 관광

관광버스는 어디서 탈 수 있습니까?	在哪儿可以坐观光巴士? Zài nǎr kěyǐ zuò guānguāng bāshì? 짜이 나얼 커이 쭈워 꽈안꽈앙 바스
북경을 한 바퀴 돌고 싶습니다.	想在北京转一圈。 Xiǎng zài Běijīng zhuànyìquān. 시앙 짜이 베이징 쭈완이취엔
출발은 몇 시입니까?	几点出发? Jǐ diǎn chūfā? 지 띠엔 추파
몇 시에 돌아옵니까?	几点回来? Jǐ diǎn huílái? 지 띠엔 후이라이

몇 시간 걸립니까?	要多长时间? Yào duōchángshíjiān? 야오 두워창스찌엔
오후 3시까지 타십시오.	下午三点前要上车。 Xiàwǔ sāndiǎn qián yào shàngchē. 쌰우 싼띠엔 차엔 야오 상처
입장료는 얼마입니까?	门票多少钱? Mén piào duōshǎo qián? 먼 퍄오 두워샤오 치엔
정말 멋진 경치네요!	景色真美! Jǐngsè zhēnměi! 찡써 쩐메이
기념품 상점은 어디 입니까?	纪念品商店在哪儿? Jìniànpǐn shāngdiàn zài nǎr? 지니엔핀 상띠엔 짜이 나얼
안에 입장해도 되나요?	可以进去吗? Kěyǐ jìnqu ma? 커이 찐취 마
저 건물이 뭔지 아세요?	知道那个建筑是什么吗? Zhīdào nàge jiànzhù shì shénme ma? 쯔따오 나거 찌엔 쭈 스 선머 마
언제 세워진 겁니까?	什么时候建的? Shénme shíhou jiàn de? 선머 스허우 찌엔 더

여기 누가 살았습니까?	(以前)谁住在这里? (Yǐqián) Shuí zhù zài zhèlǐ? (이치엔) 수이 쭈 짜이 쩌리
저는 건축에 관심이 있습니다.	我对建筑挺感兴趣的。 Wǒ duì jiànzhù tǐng gǎn xìngqù de. 워 뚜이 찌엔쭈 팅 깐 씽취 더
이 건물은 전망대가 있나요?	这个建筑有瞭望台吗? Zhège jiànzhù yǒu liàowàngtái ma? 쩌거 찌엔쭈 요우 리아오왕타이 마
여기서 얼마나 머뭅 니까?	在这儿要呆多久? Zài zhèr yào dāi duōjiǔ? 짜이 쩌얼 야오 따이 두워찌우
몇 시에 버스로 돌아 오면 됩니까?	几点乘巴士回来? Jǐ diǎn chéng bāshì huílái? 지 띠엔 청 바스 후이라이
퍼레이드는 몇 시에 있습니까?	几点有游行? Jǐ diǎn yǒu yóuxíng? 지 띠엔 요우 요우씽
가이드 안내는 5분 후에 시작됩니다.	5分钟以后有导游解说。 Wǔ fēnzhōng yǐhòu yǒu dǎoyóu jiěshuō. 우 펀쭝 이허우 요우 따오요우 지에수워
지금 어디를 지나고 있나요?	现在路过的这是哪儿? Xiànzài lùguòde zhè shì nǎr? 시엔짜이 루꾸워더 쩌 스 나얼

기본 인사

감정 표현

회술 표현

주제별 회제

사교

해외 여행

비즈니스

453

박물관은 몇 시에 문을 엽니까?	博物馆几点开门? Bówùguǎn jǐ diǎn kāimén? 보우꽈안 지 띠엔 카이먼
몇 시에 문을 닫습니까?	几点关门? Jǐ diǎn guānmén? 지 띠엔 꽈안먼
짐을 맡아 주세요.	行李交给我吧。 Xíng lǐ jiāogěi wǒ ba. 싱리 찌아오 게이 워 바
재입관할 수 있습니까?	可以再进来吗? Kěyǐ zài jìnlái ma? 커이 짜이 찐라이 마
내부를 견학할 수 있습니까?	可以在里面参观学习吗? Kěyǐ zài lǐmiàn cānguān xuéxí ma? 커이 짜이 리미엔 찬꽈안 쉐시 마
뭔가 특별전이 있습니까?	有什么特别的展览吗? Yǒu shénme tèbié de zhǎnlǎn ma? 요우 선머 터비에 더 짠란 마
백설석의 작품은 어디에 있습니까?	白雪石的作品在哪儿? Báixuěshí de zuòpǐn zài nǎr? 바이쉬예스 더 쭈워핀 짜이 나얼
이 그림은 누가 그렸습니까?	这幅画是谁画的? Zhèfúhuà shì shuí huà de? 쩌푸화 스 수이 화 더

저 동상은 뭐지요?	那个铜像是什么? Nàge tóngxiàng shì shénme? 나거 통시앙 스 선머
제일 유명한 전시물은 뭔가요?	最有名的展品是什么? Zuì yǒumíng de zhǎnpǐn shì shénme? 쭈이 요우밍 더 짠핀 스 선머
출구는 어디인가요?	出口在哪儿? Chūkǒu zài nǎr? 추커우 짜이 나얼
화장실은 어디입니까?	卫生间在哪儿? Wèishēngjiān zài nǎr? 웨이성찌엔 짜이 나얼
내부에서 사진 촬영은 괜찮습니까?	馆内可以照相吗? Guǎn nèi kěyǐ zhàoxiàng ma? 꽈안 네이 커이 짜오시앙 마
이 건물 내에서는 촬영이 안 됩니다.	在这栋建筑物内不可以照相。 Zài zhè dòng jiànzhùwù nèi bù kěyǐ zhàoxiàng. 짜이 쩌 똥 찌엔쭈우 네이 부 커이 짜오시앙

기본 인사
감정 표현
화술 표현
주제별 회제
사교
해외 여행
비즈니스

여기서 사진을 찍어도 됩니까?	可以在这儿拍照吗? Kěyǐ zài zhèr pāizhào ma? 커이 짜이 쩌얼 파이짜오 마
여기서 플래시를 터뜨려도 됩니까?	这里可以开闪光灯吗? Zhèlǐ kěyǐ kāi shǎnguāngdēng ma? 쩌리 커이 카이 산꽈앙떵 마
사진 한 장 부탁드려도 될까요?	想请您帮忙给照张相, 可以吗? Xiǎng qǐng nín bāngmáng gěi zhào zhāng xiàng, kěyǐ ma? 시앙 칭 닌 빵망 게이 짜오 짱 시앙, 커이 마
저희들 사진 좀 찍어 주시겠어요?	可以给我们照张相吗? Kěyǐ gěi wǒmen zhào zhāng xiàng ma? 커이 게이 워먼 짜오 짱 시앙 마
건물이 보이도록 찍어 주세요.	麻烦把建筑物照进去。 Máfan bǎ jiànzhùwù zhào jìnqù. 마판 바 찌엔쭈우 짜오 찐취
당신 사진을 찍어도 됩니까?	可以给您照张相吗? Kěyǐ gěi nín zhào zhāng xiàng ma? 커이 게이 닌 짜오 짱 시앙 마
함께 사진을 찍읍시다.	一起照相吧。 Yìqǐ zhàoxiàng ba. 이치 짜오시앙 바

이쪽을 향해 주세요.	请向着这边。 Qǐng xiàngzhe zhèbiān. 칭 시앙쩌 쩌비엔
좀 더 왼쪽으로 다가 서세요.	请再往左边靠一点。 Qǐng zài wǎng zuǒbiān kào yìdiǎn. 칭 짜이 왕 쭈워비엔 카오 이띠엔
이쪽을 보세요.	看这里。 Kàn zhèlǐ. 칸 쩌리
움직이지 마세요.	不要动。 Búyào dòng. 부야오 똥
빙긋 웃으세요. 좋습 니다.	笑一笑。好。 Xiàoyíxiào. Hǎo. 샤오이샤오. 하오
찍어요!	照啦! Zhào la! 짜오 라

04 공연 관람

| 오늘 밤에 어떤 공연 이 있나요? | 今天晚上有什么表演?
Jīntiān wǎnshang yǒu shénme biǎoyǎn?
찐티엔 완상 요우 선머 비아오얜 |

기본 인사

감정 표현

활술 표현

주제별 회제

사교

해외 여행

비즈니스

457

공휴일에도 엽니까?	公休日也开门吗? Gōngxiūrì yě kāimén ma? 꿍씨우르 예 카이먼 마
오늘 밤 콘서트홀에 선 뭐가 있나요?	今天晚上音乐厅里有什 么演出? Jīntiān wǎnshang yīnyuètīng li yǒu shénme yǎnchū? 찐티엔 완상 인웨팅 리 요우 선머 옌추
뮤지컬을 보고 싶어요.	想看音乐剧。 Xiǎng kàn yīnyuèjù. 시앙 칸 인웨쥐
티켓은 아직 살 수 있습니까?	还能买到票吗? Hái néng mǎi dào piào ma? 하이 넝 마이 따오 피아오 마
입석은 있습니까?	有站票吗? Yǒu zhànpiào ma? 요우 짠피아오 마

Unit 16 오락

娱乐
Yúlè
위러

중국에서는 최근 몇 년 동안 대형 테마파크가 많이 생겼다. 앞으로도 미국의 월트 디즈니가 2016년에 상하이 디즈니랜드를 개장하기로 예정되어 있어 테마파크간 경쟁은 더욱 치열해질 것이다. 보통의 중국인들은 평소에 노래방에 많이 간다. 노래방은 卡拉 OK라고 하는데 처음에 이용 시간을 정하고 종료 전에 인터폰으로 연장할 것인지 확인한다. 업소에 따라서는 시간이 종료된 후 자동 연장되는 경우도 있으니 마감 시간을 초과하지 않도록 신경써야 한다.

01 / 테마파크에서

애인과 유원지에 갔어.	和恋人去了游乐场。 Hé liànrén qùle yóulèchǎng. 허 리엔런 취러 요우러창
디즈니씨에 가볼까?	去迪士尼乐园怎么样? Qù díshìní lèyuán zěnmeyàng? 취 디스니 러위엔 쩐머양
테마파크가 새로 생겼대.	盖了个新的主题公园。 Gàile ge xīnde zhǔtí gōngyuán. 까이러 거 씬더 쭈티 꿍위엔
그럼 같이 가 보자.	那么一起去看看吧。 Nàme yìqǐ qù kànkan ba. 나머 이치 취 칸칸 바

저건 인기 있는 탈것이라 두 시간 기다려야 해.	那个是很受欢迎的游乐项目, 要等2个小时。 Nàge shì hěn shòu huānyíng de yóulè xiàngmù, yào děng liǎnggexiǎoshí. 나거 스 헌 서우 환잉 더 요우러 시앙무, 야오 떵 리앙거샤오스
관람차는 타 봐야지.	要坐一坐摩天轮。 Yào zuòyizuò mótiānlún. 야오 쭈어이쭈워 모티엔룬
관람차를 타고 높은 곳에서 그녀에게 고백하고 싶어.	想坐上摩天轮在高处向她告白。 Xiǎng zuòshang mótiānlún zài gāochù xiàng tā gàobái. 시앙 쭈워상 모티엔룬 짜이 까오추 시앙 타 까오빠이
하루 자유 이용권을 샀어.	这是一天的通票。 Zhè shì yìtiān de tōngpiào. 쩌스 이티엔 더 통피아오
롤러코스터가 제일 좋아!	最喜欢过山车! Zuì xǐhuan guòshānchē! 쮀 시환 구워산처
스릴 있네!	真过瘾! Zhēn guòyǐn! 쩐꾸워인
유령의 집에 들어가 볼까?	去鬼屋怎么样? Qù guǐwū zěnmeyàng? 취 구이우 쩐머양

무서워서 눈을 감았어.	因为害怕, 所以闭上了眼睛。 Yīnwèi hàipà, suǒyǐ bìshàngle yǎnjīng. 인웨이 하이파, 쑤워이 비샹러 옌찡
팝콘 먹고 싶어.	想吃爆米花。 Xiǎng chī bàomǐhuā. 시앙 츠 빠오미화
밤에 불꽃놀이를 한대.	听说晚上有烟火表演。 Tīngshuō wǎnshangyǒu yānhuǒ biǎoyǎn. 팅수워 완상 요우 옌훠 비아오옌

02 노래방에서

중국에서 노래방은 卡拉 OK, 또는 KTV라고 하는데 노래방의 기능뿐만 아니라 종합적인 오락 공간으로 바뀌고 있다. 노래를 부를 수 있는 것은 물론 술집을 합쳐 놓은 곳으로 생각하면 된다.

몇 분이십니까?	几位? Jǐ wèi? 지 웨이
몇 시간 이용하시겠습니까?	要几个小时? Yào jǐ ge xiǎoshí? 야오 지거 샤오스
방 하나에 한 시간 50위안입니다.	一个房间一小时50块钱。 Yígè fángjiān yì xiǎoshí wǔshíkuàiqián. 이거 팡찌엔 이샤오스 우스꾸아이치엔

이 방은 6명까지 들어갈 수 있습니다.	这个房间最多可以容纳6个人。 Zhège fángjiān zuì duō kěyǐ róngnà liùgèrén. 쪄거 팡찌엔 주에 두워 커이 롱나 리우거런
만원이라 30분 정도 기다리시게 됩니다.	现在全都满了, 要等30分钟左右。 Xiànzài quándōu mǎnle, yào děng sānshí fēnzhōng zuǒyòu. 시엔짜이 취엔떠우 만러, 야오 떵 싼스 펀쫑 쭈워요우
준비가 되면 불러드리겠습니다.	准备好了就叫您。 Zhǔnbèi hǎole jiù jiào nín. 쭌뻬이 하오러 찌우 찌아오 닌
방까지 안내하겠습니다.	带您去房间。 Dài nín qù fángjiān. 따이 닌 취 팡찌엔
한국과 일본 노래도 있습니다.	也有韩国和日本的歌。 Yě yǒu hánguó hé rìběn de gē. 예 요우 한꾸워 허 르번 더 거
음료는 방의 전화로 주문하실 수 있습니다.	饮料可以用房间的电话点。 Yǐnliào kěyǐ yòng fángjiān de diànhuà diǎn. 인리아오 커이 용 팡찌엔 더 띠엔화 띠엔
이 터치 패널을 사용해 주세요.	请用这个触屏。 Qǐng yòng zhège chùpíng. 칭 용 쪄거 추핑
종료 10분 전입니다.	离结束还有10分钟。 Lí jiéshù háiyǒu shífēnzhōng. 리 지에수 하이요우 스펀쫑

연장하시겠습니까?	要延长吗? Yào yáncháng ma? 야오 엔창 마
대기 고객님이 많아 서 연장은 안 됩니다.	等的客人太多了不能延长。 Děng de kèrén tàiduōle bùnéng yáncháng. 떵 더 커런 타이두워러 부넝 엔창

03 마사지 받기

오랜 전통과 역사를 지닌 중국의 마사지 산업은 연 매출 50조 8천억 원, 4천만 여 명이 종사하고 있다고 한다.

마사지 예약을 할게요.	我要预约按摩。 Wǒ yào yùyuē ànmó. 워 야오 위위웨 안모
어떤 코스가 있습니까?	都有哪些套餐? Dōu yǒu nǎxiē tàocān? 떠우 요우 나씨에 타오찬
기본 코스는 얼마입 니까?	基本套餐多少钱? Jīběn tàocān duōshǎoqián? 지뻔 타오찬 두워샤오치엔
어디에서 지불해요?	在哪儿付钱? Zài nǎr fù qián? 짜이 나얼 푸 치엔

한 시간 코스를 부탁해요.	我要一个小时的套餐。 Wǒ yào yíge xiǎoshí de tàocān. 워 야오 이거 샤오스 더 타오찬
기분이 좋네요.	心情不错。 Xīnqíng búcuò. 씬칭 부추워
아파요.	疼 Téng . 텅

음주·흡연

饮酒·吸烟

Yǐnjiǔ, Xīyān

인찌우, 시엔

식사 중 간단하게 술을 하는 경우가 많으므로 술과 관련된 화제로 자연스럽게 얘기를 나눌 수 있는 기회를 갖기 쉽다. 그 지역의 고유한 술 종류에 대해 대화를 시도해 보는 것도 좋다. 여러 가지 술 종류를 알고 있다면 주문할 때 수월하다. 우리나라에서 맛볼 수 없었던 종류의 술이나 와인 등을 해외에서 시도해 보는 것도 좋은 경험이 될 수 있다.

01 술 권하기

어디서 술 한 잔 하는 거 어때?	去哪儿喝一杯怎么样? Qù nǎr hē yìbēi zěnmeyàng? 취 나얼 허 이뻬이 쩐머양
오늘 밤 한 잔 하시죠?	今天晚上喝一杯怎么样? Jīntiān wǎnshang hē yìbēi zěnmeyàng? 쩐티엔 완상 허 이뻬이 쩐머양
맥주 마시러 가는 건 어때?	去喝杯啤酒怎么样? Qù hē bēi píjiǔ zěnmeyàng? 취 허 뻬이 피찌우 쩐머양
술 마시는 거 좋아하세요?	喜欢喝酒吗? Xǐhuan hējiǔ ma? 시환 허찌우 마
미안하지만 오늘은 마실 기분이 안 나.	不好意思, 今天没有喝酒的心情。 Bùhǎoyìsi, jīntiān méiyǒu hējiǔ de xīnqíng. 부하오이쓰, 쩐티엔 메이요우 허찌우 더 씬칭

기본 인사

감정 표현

호술 표현

주제별 화제

사교

해외 여행

비즈니스

가고 싶지만 그만두는 게 좋을 것 같습니다.	想去,但是还是不去的好。 Xiǎng qù, dànshì háishì bú qù dehǎo. 시앙취, 딴스 하이스 부 취 더하오
귓갓길에 술집에 들러 잠깐 한 잔 하자.	回家的路上去酒吧喝一杯吧。 Huíjiā de lùshang qù jiǔbā hē yìbēi ba. 후이찌야 더 루상 취 찌우바 허 이뻬이 바
기분 전환으로 술을 마십니다.	为了换个心情去喝酒。 Wèile huàn ge xīnqíng qù hējiǔ. 웨이러 환거 씬칭 취 허 찌우
술은 못 마셔요.	不能喝酒。 Bùnéng hējiǔ. 부넝 허찌우
술은 약해요.	酒量不好。 Jiǔliàng bù hǎo. 찌우리앙 부 하오
너는 상당히 마실 것 같네.	你好像相当能喝。 Nǐ hǎoxiàng xiāngdāng néng hē. 니 하오시앙 시앙땅 넝 허
매일 반주를 합니다.	每天都喝点下饭酒。 Měitiān dōu hē diǎn xiàfànjiǔ. 메이티엔 떠우 허 띠엔 쌰판찌우
한잔 하고 싶구면.	想要喝一杯吧。 Xiǎng yào hēyìbēi ba. 시앙 야오 허 이뻬이 바

02 술 주문하기

와인 메뉴 좀 볼까요?	看一下红酒的酒单怎么样? Kàn yíxià hóngjiǔ de jiǔ dān zěnmeyàng? 칸 이쌰 홍찌우 더 찌우 딴 쩐머양
정하셨습니까?	决定了吗? Juédìng le ma? 쮀띵 러 마
우선 맥주를 주세요.	先上啤酒吧。 Xiān shàng píjiǔ ba. 시엔 상 피찌우 바
어떤 맥주가 있습니까?	有什么啤酒? Yǒu shénme píjiǔ? 요우 선머 피찌우
고량주는 데워서 주세요.	高粱酒请温一下再上。 Gāoliángjiǔ qǐng wēn yíxià zài shàng. 까오량찌우 칭 원 이쌰 짜이 상
맥주 한 병 더 주세요.	再来一瓶啤酒。 Zàilái yìpíng píjiǔ. 짜이라이 이핑 피찌우
얼음을 타서 주세요.	放点冰块。 Fàngdiǎn bīngkuài. 팡띠엔 삥콰이
매실주를 좋아합니다.	喜欢青梅酒。 Xǐhuan qīngméijiǔ. 시환 칭메이찌우

안주는 무엇이 있습니까?	都有什么下酒菜? Dōu yǒu shénme xiàjiǔcài? 떠우 요우 선머 쌰찌우차이
이 술은 생선회와 잘 맞습니다.	这种酒和生鱼片很搭。 Zhè zhǒng jiǔ hé shēngyúpiàn hěn dā. 쩌 쫑 찌우 허 성위피엔 헌 따
그럼 그걸 마셔 보겠습니다.	那就喝喝那个吧。 Nà jiù hēhe nàge ba. 나 찌우 허허 나거 바
와인은 이탈리아의 샤르도네를 주세요.	红酒要意大利的夏敦埃酒(Chardonnay)。 Hóngjiǔ yào yìdàlì de xiàdūnāijiǔ. 홍찌우 야오 이따리 더 쌰뚠아이찌우
주문을 반복하겠습니다.	重复一下点单。 Chóngfù yíxià diǎndān. 총푸 이쌰 띠안딴

03 술을 마시면서

좀 마셔요.	喝点吧。 Hē diǎn ba. 허 띠엔 바

맥주 한 잔 받아요.	给你倒一杯啤酒。 Gěi nǐ dào yìbēi píjiǔ. 게이 니 따오 이뻬이 피찌우
소주는 어때?	烧酒怎么样? Shāojiǔ zěnmeyàng? 샤우찌우 쩐머양
한 잔 더 어때요?	再来一杯怎么样? Zàilái yìbēi zěnmeyàng? 짜이라이 이뻬이 쩐머양
건배!	干杯! Gānbēi! 깐뻬이
건강을 위해 건배!	为了健康干杯! Wèile jiànkāng gānbēi! 웨러 찌엔캉 깐뻬이
원샷해요!	干掉! Gāndiào! 깐띠아오
나 조금 취했어.	我有点醉了。 Wǒ yǒudiǎn zuìle. 워 요우띠엔 쮀러
너무 마셨나 봐.	喝得太多了。 Hē de tàiduōle. 허 더 타이두워러

기본 인사

감정 표현

활용 표현

주제별 회제

사교

해외 여행

비즈니스

469

취해 버렸네.	喝醉了。 Hē zuìle. 허 쮀러
한 집 더 들르자.	再去一家喝吧。 Zài qù yìjiā hē ba. 짜이 취 이찌야 허 바
오늘은 여러 군데서 마시자.	今天去喝几场。 Jīntiān qù hē jǐ chǎng. 찐티엔 취 허 지 창 * 중국에서 2차, 3차 술 문화가 없다.
아침까지 마셔 보자.	一直喝到早上。 Yìzhí hē dào zǎoshang. 이 쯔 허 따오 짜오상
술 마시면 기분 좋게 얘기할 수가 있어.	喝了酒的话，说话时的心 情也会很好。 Hēle jiǔ dehuà, shuōhuà shí de xīnqíng yě huì hěn hǎo. 허러 찌우 더화, 수워화 스 더 씬칭 예 후이 헌 하오

04   술에 대한 화제

더울 때는 차가운 맥 주보다 나은 게 없지.	热的时候没有比冰啤酒 更好的了。 Rè de shíhou méiyǒu bǐ bīngpíjiǔ gèng hǎo dele. 러 더 스허우 메이요우 삐 삥피찌우 껑 하오더러

얼마나 술을 마십니까?	酒量怎么样? Jiǔliàng zěnmeyàng? 찌우 리앙 쩐머양
술을 끊었습니다.	戒酒了。 Jiè jiǔle. 찌에 찌우러
금방 취하는 편입니다.	比较容易醉。 Bǐjiào róngyì zuì. 삐찌아오 롱이 쮀
저는 잘 안 취합니다.	我不怎么会醉。 Wǒ bùzěnme huì zuì. 워 부쩐머 후이 쮀
그는 술고래입니다.	他是个酒鬼。 Tā shìge jiǔguǐ. 타 스거 찌우꾸이
숙취가 있으세요?	有过宿醉的经历吗? Yǒuguò sùzuì de jīnglì ma? 요우꾸워 수쮀 더 찡리마

05 담배에 대하여

여기서 담배를 피워도 될까요?	可以在这里抽烟吗? Kěyǐ zài zhèlǐ chōuyān ma? 커이 짜이 쩌리 처우엔 마

기본 인사

감정 표현

회술 표현

주제별 회제

사교

해외 여행

비즈니스

471

여기에선 담배를 피우지 않으면 좋겠네.	最好不要在这里抽烟。 Zuìhǎo búyào zài zhèlǐ chōuyān. 쮀하오 부야오 짜이 쩌리 처우엔
여기는 금연입니다.	这里不准抽烟。 Zhèlǐ bùzhǔn chōuyān. 쩌리 부쭌 처우엔
담배 한 대 피우시겠어요?	抽支烟吗? Chōu zhī yān ma? 처우 쯔 옌 마
불 좀 빌려주시겠어요?	可以借个火吗? Kěyǐ jiègehuǒ ma? 커이 찌에거훠 마
담배 피우는 사람과는 절대 사귀지 않습니다.	绝对不和抽烟的人交往。 Juéduì bù hé chōuyān de rén jiāowǎng. 쮀뚜이 부허 처우엔 더 런 찌아오왕

06　금연 · 금주에 대하여

당신은 지나치게 마셔요.	你喝酒喝得太厉害了。 Nǐ hē jiǔ hē de tàilìhàile. 니 허 찌우 허 더 타이리화이러
술을 끊으려고 합니다.	打算戒酒。 Dǎsuàn jièjiǔ. 다쑤완 찌에찌우

이제부터 절대 술을 마시지 않겠습니다.	从现在开始绝不喝酒。 Cóng xiànzài kāishǐ jué bù hējiǔ. 총 시엔짜이 카이스 줴 부 허 찌우
금연하면 돈을 드릴게요.	戒烟的话就给你钱。 Jièyān dehuà jiù gěi nǐ qián. 지에옌 더화 찌우 게이 니 치엔
줄이려고 하는데 안 되네요.	想要少喝点酒(少抽点烟), 但是做不到。 Xiǎng yào shǎo hē diǎn jiǔ (shǎo chōu diǎn yān), dànshì zuòbúdào. 시앙 야오 샤오허 띠엔찌우(샤오 처우 띠엔 옌), 딴스 쭈워부따오
담배 피우는 사람은 부자라도 싫습니다.	抽烟的人哪怕是有钱人我也不喜欢。 Chōuyān de rén nǎpà shì yǒuqiánrén wǒ yě bù xǐhuan. 처우옌 더 런 나 파 스 요우치엔런 워 예 부시환
과음하는 사람은 건전하지 못합니다.	过度饮酒的人无法获得健康。 Guòdù yǐnjiǔ de rén wúfǎ huòdé jiànkāng. 꾸워두 인쩌우 더 런 우파 훠더 찌엔캉

18 여행 트러블

旅行中的冲突
Lǚxíng zhōng de chōngtū
뤼씽 쭝 더 총투

위급한 상황에서는 제일 중요한 것이 침착함을 잃지 않는 것이다. 도난 등의 범죄를 방지하기 위해서는 현금 소지를 최소화하고 가방은 쉽게 찢어지지 않는 것을 택한다. 어느 나라에 가든지 가능하면 현지인과 비슷한 차림을 하는 것이 안전하다. 불의의 사고를 당했을 때에도 주위에 있는 중국 현지인에게 도움을 청하는 표현을 알아두면 유용하게 사용할 수 있다. 여권을 분실한 경우에는 현지 경찰서에서 분실증명서를 받아 재외공관에 가서 임시여권을 발급받는다.

01 언어 트러블

중국어는 잘 못해요.	不太会说汉语。 Bútài huì shuō hànyǔ. 부타이 후이 수워 한위
제 중국어로는 부족합니다.	我的汉语不太好。 Wǒ de hànyǔ bútàihǎo. 워 더 한위 부타이하오
다시 한 번 말해 주세요.	请再说一遍。 Qǐng zàishuō yíbiàn. 칭 짜이 수워 이비엔
그걸 적어주시겠습니까?	可以帮我写下来吗? Kěyǐ bāng wǒ xiěxiàlái ma? 커이 빵 워 씨에쌰라이 마

미안하지만 알아듣지 못했어요.	不好意思, 我没听懂。 Bùhǎoyìsi, wǒ méi tīngdǒng. 부하오이쓰, 워 메이 팅똥
뭐라고 하셨습니까?	您刚说什么? Nín gāng shuō shénme? 닌 깡 수워 선머
한국어 하는 분은 없습니까?	没有会说韩语的吗? Méiyǒu huì shuō hányǔ de ma? 메이요우 후이 수워 한위 더 마
이건 중국어로 뭐라고 하나요?	这个用汉语怎么说? Zhège yòng hànyǔ zěnme shuō? 쩌거 용 한위 쩐머 수워

02 도난당했을 때

경찰을 불러 주세요.	请帮我叫警察。 Qǐng bāng wǒ jiào jǐngchá. 칭 빵 워 찌아오 징차
가방을 도난당했습니다.	包被偷了。 Bāo bèi tōule. 빠오 뻬이 터우러
무엇이 들어 있습니까?	里面有什么? Limiàn yǒu shénme? 리미엔 요우 선머

기본 인사

감정 표현

회술 표현

주제별 화제

사교

해외 여행

비즈니스

찾으면 연락드리겠습니다.	找到了就联系您。 Zhǎodàole jiù liánxì nín. 짜오따오러 치우 리엔시 닌
이 서류에 기입해 주세요.	请填写一下这份材料。 Qǐng tiánxiě yíxià zhè fèn cáiliào. 칭 티엔시에 이쌰 쩌 펀 차이리아오
한국대사관은 어디입니까?	韩国大使馆在哪儿? Hánguó dàshǐguǎn zài nǎr? 한꾸워 다스꽈안 짜이 나얼
도와주세요!	请帮帮我! Qǐng bāngbang wǒ! 칭 빵빵 워
도둑이야!	小偷啊! Xiǎotōu a! 샤오 터우 아
강도를 당했습니다.	遇到强盗了。 Yù dào qiángdàole. 위 따오 치앙따오러
긴급합니다!	非常紧急! Fēicháng jǐnjí! 페이창 찐지
뭘 도둑맞으셨습니까?	什么被偷了? Shénme bèi tōule? 선머 뻬이 터우러

파출소까지 데려다 주세요.	请带我去派出所。 Qǐng dài wǒ qù pàichūsuǒ. 칭 따이 워 취 파이추쑤워
도둑은 체포되었나요?	小偷抓到了吗? Xiǎotōu zhuā dàole ma? 샤오터우 쭈아 따오러 마
빈집털이에게 당했다.	我家被偷了。 Wǒjiā bèi tōule. 워 찌야 뻬이 터우러

03 물건을 분실했을 때

지갑을 소매치기 당했습니다.	钱包被偷了。 Qiánbāo bèi tōule. 치엔빠오 뻬이 터우러
유실물 취급소는 어디입니까?	失物招领处在哪儿? Shīwù zhāolǐngchù zài nǎr? 스우 짜오링추 짜이 나얼
언제 어디서 분실했습니까?	什么时候在哪儿丢的? Shénme shíhou zài nǎr diū de? 선머 스허우 짜이 나얼 디우더
택시 안에 가방을 두고 왔습니다.	把包落在出租车里了。 Bǎ bāo là zài chūzūchē lǐle. 바 빠오 라 짜이 추쭈처 리러

기본 인사

감정 표현

회술 표현

주제별 회제

사교

해외 여행

비즈니스

신용카드를 잃어버렸습니다.	丢了信用卡。 Diūle xìnyòngkǎ. 띠우러 씬용카
카드번호는 적어두었습니다.	留下了卡号。 Liúxiàle kǎhào. 리우쌰러 카 하오
카드를 무효화해 주세요.	请帮我注销卡。 Qǐng bāng wǒ zhùxiāo kǎ. 칭 빵 워 쭈샤오 카

04 사고 상황

움직이지 마!	不要动! Búyào dòng 부야오 똥
손 들어!	把手举起来! Bǎshǒu jǔqǐlái! 바서우 쥐치라이
내가 말한 대로 해!	按照我说的做! Ànzhào wǒ shuōde zuò! 안쨔오 워 수워더 쭈워
엎드려!	趴下! Pā xià! 파 쌰

거기에 있어!	就呆在那里! Jiù dāi zài nàlǐ! 찌우 따이 짜이 나리
앞으로 가!	往前走! Wǎng qián zǒu! 왕 치엔 쪼우
위험해!	危险! Wēixiǎn! 웨이시엔
떨어뜨려!	放下来! Fàng xiàlái! 팡 쌰라이

05 교통사고를 당했을 때

교통사고가 일어났습니다.	发生了交通事故。 Fāshēngle jiāotōng shìgù. 파 성러 찌아오통 스구
제가 차에 치였습니다.	我被车撞了。 Wǒ bèi chē zhuàngle. 워 뻬이처 쭈왕러
어디가 아파요?	哪里疼? Nǎlǐ téng? 나리 텅

기본 인사

감정 표현

회술 표현

주제별 화제

사교

해외 여행

비즈니스

부상자가 몇 명 있습니다.	有几个人受伤。 Yǒu jǐgerén shòushāng. 요우 지거런 서우상
응급처치를 부탁합니다.	麻烦急救一下。 Máfan jíjiù yíxià. 마판 지찌우 이쌰
구급차를 불러 주세요.	请叫一下救护车。 Qǐng jiào yíxià jiùhùchē. 칭 찌아오 이쌰 찌우후처
이게 제 연락처입니다.	这是我的联系方式。 Zhè shì wǒde liánxì fāngshì. 쩌 스 워더 리엔시 팡스
병원에 데려가 주세요.	麻烦带去医院。 Máfan dài qù yīyuàn. 마판 따이 취 이위엔
가해 차량은 흰색 택시입니다.	肇事车辆是白色出租车。 Zhàoshì chēliàng shì báisè chūzūchē. 짜오스 처리앙 스 빠이써 추쭈처
제 혈액형은 A형입니다.	我的血型是A型。 Wǒ de xuèxíng shì Axíng. 워 더 씨에씽 스 A씽
여기가 아픕니다.	这里疼。 Zhèlǐ téng. 쩌리 텅

어지러워요.	头晕。 Tóuyūn. 터우윈
발목을 삐었습니다.	脚崴了。 Jiǎo wǎile. 찌아오 와이러
입원할 필요가 있습니다.	需要住院。 Xūyào zhùyuàn. 쉬야오 쭈위엔

기본 인사

감정 표현

회술 표현

주제별 화제

사교

해외 여행

비즈니스

481

왕초보 실생활 **중국어회화 + 기본패턴**

PART
07

· · · · ·

비즈니스

商务
Shāngwù
상우

내국인끼리도 그렇지만 외국어 실력이 부족
한 경우엔 특히나 비즈니스 회화를 할 때 메
모를 잘 하는 것이 필요하다. 업무와 관련하
여 중국어로 대화를 나누는 일은 점점 중요
해지고 있다. 전화 표현이나 회의 등 이러한
업무 환경에서 쓸 수 있는 대표적인 표현을
제시한다.

01 전화 표현

电话用语

Diànhuàyòngyǔ

띠엔화용위

중국에서도 휴대폰은 이미 필수품처럼 개인마다 보유하고 있기에 예의에 맞는 전화 표현을 알아두면 시기적절하게 사용할 수 있다. 예를 들어 请问...,请找一下...등처럼 请을 붙이면 존경어 표현이 된다. '전화를 받다' 는 接电话라는 것을 꼭 알아두자.

01 | 전화 걸기

근처에 공중전화는 있습니까?	附近有公用电话吗? Fùjìn yǒu gōngyòng diànhuà ma? 푸찐 요우 꽁용 띠엔화 마
전화 좀 써도 될까요?	可以用一下电话吗? Kěyǐ yòng yíxià diànhuà ma? 커이 용 이쌰 띠엔화 마
왕샤오밍과 얘기하고 싶은데요.	我找王小明。 Wǒ zhǎo Wángxiǎomíng. 위 짜오 왕샤오밍
여보세요. 왕샤오밍 씨 댁입니까?	喂, 请问是王小明家吗? Wéi, qǐngwèn shì Wángxiǎomíng jiā ma? 웨이, 칭 원 스 왕샤오밍 찌야 마
여보세요. 거기는 왕밍 씨이십니까?	喂, 请问是王明吗? Wéi, qǐngwèn shì Wángmíng ma? 웨이, 칭원스 왕밍 마

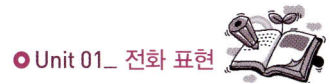

왕밍 씨 계십니까?	王明在吗? Wángmíng zài ma? 왕밍 짜이 마
여보세요. 공리 씨 부탁합니다.	喂, 请找一下巩丽。 Wéi, qǐng zhǎo yíxià Gǒnglì. 웨이, 칭 짜오 이쌰 꽁리
저는 김민수라고 합니다.	我是金民修。 Wǒ shì Jīnmínxiū. 워 스 진민씨우
경리부 공리 씨와 통화하고 싶은데요.	我找会计部的巩丽。 Wǒ zhǎo kuàijìbù de Gǒnglì. 워 짜오 콰이지부 더 꽁리
영업부 아무나 통화하고 싶습니다.	请营业部的人接一下电话。 Qǐng yíngyèbù de rén jiē yíxià diànhuà. 칭 잉예부 더 런 지에 이쌰 띠엔화
홍보부 전미홍 씨는 계십니까?	公关部的全美红在吗? Gōngguānbù de Quánměihóng zài ma? 꿍꽈안부 더 취엔메이홍 짜이 마
편집부로 연결해 주시겠어요?	请接一下编辑部。 Qǐng jiē yíxià biānjíbù. 칭 지에 이쌰 비엔지부
그건 오후에 팩스로 보내드릴게요.	下午我把那个传真给您。 Xiàwǔ wǒ bǎ nàge chuánzhēn gěi nín. 쌰우 워 바 나거 충완쩐 게이 닌

| 내선 10번 부탁합니다. | 请接一下10号内线。
Qǐng jiē yíxià shí hào nèixiàn.
칭 지에 이쌰 스 하오 네이시엔 |

02 전화 받기

전화벨이 울려요.	电话响了。 Diànhuà xiǎngle. 띠엔화 시앙러
전화 받아 봐.	接一下电话。 Jiē yíxià diànhuà. 지에 이쌰 띠엔화
제가 전화 받을게요.	我来接电话。 Wǒ lái jiē diànhuà. 워 라이 지에 띠엔화
여보세요, 여기는 김민수입니다.	喂, 我是金民修。 Wéi, wǒ shì Jīnmínxiū. 웨이, 워 스 쩐민씨우
누구십니까?	哪位? Nǎ wèi? 나 웨이
전데요.	是我。 Shì wǒ. 스 워

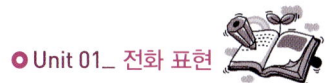

총무부입니다. 무슨 일이십니까?	这里是总务部, 请问有什么事? Zhèlǐ shì zǒngwùbù, qǐngwèn yǒu shénmeshì? 쩌리 스 쭝우부, 칭원 요우 선머스
한 번 더 말씀해 주시겠습니까?	可以再说一遍吗? Kěyǐ zàishuō yíbiàn ma? 커이 짜이수워 이비엔 마
잠깐 확인해 보겠습니다.	稍等, 我看一下。 Shāoděng, wǒ kàn yíxià. 사오떵, 워 칸 이쌰 * '확인하다'를 직역하면 '确认(quèrèn 췌런)'인데 실제 '看(kàn 칸)'이나 '问(wèn 원)'를 많이 사용한다.
공리 씨! 샤오밍 선생님한테서 전화입니다.	巩丽, 小明老师的电话。 Gǒnglì, Xiǎomíng lǎoshī de diànhuà. 꽁리, 샤오밍 라오스 더 띠엔화
잠시 기다려 주십시오.	稍等。 Shāo děng. 사오 떵
죄송합니다, 지금 다른 전화를 받고 있습니다.	不好意思, 现在在接别的电话。 Bù hǎoyìsi, xiànzài zài jiē biéde diànhuà. 부하오이쓰, 시엔짜이 짜이 지에 비에더 띠엔화
기다리게 해서 죄송합니다. 왕밍 씨는 지금 회의 중입니다.	不好意思让您久等了, 王明现在在开会。 Bùhǎoyìsi ràng nín jiǔděngle, Wángmíng xiànzài zài kāihuì. 부하오이쓰 랑 닌 찌우떵러, 왕밍 시엔짜이 짜이 콰이후이

기본 인사

감정 표현

회술 표현

주제별 회제

사교

뜻밖의 요행

비즈니스

487

잠시 자리를 비웠습니다.	他不在。 Tā búzài. 타 부짜이
지금은 출장 중입니다.	他出差了。 Tā chūchāile. 타 추차이러
미안합니다. 지금 회의 중입니다.	对不起, 现在在开会。 Duìbuqǐ, xiànzài zài kāihuì. 뚜이부치, 시엔짜이 짜이 카이후이
지금 다른 전화를 받고 있습니다.	现在在接别的电话。 Xiànzài zài jiē biéde diànhuà. 시엔짜이 짜이 지에 비에더 띠엔화
지금 통화 중입니다.	现在在打电话。 Xiànzài zài dǎdiànhuà. 시엔짜이 짜이 다띠엔화
지금 점심 먹으러 나갔습니다.	吃午饭去了。 Chī wǔfàn qùle. 츠 우판 취러
언제쯤 돌아옵니까?	什么时候回来? Shénme shíhou huílái? 선머 스허우 후이라이
곧 돌아옵니다.	马上就回来。 Mǎshàng jiù huílai. 마상 찌우 후이라이

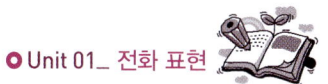

돌아오면 전화하라고 말할까요?	回来后要让他回电话吗? Huílai hòu yào ràng tā huí diànhuà ma? 후이라이 허우 야오 랑 타 후이 띠엔화 마
그가 돌아오면 전화하라고 전하겠습니다.	回来后让他给您回电话。 Huílai hòu ràng tā gěi nín huí diànhuà. 후이라이 허우 랑 타 게이 닌 후이 띠엔화
잠시만요. 메모를 하겠습니다.	稍等, 我记一下。 Shāoděng, wǒ jì yíxià. 샤오떵, 워 지 이쌰
그는 오늘 쉽니다.	他今天休息。 Tā jīntiān xiūxi. 타 찐티엔 씨우시
미안합니다. 오늘은 쉬고 있습니다.	对不起, 今天休息。 Duìbuqǐ, jīntiān xiūxi. 뚜이부치, 찐티엔 씨우시
죄송합니다만, 그는 퇴직했습니다.	不好意思, 他已经辞职了。 Bùhǎoyìsi, tā yǐjīng cízhíle. 부하오이쓰, 타 이찡 츠쯔러

04 상대가 부재중일 때

언제쯤 돌아오실까요?	什么时候回来。 Shénme shíhou huílai. 선머 스허우 후이라이

몇 시에 돌아올지 아십니까?	知道他几点回来吗? **Zhīdào tā jǐ diǎn huílai ma?** 쯔따오 타 지 띠엔 후이라이 마
뭔가 연락할 방법은 있습니까?	有没有可以联系到他的方法? **Yǒuméiyǒu kěyǐ liánxì dào tā de fāngfǎ?** 요우메이요우 커이 리엔시 따오 타 더 팡파
그녀의 연락처를 가르쳐 주시겠습니까?	能告诉我她的电话号码吗? **Néng gàosu wǒ tā de diànhuà hàomǎ ma?** 넝 까오수 워 타 더 띠엔화 하오마 마
왕밍 씨 휴대폰 번호를 가르쳐 주시겠습니까?	能告诉我王明的手机号码吗? **Néng gàosu wǒ Wángmíng de shǒujī hàomǎ ma?** 넝 까오수 워 왕밍 더 서우지 하오마 마
그녀에게 연락할 다른 번호는 있습니까?	她有别的号码吗? **Tā yǒu biéde hàomǎ ma?** 타 요우 비에더 하오 마 마
나중에 다시 전화하겠습니다.	我以后再打。 **Wǒ yǐhòu zài dǎ.** 워 이허우 짜이 바

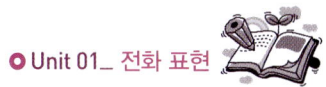

05 메시지 전달

메시지를 전해 드릴 까요?	要我转告什么吗? Yào wǒ zhuǎngào shénme ma? 야오 워 쭈완까오 선머 마
얘기를 전해주시겠어요?	可以帮忙转告一声吗? Kěyǐ bāngmáng zhuǎngào yìshēng ma? 커이 빵망 쭈완까오 이성 마
샤오밍한테 전화 왔 다고 전해주세요.	请转告小明我来过电话。 Qǐng zhuǎngào Xiǎomíng wǒ láiguò diànhuà. 칭 쭈완까오 샤오밍 위 라이꾸워 띠엔화
돌아오면 저한테 전화 달라고 전해주세요.	回来后请让他给我打个 电话。 Huílai hòu qǐng ràng tā gěi wǒ dǎ ge diànhuà. 후이라이 허우 칭 랑 타 게이 워 다 거 띠엔화
알겠습니다. 메시지를 전해드리겠습니다.	好的, 我会转告他的。 Hǎo de, wǒ huì zhuǎngào tā de. 하오 더, 위 후이 쭈완까오 타 더
왕밍 씨, 아까 김씨 에게 전화가 왔어요.	王明, 刚才小金来过电 话。 Wángmíng, gāngcái xiǎojīn láiguò diànhuà. 왕밍, 깡차이 샤오찐라이꾸워 띠엔화
오시면 전화를 주셨 으면 했습니다.	回来后能否(让他)回个电话。 Huílai hòu néng fǒu (ràng tā) huí ge diànhuà. 후이라이 허우 닝 퍼우 (랑 타) 후이 거 띠엔화

06 약속 잡기

말씀 드릴 게 있습니다.	**想跟您说点事。** Xiǎng gēn nín shuō diǎn shì. 시앙 껀 닌 수워 띠엔스
좀 말씀 드려도 될까요?	**可以跟您说点事吗?** Kěyǐ gēn nín shuō diǎn shì ma? 커이 껀 닌 수워 띠엔스 마
말씀 드리러 찾아뵈도 될까요?	**可以去找您说点事吗?** Kěyǐ qù zhǎo nín shuō diǎn shì ma? 커이 취 짜오 닌 수워 띠엔 스 마
지금 방문해도 될까요?	**现在去可以吗?** Xiànzài qù kěyǐ ma? 시엔짜이 취 커이 마
언제 시간 있으면 뵙고 싶습니다.	**什么时候有时间的话,我想见您。** Shénme shíhou yǒu shíjiān dehuà, wǒ xiǎng jiàn nín. 선머 스허우 요우 스찌엔 더화, 워 시앙 찌엔닌
오늘 조금 있다가 뵐 수 있을까요?	**今天等一下可以见一面吗?** Jīntiān děngyíxià kěyǐ jiàn yímiàn ma? 찐티엔 떵이쌰 커이 찌엔 이미엔 마
왕밍 선생님과 만나기로 약속하고 싶은데요.	**我想约王明老师见面。** Wǒ xiǎng yuē Wángmíng lǎoshī jiàn miàn. 워 시앙 웨 왕밍 라오스 찌엔미엔

언제가 가장 시간이
괜찮으세요?

什么时间最合适?

Shénme shíjiān zuì héshì?

선머 스찌엔 쮀 허스

다음 주 예정은 어떻
게 됩니까?

下个星期有什么安排?

Xiàgexīngqī yǒu shénme ānpái?

쌰거씽치 요우 선머 안파이

화요일 오후 어떻게
든 시간을 낼 수 없
습니까?

星期二下午, 无论如何能
不能抽点时间?

Xīngqī'èr xiàwǔ, wúlùnrúhé néngbùnéng chōu diǎn shíjiān?

씽치 얼 쌰우, 우룬룬허 넝부넝 처우 띠엔 스찌엔

토요일 오후 3시는
어떻습니까?

星期六下午3点怎么样?

Xīngqíliù xiàwǔ sān diǎn zěnme yàng?

씽치리우 쌰우 싼띠엔 쩐머양

몇 시까지 시간이 비
어 있습니까?

几点前有空?

Jǐ diǎn qián yǒukòng?

지 띠엔 치엔 요우콩

평소엔 언제 방문을
받으십니까?

平时什么时间可以去?

Píngshí shénme shíjiān kěyǐ qù?

핑스 선머 스찌엔 커이 취

오늘 오후는 시간이
있습니다.

今天下午有时间。

Jīntiān xiàwǔ yǒu shíjiān.

찐티엔 쌰우 요우 스찌엔

기본 인사

감정 표현

회술 표현

주제별 화제

사교

해외 여행

비즈니스

이번 주 저의 스케줄을 확인하도록 하겠습니다.	我看一下这个星期的日程安排。 Wǒ kàn yíxià zhège xīngqī de rìchéng ānpái. 워 칸 이쌰 쩌거 씽치 더 르청 안파이
그날 오전에는 약속이 없습니다.	那天上午没有约会。 Nàtiān shàngwǔ méiyǒu yuēhuì. 나티엔 상우 메이요우 웨후이
그럼, 그날 10시에 귀사에서 뵙겠습니다.	那, 那天10点在贵公司见。 Nà, nàtiān shí diǎn zài guì gōngsī jiàn. 나, 나티엔 스 띠엔 짜이 구이 꿍쓰 찌엔
제 사무실은 어떻습니까?	我的办公室怎么样? Wǒ de bàngōngshì zěnmeyàng? 워 더 빤꿍스 쩐머양
예, 그게 괜찮겠네요.	好, 那样挺好的。 Hǎo, nàyàng tǐng hǎo de. 하오, 나양 팅 하오 더
언제라도 들러 주십시오.	欢迎随时来。 Huānyíng suíshí lái. 환잉 쑤이스 라이
하루 종일 사무실에 있을 거니까요.	一整天都在办公室里。 Yìzhěngtiān dōu zài bàngōngshì lǐ. 이쩡티엔 떠우 짜이 빤꿍스 리
약속을 연기해도 될까요?	预约可以延期吗? Yùyuē kěyǐ yánqī ma? 위웨 커이 엔치 마

494

죄송하지만 제가 약속을 취소해야만 해요.	不好意思, 我想取消约会。 Bùhǎoyìsi, wǒ xiǎng qǔxiāo yuēhuì. 부하오이쓰, 워 시앙 취샤오 웨후이
다른 시간으로 하는 것은 어떻습니까?	别的时间怎么样? Biéde shíjiān zěnmeyàng? 비에더 스찌엔 쩐머양
약속을 지키지 못해서 죄송합니다.	失约了, 不好意思。 Shīyuēle, bùhǎoyìsi. 스웨러, 부하오이쓰

07 전화 트러블

번호를 틀리신 것 같습니다.	打错了。 Dǎ cuòle. 다 추워러
몇 번으로 거셨습니까?	您打的电话号码是多少? Nín dǎ de diànhuà hàomǎ shì duōshǎo? 닌 다 디 띠엔화 하오마 스 두워샤오
내선 몇 번으로 거셨습니까?	您打的是几号内线? Nín dǎ de shì jǐ hào nèixiàn? 닌 다 디 스 지 하오 네이시엔
이쪽엔 왕밍이라는 사람은 없습니다.	这里没有叫王明的人。 Zhèlǐ méiyǒu jiào Wángmíng de rén. 쩌리 메이요우 쨔오 왕밍 더 런

기본 인사

감정 표현

회술 표현

주제별 화제

사교

해외 여행

비즈니스

실례했습니다. 제가 잘못 걸었네요.	不好意思, 我打错了。 Bùhǎoyìsi, wǒ dǎ cuòle. 부하오이쓰, 워 다 추워러
연결이 좋지 않네요.	信号不好。 Xìnhào bù hǎo. 썬하오 부 하오
죄송합니다. 전화가 끊어졌네요.	不好意思, 电话断了。 Bùhǎoyìsi, diànhuà duànle. 부하오이쓰, 띠엔화 뚜완러

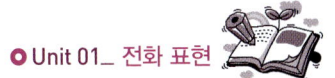

전화 용어

전화 걸다 　**打电话**　dǎ diàn huà　다 띠엔 화

바꿔주다 　**转**　zhuǎn　쭈완

전화 받다 　**接电话**　jiē diàn huà　지에 띠엔 화

끊지 않고 기다리다 　**不挂断, 等**　bú guà duàn, děng　부 꾸와 뚜완, 떵

(전화) 끊다 　**挂(电话)**　guà　꾸와(띠엔화)

(전화) 끊기다 　**断(线)**　duàn(xiàn)　뚜완(씨엔)

잘못 걸다 　**打错**　dǎ cuò　다 추워

통화 중 　**通话中**　tōng huà zhōng　통 화 쫑

내선 　**内线**　nèi xiàn　네이 시엔

잘못 걸린 전화 　**打错的电话**　dǎ cuò de diànhuà　다 추워 더 띠엔화

전송하다 　**传送**　chuán sòng　추완 쏭

시외국번 　**区号**　qū hào　취 하오

자동응답기 　**电话答录机**　diànhuà dálùjī　띠엔화 다루지

기본 인사

감정 표현

활용 표현

주제별 화제

사교

해외 여행

비즈니스

497

직장 생활

职场生活
Zhíchǎng shēnghuó
쯔창 성훠

우리말로는 출근, 퇴근이라고 하는데 중국어로는 上班、下班이라는 표현을
사용한다. 퇴사(退社)는 회사를 그만둔다는 의미인데, 중국어로 退社라는
표현은 없고 辞职이라고 한다.

01 직업 묻기

어느 회사에 근무합니까?	在哪家公司上班? Zài nǎ jiā gōngsī shàngbān? 짜이 나 찌야 꿍쓰 상빤
컴퓨터 회사에 근무하고 있습니다.	在电脑公司上班。 Zài diànnǎo gōngsī shàngbān. 짜이 띠엔나오 꿍쓰 상빤
아니요, 공무원입니다.	不是, 是公务员。 Búshì, shì gōngwùyuán. 부스, 스 꿍우위엔
아니요, 자영업입니다.	不是, 是个体户。 Búshì, shì gètǐhù. 부스, 스 거티후
저는 이 회사에 근무합니다.	我在这家公司上班。 Wǒ zài zhèjiā gōngsī shàngbān. 워 짜이 쩌찌야 꿍쓰 상빤

어느 부서입니까?	在哪个部门? Zài nǎge bùmén? 짜이 나거 부먼
저는 이 회사에서 영업을 하고 있습니다.	我在这家公司做营业。 Wǒ zài zhè jiā gōngsī zuò yíngyè. 워 짜이 쩌 찌야 꿍쓰 쭈어 잉예
그 일을 얼마 동안 하고 계십니까?	这个工作做了多长时间? Zhège gōngzuò zuòle duōchángshíjiān? 쩌거 꿍쭈워 쭈워러 두워창스찌엔
회사는 어디에 있습니까?	公司在哪儿? Gōngsī zài nǎr? 꿍쓰 짜이 나얼
출퇴근 시간은 얼마나 걸립니까?	上下班要花多长时间? Shàngxiàbān yào huā duōchángshíjiān? 상 쌰빤 야오 화 두워창스찌엔
회사까진 어떻게 가십니까?	怎么去公司? Zěnme qù gōngsī? 쩐머 취 꿍쓰
정년은 언제십니까?	什么时候退休? Shénme shíhou tuìxiū? 션머 스허우 투이씨우
저는 작은 가게를 하고 있습니다.	我开了一家小店。 Wǒ kāile yìjiā xiǎo diàn. 워 카이러 이찌야 샤오 띠엔

기본 인사

감정 표현

회술 표현

주제별 화제

사교

해외 여행

비즈니스

무역 회사에서 근무합니다.	在贸易公司上班。 Zài màoyì gōngsī shàngbān. 짜이 마오이 꿍쓰 상빤
북경자동차에서 근무합니다.	在北京汽车公司上班。 Zài Běijīng qìchē gōngsī shàngbān. 짜이 베이징 치처 꿍쓰 상빤
봉급 생활자입니다.	是月薪族。 Shì yuèxīnzú. 스 웨씬쭈
무직입니다.	是无业游民。 Shì wúyèyóumín. 스 우예요우민
	没有工作。 Méi yǒu gōngzuò. 메이요우 꿍쭈워
저는 자영업을 합니다.	我是个体户。 Wǒ shì gètǐhù. 워 스 거티후
저는 교사입니다.	我是老师。 Wǒ shì lǎoshī. 워 스 라오스
저는 프리랜서예요.	我是自由职业者。 Wǒ shì zìyóuzhíyèzhě 워 스 쯔요우쯔예쩌

03 사업 이야기

사업은 잘 되십니까?	生意还好吗? Shēngyi hái hǎo ma? 성이 하이 하오 마
직업에 만족하세요?	对工作还满意吗? Duì gōngzuò hái mǎnyì ma? 뚜이 꿍쭈워 하이 만이 마
장사가 안 되어 곤란합니다.	生意不太好, 有点困难。 Shēngyi bútàihǎo, yǒudiǎn kùnnán. 성이 부타이하오, 요우띠엔 쿤난
늘 어렵습니다.	一直很困难。 Yìzhí hěn kùnnán. 이쯔 헌 쿤난
그럭저럭 버티고 있습니다.	凑合支撑着。 Còuhe zhīchēngzhe. 처우허 쯔청쩌
요즘 적자입니다.	最近一直亏。 Zuìjìn yìzhí kuī. 쮀찐 이쯔 쿠이
그리 나쁘지는 않습니다.	不算太坏。 Bú suàn tài huài. 부 쑤완 타이 화이

집에 돌아갈 시간이야.	该下班了。 Gāi xiàbānle. 까이 쌰빤러
	该回家了。 Gāi huíjiā le. 까이 호이찌아 러
오늘은 바빴어.	今天挺忙的。 Jīntiān tǐng máng de. 찐티엔 팅 망 더
이제 끝내자.	快点做完吧。 Kuàidiǎn zuò wán ba. 콰이띠엔 쭈워 완 바
이제 지쳤어. 오늘은 이만 하자.	累死了, 今天到此为止吧。 Lèi sǐle, jīntiān dàocǐwéizhǐ ba . 레이 쓰러, 찐티엔 따오츠웨이쯔 바
좋아, 집에 가자.	好的, 回家吧。 Hǎo de, huíjiā ba. 하오 더, 후이찌야 바
수고했어요.	辛苦了。/谢谢。 Xīnkǔle. /Xièxie. 씬쿠러/ 씨에씨에 * 중국어 중에 '辛苦了。'(Xīnkǔle 씬쿠러)는 단체에게 인사할 때 자주 사용하지만 개인적인 인사는 '谢谢。'(Xièxie 씨에씨에)를 더 많이 사용한다.

| 그럼 먼저 실례하겠습니다. | 那我先走了。
Nà wǒ xiān zǒu le.
나 워 시엔 쪼우 러 |
| 오늘은 잔업을 해야 합니다. | 今天要加班。
Jīntiān yào jiābān.
찐티엔 야오 찌야빤 |

05 휴가에 대하여

휴가 기간은 얼마나 됩니까?	有多长时间的休假? Yǒu duōchángshíjiān de xiūjià? 요우 두워창스찌엔 더 씨우찌야
당신의 휴가는 언제 시작되죠?	你什么时候开始休假? Nǐ shénme shíhou kāishǐ xiūjià? 니 선머 스허우 카이스 찌우찌야
휴가 중엔 까오밍 씨가 제 일을 담당할 거예요.	我休假期间由高明负责我的工作。 Wǒ xiūjià qíjiān yóu Gāomíng fùzé wǒ de gōngzuò. 워 씨우찌야 치찌엔 요우 까오밍 푸쩌 워 더 꿍쭈워
8월 10일부터 휴가를 가도 될까요?	可以从8月10日开始休假吗? Kěyǐ cóng bā yuè shí rì kāishǐ xiūjià ma? 커이 총 빠 웨 스 르 카이스 씨우찌야 마

기본 인사

감정 표현

화술 표현

주제별 화제

사교

해외 여행

비즈니스

너무 바빠서 휴가를 가질 여유가 없어요.	太忙了没时间休假。 Tàimángle méi shíjiān xiūjià. 타이망러 메이 스찌엔 씨우찌야
이번 휴가 때 어디 가고 싶으세요?	这次休假想去哪儿? Zhè cì xiūjià xiǎng qù nǎr? 쩌 츠 씨우찌야 시앙 취 나얼
즐거운 휴가 보내세요!	祝你假期愉快! Zhù nǐ jiàqī yúkuài! 쭈 니 찌야치 위콰이

06　근무 시간에 대하여

타임 카드는 찍었어?	打卡了吗? Dǎkǎle ma? 다 카러 마
1주일에 몇 시간 근무하십니까?	一周工作多长时间? Yìzhōu gōngzuò duōchángshíjiān? 이쩌우 꿍쭈워 두워창스찌엔
	一周工作几个小时? Yìzhōu gōngzuò jǐgexiǎoshí? 이쩌우 꿍쭈워 지거쌰오스

보통, 9시에서 6시까지 일합니다.	一般, 从9点到6点。 Yìbān, cóng jiǔ diǎn dào liù diǎn. 이빤, 총 찌우 띠엔 따오 리우 띠엔
한 시간 동안 점심시간이 있습니다.	有一个小时的午饭时间。 Yǒu yíge xiǎoshí de wǔfàn shíjiān. 요우 이거 샤오스 더 우판 스찌엔
토요일에는 쉽니다.	星期六休息。 Xīngqīliù xiūxi. 씽치리우 씨우시
까오송은 아직도 출근 안 했어?	高松还没有上班吗? Gāosōng hái méiyǒu shàngbān ma? 까오송 하이 메이요우 상빤 마
저는 오늘밤 야근이에요.	我今晚要加夜班。 Wǒ jīnwǎn yào jiāyèbān. 워 찐완 야오 찌야예빤

기본 인사

감정 표현

희로 표현

주제별 화제

사교

해외 여행

비즈니스

직장 내 인간관계

职场里的人际关系
Zhíchǎng lǐ de rénjìguānxi
쯔창 리 더 런지꽈안시

직장에서 우울감을 느끼는 사람들이 의외로 많다. 원인은 과도한 업무나 낮은 복리후생 등 여러 가지를 꼽을 수 있지만 가장 많은 부분은 직장 내 인간관계 때문이다. 직장 내 인간관계가 좋지 못하면 업무 성과와도 직결되어 일의 능률이나 생산성도 저하되고 실수도 많아진다. 사회생활에 잘 적응하는 방법은 어느 누구도 가르쳐 주지 않는다. 자신의 의견을 정확히 전달하고 상황을 잘 파악하여 모든 관계에 신뢰가 쌓인다면 문제는 개선될 것이다.

01 직장 내 인간관계

그와는 마음이 맞니?	和他和得来吗? Hé tā hédelái ma? 허 타 허더라이 마
나는 그를 존경해.	我尊重他。 Wǒ zūnzhòng tā. 위 쭌 쫑 타
나는 모두와 잘 지내고 싶어.	我想和所有人好好相处。 Wǒ xiǎng hé suǒyǒurén hǎohāo xiāngchǔ. 위 시앙 허 쑤워요우런 하오하오 시앙추
그 사람 본심을 알 수 없어.	无法了解他是个什么样的人。 Wúfǎ liǎojiě tā shìge shénmeyàng de rén. 우파 리아오지에 타 스거 선머양 더 런 * 여기서는 '그는 어떤 사람인지를 알 수 없다.'라고 표현한다.

506

아첨하는 사람은 싫어.	讨厌拍马屁的人。 Tǎoyàn pāimǎpì de rén. 타오옌 파이마피 더 런
난 가족보다 일을 우선해.	比起家庭我更重视事业。 Bǐ qǐ jiātíng wǒ gèng zhòngshì shìyè. 비 치 찌야팅 워 껑 쫑스 스예
넌 누구 편이야?	你是哪一边的? Nǐ shì nǎyìbiān de? 니 스 나이비엔 더
넌 부장을 좋아하니?	你喜欢部长吗? Nǐ xǐhuan bùzhǎng ma? 니 시환 부쨩 마
아니, 그는 나를 너무 심하게 다뤄.	不, 他太喜欢使唤我了。 Bù, tā tài xǐhuan shǐhuan wǒle. 부, 타 타이 시환 스환 워러
그는 너무 엄격해.	他太严格了。 Tā tài yángéle. 타 타이 옌거러
그런 말을 해봤자 그는 무시하지.	说出这样的话, 就是不把他放在眼里。 Shuōchū zhèyang dehuà, jiùshì bù bǎ tā fàngzàiyǎnlǐ. 수워추 쩌양 더화, 찌우스 부 바 타 팡짜이옌리
그는 항상 나를 눈엣가시로 여겨.	他常把我看成眼中钉。 Tā cháng bǎ wǒ kàn chéng yǎnzhōngdīng. 타 창 바 워 칸 청 옌쭁띵

기본 인사

감정 표현

회술 표현

주제별 회제

사교

해외 여행

비즈니스

507

나는 그에게 무척 감사하고 있어.	我对他非常感激。 Wǒ duì tā fēicháng gǎnjī. 워 뚜이 타 페이창 깐지
그에겐 많은 신세를 지고 있습니다.	我给他添了很多麻烦。 Wǒ gěi tā tiānle hěnduō máfan. 워 게이 타 티엔러 헌두워 마판

02 직장 상사에 대하여

상사가 누구입니까?	上司是谁? Shàngsi shì shuí? 상쓰 스 수이
당신은 상사와의 사이가 어떠세요?	您和上司的关系怎么样? Nín hé shàngsi de guānxi zěnmeyàng? 닌 허 상쓰 더 꽈안시 쩐머양
저는 제 상사가 싫습니다.	我不喜欢我的上司。 Wǒ bù xǐhuan wǒ de shàngsi. 워 부 시환 워 더 상쓰
저는 상사를 존경합니다.	我尊重我的上司。 Wǒ zūnzhòng wǒ de shàngsi 워 쭌쫑 워 더 상쓰
그분은 매우 관대합니다.	他待人宽容。 Tā dàirén kuānróng. 타 따이런 쿠완롱

그는 잔소리가 심해요.	他很唠叨。 Tā hěn lāodao. 타 헌 라오따오
그분은 정말 거만해요.	他真的很傲慢。 Tā zhēnde hěn àomàn. 타 쩐더 헌 아오만

기본 인사

감정 표현

회화 표현

주제별 화제

사교

해외 여행

비즈니스

승진 · 퇴직

升职 · 退休
Shēngzhí, Tuìxiū
성쯔, 투이씨우

중국의 정년 퇴직은 남자 만 60세, 여자 만 50세이다. 단 과장급 이상은 55세이다. 중국에서는 한국의 퇴직급여제도와 비슷한 경제보상금이 있다. 근로자가 해당 직장에서 일한 햇수로 계산한다. 6개월 이상 1년 이하는 1년으로 계산을 하고, 6개월 미만의 경우 반 개월 치의 월급을 받는다. 1년 이상인 경우 햇수대로 월급을 받을 수 있다. 그리고 최저임금은 지역마다 다른데 심천과 상해가 높고 흑룡강이 가장 낮은 임금을 받고 있다.

01 봉급에 대하여

급여를 어떤 식으로 받으세요?	**怎么拿工资?** Zěnme ná gōngzī? 쩐머 나 꿍쯔
월급으로 받습니다.	**拿月薪。** Ná yuèxīn. 나 웨씬
연봉이 얼마나 됩니까?	**年薪多少?** Niánxīn duōshǎo? 나이씬 두워샤오
봉급날이 언제입니까?	**几号发工资?** Jǐ hào fā gōngzī? 지 하오 파 꿍쯔
급여가 좀 올랐다.	**工资涨了点。** Gōngzī zhǎngle diǎn. 꿍쯔 쟝러 띠엔

510

| 적은 급여로 생활이 힘들어. | 工资太低, 生活很困难。
Gōngzī tài dī, shēnghuó hěn kùnnán.
꽁쯔 타이 디, 성훠 헌 쿤난 |
| 교통비는 봉급에 포함되어 있습니다. | 工资中包含交通费。
Gōngzī zhōng bāohán jiāotōng fèi.
꽁쯔 쫑 빠오난 찌아오퉁 페이 |

02 승진에 대하여

내년에는 당신이 승진하시길 바랍니다.	希望您明年能升职。 Xīwàng nín míngnián néng shēngzhí. 시왕 닌 밍니엔 넝 성쯔
저 부장으로 승진했어요.	我升职为部长了。 Wǒ shēngzhí wéi bùzhǎngle. 워 성쯔 웨이 부짱러
우리 회사에서는 승진하기가 어려워요.	在我们公司升职很难。 Zài wǒmen gōngsī shēngzhí hěn nán. 짜이 워먼 꽁쯔 성쯔 헌 난
그에게는 강력한 후원자가 있어요.	他有厉害的后台。 Tā yǒu lìhai de hòutái. 타 요우 리하이 더 허우타이
그의 승진은 이례적이었어요.	他的升职是破了例的。 Tā de shēngzhí shì pòlelì de. 타 더 성쯔 스 포러리 더

기본 인사

감정 표현

회술 표현

주제별 회제

사교

해외 여행

비즈니스

승진은 업무 실적에 달렸어요.	升职与否取决于业绩。 Shēngzhí yǔfǒu qǔjuéyú yèjì. 성쯔 위퍼우 취줴위 예지
당신은 누가 승진할 거라고 생각하세요?	你认为谁会升职？ Nǐ rènwéi shuí huì shēngzhí? 니 런웨이 수이 후이 성쯔

03 사직, 퇴직에 대하여

도대체 왜 사직하셨어요?	到底为什么辞职？ Dàodǐ wèishéme cízhí? 따오디 웨이선머 츠쯔
이 일과는 안 맞는 것 같아요.	和这个工作不合适。 Hé zhège gōngzuò bù héshì. 허 쩌거 꿍쭈워 부 허스
그만두기로 결심했어요.	决定不干了。 Juédìng bú gàn le. 줴띵 부 깐러
당신 회사는 정년이 몇 살입니까?	您的公司的退休年龄是多少？ Nín de gōngsī de tuìxiū niánlíng shì duōshǎo? 닌 더 꿍쓰 더 투이씨우 니엔링 스 두워샤오

언제 퇴직하십니까?

什么时候退休?
Shénme shíhou tuìxiū?
선머 스허우 투이씨우

저는 지금 놀고 있습니다.

我现在没工作。
Wǒ xiànzài méi gōngzuò.
워 시엔짜이 메이 꿍쭈워

* '놀다'는 '玩(wán 완)'이라고 하지만 여기서는 '没工作(méi gōngzuò 메이 꿍쭈워)'로 표현한다.

그녀는 해고됐어요.

她被辞退了。
Tā bèi cítuìle.
타 뻬이 츠투이러

Unit 05 사무실에서

在办公室
Zài bàngōngshì
짜이 빤꽁스

중국의 근로 시간은 하루 8시간, 일주일 40시간으로 초과 근무에 대해서는 엄격하게 제한되고 있다. 불가피하게 연장 근무가 필요할 경우에는 근로자와 협의하여 일반적으로 하루 한 시간을 초과해서는 안 된다. 특수한 상황으로 인해 연장하는 경우에는 근로자의 신체 건강을 보장한다는 조건 하에 하루 최대 3시간, 월 36시간을 초과하지 않아야 한다.

중국의 점심 시간은 한국과 별반 다르지 않다. 회사 근처 식당에서 먹거나 편의점에서 간단히 때우거나 또는 직장과 집이 가까운 사람들은 집에서 간단한 음식을 만들어 먹기도 한다. 중국의 사무실에는 냉장고와 전자레인지가 있어서 아침에 출근해서 냉장고에 도시락을 보관하고 점심시간에 전자레인지에 도시락을 데워먹기도 한다.

01 사무실에서

자네, 또 지각이군.	你又迟到了。 Nǐ yòu chídàole. 니 요우 츠따오러
타임 카드 찍었나?	打卡了吗? Dǎkǎle ma? 다카러 마
스케줄을 확인해 보겠습니다.	看一下日程。 Kàn yíxià rìchéng. 칸 이싸 르청
할 일이 많아.	要做的事情很多。 Yào zuò de shìqing hěnduō. 야오 쭤 더 스칭 헌두워

이 일은 그다지 힘들지 않아.	这个工作不是那么累。 Zhège gōngzuò búshì nàme lèi. 쩌거 꿍쭈워 부스 나머 레이
업무를 게을리하지 마!	工作上不要偷懒。 Gōngzuò shang búyào tōulǎn. 꿍쭈워 상 부야오 터우란
그 일에서 손을 뗐어.	不管那件事了。 Bùguǎn nàjiànshìle. 부꽈안 나찌엔스러
이걸 스테이플러로 찍어 주세요.	把这个用订书机订一下。 Bǎ zhège yòng dìngshūjī dìng yíxià. 바 쩌거 용 띵수지 띵 이쌰
이 서류를 복사해 주겠니?	可以把这个复印一下吗? Kěyǐ bǎ zhège fùyìn yíxià ma? 커이 바 쩌거 푸인 이쌰 마
복사기가 작동하지 않아?	复印机坏了吗? Fùyìnjī huàile ma? 푸인지 화이러 마
이 복사기는 고장났습니다.	这个复印机坏了。 Zhège fùyìnjī huàile. 쩌거 푸인지 화이러
복사기 종이가 떨어졌을 거야.	复印机没有纸了。 Fùyìnjī méiyǒu zhǐle. 푸인지 메이요우 쯔러

기본 인사

감정 표현

회술 표현

주제별 화제

사교

해외 여행

비즈니스

515

잠깐 쉬자.	休息一下吧。 Xiūxi yíxià ba. 씨우시 이쌰 바
커피는 어떠세요?	咖啡怎么样? Kāfēi zěnmeyàng? 카페이 쩐머양
자판기는 어디 있어요?	自动贩卖机在哪里? Zìdòng fànmàijī zài nǎlǐ? 쯔똥 판마이지 짜이 나리
곧 점심 시간이야.	马上就到午饭时间了。 Mǎshàng jiù dào wǔfàn shíjiānle. 마상 찌우 따오 우판 스 찌엔러
자, 일을 시작하자.	来, 开始工作吧。 Lái, kāishǐ gōngzuò ba. 라이, 카이스 꿍쭈워 바
일은 어때?	事情怎么样? Shìqing zěnme yàng? 스칭 쩐머 양
숨쉴 틈도 없어.	连喘气的时间都没有。 Lián chuǎnqì de shíjiān dōu méiyǒu. 리엔 추완치 더 스찌엔 떠우 메이요우
왜 늦었는가? 서둘러!	怎么晚了? 快点! Zěnme wǎnle? Kuài diǎn! 쩐머 완러 콰이 띠엔

이 용지는 어떻게 기입하면 되나?	怎么加纸? Zěnme jiā zhǐ? 쩐머 찌야 쯔
회의가 길어질 것 같아.	会议好像延长了。 Huìyì hǎoxiàng yáncháng le. 후이이 하이시앙 옌창러
좋아, 됐어!	好, 可以了! Hǎo, kěyǐ le! 하오, 커이러
요점을 더 분명히 말해 주지 않겠나?	能不能简单明了地说一下重点? Néngbùnéng jiǎndānmíngliǎo de shuō yíxià zhòngdiǎn? 넝부넝 찌엔딴밍리아오 더 수워 이쌰 쫑띠엔
처음부터 한 번 더 해 주게.	从头开始再做一遍。 Cóngtóukāishǐ zài zuò yíbiàn. 총터우카이스 짜이 쭈워 이비엔
이걸 까오송 씨에게 팩스로 넣어 주게.	把这个发份传真给高松。 Bǎ zhège fā fèn chuánzhēn gěi Gāosōng. 바 쩌거 파 펀 추완쩐 게이 까오송
서류를 내게 제출해 주게.	把资料交给我。 Bǎ zīliào jiāo gěi wǒ. 바 쯔리아오 찌아오 게이 워
이 보고서를 오늘 중으로 마무리하게!	这份报告今天要做完! Zhè fèn bàogào jīntiān yào zuò wán! 쩌 펀 빠오까오 찐티엔 야오 쭈워 완

기본 인사

감정 표현

회술 표현

주제별 회제

사교

해외 여행

비즈니스

517

비밀번호를 갖고 있어요?	知道密码吗? Zhīdào mìmǎ ma? 쯔따오 미마 마
컴퓨터가 다운됐어요.	电脑坏了。 Diànnǎo huàile. 띠엔나오 화이러
PC를 재부팅하지그래요?	重启一下电脑看看。 Chóngqǐ yíxià diànnǎo kànkan. 총치 이쌰 띠엔나오 칸칸
내 PC가 바이러스에 감염되었어.	我的电脑中毒了。 Wǒ de diànnǎo zhòngdúle. 워 더 띠엔나오 쫑두러
보안 대책을 강화해야 해요.	要加强防范措施。 Yào jiāqiáng fángfàn cuòshī. 야오 찌야치앙 팡판 추워스
작동 방법을 잊어버렸어.	忘记操作方法了。 Wàngjì cāozuò fāngfǎle. 왕지 차오쭈워 팡파러
내 컴퓨터는 가능한한 빨리 수리되어야 한다.	我的电脑要尽快修好。 Wǒ de diànnǎo yào jìnkuài xiūhǎo. 워 더 띠엔나오 야오 진콰이 씨우하오

03 회의 시간

회의 시간이 언제죠?	什么时候开会? Shénme shíhou kāihuì? 션머 스허우 카이후이
회의를 시작합시다.	开会吧。 Kāihuì ba. 카이후이 바
오늘 회의 주제가 뭐죠?	今天会议的主题是什么? Jīntiān huìyì de zhǔtí shì shénme? 찐티엔 후이이 더 쭈티 스 션머
뭔가 할 말이 있나요?	有什么要说的吗? Yǒu shénme yào shuō de ma? 요우 션머 야오 수워 더마
솔직한 의견을 말해 주세요.	把想法直截了当地说出来。 Bǎ xiǎngfǎ zhíjiéliǎodàng de shuō chūlái. 바 시앙파 쯔지에 리아오땅 더 수워 추라이
이 문제에 대해 어떻게 생각하세요?	对于这个问题是怎么想的? Duìyú zhège wèntí shì zěnme xiǎng de? 뚜이위 쩌거 원티 스 쩐머 시앙 더
의견을 정리해 봅시다.	整理一下意见。 Zhěnglǐ yíxià yìjiàn. 쩡리 이쌰 이찌엔

기본 인사

감정 표현

회술 표현

주제별 화제

사교

해외 여행

비즈니스

519

이 문제의 결정은 다수결로 결정하겠습니다.	这个问题按多数人的意见决定。 Zhège wèntí àn duōshùrén de yìjiàn juédìng. 쩌거 원티 안 두워수런 더 이지엔 쮀띵
자료를 나눠 주세요.	分发一下资料。 Fēnfā yíxià zīliào. 펀파 이쌰 쯔리아오
주목해 주세요.	请大家注意一下。 Qǐng dàjiā zhùyì yíxià. 칭 다찌야 쭈이 이쌰
단도직입적으로 말하겠습니다.	我就开门见山地说了。 Wǒ jiù kāiménjiànshān de shuōle. 워 찌우 카이먼찌엔산 더 수워러
다음 차례는 누구죠?	下一个是谁？ Xiàyígè shì shuí? 쌰이거 스 수이
10분 휴식을 갖겠습니다.	休息10分钟。 Xiūxi shí fēnzhōng. 씨우시 스 펀쫑
문제점을 말씀드리겠습니다.	说一下有问题的地方。 Shuō yíxià yǒu wèntí de dìfang. 수워 이쌰 요우 원티 더 디팡
그런 위험을 감수할 수는 없어요.	无法承受那种风险。 Wúfǎ chéngshòu nà zhǒng fēngxiǎn. 우파 청서우 나 쫑 펑시엔

사무용 용어

회의 **会议** huì yì 후이 이

참석하다 **出席** chū xí 추 시

의제 **议题** yì tí 이 티

보고서 **报告** bào gào 빠오 까오

기획서 **企划书** qǐ huà shū 치 화 수

임원 **高管** gāo guǎn 까오 꽈안

관리자 **管理者** guǎn lǐ zhě 꽈안 리 쩌

발표 **发言** fā yán 파 옌

주재하다 **主办** zhǔ bàn 쭈 빤

사업가 **企业家** qǐ yè jiā 치 예 찌야

업무상의 점심식사 **商务餐** shāng wù cān 상 우 찬

출장 **出差** chū chāi 추 차이

다이어리 **日志** rì zhì 르 쯔

메모 **字条** zì tiáo 쯔 티아오

노트북컴퓨터 **笔记本电脑** bǐjìběn diànnǎo 삐지뻔 띠엔나오

고객 **顾客** gù kè 쿠 커

기본 인사

감정 표현

회술 표현

주제별 회화

사교

해외 여행

비즈니스

06 공공시설

公共设施
Gōnggòng shèshī
꿍꿍 서스

중국 우체국 영업 시간은 지역마다 차이가 있지만 보통 오전 8시에서 오후 6시 사이다. 주말에는 쉬거나 영업을 하는 우체국도 있다. 은행 영업 시간도 차이가 있으며, 토요일에 쉬거나 일요일에 영업하는 은행도 있다. 은행의 영업 시간을 잘 알고 있어야 급할 때 이용하기 편리하다.

01 관공서에서

담당 부서를 알려주시겠어요?	**可以告诉我负责的部门吗?** Kěyǐ gàosù wǒ fùzéde bùmén ma? 커이 까오수 워 푸쩌 더 부먼 마
이 일은 누가 담당하십니까?	**这件事情谁是负责人?** Zhè jiàn shìqing shuí shì fùzérén? 쩌 찌엔 스칭 수이 스 푸쩌런
문서로 작성하셔야 해요.	**要填表。** Yào tián biǎo. 야오 티엔 비아오
우선 신청을 하셔야 해요.	**要先申请。** Yào xiān shēnqǐng. 야오 시엔 선칭
제가 작성할 서류가 뭐죠?	**我要填写的材料是什么?** Wǒ yào tiánxiě de cáiliào shì shénme? 워 야오 티엔씨에 더 차이리아오 스 선머

| 번호를 받으시고 앉아서 기다리세요. | 请拿号, 坐着等一下。
Qǐng ná hào, zuòzhe děngyíxià.
칭 나 하오, 쭈워쩌 떵이쌰 |
| 여기 서명하시고 날짜도 쓰세요. | 在这里签名写上日期。
Zài zhèlǐ qiānmíng xiě shàng rìqī.
짜이 쩌리 치엔밍 씨에 상 르치 |

02 은행에서

계좌를 개설하고 싶습니다.	想要开个账户。 Xiǎng yào kāi ge zhànghù. 시앙 야오 카이 거 쨩후
신분증이 있으신가요?	有身份证吗? Yǒu shēnfènzhèng ma? 요우 선펀쩡 마
여기에 비밀번호를 누르세요.	在这里输入密码。 Zài zhèlǐ shūrù mìmǎ. 짜이 쩌리 수루 미마
환전 창구는 어디입니까?	兑换外汇的窗口在哪儿? Duìhuàn wàihuì de chuāngkǒu zài nǎr? 뚜이환 와이후이 더 추왕커우 짜이 나얼
이자는 몇 퍼센트입니까?	利息是百分之多少? Lìxī shì bǎifēnzhīduōshǎo? 리시 스 빠이펀쯔두워샤오

기본 인사

감정 표현

회술 표현

주제별 화제

사교

해외 여행

비즈니스

523

송금하고 싶습니다.	**想要汇款。** Xiǎngyào huìkuǎn. 시앙야오 후이쿠완
10위안짜리를 헐어 주시겠습니까?	**可以换点10块的给我吗?** Kěyǐ huàndiǎn shíkuàide gěiwǒ ma? 커이 환띠엔 스꾸아이더 게이워 마
50위안 5장과 10위 안 3장으로 해주세요.	**要5张50的和3张10块的。** Yào wǔzhāng wǔshíde hé sānzhāng shíkuàide. 야오 우짱 우스더 허산짱 스콰이더
이 수표를 현금으로 바꿔주시겠어요?	**这张支票可以兑现吗?** Zhè zhāng zhīpiào kěyǐ duìxiàn ma? 쩌 짱 쯔피아오 커이 뚜이시엔 마
여행자 수표를 현금 으로 바꿀 수 있겠습 니까?	**旅行支票可以兑换成现 金吗?** Lǚxíng zhīpiào kěyǐ duìhuàn chéng xiànjīn ma? 뤼씽 쯔피아오 커이 뚜이환 청 시엔찐 마
수표에 전부 서명을 해야 합니까?	**支票上全部要签名吗?** Zhīpiào shàng quánbù yào qiānmíng ma? 쯔피아오 상 취엔부 야오 치엔밍 마
오늘 환율은 얼마입 니까?	**今天的汇率是多少?** Jīntiān de huìlǜ shì duōshǎo? 찐티엔 더 후이뤼 스 두워샤오
예금하고 싶습니다.	**想要存款。** Xiǎngyào cúnkuǎn. 시앙야오 춘쿠완

보통예금 구좌로 해 주세요.	办一个普通存款账户。 Bàn yígè pǔtōng cúnkuǎn zhànghù. 빤 이거 푸통 춘쿠완 짱후
구좌를 이 은행으로 옮기고 싶습니다.	想把这个账户转到这个银行。 Xiǎng bǎ zhège zhànghù zhuǎn dào zhège yínháng. 시앙 바 쩌거 짱후 쭈완 따오 쩌거 인항
용지에 기입을 했습니다.	已经写在纸上了。 Yǐjing xiě zài zhǐ shàngle. 이찡 씨에 짜이 쯔 샹러
여행자수표를 사고 싶습니다.	想要买旅行支票。 Xiǎngyào mǎi lǚxíng zhīpiào. 시앙야오 마이 뤼씽 쯔피아오
천 위안을 인출하고 싶습니다.	想要取一千块钱。 Xiǎngyào qǔ yiqiānkuàiqián. 시앙양오 취 이치엔꾸아이치엔
현금자동인출기는 어디 있습니까?	自动取款机在哪儿? Zìdòng qǔkuǎnjī zài nǎr? 쯔똥 취쿠완지 짜이 나얼
대출을 신청하고 싶어요.	想要贷款。 Xiǎngyào dàikuǎn. 시앙야오 따이쿠완
장기대출제도에 대해 알고 싶은데요.	想要了解一下长期贷款制度。 Xiǎngyào liǎojiě yíxià chángqī dàikuǎn zhìdù. 시앙야오 리아오지에 이쌰 창치 따이쿠완 쯔두

근처에 우체국이 있나요?	附近有邮局吗? Fùjìn yǒu yóujú ma? 푸찐 요우 요우쥐 마
우표 5장 주세요.	请给我5张邮票。 Qǐng gěi wǒ wǔ zhāng yóupiào. 칭 게이 워 우 짱 요우피아오
이 소포를 속달로 보내고 싶습니다.	想要用快件寄出这个包裹。 Xiǎngyào yòng kuàijiàn jìchū zhège bāoguǒ. 시앙야오 용 콰이찌엔 찌추 쩌거 빠오꾸워
이걸 등기로 부탁합니다.	这个寄挂号信。 Zhège jì guàhàoxìn. 쩌거 지 꾸와하오씬
속달로 부탁드립니다.	麻烦寄快件。 Máfan jì kuàijiàn. 마판 지 콰이찌엔
한국에 도착하는데 얼마나 걸리나요?	寄到韩国要多长时间? Jì dào hánguó yào duōchángshíjiān? 지 따오 한꾸워 야오 두워창스찌엔
더 빠른 방법으로 보내고 싶어요.	想要用更快的方法寄。 Xiǎngyào yòng gèng kuài de fāngfǎ jì. 시앙야오 용 껑 콰이 더 팡파 지
한국으로 편지를 보내고 싶습니다.	想把信寄到韩国。 Xiǎng bǎ xìn jì dào hánguó. 시앙 바 씬 지 따오 한꾸워

우편요금은 얼마인가요?	邮费多少钱? Yóufèi duōshǎoqián? 야오페이 두워샤오치엔
이걸 한국에 보내려 면 얼마나 듭니까?	把这个寄去韩国要多少钱? Bǎ zhège jì qù hánguó yào duōshǎoqián? 바 쩌거 지 취 한꾸워 야오 두워샤오치엔
한국에 우편환을 보 내고 싶습니다.	想要往韩国汇款。 Xiǎngyào wǎng hánguó huìkuǎn. 시앙야오 왕 한꾸워 후이쿠완
여기에 뭘 기입하면 되나요?	这里要填什么? Zhèlǐ yào tián shénme? 쩌리 야오 티엔 선머
발신인 이름과 주소를 어디에 쓰면 됩니까?	寄信人的名字和地址要 写在哪里? Jìxìnrén de míngzi hé dìzhǐ yào xiě zài nǎlǐ? 지씬런더 밍쯔 허 디쯔 야오 씨에 짜이 나리
우편번호는 301- 432입니다.	邮政编码是301-432。 Yóuzhèngbiānmǎ shì sān líng yī sì sān èr. 요우쩡비엔마 스 싼링이-쓰싼얼

기본 인사

감정 표현

회술 표현

주제별 회제

사교

해외 여행

비즈니스

서비스 업소

服务

Fúwù

푸우

중국에는 거리 이발소라는 것이 있어서 이발도구와 간이의자만 있으면 아무데서나 이발소를 차리고 저렴한 가격으로 머리를 깎을 수 있다. 시골뿐만 아니라 북경에서도 이런 풍경은 흔히 볼 수 있다.

01 이발소에서

이발을 하려고 합니다.	**来剪个头发。** Lái jiǎn ge tóufǎ. 라이 찌엔 거 터우파
커트만 해 주세요.	**只剪头发。** Zhǐ jiǎn tóufǎ. 쯔 찌엔 터우파
어떤 스타일로 해 드릴까요?	**想要什么样的发型?** Xiǎngyào shénmeyàng de fàxíng? 시앙야오 선머양 더 파씽
얼마나 짧게 자를까요?	**要剪多短?** Yào jiǎn duō duǎn? 야오 찌엔 두워 뚜완
스포츠형(군인 스타일)으로 해 주세요.	**剪成运动型(军人式)短发。** Jiǎn chéng yùndòng xíng (jūnrén shì) duǎnfǎ. 찌엔 청 윈뚱 씽 (쮠런스) 뚜완파

가르마는 어느 쪽으로 할까요?	发线往哪边分? Fàxiàn wǎng nǎbiān fēn? 파시엔 왕 나비엔 펀
지금과 같은 스타일로 해 주세요.	发型不变。 Fàxíng bú biàn. 파씽 부 비엔
귀가 보이도록 해 주세요.	剪到能看到耳朵。 Jiǎn dào néng kàn dào ěrduo. 찌엔 따오 넝 칸 따오 얼두워
너무 짧지 않게요.	不要剪得太短。 Búyào jiǎn de tài duǎn. 부야오 찌엔 더 타이 뚜완
염색을 하고 싶어요.	想要染头发。 Xiǎngyào rǎn tóufa. 시앙야오 란 터우파
면도는 하시겠어요?	要刮脸吗? Yào guāliǎn ma? 야오 꽈리엔 마
그건 필요 없습니다.	不需要。 Bù xūyào. 부 쉬야오
면도를 해 주세요.	请给我刮个脸。 Qǐng gěi wǒ guā ge liǎn. 칭 게이 워 꽈 거 리엔

기본 인사

감정 표현

회화 표현

주제별 회제

사고

해외 여행

비즈니스

529

헤어 스타일을 완전히 바꾸고 싶어요.	想要换个发型。 Xiǎngyào huànge fàxíng. 시앙야오 환거 파씽
지금과 같은 스타일로 해 주세요.	发型不变。 Fàxíng bú biàn. 파씽 부 비엔
요즘 유행하는 스타일로 해 주세요.	剪(烫)一个现在流行的发型。 Jiǎn (tàng) yíge xiànzài liúxíng de fàxíng. 찌엔 (탕) 이거 시엔짜이 리우씽 더 파씽 *剪(Jiǎn 찌엔)는 '커트'의 뜻이고 烫(tàng 탕) 는 '파마'의 뜻이다.
커트입니까, 파마입니까?	是剪发, 还是烫头发? Shì jiǎn fà, háishi tàng tóufà? 스 찌엔 파, 하이스 탕 터우파
커트해 주세요.	给我剪个头发。 Gěi wǒ jiǎn ge tóufa. 께이 워 찌엔 거 터우파
조금 짧게 해 주세요.	请剪短一点。 Qǐng jiǎn duǎn yìdiǎn. 칭 찌엔 뚜완 이띠엔
이 스타일로 해 주세요.	请给剪(烫)成这个发型。 Qǐng gěi jiǎn (tàng) chéng zhège fàxíng. 칭 게이 찌엔 (탕) 청 쩌거 파씽 *剪(jiǎn 찌엔)는 '커트'의 뜻이고 烫(tàng 탕) 는 '파마'의 뜻이다.

옆을 조금 커트해 주세요.	旁边稍微剪一下。 Pángbiān shāowēi jiǎn yíxià. 팡비엔 샤오웨이 찌엔 이쌰
샴푸와 세트를 해 주세요.	洗剪吹。 Xǐ jiǎn chuī. 시 찌엔 추이
어깨까지 오게 해 주세요.	剪到肩膀这里。 Jiǎn dào jiānbǎng zhèlǐ. 찌엔 따오 찌엔빵 쩌리
가볍게 파마를 해 주세요.	稍微烫一下。 Shāowēi tàng yíxià. 샤오웨이 탕 이쌰
헤어 칼라(염색)를 하고 싶습니다.	想要染头发。 Xiǎngyào rǎn tóufà. 시앙야오 란 터우파
이 부분은 너무 짧아지지 않게 해 주세요.	这边不要弄得太短。 Zhè biān búyào nòngde tài duǎn. 쩌 비엔 부야오 농더 타이 뚜완
손질이 간편한 헤어 스타일로 해 주세요.	请给弄个好打理的发型。 Qǐng gěi nòngge hǎo dǎlǐde fàxíng. 칭 게이 농거 하오 다리더 파씽

기본 인사

감정 표현

활술 표현

주제별 화제

사교

해외 여행

비즈니스

이 양복을 다림질해 주세요.	这件西装麻烦熨烫一下。 Zhè jiàn xīzhuāng máfan yùntàng yíxià. 쩌 찌엔 시쭈왕 마판 윈탕 이쌰
클리닝해 주세요.	麻烦干洗一下。 Máfan gānxǐ yíxià. 마판 깐시 이쌰
이 얼룩은 지워질까요?	这个污渍能洗掉吗? Zhège wūzi néng xǐdiào ma? 쩌거 우쯔 넝 시띠아오 마
와이셔츠 세 장과 바지가 있습니다.	3件衬衫和1条裤子。 Sān Jiàn chènshān hé yì tiáo kùzi. 싼 찌엔 천산 허 이 티아오 쿠쯔
언제 다 됩니까?	什么时候能洗好? Shénme shíhou néng xǐhǎo? 선머 스허우 넝 시하오
내일 아침까지 부탁 드립니다.	明天早上来拿。 Míngtiān zǎoshang lái ná. 밍 티엔 짜오상 라이 나
객실까지 갖다 드릴까요?	要拿到客房吗? Yào ná dào kèfáng ma? 야오 나 따오 커팡 마

04 주유소, 카센터에서

세차 좀 부탁합니다.	麻烦洗一下车。 Máfan xǐ yíxià chē. 마판 시 이쌰 처
좀 후진해 주세요.	麻烦倒个车。 Máfan dào ge chē. 마판 따오 거 처
급유구를 열어 주세요.	请把注油口打开。 Qǐng bǎ zhùyóukǒu dǎkāi. 칭 바 쭈요우커우 다카이
경유로 백 위안어치 넣어주세요.	加100块钱的柴油。 Jiā yìbǎikuàiqiánde cháiyóu. 찌야 이바이 콰이치엔 더 차이요우
가득 채워 주세요.	加满。 Jiā mǎn. 찌야만
고급 휘발유로 주세요.	请给我加高级汽油。 Qǐng gěi wǒ jiā gāojí qìyóu. 칭 게이 워 찌야 까오지 치요우
타이어 공기 좀 봐주세요.	麻烦看一下车胎气。 Máfan kàn yíxià chētāiqì. 마판 칸 이쌰 처 타이치
왁스 뿌리고 세차를 해주세요.	麻烦给车打个蜡，然后洗个车。 Máfan gěi chē dǎgelà, ránhòu xǐgechē. 마판 게이 처 다거라, 란허우 시거처

기본 인사

감정 표현

화술 표현

주제별 화제

사교

해외 여행

비즈니스

왕초보 실생활 기본패턴

PART 01

상용 관용 패턴

001

很/非常 + 형용사 매우, 대단히~

很과 非常은 모두 '대단히', '매우'라는 뜻이 있다. 이들은 형용사 앞에 쓰여 형용사를 강조하는 역할을 하는데, 非常은 很보다 좀 더 강한 뉘앙스이다. 형용사가 단독으로 사용될 때는 비교 의미를 가지고 있기 때문에 很이 형용사 앞에 쓰일 경우 '매우'라는 의미보다는 비교 의미를 해소하는 역할을 한다.

활용 예문

今天天气很好。 오늘은 날씨가 아주 좋습니다.
Jīntiān tiānqì hěn hǎo.
찐티엔 티엔치 헌 하오

韩国的冬天非常冷。 한국의 겨울은 대단히 춥습니다.
Hánguó de dōngtiān fēicháng lěng.
한궈 더 똥티엔 페이창 렁

他这个人很好。 그는 정말 좋은 사람입니다.
Tā zhègerén hěn hǎo.
타 쩌거런 헌 하오

실전 회화

A: **他这个人怎么样?**
Tā zhègerén zěnmeyàng?
타 쩌거런 전머양

B: **他这个人很好。**
Tā zhègerén hěn hǎo.
타 쩌거런 헌 하오

A: **那他的汉语好吗?**
Nà tā de hànyǔ hǎo ma?
나 타더 한위 하오 마

B: **他的汉语非常好。**
Tā de hànyǔ fēicháng hǎo.
타더 한위 페이창 하오

우리말 해석

A: 저 사람(그)은 어때요?
B: 그는 정말 좋은 사람입니다.
A: 그럼 그의 중국어 실력은 어떻습니까?
B: 그는 중국어를 정말 잘합니다.

002

最 + 동사/형용사 　가장, 제일~

最는 형용사, 동사 앞에 쓰여서 '가장', '제일'이라는 최상급 표현을 만들어 준다.
최상급의 부정은 〈最+不+동사/형용사〉의 형태이다.

 **활용 예문**

我最喜欢打网球。 나는 테니스 치는 것을 가장 좋아해요.
Wǒ zuì xǐhuan dǎ wǎngqiú.
워 쭈이 시환 다 왕치우

我最喜欢吃辣的。 나는 매운 음식을 가장 좋아해요.
Wǒ zuì xǐhuan chī làde.
워 쭈이 시환 츠 라더

这是最好的。 이것이 가장 좋은 것입니다.
Zhè shì zuìhǎode.
쩌 쓰 쭈이하오더

실전 회화

A: 你最喜欢什么运动?
Nǐ zuì xǐhuan shénme yùndòng?
니 쭈이 시환 션머 윈뚱

B: 我最喜欢踢足球。你呢?
Wǒ zuì xǐhuan tī zúqiú. nǐ ne?
워 쭈이 시환 티 주치우. 니 너

A: 我最喜欢游泳。
Wǒ zuì xǐhuan yóuyǒng.
워 쭈이 시환 요우용

우리말 해석

A: 당신은 어떤 운동을 가장 좋아
하세요?

B: 나는 축구를 가장 좋아해요. 당
신은요?

A: 나는 수영이 제일 좋아요.

003

太+형용사+了 너무 ~하네요

형용사의 정도를 나타낼 수 있는 표현인 〈很/非常+형용사〉와 최상급 표현인 〈最+형용사〉를 앞에서 살펴보았다. 이 두 가지 형태로 긍정적인 의미와 부정적인 의미를 모두 표현할 수 있다. 하지만 太~了는 형용사의 정도가 '너무 ~하다'는 뜻으로 주로 안 좋은 감정을 나타낸다.

 활용 예문

这太贵了。 이건 너무 비싸요.
Zhè tài guì le.
쩌 타이 꾸이 러

今天天气太热了。 오늘은 날씨가 너무 덥네요.
Jīntiān tiānqì tài rè le.
찐티엔 티엔치 타이 러 러

这菜太多了。 이 음식은 너무 많네요.
Zhè cài tài duō le.
쩌 차이 타이 뚜어 러

실전 회화

A: **这菜太贵了，我们少点一点儿吧。**
Zhè cài tài guì le, wǒmen shǎo diǎn yìdiǎnr ba.
쩌 차이 타이 꾸이러러, 워먼 샤오 디엔 이디엔 바

B: **没关系，你是贵客嘛。**
Méiguānxi, nǐ shì guìkè ma.
메이꽌시 니 쓰 꾸이커 마

A: **你点得太多了，我们吃不了吧?**
Nǐ diǎnde tài duō le, wǒmen chībùliǎo ba?
니 디엔더 타이 뚜어 러, 워먼 츠뿌리아오 바

B: **你别客气，多吃点。**
Nǐ bié kèqi, duō chī diǎn.
니 비에 커치, 뚜어 츠 디알

우리말 해석
A: 여기 음식은 너무 비싸요, 우리 조금만 시켜요.

B: 괜찮아요, 당신은 귀한 손님이니까요.

A: 너무 많이 시켰어요, 다 먹지도 못할 거에요.

B: 사양하지 말고 많이 드세요.

형용사+死了   ~하여 죽겠다

〈형용사+死了〉는 '~하여 죽겠다'에 해당한다. 예를 들어 热死了는 '더워 죽겠어요.'라는 뜻인데, 정도를 뜻하는 다른 표현으로 很热, 非常热보다 말투가 훨씬 강하다.

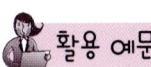 **활용 예문**

一天没吃饭了, 饿死了。
Yìtiān méi chīfàn le, è sǐle.
이티엔 메이 츠판 러, 으어 쓰러
하루 종일 아무것도 못 먹어서 배고파 죽겠어요.

今天38度, 热死了。   오늘은 38도네요, 더워 죽겠어요.
Jīntiān sānshíbā dù, rè sǐle.
찐티엔 산쓰빠(38)두, 러 쓰러

休息一下吧, 累死了。   좀 쉬어요. 힘들어 죽겠어요.
Xiūxi yíxià ba, lèi sǐle.
시오시 이샤 바, 레이 쓰러

실전 회화

A: 已经走了一个小时了, 怎么还没到?
Yǐjing zǒule yígexiǎoshí le, zěnme hái méi dào?
이징 조우러 이꺼샤오쓰러, 쩐머 하이 메이 따오

B: 就在前面了。
Jiù zài qiánmiàn le.
찌우 짜이 치엔미엔 러

A: 我累死了。我们休息一下再走吧。
Wǒ lèi sǐle. Wǒmen xiūxi yíxià zài zǒu ba.
워 레이 쓰러. 워먼 시유시 이샤 짜이 조우 바

B: 好吧。
Hǎo ba.
하오 바

우리말 해석
A: 출발한 지 이미 한 시간이 지났는데, 어떻게 아직도 도착을 못 했나요?
B: 바로 저 앞이에요.
A: 힘들어 죽겠어요. 우리 좀 쉬었다가 다시 출발해요.
B: 그래요.

005

～的＋명사　~의, ~한

的는 명사나 대명사 뒤에 사용되어 소유 또는 종속 관계를 나타낸다. 예를 들면 '나의 책', '당신의 친구'에서 '~의'에 해당된다. 또한 的는 동사 혹은 형용사가 명사를 수식할 때에도 사용되는데, 이때는 '~한'으로 해석한다.

 활용 예문

我的学校很大。 나의 학교는 매우 큽니다.
Wǒ de xuéxiào hě dà.
워 더 쉬에샤오 헌 따

韩国的夏天不太热。 한국의 여름은 그다지 덥지 않습니다.
Hánguó de xiàtiān bú tài rè.
한궈 더 샤티엔 부타이러

我喜欢暖和的天气。 나는 따뜻한 날씨가 좋습니다.
Wǒ xǐhuan nuǎnhuo de tiānqì.
워 시환 누안휘 더 티엔치

 **실전 회화**

A: **我的学校很大, 你的学校呢?**
Wǒ de xuéxiào hěn dà, nǐ de xuéxiào ne?
워 더 쉬에샤오 헌 따, 니 더 쉬에샤오 너

B: **我的学校不太大, 但是学校的
环境很好。**
Wǒ de xuéxiào bútài dà, dànshì xuéxiào de huánjìng hěn hǎo.
워 더 쉬에샤오 부타이 따, 단쓰 쉬에샤오 더 환징 헌 하오

A: **是吗?**
Shì ma?
스마

B: **是啊, 因为学校里的树很多。**
Shì a, yīnwèi xuéxiào lǐ de shù hěn duō.
스 아, 인웨이 쉬에샤오 리 더 슈헌 뚜어

우리말 해석

A: 우리 학교는 정말 커. 너의 학교는?

B: 우리 학교는 별로 크지 않아, 근데 교정이 정말 좋아.

A: 그래?

B: 응, 학교 안에 나무가 참 많거든.

006

동사/형용사+得+보어 　정도나 결과를 나타낸다

得는 구조조사이며, 정도나 가능을 나타낼 때 정도보어나 가능보어를 연결하는 품사이다. 보통 〈동사/형용사+得+보어〉의 기본 구조로 사용한다. 예를 들어 他吃得很多。 이 문장에서 很多가 바로 정도를 나타내는 정도보어다.

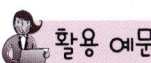 활용 예문

他吃**得**很多, 所以他很胖。　그는 많이 먹어서 뚱뚱하다.
Tā chīde hěn duō, suǒyǐ tā hěn pàng.
타 츠더 헌뚜어, 쏘이 타 헌 팡

我们公司里, 她长**得**最漂亮。
Wǒmen gōngsī lǐ, tā zhǎngdé zuì piàoliang.
워먼 꽁쓰 리, 타 장더 쭈이 피아오량
우리 회사에서, 그녀가 가장 예쁘다.

北京的夏天热**得**很。　북경의 여름은 더워도 너무 덥다.
Běijīng de xiàtiān rè dehěn.
베이징 더 씨아티엔 러 더헌

🔍 실전 회화

A: 你们公司的女职员漂亮吗?
　 Nǐmen gōngsī de nǚzhíyuán piàoliang ma?
　 니먼 꽁쓰 더 뉴즈위엔 피아오량 마

B: 漂亮的很多。其中, 小王长得
　 最漂亮。
　 Piàoliangde hěn duō. Qízhōng, xiǎowáng
　 zhǎngde zuì piàoliang.
　 피아오량더 헌뚜어, 치종, 샤오왕 장더 쭈이 피아오량

A: 那介绍给我吧。
　 Nà jièshào gěi wǒ ba.
　 나 지에샤오 게이 워 바

B: 好啊。
　 Hǎo ā.
　 하오아

우리말 해석

A: 당신 회사의 여직원은 예뻐요?

B: 예쁜 사람 많죠, 그중에서 샤오
　 왕이 제일 예뻐요.

A: 그럼 내게 소개시켜 줘요.

B: 좋아요.

请+동사/문장 ~해 주세요, ~하세요

우리는 보통 중국어에 존댓말이 없다고 알고 있다. 그런데 문장 제일 앞에 请을 쓰면 '~해 주세요', '~하세요' 등의 부드러운 명령이나 권유를 표현할 수 있으므로 이 표현을 중국어의 가장 기본적인 존댓말 표현이라고 할 수 있다.

활용 예문

请进。 들어오세요.
Qǐng jìn.
칭 찐

请坐。 앉으세요.
Qǐng zuò.
칭 쭈어

请稍等。 좀 기다리세요.
Qǐng shāoděng.
칭 샤오덩

请让一下。 좀 비켜 주세요.(실례합니다.)
Qǐng ràng yíxià.
칭 랑 이샤

실전 회화

A: **请问, 王老师在吗?**
Qǐngwèn, wánglǎoshī zài ma?
칭원, 왕라오스 짜이 마

B: **请稍等, 我看一下。**
Qǐng shāoděng, wǒ kàn yíxià.
칭 샤오덩, 워 칸 이샤

A: **好的。谢谢。**
Hǎode. Xièxie.
하오더, 씨에씨에

우리말 해석

A: 실례합니다만 왕 선생님 계십니까?
B: 좀 기다리세요. 제가 확인해 보겠습니다.
A: 네, 감사합니다

008

~想+동사/문장 ~하고 싶다

想은 본래 '생각하다'라는 의미를 가진 동사다. 想 뒤에 사람이 오면 '누구를 보고 싶다'라는 뜻인데, 여기에서는 〈想+동사/문장〉의 형태로 희망이나 바람을 나타내는 조동사로 사용된다.

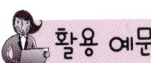 활용 예문

我想去。 나는 가고 싶습니다.
Wǒ xiǎng qù.
워 샹 취

我想去吃饭。 나는 밥을 먹으러 가고 싶습니다.
Wǒ xiǎng qù chīfàn.
워 샹 취 츠판

我想去看电影。 나는 영화를 보러 가고 싶습니다.
Wǒ xiǎng qù kàn diànyǐng.
워 샹 취 칸 띠엔잉

실전 회화

A: 我想去看电影。你去吗?
Wǒ xiǎng qù kàn diànyǐng. Nǐ qù ma?
워 샹 취 칸 띠엔잉. 니 취 마

B: 我不想去, 我想逛街。
Wǒ bùxiǎng qù, wǒ xiǎng guàngjiē.
워 뿌샹 취, 워 샹 꽝찌에

A: 那我们逛街以后去看电影吧。
Nà wǒmen guàngjiē yǐhòu qù kàn diànyǐng ba.
나 워먼 꽝지에 이호우 취 칸 띠엔잉 바

우리말 해석

A: 나는 영화를 보러 가고 싶은데 같이 갈까?
B: 가고 싶지 않아요. 나는 쇼핑하고 싶어요.
A: 그럼 우리 쇼핑한 후 영화 보러 가자.

009

~要＋명사/동사/문장

~을 주세요,
~할 것이다,
~하려고 하다

要는 '~를 주세요', 또는 '~를 달라고 하다'의 의미로 원함이나 바람을 나타낼 때 많이 사용하는 동사다. 이때는 要 뒤에 보통 명사가 온다. 要는 조동사로서 어떤 일에 대한 의지를 나타내는 경우도 많은데, 이때는 '~할 것이다', 또는 '~하려고 하다'의 의미로 사용된다.

활용 예문

我要一杯咖啡，不加糖。 커피 한 잔 주세요, 설탕은 빼고요.
Wǒ yào yìbēi kāfēi, bù jiā táng.
워 야오 이뻬이 카페이, 부 찌아 탕

我要回国。 저는 귀국해요.
Wǒ yào huíguó.
워 야오 회이구어

我要换钱。 환전을 하고 싶어요.
Wǒ yào huànqián.
워 야오 환치엔

실전 회화

A: 我要去吃饭。这里哪家饭店比较好?
Wǒ yào qù chīfàn. Zhèlǐ nǎ jiā fàndiàn bǐjiào hǎo?
워 야오 취 츠판. 쩌리 나 찌아 판띠엔 비찌아오 하오

B: 你要吃中餐的话，可以去对面那家饭店。
Nǐ yào chī zhōngcān dehuà, kěyǐ qù duìmiàn nà jiā fàndiàn.
니 야오 츠 쭝찬 더화, 커이 취 뚜이미엔 나 찌아 판띠엔

A: 好的，谢谢。
Hǎode, xièxie.
하오더, 씨에씨에

우리말 해석

A: 밥 먹으러 갈 건데, 여기서는 어느 집이 좋아요?

B: 중식을 먹기 원한다면, 건너편 저 집에 가도 돼요.

A: 네, 감사합니다.

010

喜欢+명사/동사/문장　~이 좋다, ~하기가 좋다

喜欢은 '좋아하다'라는 뜻의 동사이다. 喜欢 뒤에 명사가 오면 '~을 좋아하다'라는 뜻으로 동사의 기본적인 용법을 사용한다. 하지만 喜欢은 다른 동사들과 달리 뒤에 명사뿐만 아니라 〈喜欢+동사/문장〉의 형태로 쓰여 '어떤 행위가 좋다'는 의미로도 사용될 수 있다.

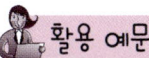

활용 예문

我喜欢你。 나는 당신이 좋아요.
Wǒ xǐhuan nǐ.
워 시환 니

我喜欢意大利菜。 나는 이탈리아 음식이 좋아요.
Wǒ xǐhuan yìdàlìcài.
워 시환 이따리차이

我喜欢看书。 나는 책 읽는 것이 좋아요.
Wǒ xǐhuan kànshū.
워 시환 칸슈

실전 회화

A: **你有什么兴趣爱好?**
　　Nǐ yǒu shénme xìngqù'àihào?
　　니 요우 션머 싱취아이하오

B: **我喜欢看书。你呢?**
　　Wǒ xǐhuan kànshū. Nǐ ne?
　　워 시환 칸 슈. 니 너

A: **我喜欢运动。**
　　Wǒ xǐhuan yùndòng.
　　워 시환 윈똥

우리말 해석

A: 당신은 어떤 취미를 가지고 계십니까?

B: 나는 책 읽는 것이 좋아요. 당신은요?

A: 나는 운동이 좋아요.

打算+동사/문장 ~할 계획이다

打算은 명사로 '행동의 방향, 방법 등에 관한 생각이나 계획'을 의미하며, 여기에서는 동사로 '~할 계획이다'의 의미로 사용한다. 打算은 뒤에 동사나 문장을 붙여 계획을 말할 때 많이 사용하는 표현이다.

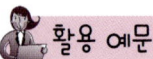 활용 예문

我打算回国。 나는 귀국할 계획이에요.
Wǒ dǎsuan huíguó.
위 다쑤안 후이구어

我打算去天安门。 나는 천안문에 갈 계획이에요.
Wǒ dǎsuan qù Tiān'ānmén.
위 다쑤안 취 티엔안먼

我打算去看电影。 나는 영화를 보러 갈 계획이에요.
Wǒ dǎsuan qù kàn diànyǐng.
위 다쑤안 취 칸 띠엔잉

실전 회화

A: 这星期天打算做什么?
Zhè xīngqītiān dǎsuan zuò shénme?
쩌 싱치티엔 다쑤안 쭈어 션머

B: 我打算去天安门看一看。
Wǒ dǎsuan qù Tiān'ānmén kànyikàn.
위 다쑤안 취 티엔안먼 칸이칸

A: 我想去长城看一看。我们一起去
长城, 然后再一起去天安门吧。
Wǒ xiǎng qù Chángchéng kànyikàn. Wǒmen yìqǐ
qù Chángchéng, ránhòu zài yìqǐ qù Tiān'ānmén ba.
위 샹 취 창청 칸이칸. 위먼 이치 취 창청, 란호우 짜이 이
치 취 티엔안먼 바

우리말 해석

A: 이번 일요일에 뭐 할 거야?

B: 천안문 한 번 가 볼 계획이야.

A: 나는 만리장성에 한번 가 보고
싶어. 우리 같이 만리장성에 간
다음에 천안문에 가자.

012

觉得+형용사/문장 ~라고 생각하다

사전에서 '생각하다'로 중국어 단어를 찾으면 제일 먼저 想이 나온다. 그래서 한국인들은 자신의 생각을 표현할 때 我想~의 형식을 많이 사용하려고 하는데 사실상 중국 사람들이 본인의 생각을 표현할 때 想보다는 觉得를 더욱 많이 사용한다.

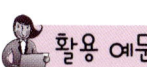 활용 예문

我觉得他很帅。 나는 그가 아주 잘생겼다고 생각해요.
Wǒ juéde tā hěn shuài.
워 쥐에더 타 헌 슈아이

我觉得这衣服很好看。 나는 이 옷이 예쁘다고 생각해요.
Wǒ juéde zhè yīfu hěn hǎokàn.
워 쥐에더 쩌 이푸 헌 하오칸

我觉得她很聪明。 나는 그녀가 아주 똑똑하다고 생각해요.
Wǒ juéde tā hěn cōngming.
워 쥐에더 타 헌 총밍

실전 회화

A: 我很早就想买这件衣服了。
　　我觉得这衣服很好看。
Wǒ hěn zǎojiù xiǎng mǎi zhè jiàn yīfu le. Wǒ juéde zhè yīfu hěn hǎokàn.
워 헌 자오찌우 샹 마이 쩌 지엔 이푸 러. 워 쥐에더 쩌 이푸 헌 하오칸

B: 但是我觉得这件衣服不适合你。
Dànshì wǒ juéde zhè jiàn yīfu bù shìhé nǐ.
딴쓰 워 쥐에더 쩌 지엔 이푸 뿌 스허 니

A: 是吗? 那我穿上让你看看。
Shì ma? Nà wǒ chuānshang ràng nǐ kànkan.
스 마? 나 워 추안상 랑 니 칸칸

우리말 해석

A: 나는 일찍부터 이 옷이 사고 싶었어. 나는 이 옷이 예쁘다고 생각해.

B: 근데 내 생각엔 이 옷이 너한테는 안 어울리는 것 같아.

A: 그래? 그럼 내가 한번 입어볼게. 봐 줘.

013

好像~   ~한 것 같다

好像은 '~한 것 같다'의 의미로 사용하는 부사다. 대부분 주어나 술어 앞에서 사용한다.

 활용 예문

他**好像**汉语不太好。 그는 중국어를 잘 못할 것 같다.
Tā hǎoxiàng hànyǔ bútài hǎo.
타 하오샹 한위 부타이 하오

她**好像**是从非洲来的。
Tā hǎoxiàng shì cóng Fēizhōu lái de.
타 하오샹 스 총페이죠우 라이 더
그녀는 아프리카에서 온 것 같다.

这段时间你**好像**瘦了很多。
Zhè duàn shíjiān nǐ hǎoxiàng shòule hěnduō
쩌 뚜안 스찌엔 니 하오샹 소우러 헌도우
너는 그동안 살이 많이 빠진 것 같다.

실전 회화

A: 在这个公司工作了快一年了吧?
Zài zhège gōngsī gōngzuò le kuài yìnián le ba?
짜이 쩌거 꽁쓰 꽁쭈어 러 콰이 이니엔 러 바

B: 是的。
Shìde.
스더

A: 你好像瘦了很多。
Nǐ hǎoxiàng shòu le hěnduō.
니 하오샹 쇼우 러 헌뚜어

B: 这个公司的工作很辛苦。
Zhège gōngsī de gōngzuò hěn xīnkǔ.
쩌거 꽁쓰 더 꽁쭈어 헌 신쿠

우리말 해석
A: 이 회사에서 일한 지 벌써 일년이 다 되어 가지요?
B: 네.
A: 살이 많이 빠진 거 같아요.
B: 이 회사 업무가 힘드네요.

548

014

不怎么 / 没怎么 별로 ~하지 않다 / 별로 ~하지 않았다

怎么는 본래 '어떻게'의 의미를 가진 대명사다. 앞에 부정부사 不나 没를 붙여 '不怎么(별로 ~하지 않다)'와 '没怎么(별로 ~하지 않았다)'의 형태로 자주 사용하는 표현이다.

 활용 예문

这个菜不怎么好吃。 이 음식은 그리 맛있지 않네요.
Zhège cài bùzěnme hǎochī.
쩌거 차이 뿌쩐머 하오츠

他这个人平时不怎么说话。
Tā zhègerén píngshí bùzěnme shuōhuà.
타 쩌거런 핑스 뿌쩐머 슈어화
그 사람은 평소에 말을 별로 하지 않는다.

这个暑假我没怎么玩儿。
Zhège shǔjiǎ wǒ méizěnme wánr.
쩌거 슈쩌아 워 메이쩐머 왈
이번 여름방학에는 잘 놀지 못했네요.

실전 회화

A: 这个暑假过得怎么样?
Zhège shǔjiǎ guòde zěnmeyàng?
쩌거 슈쩌아 꾸어더 쩐머양

B: 这个暑假我很忙, 没怎么玩儿。
你呢?
Zhège shǔjiǎ wǒ hěn máng, méi zěnme wánr. Nǐ ne?
쩌거 슈쩌아 워 헌 망, 메이 쩐머 왈. 니 너

A: 这个暑假我去旅游了。去了很
多地方。
Zhège shǔjiǎ wǒ qù lǚyóu le. Qùle hěnduō dìfang.
쩌거 슈쩌아 워 취 뤼요우 러. 취러 헌뚜어 띠팡.

우리말 해석

A: 이번 여름방학은 어떻게 보냈
나요?

B: 이번 여름방학은 매우 바빠서 제
대로 놀지 못했어요. 당신은요?

A: 이번 여름방학엔 여행을 갔어
요. 많은 곳을 다녔어요.

015

(没)+동사+过 ~한 적이 있다/없다

过의 본래 성조는 제4성이지만, 过가 동사 뒤에서 과거의 경험을 나타내는 용법으로 사용되면 본래 성조가 약화되므로 경성으로 가볍게 발음하면 된다. 부정은 不가 아닌 과거부정을 나타내는 没(有)를 사용한다.

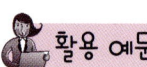 **활용 예문**

我去过长城。 나는 만리장성에 가본 적이 있다.
Wǒ qùguo Chángchéng.
워 취구어 창청

我没吃过北京烤鸭。 나는 북경오리구이를 먹은 적이 없다.
Wǒ méi chīguo běijīngkǎoyā.
워 메이 츠구어 베이징카오야

我听过这首歌。 나는 이 노래를 들어본 적이 있다.
Wǒ tīngguo zhèshǒugē.
워 팅구어 쩌쑈우꺼

실전 회화

A: **我想去长城看一看。**
　　Wǒ xiǎng qù Chángchéng kànyikàn.
　　워 샹 취 창청 칸이칸

B: **我也还没有去过。**
　　Wǒ yě háiméiyǒu qùguo.
　　워 예 하이메이요우 취구어

A: **是吗? 那我们一起去吧。**
　　Shìma? nà wǒmen yìqǐ qù ba.
　　쓰마? 나 위먼 이치 취 바

B: **好啊。**
　　Hǎoā.
　　하오아

우리말 해석
A: 나는 만리장성에 한번 가보고 싶어.
B: 나도 안 가 봤어.
A: 그래? 그럼 우리 같이 가자.
B: 좋아.

016

동사+一+동사 한번 ~해 봐요

동사의 중첩은 동작이 일어나는 시간이 짧거나 한번 가볍게 시도해 보는 것을 나타내는 표현방식이다. 1음절 동사(A)는 〈동사 + 동사〉 또는 〈동사 + 一 + 동사〉, 즉 AA 또는 A一A의 형태로 중첩하고, 2음절 동사(AB)의 경우 〈동사 + 동사〉, 즉 ABAB 형식으로 중첩한다.

 활용 예문

我们去看一看吧。 우리 가서 한번 봐요.
Wǒmen qù kànyikàn ba.
워먼 취 칸이칸 바

你试一试吧。 한번 시도해 보세요.
Nǐ shìyishì ba.
니 쓰이쓰 바

你尝一尝。 한번 먹어 보세요.
Nǐ chángyicháng.
니 창이창

 실전 회화

우리말 해석

A: 听说开了一家新饭馆。我们去看一看吧。
Tīngshuō kāile yìjiā xīn fànguǎn. Wǒmen qù kànyikàn ba.
팅슈어 카이러 이찌아 신 판꽌엔. 워먼 취 칸이칸 바

B: 好啊。
Hǎoā.
하오아

A: 这个菜你尝一尝。
Zhège cài nǐ chángyicháng.
쩌거 차이 니 창이창

B: 真好吃。
Zhēn hǎochī.
쩐 하오츠

A: 듣자하니 식당이 새로 오픈했다면서요. 우리 가서 한번 봐요.

B: 좋아요.

A: 한번 먹어 보세요.

B: 정말 맛있네요.

一会儿再~   잠시 후에 다시 ~하겠습니다

一会儿은 '잠시', '잠깐 동안'을 뜻한다. 동사 앞에 사용될 수도 있고, 동사 뒤에 놓일 수도 있다. 再는 '다시', '또'의 뜻인데 여기서 一会儿와 같이 쓰여 '잠시 후에 다시'라는 의미로 잠시 후의 행동을 상대방에게 알리거나 요구할 때 많이 사용한다.

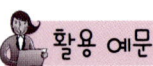 활용 예문

我**一会儿再**打来。 제가 이따 다시 걸어볼게요.
Wǒ yíhuìr zài dǎ lái.
워 이후이얼 짜이 다 라이

现在忙, 我**一会儿再**吃。 지금은 바빠요. 이따 먹을게요.
Xiànzài máng, wǒ yíhuìr zài chī.
씨엔짜이 망, 워 이후이얼 짜이 츠

我现在有事, 你**一会儿再**来。
Wǒ xiànzài yǒushì, nǐ yíhuìr zài lái.
워 씨엔짜이 요우슬, 니 이후이얼 짜이 라이
내가 지금은 일이 있어서, 이따 다시 오세요.

실전 회화

A: 喂, 请问王科长在吗?
Wéi, Qǐngwèn Wángkēzhǎng zài ma?
웨이, 칭원 왕커장 짜이 마

B: 他现在在开会, 请您**一会儿再**打来, 好吗? 半个小时以后吧。
Tā xiànzài zài kāihuì, qǐng nín yíhuìr zài dǎ lái, hǎoma? Bànge xiǎoshí yǐhòu ba.
타 씨엔짜이 짜이 카이회이, 칭 닌 이후이얼 짜이 다 라이, 하오마? 빤거 샤오스 이휘 바

우리말 해석

A: 여보세요, 실례지만 왕과장님 계신가요?

B: 그는 지금 회의에 늘어가셨어요, 이따 다시 연락을 주시겠어요? 30분 뒤에요.

018

동사+一下　좀(한번) ~보세요!

一下는 '한번'의 뜻으로 동사 뒤에 쓰여서 가볍게 한번 시도하는 동작을 표현한다.
명령문에 사용되면 어감이 부드러워지는데, 중국인들이 자주 사용하는 표현이다.

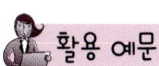 활용 예문

请问一下, 北京大学怎么走?
Qǐngwèn yíxià, běijīngdàxué zěnme zǒu.
칭원 이샤, 베이징따쉐 쩐머 양
실례합니다, 북경 대학은 어떤가요?

等一下, 我马上来。 기다리세요, 제가 바로 갈게요.
Děng yíxià, wǒ mǎshàng lái.
덩 이샤, 위 마상 라이

这本书你看一下, 可能有用。
Zhèběnshū nǐ kàn yíxià, kěnéng yǒuyòng.
쩌번슈 니 칸 이샤, 커녕 요우용

이 책을 보세요. 당신에게 아마 필요할 거예요.

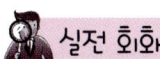 실전 회화

A: 你来说一下情况吧。
　　Nǐ lái shuō yíxià qíngkuàng ba.
　　니 라이슈어 이샤 칭쾅 바

B: 好, 等一下, 我整理一下资料。
　　Hǎo, děng yíxià, wǒ zhěnglǐ yíxià zīliào.
　　하오, 덩 이샤. 위 정리 이샤 쯔리아오

A: 那一个小时以后再说吧。
　　Nà yígexiǎoshí yǐhòu zàishuō ba.
　　나 이거샤오스 이호우 짜이슈어 바

우리말 해석

A: 상황 설명을 해 주세요.

B: 네, 기다리세요. 자료 정리 좀
　　하고요.

A: 그럼 한 시간 뒤에 다시 얘기
　　하시죠.

019

有点儿+ 동사/형용사   조금~

有点儿은 상용 부사다. '조금'이나 '약간 밖에 안 되는' 정도를 표현할 때 사용한다.
보통 소극적이거나 좋지 않은 평가를 내릴 때 동사나 형용사 앞에 자주 넣어 사용
한다.

 활용 예문

今天有点儿冷。 오늘은 좀 추워요.
Jīntiān yǒudiǎnr lěng.
찐티엔 요우디알 렁

他有点儿醉了。 그는 좀 취했어요.
Tā yǒudiǎnr zuì le.
타 요우디알 주에이 러

包里有点儿钱。 가방에 돈이 좀 있어요.
Bāo lǐ yǒudiǎnr qián.
빠오 리 요우디알 치엔

실전 회화

A: 感觉今天有点儿冷了。
Gǎnjué jīntiān yǒudiǎnr lěng le.
간쥐에 찐티엔 요우디알 렁 러

B: 快入冬了，多穿点衣服。
Kuài rùdōngle, duō chuān diǎn yīfu.
콰이 루뚱러, 뚸어 추안 디알 이푸

A: 嗯，你也注意别感冒。
Èn, nǐ yě zhùyì bié gǎnmào.
응, 니 에 쭈이 비에 간마오

우리말 해석

A: 오늘은 좀 춥게 느껴지네.
B: 곧 겨울이 되니 옷을 많이 입으
세요.
A: 응, 너도 감기 조심해.

020

一点儿+명사 조금~

一点儿과 有点儿은 모두 '조금'이나 '약간 밖에 안 되는' 정도를 표현할 때 자주 사용한다. 一点儿은 주로 명사 앞에 쓰고 동사나 형용사 앞에는 쓸 수 없다.

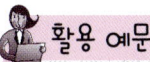 활용 예문

中午吃饭的时候, 他喝了一点儿啤酒。
Zhōngwǔ chīfàn de shíhou, tā hēle yìdiǎnr píjiǔ.
쭝우 츠판 더 스호우, 타 허러 이디알 피지오
점심 식사시간 때, 그는 맥주 한 잔을 했어요.

请再给我一点儿饭。 제게 밥을 조금 더 주시겠어요.
Qǐng zài gěi wǒ yìdiǎnr fàn.
칭 짜이 게이 워 이디알 판

这个菜有点淡, 放一点儿盐吧。
Zhège cài yǒudiǎn dàn, fàng yìdiǎnr yán ba.
쩌거 차이 요우디안 딴, 팡 이디알 옌 바
이 음식 조금 싱겁네요, 소금을 좀 넣어야겠네요.

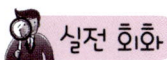 실전 회화

A: **这家饭店的菜怎么样?**
Zhèjiā fàndiàn de cài zěnmeyàng?
쩌찌아 판띠엔 더 차이 쩐머양

B: **都很好吃。不过, 这个菜有点儿淡了。**
Dōu hěn hǎochī. Búguò, zhège cài yǒudiǎnr dàn le.
또우 헌 하오츠. 부꾸어, 쩌거 차이 요우디일 단 러

A: **那让服务员放一点儿盐吧。**
Nà ràng fúwùyuán fàng yìdiǎnr yán ba.
나 랑 푸우위엔 팡 이디알 옌 바

우리말 해석

A: 이 식당의 음식은 어때요?

B: 모두 다 맛있어요. 근데 이 음식은 조금 싱겁네요.

A: 그럼 종업원에게 소금을 좀 넣어달라고 하죠.

021

～(的)时候 _{~할 때}

时候는 '때', '시각', '시간', '동안'의 뜻을 가진 명사다. 时候 앞에 구체적인 내용이 오면 '~할 때'라는 뜻이 된다. 보통 时候 앞에는 구조조사 的가 필요하다.

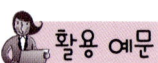 활용 예문

下雨**的时候**, 我的心情会不好。
Xiàyǔ de shíhou, wǒ de xīnqíng huì bùhǎo.
시아위 더 스호우, 워 더 씬칭 회이 뿌하오
비가 올 때면, 마음이 좋지 않습니다.

我到**的时候**他已经在房间里了。
Wǒ dào de shíhou tā yǐjing zài fángjiān lǐ le.
워 따오 더 스호우 타 이징 짜이 팡지엔 리 러
내가 도착했을 때, 그는 이미 방안에 있었다.

吃饭**的时候**不能看电视。
Chīfàn de shíhou bùnéng kàn diànshì.
츠판 더 스호우 뿌넝 칸 띠엔스
식사할 때 텔레비전을 보지 마세요.

 실전 회화

A: 你怎么身上都湿了?
Nǐ zěnme shēnshang dōu shī le?
니 쩐머 선상 또우 쓰 러

B: 刚回来的时候突然下雨了。
Gāng huílái de shíhou tūrán xiàyǔ le.
깡 회이라이 더 스호우 투란 시아위 러

A: 快去洗洗吧。
Kuài qù xǐxi ba.
콰이 취 시시 바

우리말 해석

A: 왜 몸이 다 젖었어요?
B: 방금 돌아올 때 갑자기 비가 내렸어요.
A: 얼른 씻으세요.

022

关于~   ~에 대한, ~에 대하여

关于는 '~에 대한', '~에 대한', '~에 대하여'라는 의미를 가진 전치사다. 뒤에 붙는 명사나 명사구가 관련된 사물을 나타낸다.

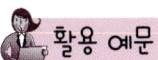 **활용 예문**

关于你去韩国留学的事, 我们还要再商量商量。
Guānyú nǐ qù hánguó liúxué de shì, wǒmen háiyào zài shāngliang shāngliang.
꽌위 니 취 한궈 리우쉐 더 스, 워먼 하이야오 짜이 상리앙상리앙
너의 한국 유학에 대해 우리는 아직 상의하는 중이다.

关于这件事, 你最好去问老王。
Guānyú zhè jiàn shì, nǐ zuìhǎo qù wèn lǎowáng.
꽌위 쩌 지엔 스, 니 쭈이하오 취 원 라오왕
이 일에 관해서는 라오왕에게 묻는 것이 제일 좋습니다.

我在看一本**关于**中国历史的书。
Wǒ zài kàn yìběn guānyú zhōngguó lìshǐ de shū.
워 짜이 칸 이번 꽌위 쭝궈 리스 더 슈
나는 중국 역사에 관한 책 한 권을 읽고 있습니다.

실전 회화

A: 有个朋友问了我一个问题, 是
关于星座的。你知道吗?
Yǒu ge péngyou wènle wǒ yíge wèntí, shì guānyú xīngzuò de. Nǐ zhīdào ma?
요 거 펑요우 원러 워 이거 원티, 스 꽌위 씽쭈 더. 니 쯔다오 마

B: 关于星座, 我知道得不多。
Guānyú xīngzuò, wǒ zhīdào de bù duō.
꽌위 씽쭈, 워 쯔다오 더 부 뚜어

A: 那我还是去网上找找资料吧。
Nà wǒ háishì qù wǎng shàng zhǎozhao zīliào ba.
나 워 하이스 취 왕 상 쟈오쟈오 쯔리아오 바

우리말 해석

A: 제 친구 한 명이 별자리에 대해 물어보던데, 혹시 아세요?

B: 별자리에 대해 저도 아는 게 많이 없어요.

A: 그럼 인터넷으로 자료를 찾아봐야겠네요.

023

为/为了~　~을 위하여

우리는 술 마실 때 '~를 위하여'라는 건배의 말을 자주 사용한다. 이때는 为나 为了를 사용하면 안 된다. 为나 为了는 전치사로서 단독으로 쓰지 못하기 때문이다.

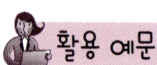 활용 예문

为了我们今天的聚会干杯! 우리의 오늘 모임을 위해 건배!
Wèile wǒmen jīntiān de jùhuì gānbēi!
웨이러 워먼 찐티엔 더 쮜회이 깐뻬이

父母**为**孩子做了很多事。
Fùmǔ wèi háizi zuòle hěnduō shì.
푸무 웨이 하이즈 쪼어러 헌뚜어 슬
부모님들은 자식을 위해 많은 일을 합니다.

为了考个好成绩, 他努力学习。
Wèile kǎo ge hǎo chéngjì, tā nǔlì xuéxí.
웨이러 카오 거 하오 청지, 타 누리 쉐시
그는 좋은 성적을 얻기 위해 열심히 공부했습니다.

실전 회화

A: 今天大家能聚在一起真好。
Jīntiān dàjiā néng jù zàiyìqǐ zhēnhǎo.
찐티엔 따지아 넝 쮜 짜이이치 쩐하오

B: 我们大家一起干一杯吧。
Wǒmen dàjiā yìqǐ gānyìbēi ba.
워먼 따지아 이치 깐이뻬이 바

A: 好, 为了我们今天的聚会干杯!
Hǎo, wèile wǒmen jīntiān de jùhuì gānbēi!
하오, 웨이러 워먼 찐티엔 더 쮜회이 깐뻬이

B: 干杯!
Gānbēi!
깐뻬이

우리말 해석

A: 오늘 다 같이 함께 모이니 정말 좋네요.
B: 우리 다 같이 건배해요.
A: 좋아요, 오늘 우리의 모임을 위해 건배!
B: 건배!

024

趁~ ~을 틈타, ~을 이용하여

趁은 '(시간, 기회)를 틈타다', '이용하다'의 의미로 구어체에 자주 사용하는 전치사다. 뒤에 명사·형용사·동사구 문장이 올 수 있다.

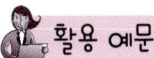 활용 예문

趁这个机会给你介绍一个女孩。
Chèn zhège jīhuì gěi nǐ jièshào yígè nǚhái.
천 쩌거 지회이 게이 니 지에샤오 이거 뉴하이
이번 기회를 통해 당신에게 여자 친구를 소개시켜 줘야겠네요.

趁爸妈还能走能吃的时候, 多带他们去旅游。
Chèn bàmā hái néng zǒu néng chī de shíhou, duō dài tāmen qù lǚyóu.
천 빠마 하이 넝 조우 넝 츠더 스호우, 뚜어 따이 타먼 취 뤼요우
아버지, 어머니께서 잘 걷고, 잘 드실 때 많이 모시고 여행 다니세요.

饭要**趁**热吃。 뜨거울 때 드세요.
Fàn yào chèn rè chī.
판 야오 천 러 츠.

 실전 회화

A: 这次又带你爸妈去哪里玩的?
Zhècì yòu dài nǐ bàmā qù nǎlǐ wán de?
쩌츠 요우 따이 니 빠마 취 나리 왈더

B: 去了一趟桂林。
Qùle yítàng Guìlín.
취러 이탕 꾸이린

A: 你对你爸妈真好。
Nǐ duì nǐ bàmā zhēnhǎo.
니 뚜이 니 빠마 쩐하오

B: 趁爸妈年龄还不是很大的时候
想多带他们出去看看。
Chèn bàmā niánlíng háibúshì hěn dà de shíhou
xiǎng duō dài tāmen chūqù kànkan.
천 빠마 니엔링 하이부스 헌 따 더 스호우 시앙 뚜어 따이
타먼 추취 칸칸

우리말 해석
A: 이번에 아버지, 어머니 모시고
어디로 놀러갔어요?

B: 계림으로 갔어요.

A: 당신은 부모님께 정말 잘하시
네요.

B: 아버지·어머니 연세가 그리 많
지 않으실 때, 모시고 많이 다니
고 싶어요.

025

毕竟～   어쨌든 ~이니까

毕竟은 사실이나 생각을 강조할 때 자주 사용하는 부사다. 문장 앞에 쓰이기도 하고 동사나 형용사 앞에도 붙일 수 있다.

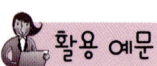 활용 예문

别骂他了, 毕竟他还是个孩子。
Bié mà tā le, bìjìng tā háishì ge háizi.
비에 마 타 러, 삐징 타 하이스 거 하이즈
그는 어쨌든 어린아이니까 너무 나무라지 마세요.

北京毕竟是首都, 常可以看到很多明星。
Běijīng bìjìng shì shǒudū, cháng kěyǐ kàndào hěnduō míngxīng.
베이징 삐징 스 쇼우두, 창 커이 칸따오 헌뚜어 밍씽
북경이 수도이다 보니, 자주 많은 연예인을 볼 수 있어요.

这件事毕竟是你做的, 就应该你去说。
Zhè jiàn shì bìjìng shì nǐ zuòde, jiù yīnggāi nǐ qù shuō.
쩌 지엔 슬 삐징 스 니 쭈어더, 찌우 잉가이 니 취 슈어
이번 일도 결국에 당신이 하니까, 당신이 가서 말하세요.

실전 회화

A: 我这样做是有理由的。
Wǒ zhèyàng zuò shì yǒu lǐyóu de.
워 쩌양 쭈어 스 요우 리요우 더

B: 我知道你有你的理由。但你毕竟伤害了他。你应该向他道歉。
Wǒ zhīdào nǐ yǒu nǐ de lǐyóu. Dàn nǐ bìjìng shānghàile tā. nǐ yīnggāi xiàng tā dàoqiàn.
워 쯔다오 니 요우 니 더 리요우. 딴 니 삐징 샹하이러 타. 니 잉까이 샹 타 빠오치엔

A: 你说的也对。
Nǐ shuōde yě duì.
니 슈어더 예 뚜이

우리말 해석
A: 제가 이렇게 한 것은 다 이유가 있어요.
B: 저는 당신이 그렇게 한 이유를 알아요. 그러나 어쨌든 그를 상처입게 했잖아요. 그에게 가서 사과하세요.
A: 당신 말도 맞아요.

026

还是~ 　그래도, 여전히

여기서 还是는 부사로 사용하며 어떤 행동이나 상태가 변하지 않고 유지되는 상황에서 자주 쓰인다. 우리말의 '그래도', '여전히'와 비슷하다.

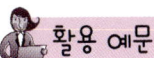 활용 예문

她已经40岁了, 但看上去还是很年轻。
Tā yǐjing sìshí suì le, dàn kànshangqù háishì hěn niánqīng.
타 이찡 쓰스(40)쑤이 러, 딴 칸샹취 하이스 헌 니엔칭
그녀는 이미 40세인데 아직도 젊어 보이네요.

他让我别去, 但是我还是想去。
Tā ràng wǒ bié qù, dànshì wǒ háishì xiǎng qù.
타 랑 위 비에 취, 딴스 위 하이스 샹 취
그는 나에게 가지 말라고 했지만, 난 여전히 가고 싶어요.

我还是不能告诉你她的电话号码。
Wǒ háishì bùnéng gàosù nǐ tā de diànhuàhàomǎ.
위 하이스 뿌넝 까오수 니 타 더 띠엔화하오마
저는 여전히 당신에게 그녀의 번호를 알려줄 수가 없어요.

 실전 회화

우리말 해석

A: 我们现在都老了, 有40年没见了吧。
Wǒmen xiànzài dōu lǎo le, yǒu sìshínián méi jiànle ba.
위먼 씨엔짜이 또우 라오 러, 요우 쓰스(40)니엔 메이 찌엔러 바

A: 40년 동안 보지 못한 우리, 이제 모두 늙었네요.

B: 是啊。 时间过得真快。
Shìa. Shíjiān guòde zhēn kuài.
스아, 스지엔 꾸어더 쩐 콰이

B: 그래요, 시간 참 빠르게 가네요.

A: 你还是这么年轻漂亮。
Nǐ háishì zhème niánqīng piāoliang.
니 하이스 쩌머 니엔칭 피아오량

A: 당신은 아직도 젊고 아름답네요.

B: 你身体也还是这么好。
Nǐ shēntǐ yě háishì zhème hǎo.
니 선티 예 하이스 쩌머 하오

B: 당신도 여전히 건강하네요.

027

差点儿~ 하마터면 ~할 뻔했다

差点儿는 어떤 상태에 아주 가까이 다가갔음을 나타내는 부사다. 우리말의 '하마터면 ~할 뻔하였다.'와 비슷한 의미로 사용하여 뒤에 보통 안 좋은 일이 온다.

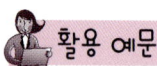 활용 예문

今天起晚了, 差点儿迟到。
Jīntiān qǐ wǎn le, chàdiǎnr chídào.
진티엔 치 완 러, 차디알 츠따오
오늘 늦게 일어나서 하마터면 지각할 뻔했어요.

刚才跑得太快, 差点儿摔倒。
Gāngcái pǎo de tài kuài, chàdiǎnr shuāidǎo.
깡차이 파오 더 타이 콰이, 차디알 슈아이다오
방금 너무 빨리 뛰어서 하마터면 넘어질 뻔했어요.

我差点儿就把这件事情告诉他了。
Wǒ chàdiǎnr jiù bǎ zhè jiàn shìqing gàosu tā le.
워 차디알 찌우 바 쩌 찌엔 슬칭 까오쑤 타 러
제가 하마터면 그 일을 그에게 말할 뻔했어요.

실전 회화

A: 今天真漂亮。有什么特别的事情吗?
Jīntiān zhēn piàoliang. Yǒu shénme tèbié de shìqing ma?
쩐티엔 쩐 피아오량. 요우 선머 터비에 더 슬칭 마

B: 今天要去参加朋友的结婚典礼。
Jīntiān yào qù cānjiā péngyou de jiéhūn diǎnlǐ.
쩐티엔 야오 취 찬찌아 펑요우 더 지에훈 디엔리

A: 这双高跟鞋是今年的新款呢!
Zhè shuāng gāogēnxié shì jīnnián de xīnkuǎn ne!
쩌 슈앙 까오껀시에 스 쩐니엔 더 신콴 너

B: 别提了, 刚才差点儿摔倒。
Biétíle, gāngcái chàdiǎnr shuāidǎo.
비에티러, 깡차이 차디알 슈와이다오

A: 오늘 너무 예쁘네요. 무슨 특별한 일 있으세요?
B: 오늘 친구의 결혼식에 참석해요.
A: 이 구두는 올해 새로 나온 디자인이네요.
B: 말도 마요. 방금 하마터면 넘어질 뻔했어요.

028

동사+好 ~해 놓았다

好는 본래 '좋다'라는 의미를 가진 단음절 형용사다. 동사 뒤에 붙이면 결과보어로 사용되어, '~해 놓았다'의 뜻으로 보통 동작의 완성과 동작이나 상태에 의하여 야기된 결과가 만족스러움을 나타낸다.

 활용 예문

飞机票已经买好了, 后天就走。
Fēijīpiào yǐjing mǎi hǎo le, hòutiān jiù zǒu.
페이지피아오 이징 마이 하오 러, 호우티엔 찌우 조우
비행기표 이미 구매했어요. 모레 출발해요.

快把鞋子穿好。 얼른 신발 신으세요.
Kuài bǎ xiézi chuān hǎo.
콰이 바 시에즈 추안 하오

我们约好了在学校门口见的。
Wǒmen yuēhǎole zài xuéxiào ménkǒu jiàn de.
워먼 위에하오러 짜이 쉐에샤오 먼코우 찌엔 더
우리 학교 앞에서 만나는 걸로 약속한 거예요.

 **실전 회화**

A: 飞机票已经买好了。明天就走。
Fēijīpiào yǐjing mǎi hǎo le. Míngtiān jiù zǒu.
페이지피아오 이징 마이 하오 러. 밍띠엔 찌우 조우

B: 那你快把行李收拾好。
Nà nǐ kuài bǎ xíngli shōushi hǎo.
나 니 콰이 바 싱리 쇼우스 하오

A: 没有什么行李, 带一个包就行了。
Méiyǒu shénme xíngli, dài yígebāo jiù xíngle.
메이요우 선머 싱리, 따이 이거빠오 찌우 씽러

우리말 해석

A: 이미 비행기표 구매했어요. 내일 출발해요.

B: 그럼 어서 짐 정리해.

A: 짐이 없어요, 가방 하나만 들고 가면 돼요.

029

동사 + 上   ~하게 되었다

上은 본래 '위'의 의미를 가진 방향명사다. 동사 뒤에 붙이면 방향보어로 '~하게 되었다', '~하기 시작했다'의 뜻으로 보통 동작이 시작되어 계속됨을 나타낼 때 사용한다.

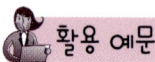 활용 예문

我喜欢上了我们家邻居的儿子。
Wǒ xǐhuanshang le wǒmen jiā línjū de érzi.
위 시환상 러 워먼 찌아 린쥐 더 얼즈
나는 우리 이웃집 아들을 좋아하게 되었다.

你们俩什么时候好上的?
Nǐmenliǎ shénmeshíhou hǎoshang de?
니먼리아 션머스호우 하오상 더
두 분은 언제부터 좋아하기 시작했어요?

这两个人一到广场就跳上舞了。
Zhè liǎnggerén yí dào guǎngchǎng jiù tiàoshangwǔle.
쩌 리앙거런 이 따오 꽝창 찌우 티아오상우러
저 두 사람은 광장에 도착하자마자 춤을 추기 시작했어요.

실전 회화

A: 我喜欢上了邻居的儿子。但是不知道怎么开口。
Wǒ xǐhuanshang le línjū de érzi. Dànshi bùzhīdào zěnme kāikǒu.
위 시환상 러 린쥐 더 얼즈. 딴스 뿌쯔따오 쩐머 카이코우

B: 直接告诉他不就行了。
Zhíjiē gàosu tā bújiùxíngle.
즈지에 까오수 타 뿌찌우씽러

A: 我怕他拒绝我。
Wǒ pà tā jùjué wǒ.
위 파 타 주쥐에 워

우리말 해석

A: 이웃집 아들을 좋아하게 되었는데 어떻게 말을 붙여야 할지 모르겠어요.

B: 직접 그에게 말하면 되죠.

A: 그가 거절할까 봐 걱정돼요.

030

동사+出来 ~해냈다

出来는 '나오다'라는 의미의 동사다. 동사 뒤에 붙으면 방향보어로서 사람이나 사물이 동작과 같이 노출됨을 나타낸다.

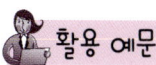 활용 예문

你能听出来我是谁吗?
Nǐ néng tīngchūlai wǒ shì shuí ma?
니 넝 팅추라이 워 스 쉐이 마
내가 누구인지 (듣고 나서) 바로 알겠어요?

我看出来了, 你喜欢她。
Wǒ kànchūlaile, nǐ xǐhuan tā.
워 칸출라이러, 니 시환 타
당신이 그를 좋아하는지 알아챌 수 있겠네요.

这个问题的答案我到现在还没有想出来。
Zhège wèntí de dáàn wǒ dào xiànzài háiméiyǒu xiǎngchūlai.
쩌거 원티 더 다안 워 따오 씨엔짜이 하이메이요우 샹추라이
이 문제의 답을 나는 아직도 생각해내는 중이에요.

 실전 회화

A: 喂, 你找谁?
Wéi, nǐ zhǎo shuí?
웨이, 니 쟈오 쉐이

B: 小雅, 听出来我是谁了吗?
Xiǎoyǎ, tīngchūlai wǒ shì shuí le ma?
샤오야, 팅추라이 워 스 쉐이 러 마

A: 嗯~是小明吧? 你从韩国回来啦?
Èn~shì xiǎomíng ba? Nǐ cóng Hánguó huílai lā?
응, 스 샤오밍 바? 니 총 한궈 회이라이 라

B: 是啊, 明天一起吃饭吧。
Shìa, míngtiān yìqǐ chīfàn ba.
스아, 밍티엔 이치 츠판 바

우리말 해석

A: 여보세요? 누구 찾으시나요?

B: 샤오야, 내가 누군지 알겠어요?

A: 응~ 샤오밍이지? 한국 갔다 돌아왔어?

B: 응, 내일 같이 밥 먹자.

031

동사/형용사+得了 ~할 가능성이 있다

得了는 동사나 형용사 뒤에 붙어서 가능보어로 쓰인다. 즉, 행위의 실현 가능성에 대해 예측할 때 자주 사용되는 표현이다. 부정형은 不了로 '~할 가능성이 없다'라는 뜻이다.

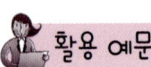 **활용 예문**

明天的聚会你来得了来不了？
Míngtiān de jùhuì nǐ láideliǎo láibuliǎo?
밍티엔 더 쥐회이 니 라이더리아오 라이뿌리아오
내일 모임에 올 수 있어요, 없어요?

我开始发烧了，今天恐怕上不了课了。
Wǒ kāishǐ fāshāole, jīntiān kǒngpà shàngbùliǎokèle.
워 카이스 파샤오러, 찐티엔 콩파 샹뿌리아오커러
열이 나기 시작해서 오늘 수업에 가지 못할 것 같아요.

脚扭了，走不了路了。 발을 접질러서, 걸어갈 수가 없어요.
Jiǎo niǔle, zǒubùliǎolùle.
찌아오 니우러, 조우뿌리아오루러

실전 회화

A: 这个周末我想办个同学聚会。
你来得了吗？
Zhège zhōumò wǒ xiǎng bàn ge tóngxué jùhuì.
Nǐ láideliǎo ma?
쩌거 쪼모 워 시앙 빤 거 통쉐 쥐회이. 니 라이더리아오 마

B: 我出差，参加不了。
Wǒ chūchà, cānjiā bù liǎo.
워 추차이, 찬찌아 부리아오

A: 太可惜了。
Tài kěxī le.
타이 커시 러.

우리말 해석

A: 이번 주말에 우리 반 모임을 하려고 하는데 올 수 있어요?

B: 저는 출장을 가서 참석할 수가 없어요.

A: 정말 아쉽네요.

032

受得了/受不了 참을 수 있다, 참을 수 없다

앞에서 행위의 실현 가능성에 대해 예측할 때 자주 사용하는 得了과 不了을 배웠다. 여기서는 得了과 不了 앞에 受(받다, 견디다, 참다)을 붙이면 되는 구어체 관용어에 대해 살펴보자. 受不了은 受得了보다 더 많이 쓰인다.

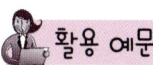 활용 예문

这种人你受得了吗? 이런 사람을 당신이 참을 수 있겠어요?
Zhèzhǒngrén nǐ shòudeliǎo ma?
쩌쭝런 니 쇼우더리아오 마

你已经两天没睡觉了, 受得了吗?
Nǐ yǐjīng liǎngtiān méi shuìjiàole, shòudeliǎo ma?
니 이찡 리앙티엔 메이 쉐이찌아오러, 쇼우더리아오 마
당신은 이미 이틀 동안이나 잠을 자지 못했는데, 참을 수 있겠어요?

每天只能吃方便面, 我快受不了了。
Měitiān zhǐnéng chī fāngbiànmiàn, wǒ kuài shòubuliǎole.
메이티엔 즈넝 츠팡비엔미엔, 워 콰이 쇼우뿌리아오러
매일 컵라면만 먹는데, 더는 참을 수가 없어요.

실전 회화

A: 你已经两天没睡觉了, 受得了吗?
Nǐ yǐjīng liǎngtiān méi shuìjiàole, shòudeliǎo ma?
니 이찡 리앙티엔 메이 쉐이찌아오러, 쇼우더리아오 마

B: 受不了也要做啊。公司急着要。
Shòubuliǎo yěyào zuò a. Gōngsī jízhe yào.
쇼우뿌리아오 예야오 쭈어 아. 꿍쓰 자오지 야오

A: 你这样对身体不好。
Nǐ zhèyàng duì shēntǐ bùhǎo.
니 쩌양 뚜이 션티 뿌하오

B: 我就快做完了。
Wǒ jiù kuài zuòwánle.
워 찌우 콰이 쭈어완러

우리말 해석

A: 당신은 이미 이틀 동안이나 잠을 자지 못했는데, 참을 수 있겠어요?

B: 참을 수 없어도 해야 해요. 회사가 급히 원하잖아요.

A: 이러면 건강에도 좋지 않아요.

B: 기의 다 했어요.

033

来得及~ ~할 시간이 있다

来得及는 주로 시간적으로 충분하거나 여유가 있을 때 사용하는 표현이다. '그 시간 내에 완성할 수 있다'는 의미로 뒤에는 보통 동사나 동사구가 온다. 반대의 의미로 '미치지 못하다', '제 시간에 맞출 수 없다'는 '来不及~'라는 표현을 사용한다.

활용 예문

你现在出发还来得及。 지금 출발하면 늦지 않아요.
Nǐ xiànzài chūfā hái láidejí.
니 씨엔짜이 추파 하이 라이더지

还有一个小时, 他来得及回家一趟。
Háiyǒu yígexiǎoshí, tā láidejí huíjiā yítàng.
하이요우 이거샤오스, 타 라이더지 회이찌아 이탕
아직 한 시간이 남아 있어서 그가 집에 한번은 다녀올 수 있어요.

快迟到了, 来不及吃早饭了。
Kuài chídào le, láibují chī zǎofàn le.
콰이 츠따오 러, 라이뿌지 츠 자오판 러
늦을 것 같아서 아침 먹을 시간이 없어요.

실전 회화

A: **你怎么现在才起来。**
Nǐ zěnme xiànzài cái qǐlai.
니 전머 씨엔짜이 차이 치라이

B: **昨天晚上睡得太晚。**
Zuótiān wǎnshang shuìde tài wǎn.
조어티엔 완상 쉐이더 타이 완

A: **你要是来不及吃早饭, 就带一个包子走吧。**
Nǐ yàoshi láibují chī zǎofàn, jiù dài yíge bāozi zǒu ba.
니 야오스 라이부지 츠 자오판, 찌우 따이 이거 빠오즈 조우 바

B: **要是有牛奶就更好了。**
Yàoshi yǒu niúnǎi jiù gènghǎole.
야오스 요우 니우나이 찌우 껑하오러

우리말 해석

A: 왜 이제야 일어나는 거야?

B: 어젯밤에 너무 늦게 잤어요.

A: 아침밥 먹을 시간이 없으면, 만두 하나 싸가지고 가.

B: 우유가 있으면 더 좋을 텐데.

034

舍不得~   ~하기 아쉬워하다

舍不得는 관용 표현으로 '헤어지기 아쉽다, 섭섭하다'의 의미로 일반적으로 뒤에는 동사구나 절이 온다.

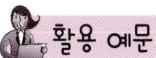 **활용 예문**

我真舍不得你。 당신과 헤어지기 아쉽네요.
Wǒ zhēn shěbude nǐ.
워 쩐 서뿌더 니

妈妈舍不得离开孩子。 엄마는 아이들과 헤어지기 아쉬워해요.
Māma shěbude líkāi háizi.
마마 서뿌더 리카이 하이즈

这件衣服太贵了, 我舍不得买。
Zhè jiàn yīfu tài guì le, wǒ shěbude mǎi.
쩌 찌엔 이푸 타이 꾸이 러, 워 서뿌더 마이
이 옷은 너무 비싸네요. 살 수가 없어요.

실전 회화

A: 你这么快就要回国了, 我真舍不得你。
Nǐ zhème kuài jiùyào huíguóle, wǒ zhēn shěbude nǐ.
니 쩌머 콰이 찌우야오 회이구워러, 워 쩐 서뿌더 니

B: 我也舍不得你和这些中国朋友。
Wǒ yě shěbude nǐ hé zhèxiē zhōngguó péngyou.
워 예 서뿌더 니 허 쩌시에 쭝궈 펑요우

A: 以后有机会一定再回来。
Yǐhòu yǒu jīhuì yídìng zài huílai.
이허우 요우 지회이 이띵 짜이 회이라이

B: 你们也一定要来韩国玩。
Nǐmen yě yídìng yào lái hánguó wán.
니먼 예 이띵 야오 라이 한궈 완

우리말 해석

A: 어쩜 그리 빨리 귀국을 해요. 보내기 너무 아쉬워요.

B: 저도 당신과 중국 친구들과 헤어지기 아쉬워요.

A: 나중에 기회가 생기면 꼭 다시 와요.

B: 여러분도 꼭 한국에 놀러오세요.

왕초보 실생활 기본패턴

PART
02

상용 삽입 패턴

035

不好意思~　실례합니다

不好意思는 '실례합니다'라는 표현인데 문장 앞에 쓰일 때는 보통 질문하는 경우가 많다.

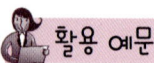 **활용 예문**

不好意思, 去北京大学怎么走?
Bùhǎoyìsi, qù běijīngdàxué zěnmezǒu?
뿌하오이쓰, 취 베이징따쉐 쩐머조우
실례합니다만, 북경 대학은 어떻게 가나요?

不好意思, 能告诉我这句话是什么意思吗?
Bùhǎoyìsi, néng gàosu wǒ zhèjùhuà shì shénmeyìsi ma?
뿌하오이쓰, 넝 까오쑤 위 쩌쥐화 스 선머이쓰 마
실례합니다만, 이 문장이 무슨 뜻인지 알려주실 수 있나요?

不好意思, 附近有地铁站吗?
Bùhǎoyìsi, fùjìn yǒu dìtiězhàn ma?
뿌하오이쓰, 푸찐 요우 띠티에짠 마
실례지만, 여기 근처에 지하철역이 있나요?

 **실전 회화**

A: 不好意思, 请问去北京大学怎么走?
　　Bùhǎoyìsi, qǐngwèn qù Běijīngdàxué zěnmezǒu?
　　뿌하오이쓰, 칭원 취 베이징따쉐 쩐머조우

B: 从这里坐地铁去比较快。
　　Cóng zhèlǐ zuò dìtiě qù bǐjiào kuài.
　　총 쩌리 쭤어 띠티에 취 비쟈오 콰이

A: 附近有地铁站吗?
　　Fùjìn yǒu dìtiězhàn ma?
　　푸찐 요우 띠티엔짠 마

B: 就在前面。
　　Jiù zài qiánmian.
　　찌우 짜이 치엔미엔

우리말 해석

A: 실례합니다만, 북경 대학은 어떻게 가나요?

B: 여기서는 지하철로 가는 게 비교적 빨라요.

A: 근처에 지하철역이 있나요?

B: 바로 저 앞에 있어요.

036

看起来~ 보기에 ~하다

看起来는 '보기에 ~하다'라는 의미로 일종의 예측이나 판단을 나타내는 용법이다. 看来와 바꿔 쓸 수 있다.

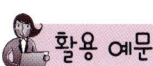 **활용 예문**

看起来, 你今天很累。 오늘 당신 많이 피곤해 보이네요.
Kànqilai, nǐ jīntiān hěn lèi.
칸치라이, 니 찐티엔 헌 레이

看起来, 这件事情很难办。
Kànqilai, zhè jiàn shìqing hěn nánbàn.
칸치라이, 쩌 지엔 스칭 헌 난빤
이런 일은 정말 처리하기 어렵겠네요.

看起来, 要下雨了。 비가 올 것만 같네요.
Kànqilai, yào xiàyǔ le.
칸치라이, 야오 시아위 러

실전 회화

A: **天怎么突然暗下来了?**
Tiān zěnme tūrán àn xiàlai le?
티엔 쩐머 투란 안 시아라이 러

B: **看起来, 马上要下大雨了。**
Kànqilai, mǎshàng yào xiàdàyǔ le.
칸치라이, 마샹 야오 씨아따위 러

A: **那我们快点回家吧。家里的窗户还开着。**
Nà wǒmen kuàidiǎn huíjiā ba. Jiālǐ de chuānghu hái kāizhe.
나 워먼 콰이디엔 회이찌아 바. 찌아리 더 추앙후 하이 카이저

우리말 해석
A: 날씨가 갑자기 어두워졌네요?
B: 금방이라도 큰 비가 올 것 같네요.
A: 그럼 우리 빨리 집으로 돌아가요. 집 창문을 열어놓고 왔어요.

听说~   듣자하니~

听说는 '듣자하니'라는 뜻으로 보통 문장 앞에 놓아서 직접 봐서 아는 소식이 아니라 간접적으로 알게 된 것을 끌어내기 위해 사용하는 표현이다.

 활용 예문

听说他已经出发了。 듣자니 그는 이미 출발했다고 하네요.
Tīngshuō tā yǐjing chūfā le.
팅슈어 타 이찡 추파 러

听说这电影很有意思。 듣자니 이 영화 아주 재미있대요.
Tīngshuō zhè diànyǐng hěn yǒuyìsi.
팅슈어 쩌 디엔잉 헌 요우이쓰

听说下星期也下大雨。 듣자니 다음주도 비가 많이 온대요.
Tīngshuō xiàxīngqī yě xiàdàyǔ.
팅슈어 샤싱치 예 샤따위

실전 회화

A: 听说这电影很有意思。我们一起去看吧。
Tīngshuō zhè diànyǐng hěn yǒuyìsi. Wǒmen yìqǐ qù kàn ba.
팅슈어 쩌 디엔잉 헌 요우이쓰. 워먼 이치 취 칸 바

B: 好啊。正好我这个周末有空。
Hǎoa. Zhènghǎo wǒ zhège zhōumò yǒukòng.
하오아. 쩡하오 워 쩌거 쪼모 요우콩

A: 那我先去订票。
Nà wǒ xiān qù dìngpiào.
나 워 시엔 취 띵피아오

우리말 해석

A: 듣자니 이 영화 아주 재미있대요. 우리 같이 보러 가요.

B: 좋아요. 마침 이번 주말에 시간이 있네요.

A: 그럼 제가 먼저 예매할게요.

038

~可以吗? ~해도 돼요?

본인의 생각이나 하려고 하는 것을 상대방에게 물을 때 문장 끝에 可以吗나 行吗를 붙이면 된다. 이 표현은 중국어의 존대 표현 중 하나라고 할 수 있다.

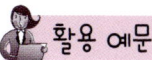 활용 예문

我想回一趟家, 可以吗?
Wǒ xiǎng huíyítàngjia, kěyǐ ma?
워 시앙 회이이탕찌아, 커이 마
집에 갔다오고 싶은데 그래도 되나요?

请把盐递给我, 可以吗?
Qǐng bǎ yán dìgěiwǒ, kěyǐ ma?
칭 바 얀 띠게이워, 커이 마
소금 좀 제게 전해주시겠어요?

我们去吃牛排, 可以吗?
Wǒmen qù chī niúpái, kěyǐ ma?
워먼 취 츠 니우파이, 커이 마
우리 스테이크 먹으러 가려는데, 어때요?

실전 회화

A: 我想回一趟家, 可以吗?
Wǒ xiǎng huíyítàngjiā, kěyǐ ma?
워 시앙 회이이탕찌아, 커이 마

B: 好。去吧
Hǎo. Qùba.
하오. 취바

A: 谢谢。
Xièxie.
씨에씨에

우리말 해석

A: 집에 갔다오고 싶은데 그래도
되나요?

B: 좋아. 그렇게 해.

A: 감사해요.

039

不然的话~ 그렇지 않으면 ~

不然은 '그렇지 않으면~'의 뜻을 가진 접속사이며, 앞에 나타난 조건에서 사실의 부정을 나타낸다. 不然 뒤에는 항상 的话를 붙이고 뜻도 변하지 않는다. 그러나 구어체에서는 不然가 더 많이 사용된다.

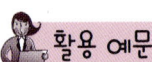 활용 예문

孩子一定要喝牛奶, **不然的话**长不高。
Háizi yídìng yào hē niúnǎi, bùrándehuà zhǎngbùgāo.
하이즈 이띵 야오 허 니우나이, 뿌란더화 쨩뿌까오
아이들은 우유를 마셔야 해요, 그렇지 않으면 키가 크지 않아요.

药一定要吃, **不然的话**病好不了。
Yào yídìng yào chī, bùrándehuà bìng hǎobuliǎo.
야오 이띵 야오 츠, 뿌란더와 삥 하오뿌리아오
약은 꼭 먹어야 해요. 그렇지 않으면 병이 나을 수 없어요.

你坐飞机来, **不然的话**今天到不了。
Nǐ zuò fēijī lái, bùrándehuà jīntiān dàobuliǎo.
니 쭈어 페이지 라이, 뿌란더화 찐티엔 따오뿌리아오
비행기를 타고 오지 않으면 오늘 안에 도착하지 못할 거예요.

실전 회화

A: 我打算这个月底去北京。
Wǒ dǎsuan zhègeyuèdǐ qù Běijīng.
위 다쑤안 쩌거위에띠 취 베이징

B: 那你要早点买火车票, 不然的话会买不到票的。
Nà nǐ yào zǎodiǎn mǎi huǒchēpiào, bùrándehuà huì mǎibudào piào de.
나 니 야오 자오디엔 마이 호우처피아오, 뿌란더화 회이 마이뿌따오 피아오 더

A: 那我要快点去买了。
Nà wǒ yào kuàidiǎn qù mǎile.
나 위 야오 콰이디엔 취 마이러

우리말 해석

A: 저는 이번 달 말에 북경에 갈 계획이에요.

B: 일찍 기차표를 사두지 않으면 구매하지 못할 수도 있어요.

A: 그럼 빨리 서둘러야겠네요.

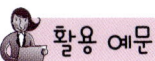

040

对~来说   ~의 입장으로 말하자면

对~来说는 '~의 입장으로 말하자면'이라는 뜻으로, 어떤 사람이나 어떤 사정에서 바라볼 경우만 사용한다. 구어체뿐만 아니라 문어체에도 자주 사용하는 표현이다.

활용 예문

对他来说, 汉语比英语难。
Duì tā láishuō, hànyǔ bǐ yīngyǔ nán.
뚜이 타 라이슈어, 한위 비 잉위 난
그한테는, 중국어가 영어보다 어려워요.

对韩国学生来说, 日语不太难。
Duì hánguó xuésheng láishuō, rìyǔ bútài nán.
뚜이 한구워 쒜성 라이슈어, 르위 부타이 난
한국 학생들의 입장에서 일본어는 그리 어렵지 않아요.

对我来说, 这杯酒太多了。
Duì wǒ láishuō, zhè bēi jiǔ tài duō le.
뚜이 위 라이슈어, 쩌 뻬이 지우 타이 뚜어 러
저한테는 이 잔의 술이 너무 많네요.

실전 회화

A: 汉语难吗?
Hànyǔ nán ma?
한위 난 마

B: 对我来说, 汉语很难。对韩国
人来说, 最容易学的是日语。
Duì wǒ láishuō, hànyǔ hěnnán. Duì hánguórén
láishuō, zuì róngyì xué de shì rìyǔ.
뚜이 위 라이슈어, 한위 헌난. 뚜이 한궈런 라이슈어, 쭈이
롱이 쉬에 더 스 르위

우리말 해석

A: 중국어가 어렵나요?

B: 저한테는 중국어가 너무 어려워
요. 한국인한테 가장 배우기 쉬
운 언어는 일본어예요.

041

比如说 예를 들어

比如는 예를 들어 설명할 때 주로 문장 앞에 사용하는 표현이다. 뒤에 说와 함께 사용해 구어체에서 자주 사용한다.

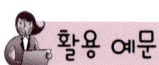 **활용 예문**

> **韩国周边有很多国家, 比如说中国, 日本等。**
> Hánguó zhōubiān yǒu hěnduō guójiā, bǐrúshuō Zhōngguó, Rìběn děng.
> 한구워 쪼우삐엔 요우 헌뚜어 구워찌아, 비루슈어 쭝궈, 르번 덩
> 한국 주변에는 여러 나라가 있어요, 예를 들어 말하면 중국, 일본 등이요.
>
> **我有很多事情要做, 比如说洗衣服, 买菜 等等。**
> Wǒ yǒu hěnduō shìqing yào zuò, bǐrúshuō xǐyīfu, mǎicài děngdeng.
> 워 요우 헌뚜워 스칭 야오 쪼어, 비루슈어 시이푸, 마이차이 덩덩
> 저는 매우 많은 일을 해야 해요. 예를 돌자면 빨래, 장보기 등등.

실전 회화

A: 这次放假我想出国看看。
Zhècì fàngjià wǒ xiǎng chūguó kànkan.
쩌츠 팡찌아 위 시앙 추구워 칸칸

B: 要去哪里?
Yào qù nǎlí?
야오 취 나리

A: 还没想好。
Hái méi xiǎng hǎo.
하이 메이 시앙 하오

B: 近的嘛, 比如说韩国、 日本。
远的嘛, 比如说美国、 加拿
大。 你都可以去看看。
Jìn de ma, bǐrúshuō Hánguó, Rìběn. Yuǎn de
ma, bǐrúshuō Měiguó, Jiānádà. Nǐ dōu kě yǐ qù
kànkan.
찐 더 마, 비루슈어 한구워, 르번. 위엔 더 마, 비루슈어 메
이구워, 찌아나다. 니 또우 커이 취 칸칸

우리말 해석

A: 이번 방학 때 나는 외국에 나갈 생각이에요.

B: 어디로 가려고요?

A: 아직 결정하지 않았어요.

B: 가까운 곳은, 예를 들면 한국, 일본. 먼 곳은 예를 들어 미국, 캐나다. 모두 가볼 수 있어요.

042

再加上 게다가

'게다가'라고 하면 대부분은 而且만 생각할 수 있는데 再加上도 구어체에서 자주 사용하는 표현이다. 주로 앞에 언급한 상황에 대해 보충할 때 쓰인다.

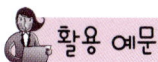 활용 예문

没带钱包, 再加上又把手机丢了, 真急人。
Méi dài qiánbāo, zàijiāshàng yòu bǎ shǒujī diūle, zhēn jírén.
메이 따오 치엔빠오, 짜이찌아상 요우 바 쇼우지 띠우러, 쩐 지런
지갑도 안 가져오고, 게다가 핸드폰까지 잃어버리고, 답답하네요.

这件衣服的颜色我不太喜欢, 再加上价格有点贵, 所以没有买。
Zhè jiàn yìfu de yánsè wǒ bútài xǐhuan, zàijiāshàng jiàgé yǒudiǎn guì, suǒyǐ méiyǒu mǎi.
쩌 찌엔 이푸 더 옌써 워 부타이 시환, 짜이찌아상 찌아거 요디엔 꾸이, 쏘이 메이요 마이
이 옷은 제가 좋아하는 색도 아니고, 게다가 가격도 조금 비싸니, 사지 않겠어요.

我没好好看书, 再加上有点紧张, 所以没有考好。
Wǒ méi hǎohāo kànshū, zàijiāshàng yǒudiǎn jǐnzhāng, suǒyǐ méiyǒu kǎohǎo.
위 메이 하오하오 칸슈, 짜이찌아상 요우디엔 진짱, 쏘이 메이요우 카오하오
열심히 공부하지 못한데다가 긴장도 해서 시험을 잘 보지 못했어요.

실전 회화

A: 今天的考试怎么样?
Jīntiān de kǎoshì zěnmeyàng?
찐티엔 더 카오스 전머양

B: 我没好好看书, 再加上有点紧张, 所以没有考好。
Wǒ méi hǎohāo kànshū, zàijiāshàng yǒudiǎn jǐnzhāng, suǒyǐ méiyǒu kǎohǎo.
위 메이 하오하오 칸슈, 짜이찌아상 요우디엔 진짱, 쏘이 메이요 카오하오

우리말 해석

A: 오늘 시험 어땠어요?

B: 열심히 공부하지 못한데다가 긴장도 해서 시험을 잘 보지 못했어요.

PART 03

상용 문장 구조 패턴

043

명사+好   (~에게) 안녕하세요!

好는 '좋은'이란 뜻을 가진 형용사인데, '당신'을 뜻하는 인칭대명사 你와 결합하여, '안녕하세요!'라는 기본 인사가 된다. 선생님을 뜻하는 老师 뒤에 好를 붙여 '老师好!'라고 인사할 수 있다.

 활용 예문

你好! 안녕하세요!
Nǐ hǎo!
니 하오

你们好! 여러분, 안녕하세요!
Nǐmen hǎo!
니먼 하오

大家好! 모두들 안녕하세요!
Dàjiā hǎo!
따지아 하오

 **실전 회화**

A: 你好!
Nǐ hǎo!
니 하오

B: 你好!
Nǐ hǎo!
니 하오

A: 欢迎你来我们学校。
Huānyíng nǐ lái wǒmen xuéxiào.
환잉 니 라이 워먼 쉬에샤오

우리말 해석
A: 안녕하세요!
B: 안녕하세요!
A: 우리 학교에 오신 것을 환영합니다.

582

044

~是~ ~이다

是는 판단을 나타내는 동사로, '~입니다', '~이다'의 의미다. 是는 가장 기본적이고 자주 사용되는 동사이며, 是 동사를 사용하는 문장을 是 술어문이라고 부른다. '~아닙니다'라는 부정은 동사 是 앞에 不를 붙여주면 된다. 동사 是 이외에 다른 동사의 부정형도 동일하게 〈不+동사〉로 간단히 만들 수 있다.

 활용 예문

这是什么? 이것은 무엇입니까?
Zhè shì shénme?
쩌 쓰 션머

他是哪国人? 그는 어느 나라 사람입니까?
Tā shì nǎ guórén?
타 쓰 나 궈런?

这不是我的。 이것은 내 것이 아닙니다.
Zhè búshì wǒde.
쩌 뿌쓰 워더

 실전 회화

A: 这是什么?
Zhè shì shénme?
쩌 쓰 션머

B: 这是汉语书。
Zhè shì hànyǔshū.
쩌 쓰 한위슈

A: 这是你的吗?
Zhè shì nǐde ma?
쩌 쓰 니더 마

B: 这不是我的。
Zhè búshì wǒde.
쩌 뿌쓰 워더

A: 이것은 무엇입니까?
B: 이것은 중국어 책입니다.
A: 이것은 당신 것입니까?
B: 이것은 내 것이 아닙니다.

是~的　~한 것이다

是~的 구문은 강조용법으로 是와 的 사이에 이미 발생한 사건에 대하여 시간·장소·수단 등의 정보를 묻거나 알려줄 때 사용한다. 예를 들어 他是坐飞机来的。(Tā shì zuò fēijī lái de. 그는 비행기를 타고 왔습니다.) 이 예문에서 是와 的를 생략해도 문장 전체의 의미에는 아무런 변화가 없지만, 是~的 구문을 사용하여 그가 기차나 자동차가 아닌 비행기를 타고 왔다는 것을 강조하게 된다.

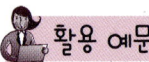 활용 예문

这件衣服**是**旧**的**。 이 옷은 오래된 것입니다.
Zhè jiàn yīfu shì jiù de.
쩌 찌엔 이푸 스 찌우 더

这本书**是**从图书馆借来**的**。
Zhèběnshū shì cóng túshūguǎn jièlái de.
쩌번슈 스 총 투슈관 지에라이 더
이 책은 도서관에서 빌려온 것입니다.

这双鞋不**是**那个孩子**的**。 이 신발은 그 아이 것이 아니에요.
Zhèshuāngxié búshì nàge háizi de.
쩌슈앙씨에 부스 나거 하이즈 더

🔍 실전 회화

A: 桌子上的词典是谁的?
Zhuōzi shàng de cídiǎn shì shuí de?
쪼어즈 상 더 츠디엔 스 쉐이 더

B: 是我的。
Shì wǒ de.
스 워더

A: 我有个字不认识, 能借我查一下吗?
Wǒ yǒu ge zì bú rènshí, néng jiè wǒ chá yíxià ma?
위 요우 거 쯔 부 런스, 넝 지에 워 차이 씨아 마

B: 可以。
Kě yǐ.
커이

우리말 해석

A: 책상 위 사전은 누구 것입니까?
B: 제 것입니다.
A: 제가 모르는 글자가 하나 있는데 사전 좀 빌려주시겠어요?
B: 그럼요.

去+장소   (장소) ~에 가다

중국어는 우리말과 달리 〈주어+술어+목적어〉의 어순이다. 즉 영어처럼 '나는, 갑니다, 학교에'의 순이다. 하지만 영어와 달리, 중국어에서는 동사의 시제변화가 없기 때문에 어순만 익숙해지면 쉽게 문장을 만들 수 있다.

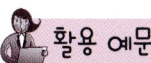 활용 예문

我**去**学校。 나는 학교에 갑니다.
Wǒ qù xuéxiào.
위 취 쉬에샤오

他**去**图书馆。 그는 도서관에 갑니다.
Tā qù túshūguǎn.
타 취 투슈관

我**去**医院。 나는 병원에 갑니다.
Wǒ qù yīyuàn.
위 취 이위엔

실전 회화

A: 你去哪儿?
   Nǐ qù nǎr?
   니 취 나알

B: 我去市场。
   Wǒ qù shìchǎng.
   위 취 쓰창

A: 这么早就去买菜啊?
   Zhème zǎo jiù qù mǎicài a?
   쩌미 자오 찌우 취 마이차이 아

B: 是啊, 今天女儿回来吃饭。
   Shìa, jīntiān nǚér huílái chīfàn.
   스아, 찐티엔 뉴알 회이라이 츠판

우리말 해석

A: 어디 가세요?

B: 시장에 갑니다.

A: 이렇게 일찍 장보러 가세요?

B: 네, 오늘 딸이 와서 밥을 먹거든요.

047

去+장소+동사 ~을 하러 ~에 가다

去는 '가다'라는 의미를 가진 동사다. 去 뒤에 또 하나의 동사가 와서 '~을 하러 ~에 가다'라는 표현으로 사용된다. 이는 연동문의 대표적인 표현 형식인데, 연동문이란 한 문장에 두 개 이상의 동사가 있는 것을 말한다.

 활용 예문

我去学校借书。 나는 책을 빌리러 학교에 갑니다.
Wǒ qù xuéxiào jièshū.
위 취 쉬에샤오 찌에슈

他去图书馆看书。 그는 책을 보러 도서관에 갑니다.
Tā qù túshūguǎn kànshū.
타 취 투슈관 칸슈

我去医院看病。 나는 진찰 받으러 병원에 갑니다.
Wǒ qù yīyuàn kànbìng.
위 취 이위엔 칸삥

 실전 회화

A: 你去哪儿?
　　Nǐ qù nǎr?
　　니 취 나알

B: 我去市场。
　　Wǒ qù shìchǎng.
　　위 취 쓰창

A: 去市场买什么?
　　Qù shìchǎng mǎi shénme?
　　취 스창 마이 셔머

B: 我去市场买一只鸡。
　　Wǒ qù shìchǎng mǎi yìzhījī.
　　위 취 쓰창 마이 이즈찌

우리말 해석

A: 어디 가세요?
B: 나는 시장에 가요.
A: 시장 가서 뭐 사실려고요?
B: 나는 닭 한 마리를 사러 시장에 가요.

048

주어+在+명사 ~이 ~(위/아래/안)에 있다

존재, 출현, 소실을 나타내는 문장을 일반적으로 존현문이라 한다. 가장 많이 사용하는 존현문의 형식은 〈주어+在+명사+(위/아래/안)〉이며, '~이 ~에 있다'는 의미이다.

 활용 예문

钥匙在我的包里。 열쇠가 내 가방 안에 있습니다.
Yàoshi zài wǒ de bāo lǐ.
야오쓰 짜이 워 더 빠오 리

面包在桌子上。 빵이 탁자 위에 있습니다.
Miànbāo zài zhuōzi shang.
몐빠오 짜이 쭈어즈 샹

照相机在车里。 카메라가 차 안에 있습니다.
Zhàoxiàngjī zài chē lǐ.
짜오샹찌 짜이 처 리

 실전 회화

A: **钥匙在哪里?**
Yàoshi zài nǎlǐ?
야오스 짜이 나리

B: **钥匙在我的包里。**
Yàoshi zài wǒ de bāo lǐ.
야오쓰 짜이 워 더 빠오 리

A: **那你的包呢?**
Nà nǐ de bāo ne?
나 니 더 빠오 너

B: **我的包在车里。**
Wǒ de bāo zài chē lǐ.
워 더 빠오 짜이 처 리

우리말 해석

A: 열쇠가 어디에 있나요?
B: 열쇠는 내 가방 안에 있습니다.
A: 그럼 당신 가방은요?
B: 제 가방은 차에 있어요.

049

장소+有/没有+명사 ~에 ~가 있다/없다

동사 在와 有는 '~있다'라는 뜻을 가진 존현문의 표지다. 在는 〈명사+在+장소〉의 형태이고, 有는 〈장소+有+명사〉 형태로 쓰임새가 약간 다르다. 〈장소+有+명사〉의 문장 구조는 '~에 ~가 있다'의 뜻으로 많이 사용하는 존현문의 형식 중 하나다. 부정으로 사용할 때는 有의 위치에 没有를 쓰면 된다.

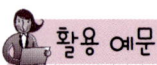 활용 예문

家里没有人。 집에 사람이 없습니다.
Jiālǐ méiyǒu rén.
찌아리 메이요우 런

桌子上有两个杯子。 탁자 위에 컵 두 개가 있습니다.
Zhuōzi shang yǒu liǎngge bēizi.
쭈어즈 샹 요우 량끄어 뻬이즈

房间里有床。 방 안에 침대가 있습니다.
Fángjiān lǐ yǒu chuáng.
팡지엔 리 요우 추앙

실전 회화

우리말 해석

A: 您买的洗衣机已经送来了。
Nín mǎi de xǐyījī yǐjing sòngláile.
닌 마이 더 시이지 이징 쏭라이러.

B: 对不起，家里没有人。
Duìbuqǐ, Jiālǐ méiyǒu rén.
뚜이부치, 찌아리 메이요우 런

A: 那您什么时候在家?
Nà nín shénme shíhou zài jiā?
나 닌 션머 스호우 짜이 찌아

B: 晚上6点。
Wǎnshàng liù diǎn.
완샹 리우(6) 디엔

A: 구매하신 세탁기 배송 왔습니다.
B: 죄송합니다. 집에 사람이 없습니다.
A: 그럼 언제 집에 계시나요?
B: 저녁 6시예요.

문장+吗? ~합니까?

어기조사는 문장의 끝에서 문장 전체와 관련된 상황, 말하는 사람의 판단이나 감정 등을 나타내기 위해 사용한다. 이 중 어기조사 吗는 '~입니까?'와 '~합니까?'의 뜻으로 의문을 나타낼 때 사용한다.

 활용 예문

你最近过得好吗? 요즘 잘 지내십니까?
Nǐ zuìjìn guòdehǎo ma?
니 쭈이찐 꾸워더하오 마

你去医院吗? 병원에 가니?
Nǐ qù yīyuàn ma?
니 취 이위엔 마

你也去图书馆吗? 너도 도서관에 가니?
Nǐ yě qù túshūguǎn ma?
니 예 취 투슈관 마

 **실전 회화**

A: **你最近过得好吗?**
Nǐ zuìjìn guòdehǎo ma?
니 쭈이찐 꾸워더하오 마

B: **挺好的。你呢?**
Tǐnghǎode. Nǐ ne?
팅하오더. 니너

A: **我也过得挺好的。**
Wǒ yě guò de tǐnghǎode.
위 예 꾸워 더 팅하오더

> **우리말 해석**
> A: 요즘 잘 지내세요?
> B: 잘 지냈어요. 당신은요?
> A: 나도 잘 지냈어요.

051

명사 + 呢?   ~는요?

어기조사는 문장의 끝에서 의문, 권유, 과거, 동작의 완료 등을 나타낼 수 있도록 도와준다. 여기서 呢는 의문 조사이며, 앞의 화제와 똑같은 내용을 상대방에게 질문할 때 사용한다. 우리말의 '~은요?'와 비슷하다.

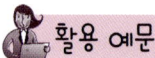 활용 예문

爸爸喜欢吃中国菜, 妈妈呢?
Bàba xǐhuan chī zhōngguócài, māma ne?
빠바 시환 츠 쭝궈차이, 마마 너
아빠는 중국 음식을 좋아하시는데, 엄마는?

我去医院, 你呢?   나는 병원에 갈 건데 너는?
Wǒ qù yīyuàn, nǐ ne?
워 취 이위엔, 니 너

今天去图书馆, 明天呢?   오늘은 도서관에 갈 건데 내일은?
Jīntiān qù túshūguǎn, míngtiān ne?
찐티엔 취 투슈관, 밍티엔 너

 실전 회화

A: 听说你爸爸很喜欢吃中国菜, 你妈妈呢?
Tīngshuō nǐ bàba hěn xǐhuan chī zhōngguócài, nǐ māma ne?
팅슈어 니 빠바 헌 시환 츠 쭝궈차이, 니 마마 너

B: 我妈妈也很喜欢吃中国菜。
Wǒ māma yě hěn xǐhuan chī zhōngguócài.
워 마마 예 시환 츠 쭝궈차이

A: 那你呢?
Nà nǐ ne?
나 니 너

B: 我不太喜欢吃中国菜。
Wǒ bútài xǐhuan chī zhōngguócài.
워 부타이 시환 츠 쭝궈차이

우리말 해석
A: 너희 아빠는 중국 음식을 좋아하신다고 들었는데, 엄마는?
B: 우리 엄마도 중국 음식 좋아하셔.
A: 그럼 너는?
B: 나는 중국 음식 별로 안 좋아해.

052

명사/문장+怎么样? ~는 어때요?

怎么样은 성질, 상황, 방식 등에 대한 평가나 의향을 가리키거나 묻는 의문대사이다. 어떤 제의나 권유를 나타내는 표현으로도 사용할 수 있다.

 활용 예문

我们去图书馆, 怎么样? 우리 도서관에 가는 게 어때?
Wŏmen qù túshūguǎn, zěnmeyàng?
위먼 취 투슈관, 쩐머양

今天天气怎么样? 오늘 날씨 어때요?
Jīntiān tiānqì zěnmeyàng?
찐티엔 티엔치 쩐머양

味道怎么样? 맛은 어떤가요?
Wèidao zěnmeyàng?
웨이따오 쩐머양

 **실전 회화**

A: 今天天气怎么样?
Jīntiān tiānqì zěnmeyàng?
찐티엔 티엔치 쩐머양

B: 今天很热。南京的夏天都很热。韩国的夏天怎么样?
Jīntiān hěn rè. Nánjīng de xiàtiān dōu hěn rè. Hánguó de xiàtiān zěnmeyàng?
찐티엔 헌 러. 난징 더 씨아티엔 또우 헌 러. 한궈 더 샤티엔 쩐머양

A: 韩国的夏天比较凉快。
Hánguó de xiàtiān bǐjiào liángkuài.
한궈 더 샤티엔 비찌아오 리앙콰이

우리말 해석

A: 오늘 날씨 어때요?

B: 오늘은 덥네요. 남경의 여름은 너무 더워요. 한국의 여름은 어때요?

A: 한국의 여름은 비교적 시원하죠.

591

장소+怎么走? ~는 어떻게 가나요?

走는 '걷다'라는 의미를 가진 동사다. 통상적으로 길을 물어볼 때는 '~怎么走?'라는 표현을 쓴다. 주로 걸어서 갈 수 있는 거리의 목적지에 대해 물어볼 때 사용되지만, 굳이 '걷기'에 국한시키지 않고 길을 물을 때 가장 많이 사용한다.

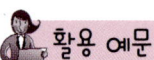 활용 예문

邮局怎么走? 우체국은 어떻게 가나요?
Yóujú zěnmezǒu?
요우쥐 쩐머쪼우

北京大学怎么走? 북경대학은 어떻게 가나요?
Běijīngdàxué zěnmezǒu?
베이징따쉬에 쩐머쪼우

请问, 颐和园怎么走? 말씀 좀 묻겠습니다. 이화원은 어떻게 가나요?
Qǐngwèn, Yíhéyuán zěnmezǒu?
칭원, 이허위엔 쩐머쪼우

실전 회화

A: 请问。附近有邮局吗?
Qǐng wèn. Fùjìn yǒu yóujú ma?
칭원. 푸찐 요우 요쥐 마

B: 有两个。
Yǒu liǎng gè.
요우 리앙 거

A: 最近的一个邮局怎么走?
Zuìjìn de yígè yóujú zěnmezǒu?
쭈이찐 더 이거 요우쥐 쩐머쪼우

B: 在银行前面往左拐就到。
Zài yínháng qiánmiàn wǎng zuǒ guǎi jiù dào.
짜이 인항 치엔미엔 왕 쭈어 과이 찌우 따오

A: 谢谢。
Xièxie.
씨에씨에

우리말 해석

A: 말씀 좀 묻겠습니다. 근처에 우체국이 있나요?

B: 두 곳이 있어요.

A: 가장 가까운 우체국은 어떻게 가나요?

B: 은행 앞에서 좌회전하면 바로입니다.

A: 감사합니다.

054

怎么办? 어떡해요?

怎么는 '어떻게'라는 뜻을 가진 의문사다. 앞에서 怎么走?를 배웠는데 여기서 '걷다', '가다'의 뜻을 가진 走를 '하다', '처리하다'라는 의미의 办로 바꿔 怎么와 함께 관용적으로 '어떻게 하지?'라는 표현으로 쓰인다.

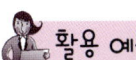 활용 예문

这事情到底怎么办? 이 일은 도대체 어떻게 합니까?
Zhè shìqing dàodǐ zěnmebàn?
쩌 쓰칭 따오디 쩐머빤

去问问他该怎么办吧。 그에게 어떻게 할 것인지 물어보세요.
Qù wènwen tā gāi zěnmebàn ba.
취 원원 타 까이 쩐머빤 바

怎么办, 我的钱包被偷了。
Zěnmebàn, wǒ de qiánbāo bèi tōule.
쩐머빤, 위 더 치엔빠오 뻬이 토우러
어떻게 해요, 제 지갑을 도둑 맞았어요.

실전 회화

A: **这事情到底怎么办?**
Zhè shìqing dàodǐ zěnmebàn?
쩌 쓰칭 따오디 쩐머빤

B: **去问问老王吧, 他主意多。**
Qù wènwen lǎo wáng ba, tā zhǔyi duō.
취 원원 라오 왕 바, 타 주이 뚜어

A: **对, 去问他该怎么办。**
Duì, qù wèn tā gāi zěnmebàn.
뚜이, 취 원 타 까이 쩐머빤

우리말 해석

A: 이 일은 도대체 어떻게 합니까?
B: 라오왕에게 물어보세요. 그는 아이디어가 많아요.
A: 맞아요. 그에게 어떻게 할지 물어봐야겠어요.

055

在干什么? 지금 뭐 하고 있습니까?

在는 '지금'이라는 뜻으로 현재 진행되고 있는 행동이나 상태를 나타내는 진행형 표현도 한다. 중국어에는 동사의 시제변화가 없기 때문에 시제를 나타내는 명사 혹은 부사를 보고 과거, 현재, 미래시제를 구별한다. 干은 '하다'라는 뜻으로 구어체에서 做 대신 많이 사용된다.

 활용 예문

你在干什么? 당신은 지금 무엇을 하고 있습니까?
Nǐ zài gànshénme?
니 짜이 깐션머

这么晚了, 他在干什么?
Zhème wǎn le, tā zài gànshénme?
쩌머완러, 타짜이깐션머
이렇게 늦었는데, 그는 뭐 하는 거야?

他在做作业。 그는 숙제를 하고 있습니다.
Tā zài zuò zuòyè.
타 짜이 쭈어 쭈어예

실전 회화

A: 这么晚了, 他在干什么?
Zhème wǎn le, tā zài gànshénme?
쩌머완러, 타짜이깐션머

B: 他在运动。
Tā zài yùndòng.
타 짜이 윈똥

A: 怪不得他的身体那么好。
Guàibude tā de shēntǐ nàme hǎo.
꽈이부더 타 더 션티 나머 하오

우리말 해석

A: 이렇게 늦었는데, 그는 뭐 하는 거예요?
B: 그는 운동 중이에요.
A: 어쩐지 그는 몸이 좋더라구요.

594

056

명사＋多少钱? ~은 얼마입니까?

물건을 살 때 가장 기본적인 표현은 '얼마입니까?'이다. 중국어 표현으로는 多少钱?이라고 하는데, 앞에 명사를 붙이면 특정 물건의 가격을 물어보는 표현이 된다.

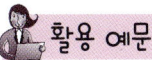 활용 예문

这个多少钱? 이것은 얼마예요?
Zhège duōshaoqián?
쩌거 뚜어샤오치엔

一共多少钱? 전부 얼마예요?
Yígòng duōshaoqián?
이꽁 뚜어샤오치엔

豆腐多少钱一块? 두부 한 모는 얼마입니까?
Dòufu duōshaoqián yíkuài?
또우푸 뚜어샤오치엔 이쿠와이

 실전 회화

A: **牛肉一斤多少钱?**
Niǔròu yìjīn duōshaoqián?
니우로우 이찐 뚜어샤오치엔

B: **30块一斤。**
Sānshí kuài yìjīn.
싼스 쿠와이 이찐

A: **豆腐多少钱一块?**
Dòufu duōshaoqián yíkuài.
또우푸 뚜어샤오치엔 이쿠와이

B: **1块。**
Yí kuài.
이 쿠와이

우리말 해석

A: 소고기 한 근에 얼마예요?
B: 한 근에 30위안입니다.
A: 두부 한 모는 얼마입니까?
B: 1위안입니다.

057

문장＋吧　~하자, ~했지?

어기조사 吧는 문장의 끝에 쓰어 우리말의 '~하자'와 같은 청유나 가벼운 명령을 나타냄과 동시에 가늠이나 추측도 나타낼 수 있다.

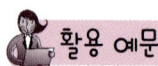 활용 예문

我们一起学习汉语吧? 우리 같이 중국어 공부해요.
Wǒmen yìqǐ xuéxí hànyǔ ba?
워먼 이치 쉐시 한위 바

我请你吃饭, 走吧。 제가 식사 대접할게요. 가시죠.
Wǒ qǐng nǐ chīfàn, zǒu ba.
워 칭 니 츠판, 조우 바

你看过这本书吧? 너 이 책 봤지?
Nǐ kànguò zhèběnshū ba?
니 칸꾸워 쩌번슈 바

 실전 회화

A: 我们一起学习汉语吧。
Wǒ men yìqǐ xuéxí hànyǔ ba.
워먼 이치 쉐시 한위 바

B: 好啊! 你的汉语很好吧?
Hǎoa! Nǐ de hànyǔ hěnhǎo ba?
하오아! 니 더 한위 헌하오 바

A: 我的汉语不太好。
Wǒ de hànyǔ bútài hǎo.
워 더 한위 부타이 하오

우리말 해석
A: 우리 같이 중국어 공부하자.
B: 좋아. 너 중국어 잘하지?
A: 난 중국어 잘 못해.

596

058

就是~   다만 ~일 뿐이다

就是는 보통 '바로 ~이다'의 뜻으로 쓰이는데, 여기서 就는 '바로'가 아닌 '다만', '단지'의 의미다. 就是는 하나의 단어이고 부사로서 '다만 ~일 뿐이다'의 뜻으로 어떤 범위를 확정시키려고 할 때 사용한다.

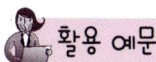 활용 예문

我没别的事, 就是来问候一下。
Wǒ méi biéde shì, jiùshi lái wènhòu yíxià.
워 메이 비에더 슬, 찌우스 라이 원호어 이쌰
특별한 일은 없어요. 그냥 안부 물을려고요.

这个工作什么都好, 就是有点远。
Zhège gōngzuò shénme dōu hǎo, jiùshi yǒudiǎn yuǎn.
쩌거 꽁쭤어 선머 또우 하오, 찌우스 요우디엔 위엔
일은 다 좋아요, 다만 조금 멀 뿐이에요.

他人挺好的, 就是个子有点儿矮。
Tārén tǐnghǎode, jiùshi gèzi yǒudiǎnr ǎi.
타런 팅하오더, 찌우스 꺼즈 요디알 아이
그는 사람이 정말 좋아요. 다만 키가 조금 작아요.

실전 회화

A: 上次一起吃饭, 我们公司的小
王挺喜欢你的。
Shàngcì yìqǐ chīfàn, wǒmen gōngsī de xiǎowáng tǐng xǐhuan nǐ de.
상츠 이치 츠판, 워머 꽁쓰 더 샤오왕 팅 시환 니 더

B: 他人挺好的, 就是个子有点儿矮。
Tā rén tǐnghǎode, jiùshi gèzi yǒudiǎnr ǎi.
타 런 팅하오더, 찌우스 꺼즈 요디알 아이

A: 人好就行了, 别要求太高。
Rén hǎo jiù xíngle, bié yāoqiú tài gāo.
런 하오 찌우 씽러, 비에 야오치우 타이 까오

우리말 해석

A: 저번에 식사 같이 했던 우리 회사의 샤오왕이 당신이 좋대요.

B: 그는 정말 사람이 좋아요, 다만 키가 조금 작아요.

A: 사람이 좋으면 된 거죠, 너무 따지지 말아요.

~都~ ~조차도, ~마저도

连과 都는 모두 부사인데 '连~都~'의 형태는 '~조차도', '~마저도'라는 표현으로 자주 사용된다. 구어체에서 连은 생략되는 경우가 많고 都 대신 也를 써서 '连~也~'의 형태로도 사용한다.

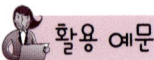 활용 예문

这件事连他都不知道。 이 일은 그조차도 몰라요.
Zhè jiàn shì lián tā dōu bùzhīdao.
쩌 찌엔 스 리엔 타 또우 뿌쯔따오

这个道理连小孩子都懂。 이 규칙은 애들도 다 알아요.
Zhège dàolǐ lián xiǎoháizi dōu dǒng.
쩌거 따오리 리엔 샤오하이즈 또우 동

这道题连老师都做不出来。
Zhè dào tí lián lǎoshī dōu zuòbuchūlái.
쩌 따오 티 리엔 라오스 또우 쪼어뿌추라이
이 문제는 선생님조차도 다 못 풀어요.

실전 회화

A: 听说小王有女朋友了?
Tīngshuō xiǎowáng yǒu nǚpéngyou le?
팅슈어 샤오왕 요우 뉴펑요우 러

B: 这件事连他妈妈都不知道, 你怎么知道的?
Zhè jiàn shì lián tā māma dōu bùzhīdao, nǐ zěnme zhīdao de?
쩌 찌엔 스 리엔 타 마마 또우 뿌쯔따오, 니 쩐머 쯔따오 더

A: 我是听他公司的同事说的。
Wǒ shì tīng tā gōngsī de tóngshì shuō de.
워 스 팅 타 꽁쓰 더 통스 슈어 더

우리말 해석

A: 듣자하니 샤오왕에게 여자 친구가 생겼다면서?

B: 이 일은 그의 엄마도 모르는데, 어떻게 알았어?

A: 나는 그의 회사 동료한테 들었지.

060

从+장소(시간)+到+장소(시간) ~부터 ~까지

중국어에서 전치사는 개사(介詞)라고도 하는데, 명사 앞에 위치하여, 시간, 장소, 방법 등을 표현해 주는 품사다. 이 중 从은 '~로(부터)', '~에(서)'의 뜻을 가진 전치사로 주로 시간, 장소의 시작 지점을 나타낼 때 사용한다.

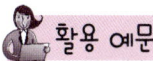 활용 예문

从这儿到家很近。 여기서 집까지 아주 가까워요.
Cóng zhèr dào jiā hěn jìn.
총 쩔 따오 찌아 헌 찐

从邮局到医院可以走着去。
Cóng yóujú dào yīyuàn kěyǐ zǒuzhe qù.
총 요우쥐 따오 이위엔 커이 쪼우저 취
우체국에서 병원까지 걸어갈 수 있어요.

从学校正门到教室要走10分钟。
Cóng xuéxiào zhèngmén dào jiàoshì yào zǒu shí fēn zhōng.
총 쉬에샤오 쩡먼 따오 찌아오쓰 야오 조우 스 펀쭝
학교 정문에서 교실까지 10분은 걸려요.

실전 회화

A: **从这儿到天安门广场远吗?**
Cóng zhèr dào Tiān'ānménguǎngchǎng yuǎn ma?
총 쩔 따오 티엔안먼광창 위엔 마

B: **坐公共汽车大概1个小时。**
Zuò gōnggòngqìchē dàgài yígexiǎoshí.
쭈어 꽁꽁치처 따까이 이거샤오스

A: **北京大学呢?**
Běijīngdàxué ne?
베이쩡따쉬에 너

B: **离这儿很近。**
Lí zhèr hěn jìn.
리 쩔 헌 찐

우리말 해석

A: 여기서 천안문 광장까지 멀어요?
B: 버스를 타고 약 한 시간 가량 걸립니다.
A: 북경대학은요?
B: 여기서 아주 가까워요.

061

离 + 장소 + 远(近) ~에서부터 멀다(가깝다)

离는 从과 같이 '~로부터', '~에서'의 뜻을 가진 전치사다. 离는 从과 달리 주로 두 지점(시간, 장소) 간의 거리나 간격의 격차를 나타낼 때 사용한다.

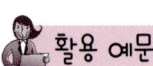 **활용 예문**

这儿离家很近。 여기는 집에서 엄청 가까워요.
Zhèr lí jiā hěn jìn.
쩔 리 찌아 헌 찐

公司离家远吗。 회사에서 집까지는 먼가요?
Gōngsī lí jiā yuǎn ma.
꽁스 리 찌아 위엔 마

你的学校离这儿还有多远?
Nǐ de xuéxiào lí zhèr háiyǒu duō yuǎn?
니 더 쉬에샤오 리 쩔 하이요우 도어 위엔
너의 학교에서 여기까지 얼마나 멀어?

 **실전 회화**

A: 谢谢你来地铁站接我。这儿离你家近吗?
Xièxie nǐ lái dìtiězhàn jiē wǒ. Zhèr lí nǐ jiā jìn ma?
씨에씨에 니 라이 띠티에짠 지에 워. 쩌 리 니 찌아 찐 마

B: 这儿离家很近。
Zhèr lí jiā hěn jìn.
쩔 리 찌아 헌 찐

A: 听说上班的地方离家很远, 是吗?
Tīngshuō shàngbān de dìfang lí jiā hěn yuǎn, shì ma?
팅슈어 샹빤 더 띠팡 리 찌아 헌 위엔, 스마

B: 是啊, 坐地铁要一个小时。
Shìa, zuò dìtiě yào yígexiǎoshí.
스아, 쭈어 띠티에 야오 이거샤오스

우리말 해석

A: 감사해요. 지하철역까지 태우러 와 주셔서. 여기서 당신 집까지 가깝나요?

B: 여기서 집까지는 엄청 가까워요.

A: 출근하는 곳에서 집까지는 멀다고 들었는데, 그래요?

B: 네, 지하철로 한 시간 걸려요.

062

坐＋교통수단＋去 ~을 타고 가다

坐는 본래 '앉다'의 뜻을 가진 동사다. 뒤에 교통수단이 오면 '~을 타다'의 뜻이 된다. 다만 자전거, 오토바이 등과 같이 말처럼 걸터앉아 타는 교통수단의 경우에는 동사 骑를 사용한다는 점을 주의하도록 한다.

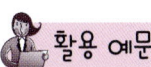 **활용 예문**

他坐公共汽车去上班。 그는 버스로 출근해요.
Tā zuò gōnggòngqìchē qù shàngbān.
타 쬐어 꽁꽁치쳐 취 상빤

坐地铁上班的人很多。
Zuò dìtiě shàngbān de rén hěnduō.
쬐어 띠티에 상씨아빤 더 런 헌 뚜오
지하철 타고 출퇴근하는 사람이 많아요.

我每年都会坐两次飞机。 저는 매년 두 번 비행기를 타요.
Wǒ měinián dōu huì zuò liǎngcì fēijī.
위 메이니엔 또우 회이 쬐어 리앙츠 페이지

실전 회화

A: **你怎么去上班?**
Nǐ zěnme qù shàngbān?
니 쩐머 취 상빤

B: **我坐地铁去上班。**
Wǒ zuò dìtiě qù shàngbān.
위 쬐어 띠티에 취 상판

A: **地铁里人很多吧?**
Dìtiě lǐ rén hěnduō ba?
띠티에 리 러 헌 뚜오 바

B: **是啊, 坐地铁上班的人很多。**
Shìa, zuò dìtiě shàngbān de rén hěnduō.
스아, 쬐어 띠티에 상씨아빤 더 런 헌 뚜오

우리말 해석

A: 당신은 어떻게 출근해요?
B: 지하철 타고 출근해요.
A: 지하철에 사람이 많죠?
B: 네, 지하철 타고 출퇴근하는 사람이 많아요.

063

把＋명사＋동사＋기타 ~을 ~하다

把를 이용하여 목적어를 술어 앞쪽으로 도치시키는 표현이다. 일반적으로 타동사의 목적어가 주로 도치되는데, 이때 도치되어지는 목적어는 대화하는 쌍방이 이미 알고 있는 대상이어야 한다. 즉, 불특정 사물이나 비확정적인 대상은 把로 도치될 수 없다.

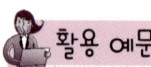 활용 예문

你去把窗户关起来。 창문을 좀 닫아주시겠어요.
Nǐ qù bǎ chuānghu guān qǐlái.
니 취 바 추앙후 꽌 치라이

明天就把书还给我。 내일 바로 제게 책을 돌려주세요.
Míngtiān jiù bǎ shū huángěiwǒ.
밍티엔 찌우 바 슈 환게이워

我要把房间收拾一下。 방 정리 좀 할게요.
Wǒ yào bǎ fángjiān shōushi yíxià.
위 야오 바 팡찌엔 쇼우스 이씨아

🔍 실전 회화

A: 我上次借给你的书你看完了吗?
Wǒ shàngcì jiè gěi nǐ de shū nǐ kànwánle ma?
위 상츠 지에 게이 니 더 슈 니 칸완러 마

B: 看完了。
Kàn wán le.
칸 완 러

A: 那你明天就把书还给我吧。我急用。
Nà nǐ míngtiān jiù bǎ shū huángěiwǒ ba. wǒ jíyòng.
나 니 밍티엔 찌우 바 슈 환게이워 바. 위 지용

B: 我已经把书放在你办公室了。
Wǒ yǐjing bǎ shū fàngzài nǐ bàngōngshì le.
위 이찡 바 슈 팡짜이 니 방꽁스 러

우리말 해석

A: 제가 전에 빌려준 책 다 봤나요?
B: 다 봤어요.
A: 그럼 내일 그 책을 제게 돌려주시겠어요.
B: 제가 책을 이미 당신의 사무실에 가져다 놓았어요.

给 + 사람 + 물건   ~에게 ~을 주다

이중목적어구문이란, 한 문장에서 동사 뒤에 두 개의 목적어가 나오는 구문을 의미한다. 给는 이중 목적어를 갖는 대표적인 동사다. 给 뒤에 오는 사람을 간접목적어, 사람 뒤에 나오는 물건을 직접목적어라고 부를 수 있다. 问, 教, 告诉 등이 이중목적어구문에서 자주 사용되는 동사들이다.

활용 예문

我给了妈妈一个礼物。
Wǒ gěile māma yígè lǐwù.
위 게이러 마마 이거 리우
제가 엄마한테 하나의 선물을 드렸어요.

给我一百块钱, 我去买衣服。
Gěi wǒ yìbǎikuàiqián, wǒ qù mǎi yīfu.
게이 위 이바이콰이치엔, 위 취 마이 이푸
내게 100위안을 주세요. 나는 옷을 사러 갈 거예요.

给我一块豆腐。 두부 한 개 주세요.
Gěi wǒ yíkuài dòufu.
게이 위 이쿠와이 또우푸

실전 회화

A: **给我一百块钱。**
Gěi wǒ yìbǎikuàiqián.
게이 위 이바이콰이치엔

B: **你要一百块钱干什么?**
Nǐ yào yìbǎikuàiqián gànshénme?
니 야오 이바이콰이치엔 깐션머

A: **我去买衣服。**
Wǒ qù mǎi yīfu.
위 취 마이 이푸

우리말 해석

A: 100위안 주세요.

B: 100위안으로 뭐하려고?

A: 옷 사러 가려고요.

065

让 + 사람 + 동사 ~로 하여금 ~하게 하다

让은 보통 〈让 +사람+동사〉의 형태로 사용되어 '~로 하여금 ~하게 하다'라는 뜻을 나타낼 수 있다. 부정은 〈不+让〉의 형태로 사용된다

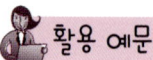 활용 예문

让我仔细想一想。 나로 하여금 곰곰이 생각해 보게 해요.
Ràng wǒ zǐxì xiǎngyixiǎng.
랑 워 쯔시 샹이샹

对不起, 让你久等了。 오래 기다리게 해드려 죄송합니다.
Duìbuqǐ, ràng nǐ jiǔděng le.
뚜이부치, 랑 니 지우덩 러

他不让我去。 그는 나를 못 가게 했어요.
Tā bú ràng wǒ qù.
타 부 랑 워 취

실전 회화

A: 对不起, 让你久等了。
Duìbuqǐ, ràng nǐ jiǔděng le.
뚜이부치, 랑 니 지우덩 러

B: 没关系。不知道合作的事情您
考虑得怎么样了?
Méiguānxi. Bùzhīdào hézuò de shìqing nín kǎolǜ
de zěnmeyàng le?
메이꽌시, 뿌쯔따오 허쮜어 더 스칭 닌 카오뤼 더 쩐머양 러

A: 这件事情请让我再考虑考虑。
Zhè jiàn shìqing qǐng ràng wǒ zài kǎolǜkǎolǜ.
쩌 찌엔 스칭 칭 랑 워 짜이 카오뤼카오뤼

우리말 해석

A: 오래 기다리게 해드려서 죄송합니다.

B: 괜찮습니다. 합작하기로 했던 일에 대해서는 고민 좀 해 보셨나요?

A: 그 일은 제가 조금 더 고민을 해 보겠습니다.

066

帮＋사람＋일 ～하도록 돕다

帮은 '돕다'라는 의미의 동사다. 같은 의미를 갖는 어휘로 帮助도 있지만 구어체에서는 帮을 더 많이 사용한다. 보통 무슨 일 때문에 누구에게 도움을 줄 때 많이 사용하는 표현형식은 〈帮＋사람＋일〉이다.

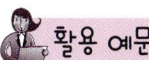 활용 예문

他帮我找房子。 그는 내가 집 구하는 것을 도와줬어요.
Tā bāng wǒ zhǎo fángzi.
타 빵 위 자오 팡즈

他帮我找工作。 그는 내가 일자리 찾는 것을 도와줬어요.
Tā bāng wǒ zhǎo gōngzuò.
타 빵 위 자오 꽁쭈어

我帮她练习汉语。 나는 그녀가 중국어 연습하는 것을 도와줘요.
Wǒ bāng tā liànxí hànyǔ.
워 빵 타 리엔시 한위

실전 회화

A: **去哪儿啊?**
Qù nǎr a?
취 나알 아

B: **我帮妈妈去买点菜。**
Wǒ bāng māma qù mǎi diǎn cài.
워 빵 마마 취 마이 디엔 차이

A: **今天家里请客?**
Jīntiān jiālǐ qǐngkè?
찐티엔 찌아리 칭커

B: **是啊, 舅舅来了。**
Shìa, jiùjiu láile.
스아, 찌우찌우 라이어

우리말 해석

A: 어디 가니?
B: 엄마 심부름으로 채소 사러 가요.
A: 오늘 집에 손님 오시니?
B: 네, 외삼촌이 오셨어요.

067

不一定+동사 반드시 ~한 것은 아니다

一定은 '꼭', '반드시'라는 의미의 부사다. 앞에 부정부사 不를 붙이면 '반드시 ~한 것은 아니다'라는 구어 표현이 된다. 이때 不는 반드시 一定 앞에 붙여야 한다. 반대로 一定不는 '반드시 ~하지 않겠다'라는 완전한 부정의 의미가 된다.

 활용 예문

他不一定回来。 그는 돌아오지 않을 수도 있다.
Tā bùyídìng huílai.
타 뿌이띵 회이라이

我不一定需要这本书。 나는 이 책이 꼭 필요한 것은 아니야.
Wǒ bùyídìng xūyào zhèběnshū.
워 뿌이딩 쉬야오 쩌뻔슈

她不一定喜欢泡菜。 그녀는 김치를 좋아하지 않을 수도 있어요.
Tā bùyídìng xǐhuan pàocài.
타 뿌이딩 시환 파오차이

실전 회화

A: 张总回来了吗?
Zhāngzǒng huílai le ma?
쨩종 회이라이 러 마

B: 还没呢。
Hái méi ne.
하이메이너

A: 我们都等着他做决定呢。下个
星期能回来吗?
Wǒmen dōu děngzhe tā zuòjuédìng ne. Xiàge
xīngqī néng huílai ma?
위먼 또우 덩저 타 쪼쥐에띵 너. 씨아거썽치 넝 회이라이 마

B: 下个星期他不一定能回来。
Xiàgexīngqī tā bùyídìng néng huílai.
씨아거썽치 타 뿌이띵 넝 회이라이

우리말 해석

A: 장사장님 돌아오셨나요?

B: 아직요.

A: 모두가 그의 결정을 기다리고 있어요. 다음주 중에는 돌아오실 수 있어요?

B: 다음주에도 돌아오지 않을 수도 있어요.

068

~什么的 ~와 같은 것

什么的는 구어체 표현이며 하나의 성분이나 몇 개의 병렬 관계를 가진 성분 뒤에 놓이면 '~과 같은 것' 혹은 '등등'과 비슷한 용법으로 쓰인다.

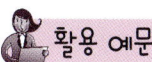 활용 예문

减肥的时候, 少吃肉, 多吃蔬菜, 水果什么的。
Jiǎnféi de shíhou, shǎo chī ròu, duō chī shūcài, shuǐguǒ shénmede.
찌엔페이 더 스호우, 샤오 츠 로우, 뚜어 츠 슈차이, 쉐이구워 선머더
다이어트를 할 때에는 고기를 적게 먹고, 야채와 과일 등을 많이 먹어야 해요.

那家超市有韩国的海苔, 饼干什么的。
Nà jiā chāoshì yǒu hánguó de hǎitái, bǐnggān shénmede.
나 찌아 챠오스 요우 한꾸워 더 하이타이, 삥깐 선머더
저 슈퍼에는 한국의 김, 과자 등이 있어요.

这个孩子不喜欢看书, 就喜欢打游戏什么的。
Zhège háizi bù xǐhuan kànshū, jiù xǐhuan dǎyóuxì shénmede.
쩌거 하이즈 뿌 시환 칸슈, 찌우 시환 다요우시 선머더
이 아이는 책 보는 건 싫어하고, 게임 같은 걸 좋아해요.

 실전 회화

A: 附近开了一家超市, 专门卖韩国的东西。
Fùjìn kāile yìjiā chāoshì, zhuānmén mài hánguó de dōngxi.
푸찐 카이러 이찌아 챠오스, 쭈안먼 마이 한꾸워 더 똥시

B: 我也看到了。韩国的饼干, 海苔什么的, 品种很多。
Wǒ yě kàndàole. Hánguó de bǐnggān, hǎitái shénmede, pǐnzhǒng hěnduō.
워 예 칸따오러. 한꾸워 더 빙깐, 하이타이 선머더, 핀쭝 헌뚜어

우리말 해석
A: 근처에 슈퍼가 오픈을 했는데, 한국 물건을 전문적으로 팔아요.
B: 저도 봤어요. 한국의 과자, 김 같은 종류가 엄청 많아요.

倒是+동사 ~하기는 하다

倒是는 전환 어투로 말할 때 자주 사용하는 구어체 표현이다. 倒是 뒤에 오는 내용은 보통 적극적인 의미를 가진 것이며 전체 문장 어감도 부드러워진다.

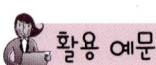 활용 예문

这件衣服款式倒是不错, 就是价格高了些。
Zhè jiàn yīfu kuǎnshì dàoshi búcuò, jiùshì jiàgé gāolexiē.
쪄 찌엔 이푸 콴스 따오스 부추어, 찌우스 찌아거 까오러시에
이 옷, 디자인은 좋은데 가격이 조금 비싸요.

这个公司太远, 但工资给得倒是挺高的。
Zhège gōngsī tài yuǎn, dàn gōngzī gěi de dàoshi tǐnggāode.
쪄거 꽁쓰 타이 위엔, 딴 꽁쯔 게이 더 따오스 팅까오더
이 회사는 너무 먼데, 급여가 높아요.

这个时间倒是适合出去运动。
Zhège shíjiān dàoshi shìhé chūqù yùndòng.
쪄거 스찌엔 따오스 스허 추취 윈똥.
이 시간이 밖에 나가서 운동하기에 적당한 시간이긴 하다.

 실전 회화

A: 你去哪儿?
Nǐ qù nǎr?
니 취 나얼

B: 我出去走走。
Wǒ chūqù zǒuzou.
워 추취 조우조우

A: 虽然有点晚, 但倒是个可以出去运动的时间。
Suīrán yǒudiǎn wǎn, dàn dàoshige kěyǐ chūqù yùndòng de shíjiān.
쑤이란 요우디엔 완, 딴 따오스거 커이 추취 윈똥 더 스찌엔

B: 那就一起去吧。
Nà jiù yìqǐ qù ba.
나 찌우 이치 취 바

A: 어디 가세요?
B: 나가서 걸으려고요.
A: 비록 조금 늦긴 했지만, 나가서 운동할 수 있는 시간이네요.
B: 그럼 우리 같이 나가요.

070

一~就~ ~하자마자

一는 수량명사, 就는 부사다. '一~就~'의 형태로 같이 쓰면 어떤 동작이나 상황 다음에 곧 다른 동작이나 상황이 이어짐을 뜻한다.

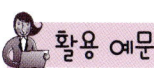 활용 예문

我一下飞机就给爸爸打了电话。
Wǒ yí xiàfēijī jiù gěi bàba dǎlediànhuà.
워 이 싸페이지 찌우 게이 빠바 다러띠엔화
비행기가 도착하자마자 아빠한테 전화를 걸었다.

孩子一洗完澡就要喝牛奶。
Háizi yì xǐwánzǎo jiùyào hē niúnǎi.
하이즈 이 시완자오 찌우야오 허 니오나이
아이는 씻은 후 바로 우유를 마셔야 한다.

你一到北京就要告诉我。
Nǐ yí dào Běijīng jiùyào gàosu wǒ.
니 이 따오 베이징 찌우야오 까오쑤 워
북경에 도착하자마자 나한테 연락해야 해요.

 실전 회화

A: 你一到韩国就要给我打个电话, 知道了吗?
Nǐ yí dào Hánguó jiùyào gěi wǒ dǎgediànhuà, zhīdaole ma?
니 이 따오 한꾸워 찌우야오 게이 워 다거띠엔화, 쯔따오러 마

B: 知道了, 我一下飞机就给你打。
Zhīdaole, wǒ yí xiàfēijī jiù gěi nǐ dǎ.
쯔따오러, 워 이 싸페이지 찌우 게이 니 다

A: 好。路上小心。
Hǎo. Lùshang xiǎoxīn.
하오. 루상 샤오씬

우리말 해석

A: 한국에 도착하자마자 나에게 전화해야 해, 알겠지?

B: 알겠어요. 비행기가 도착하자마자 전화할게요.

A: 좋아, 조심해서 가.

071

除了~以外, 还~ ~뿐만 아니라 ~

除了~以外는 '~제외하고'의 뜻으로 일정한 범위 안에 포함하지 않는다는 표현이다. 除了와 以外 사이에 명사, 동사, 형용사, 절이 모두 올 수 있다. 뒷부분에는 항상 还나 也가 호응 단어로 사용된다.

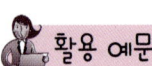 **활용 예문**

桌子上除了苹果以外, 还有香蕉和桃子。
Zhuōzishang chúle píngguǒ yǐwài, háiyǒu xiāngjiāo hé táozi.
쭈어즈상 출러 핑구어 이와이, 하이요우 샹찌아오 허 타오즈
책상 위에 사과뿐만 아니라, 바나나랑 복숭아도 있어요.

这件衣服除了款式以外, 价格也很合理。
Zhè jiàn yīfu chúle kuǎnshì yǐwài, jiàgé yě hěn hélǐ.
쩌 찌엔 이푸 출러 콴스 이와이, 찌아거 예 헌 허리
이 옷은 디자인뿐만 아니라 가격도 합리적이에요.

这款手套除了黑色的以外, 还有咖啡色的。
Zhè kuǎn shǒutào chúle hēisède yǐwài, háiyǒu kāfēisède.
쩌 콴 쇼우타오 출러 헤이써더 이와이, 하이요우 카페이써더
이 장갑은 검정색뿐만 아니라, 커피색도 있어요.

실전 회화

우리말 해석

A: 我想买一副皮手套。
Wǒ xiǎng mǎi yīfù píshǒutào.
워 시앙 마이 이푸 피쇼우타오

B: 是自己用, 还是送人?
Shì zìjǐ yòng, háishi sòngrén?
스 쯔지 용, 하이스 쏭런

A: 送人。
Sòngrén.
쏭런

B: 那你看看这款手套, 除了黑色的以外, 还有咖啡色的。
Nà nǐ kànkan zhè kuǎn shǒutào, chúle hēisède yǐwài, háiyǒu kāfēisède.
나 니 칸칸 쩌 콴 쇼우타오, 출러 헤이써더 이와이, 하이요우 카페이써더

A: 저는 가죽 장갑을 살 생각이에요.

B: 본인이 사용하실 거예요? 아니면 선물하실 건가요?

A: 선물할 거예요.

B: 그럼 이 장갑은 어떠세요, 검정색 이외에 커피색도 있어요.

072

对～有兴趣/感兴趣 ~에 대해 관심 있다

对는 전치사로 '～에 대하여', '～에게'라는 뜻을 가지며 동작과 관련된 대상을 지정한다. 有兴趣/感兴趣는 '관심 있다'라는 뜻인데 부정은 没有兴趣와 不感兴趣를 사용하면 된다.

활용 예문

他对这个话题很有兴趣。 그는 이 주제에 대해 관심이 많아요.
Tā duì zhège huàtí hěn yǒuxìngqù.
타 뚜이 쩌거 화티 헌 요우씽취

我对汉语很有兴趣。 저는 중국어에 대해 관심이 많아요.
Wǒ duì hànyǔ hěn yǒuxìngqù.
워 뚜이 한위 헌 요우씽취

那个外国人对中国文化很感兴趣。
Nàge wàiguórén duì zhōngguówénhuà hěn gǎnxìngqù.
나거 와이꾸오 런 뚜이 중꾸오런 헌 간씽취
그 외국인은 중국 문화에 대해 관심이 많아요.

실전 회화

A: 你们在说什么?
Nǐmen zài shuō shénme?
니먼 짜이 수오 선머

B: 我们在讨论现在的房价。
Wǒmen zài tǎolùn xiànzài de fángjià.
워먼 짜이 타오 룬 시엔짜이 더 방찌아

A: 我对这个问题也很感兴趣。
Wǒ duì zhège wèntí yě hěn gǎnxìngqù.
워 뚜이 저거 우언티 예 헌 간씽취

B: 那你也和我们一起聊聊吧。
Nà nǐ yě hé wǒmen yìqǐ liáoliao ba.
나 니 예 허 워먼 이치 리아오리아오 바

우리말 해석

A: 너희들은 무슨 얘기하고 있어?
B: 우리는 현재의 집값에 대해 토론하고 있어요.
A: 나도 이 문제에 대해 관심이 많아.
B: 그럼 우리와 함께 이야기를 나누세요.

073

非～不可   반드시 ~해야 한다

'반드시'라고 할 때는 一定를 많이 사용하는데, 여기서 非～不可는 一定보다 더욱 강한 어감을 가지며 '~하지 않으면 안 되는' 정도를 표현할 때 사용한다. 구어체에서는 不可를 생략해도 된다.

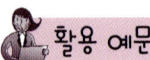 활용 예문

这次他非去不可。 그는 이번에 오지 않으면 안 된다.
Zhècì tā fēi qù bùkě.
쩌츠 타 페이 취 뿌커

吃辣的菜的时候, 非喝冰啤酒不可。
Chī làdecài de shíhou, fēi hē bīng píjiǔ bùkě.
츠 라더차이 더 스호우, 페이 허 삥 피지우 뿌커
매운 음식을 먹을 때, 시원한 맥주를 마셔줘야 한다.

这件事情非告诉他不可。
Zhè jiàn shìqing fēi gàosu tā bùkě.
쩌 찌은 앤스칭 페이 까오쑤 타 뿌커
이 일은 반드시 그에게 알려야 한다.

 실전 회화

A: 你怎么能让他去呢?
Nǐ zěnme néng ràng tā qù ne?
니 전머 넝 랑 타 취 너

B: 我让他别去, 但是他非去不可。
Wǒ ràng tā bié qù, dànshì tā fēi qù bùkě.
워 랑 타 비에 취, 딴스 타 페이 취 뿌커

A: 那我马上给他打个电话吧。
Nà wǒ mǎshàng gěi tā dǎgediànhuà ba.
나 워 마샹 게이 타 다거띠엔화 바

우리말 해석

A: 어떻게 그에게 가라고 할 수 있어요?

B: 난 그에게 가지 말라고 했는데, 그가 반드시 가야 된다고 했어요.

A: 그럼 제가 바로 그에게 전화를 걸어볼게요.

074

又＋형용사＋又＋형용사 ~하기도 하고 ~하기도 하다

又는 원래 '또', '다시'라는 뜻으로 어떤 동작이나 상황이 중복되거나 계속될 때 사용하는데, 又~又~ 형식 또한 두 가지 동작이나 상태가 중복하여 발생함을 나타낸다. 이 형식에서 又 뒤에 동사도 올 수 있지만 기본적으로 형용사가 많이 온다.

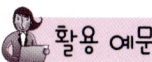 활용 예문

这房间又大又干净。 이 방은 크기도 하고 깨끗하기도 합니다.
Zhè fángjiān yòu dà yòu gānjìng.
저 팡찌엔 요우 따 요우 깐찡

我今天又累又饿。 나는 오늘 피곤하기도 하고 배고프기도 합니다.
Wǒ jīntiān yòu lèi yòu è.
워 찐티엔 요우 레이 요우 어

天坛公园又大又美丽。
Tiāntángōngyuán yòu dà yòu měili.
티엔탄꽁위엔 요우 따 요우 메이리
천단 공원은 크기도 하고 아름답기도 합니다.

🕵 실전 회화

A: 你去过哪个名胜古迹呢?
Nǐ qùguo nǎge míngshènggǔjì ne?
니 취구어 나 거 밍성구찌 너

B: 我只去过颐和园。
Wǒ zhǐ qùguo Yíhéyuán.
워 즈 취구어 이허위엔

A: 颐和园怎么样?
Yíhéyuán zěnmeyàng?
이허위엔 쩐머양

B: 又大又美丽。我照了很多照片。
Yòu dà yòu měili. Wǒ zhàole hěnduō zhàopiàn.
요우 따 요우 메이리. 위 짜오러 헌뚜어 짜오피엔

우리말 해석

A: 당신은 어떤 유적지에 가 봤어요?

B: 나는 이화원밖에 안 가 봤어요.

A: 이화원은 어때요?

B: 크고 아름다워요. 사진을 아주 많이 찍었어요.

好久没(有)+동사 　오랫동안 ~하지 못했다

비슷한 표현으로 자주 사용하는 문장으로는 好久不见。가 있다. 이 문장에서는 과거를 나타내는 没가 아니라 不를 사용한다.

 활용 예문

好久没有联系了。 오랫동안 연락하지 못했다.
Hǎojiǔ méiyǒu liánxì le.
하오찌우 메이요우 리엔시 러

好久没有看到你了。 오랫동안 보지 못했다.
Hǎojiǔ méiyǒu kàndào nǐ le.
하오찌우 메이요우 칸따오 니 러

好久没去旅游了。 오랫동안 여행을 가지 못했다.
Hǎojiǔ méi qù lǚyóule.
하오찌우 메이 취 뤼요우러

 실전 회화

A: 好久没联系了。你还好吗？
Hǎojiǔ méi liánxile. Nǐ háihǎo ma?
하오찌우 메이 렌시러. 니 하이하오 마

B: 挺好的。你呢？
Tǐnghǎode. Nǐ ne?
팅하오더. 니 너

A: 我也挺好的。好久没有去旅行了。一起去吧。
Wǒ yě tǐnghǎode. Hǎojiǔ méiyǒu qù lǚxíng le. Yìqǐ qù ba.
워 예 팅하오더. 하오찌우 메이요우 취 뤼씽 러. 이치 취 바

B: 好啊。你定个地方。
Hǎoa. Nǐ dìng ge dìfang.
하오아. 니 띵 거 띠팡

076

已经+동사+了   벌써 ~했다

'벌써 ~을 했다'는 표현을 쓸 때는 부사 已经을 동사 앞에 사용한다. 이때, 단음절 동사일 경우에는 꼭 了를 같이 써야 하며, 2음절 이상의 동사가 올 경우에는 了를 생략해도 괜찮다.

 활용 예문

我来中国已经10年了。 나는 중국에 온 지 이미 10년이 되었다.
Wǒ lái Zhōngguó yǐjing shí nián le.
워 라이 쭝궈 이찡 스 니엔 러

问题已经解决(了)。 문제는 벌써 해결했어요.
Wèntí yǐjing jiějué (le).
원티 이찡 지에줴(러)

我已经习惯这里的生活(了)。
Wǒ yǐjing xíguàn zhèlǐ de shēnghuó (le).
워 이찡 시꽌 쩌리 더 성호워(러).
저는 이미 이곳 생활이 습관이 되었어요.

실전 회화

A: **你来中国已经多长时间了?**
Nǐ lái Zhōngguó yǐjing duō zhǎng shíjiān le?
니 라이 쭝궈 이찡뚸 창스찌엔러

B: **我来中国已经10年了。**
Wǒ lái Zhōngguó yǐjing shí nián le.
워 라이 쭝궈 이찡 스 니엔 러

A: **这里的生活怎么样?**
Zhèlǐ de shēnghuó zěnmeyàng?
쩌리 더 성호워 쩐머양

B: **我早就已经习惯这里的生活了。**
Wǒ zǎojiù yǐjing xíguàn zhèlǐ de shēnghuó le.
워 자오찌우 이찡 시꽌 쩌리 더 성호워 러

우리말 해석

A: 당신이 중국에 온 지 얼마나 지났죠?

B: 제가 중국에 온 지 이미 10년이 되었네요.

A: 이곳 생활은 어때요?

B: 전 일찍이 이곳 생활에 적응했어요.

077

(都)~了　벌써, 이미

都는 '모두', '다'라는 의미의 부사다. 都~了의 형태로 쓰일 경우 '벌써'의 의미로 이때는 都를 생략해도 된다. 이 표현은 약간의 불만이나 책망의 말투가 포함되어 있으며, 앞에서 배웠던 已经~了와 바꿔 쓸 수 있다.

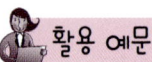 **활용 예문**

都10点了, 快走吧。 벌써 10시가 되었어요. 빨리 가세요.
Dōu shí diǎn le, kuài zǒu ba.
또우 스 디엔 러, 콰이조우 바

都什么时候了, 你还不走?
Dōu shénme shíhou le, nǐ hái bù zǒu?
또우 션머 스호우러, 니 하이 뿌조우
지금이 어느 때인데 아직도 안 가세요?

都放学了, 你怎么还在学校?
Dōu fàngxué le, nǐ zěnme hái zài xuéxiào?
또우 팡쉐 러, 니 전머 하이 짜이 쉐시아오
이미 방학인데, 당신은 아직도 학교에 있나요?

실전 회화

A: 你怎么还在睡觉啊?
Nǐ zěnme hái zài shuìjiào a?
니 전머 하이 짜이 쉐이찌아오 아

B: 再让我睡一会儿。
Zài ràng wǒ shuì yíhuir.
짜이 랑 워 쉐이 이홀러

A: 都8点了, 你上学要迟到了。
Dōu bā diǎn le, nǐ shàngxué yào chídào le.
또우 빠 디엔러, 니 샹쉐 야오 츠따오러

B: 今天是星期天, 你怎么忘了。
Jīntiān shì xīngqītiān, nǐ zěnme wàngle.
쩐티엔 스 씽치티엔, 니 쩐머 왕러

우리말 해석

A: 아직도 자고 있니?

B: 조금만 더 잘게요.

A: 벌써 8시야, 학교에 늦겠어.

B: 오늘 일요일이에요. 어떻게 잊 어버릴 수가 있어요.

078

快(要)+동사/형용사+了   곧 ~할 것이다

快는 형용사로 '빠르다'는 의미이며, 부사로 가까운 미래의 상황이나 상태의 변화를 예고하는 의미로도 사용된다. 주로 〈快(要)+동사/형용사+了〉의 표현으로 '곧 ~할 것이다'라는 의미다.

 활용 예문

快下课了。 곧 수업이 끝납니다.
Kuài xiàkè le.
콰이 씨아커 러

他快到了。 그가 곧 도착합니다.
Tā kuài dào le.
타 콰이 따오 러

快要春天了。 곧 봄이 오네요.
Kuàiyào chūntiān le.
콰이야오 춘티엔 러

실전 회화

A: **我快回国了。今天来看看你。**
Wǒ kuài huíguó le. jīntiān lái kànkan nǐ.
워 콰이 회이구워 러. 찐티엔 라이 칸칸 니

B: **快请进。**
Kuài qǐngjìn.
콰이 칭 찐.

A: **你的身体最近怎么样?**
Nǐ de shēntǐ zuìjìn zěnmeyàng?
니 더 선티 쭈이찐 쩐머양

B: **我生了场病。不过快要好了。**
Wǒ shēng le chǎng bìng. Búguò kuàiyào hǎo le.
워 성 러 창 삥. 부꾸워 콰이야오 하오 러

우리말 해석

A: 저는 곧 귀국해요. 오늘은 (얼굴) 보러 온 거예요.

B: 들어오세요.

A: 요즘 컨디션은 어떠세요?

B: 아팠는데, 곧 좋아질 거예요.

079

越来越~ 점점 더~

越来越는 정도가 점점 심해지는 것을 나타낸다. 우리말의 '점점 더~'와 비슷하다.
越来越 뒤에는 형용사가 오는 경우가 많다.

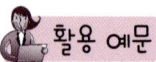 **활용 예문**

天气越来越凉快。 날씨가 점점 더 시원해지고 있어요.
Tiānqì yuèláiyuè liángkuài.
티엔치 위에라이위에 리앙콰이

中国的外国人越来越多。
Zhōngguó de wàiguórén yuèláiyuèduō.
쭝궈 더 와이구워런 위에라이위에뚜어
중국에는 외국인들이 점점 더 많아지고 있어요.

这段时间我越来越胖。 이 기간 동안 저는 점점 더 살이 쪘어요.
Zhè duàn shíjiān wǒ yuèláiyuè pàng.
쩌 뚜안 스지엔 워 위에라이위에 팡

실전 회화

A: **你在中国学汉语很有意思吧?**
Nǐ zài Zhōngguó xué hànyǔ hěn yǒuyìsi ba?
니 짜이 쭝궈 쉐 한위 헌 요우이쓰 바?

B: **是啊。来中国学汉语的外国人越来越多。**
Shìa. Lái zhōngguó xué hànyǔ de wàiguórén yuèláiyuèduō.
스아. 라이 쭝궈 쉐 한위 더 와이구워런 위에라이위에뚜어

A: **是吗? 以后我也要去中国看看。**
Shìma? Yǐhòu wǒ yěyào qù Zhōngguó kànkan.
스마? 이호우 워 예야오 취 쭝궈 칸칸

우리말 해석

A: 중국에서 중국어 배우기 재미있죠?

B: 맞아요. 중국에 와서 중국어를 공부하는 외국인들이 점점 더 늘고 있어요.

A: 그래요? 나중에 저도 중국에 가서 봐야겠네요.

080

越A越B   ~하면 ~할수록

越A越B는 越来越와 비슷한 의미를 가진 상용 표현으로 A에 따라 B의 정도가 점점 심해지는 것을 나타낸다. 우리말의 '~하면 ~할수록'과 비슷하다.

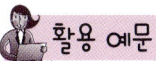 **활용 예문**

他话越说越多。 그는 말을 하면 할수록 많아진다.
Tā huà yuè shuō yuè duō.
타 화 위에 슈어 위에 뚜어

雨越下越大。 비가 오면 올수록 빗줄기가 커진다.
Yǔ yuè xià yuè dà.
위 위에 씨아 위에 따

我越跑越快。 나는 뛰면 뛸수록 빨라진다.
Wǒ yuè pǎo yuè kuài.
위 위에 파오 위에 콰이

실전 회화

A: **怎么突然下起雨来了?**
Zěnme tūrán xiàqǐyǔlái le?
쩐머 투란 씨아치위라이 러

B: **应该是阵雨。我们等一会儿再
出去。**
Yīnggāi shì zhènyǔ. Wǒmen děngyíhuìr zài chūqu.
잉까이 스 쩐위. 워먼 덩이훌 짜이 추취

A: **我看这雨越下越大, 不知道什
么时候能停啊。**
Wǒ kàn zhè yǔ yuè xià yuè dà, bùzhīdao shénme
shíhou néng tíng a.
워 칸 쩌 위 위에 씨아 위에 따, 뿌쯔따오 션머스호우 넝 팅 아

우리말 해석

A: 어쩜 이렇게 갑자기 비가 오죠?

B: 분명 소나기일 거예요. 우리 잠시 기다렸다가 나가요.

A: 비가 내리면 내릴수록 빗줄기가 커지고 있는데 언제쯤 멈출지 모르겠어요.

619

A比B~   A는 B보다 ~

比를 사용하는 것이 중국어에서 사용되는 가장 기본적인 비교문 형식이라고 할 수 있다. 주로 〈A+比+B+更/还+형용사〉 형식으로 A가 B보다 ~하다는 의미를 나타낸다.

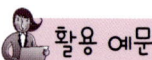 활용 예문

今天**比**昨天热。 오늘이 어제보다 덥네요.
Jīntiān bǐ zuótiān rè.
찐티엔 비쪼어티엔 러

哥哥**比**我高。 형이 나보다 더 커요.
Gēge bǐ wǒ gāo.
거거 비 워 까오

学汉语**比**学英语难。 중국어 공부가 영어 공부보다 어렵네요.
Xué hànyǔ bǐ xué yīngyǔ nán.
쉐 한위 비 쉐 잉위 난

실전 회화

A: 以前你的英语学得很好, 现在学汉语, 应该也很好吧?
Yǐqián nǐ de yīngyǔ xuéde hěnhǎo, xiànzài xué hànyǔ, yīnggāi yě hěnhǎo ba?
이치엔 니 더 잉위 쉐더 헌하오, 시엔짜이 쉐 한위, 잉까이 예 헌하오 바

B: 跟你想的不一样。学汉语比学英语难。
Gēn nǐ xiǎngde bùyíyàng. Xué hànyǔ bǐ xué yīngyǔ nán.
껀 니 시앙더 뿌이양. 쉐 한위 비 쉐 잉위 난

우리말 해석

A: 예전에 당신은 영어 공부를 매우 잘했잖아요. 지금 중국어를 배워도 잘하겠지요?

B: 당신이 생각하는 것과 달라요. 중국어 공부가 영어 공부보다 어려워요.

082

和A比起来, B~   A와 비교하면 B ~

比를 사용하는 문장은 가장 기본적인 비교문 형태이지만 'A와 비교하면 B~'의 의미를 가진 和A比起来 B~의 표현을 대신 사용하는 경우가 많다. 특히 대화문에 많이 사용한다.

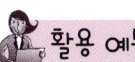 활용 예문

和昨天比起来, 今天更热。
Hé zuótiān bǐqǐlai, jīntiān gèng rè.
허 쭈어티엔 비치라이, 찐티엔 껑 러
어제와 비교하면 오늘이 더 덥다.

和南京比起来, 北京更大。
Hé Nánjīng bǐqǐlai, Běijīng gèng dà.
허 난찡 비치라이, 베이찡 껑 따
남경과 비교하면 북경이 더 크다.

실전 회화

A: 今天真热啊。
Jīntiān zhēn rè a.
찐티엔 쩐 러 아

B: 和昨天比起来, 今天算凉快的了。
Hé zuótiān bǐqǐlai, jīntiān suàn liángkuai de le.
허 쭈어티엔 비치라이, 찐티엔 쑤안 리앙콰이 더 러

A: 我要去买个西瓜吃。
Wǒ yào qù mǎi ge xīguā chī.
워 야오 취 마이 거시꽈 츠

B: 我听说和超市的西瓜比起来,
市场的西瓜更好吃。
Wǒ tīngshuō hé chāoshì de xīguā bǐqǐlai,
shìchǎng de xīguā gèng hǎochī.
워 팅슈어 허 차오스 더 시과 비치라이, 스창 더 시과 껑 하오츠

우리말 해석

A: 오늘 정말 덥네요.
B: 어제와 비교하면, 오늘은 시원한 편이에요.
A: 저는 수박을 사러 갈 거예요.
B: 제가 듣기로는 슈퍼의 수박보다 시장에서 파는 수박이 훨씬 맛있다던데요.

621

083

A和B一样 A와 B가 똑같다

앞에서 比자문은 가장 기본적인 비교문 형태라고 언급했는데 여기서 A和B一样은
'A와 B 똑같다'라는 의미로 동등비교문이라고 한다. 和 대신 跟이 쓰이기도 한다.
즉 A跟B一样의 형태로도 사용한다. 이 비교 형식의 부정은 A跟B不一样이다.

 활용 예문

我的衣服和她的衣服一样。 나랑 그녀의 옷이 똑같다.
Wǒ de yīfu hé tā de yīfu yíyàng.
워 더 이푸 허 타 더 이푸 이양

弟弟的个子和哥哥的个子一样。
Dìdi de gèzi hé gēge de gèzi yíyàng.
띠띠 더 꺼즈 허 꺼거 더 꺼즈 이양
동생의 키랑 형의 키가 같다.

现在的中国和十年前的中国不一样。
Xiànzài de Zhōngguó hé shínián qián de Zhōngguó bùyíyàng.
씨엔짜이 더 쭝궈 허 스니엔 치엔 더 쭝궈 뿌이양
지금의 중국과 십년 전의 중국은 다르다.

 실전 회화

A: 我还是十年前去的中国。中国
现在怎么样?
Wǒ háishi shíniánqián qù de Zhōngguó.
Zhōngguó xiànzài zěnmeyàng?
워 하이스 스니엔치엔 취 더 쭝궈. 쭝궈 시엔짜이 쩐머양

B: 现在的中国和十年前的中国完
全不一样。中国发展得很快。
Xiànzài de Zhōngguó hé shíniánqián de
Zhōngguó wánquán bùyíyàng. Zhōngguó fāzhǎn
de hěnkuài.
씨엔짜이 더 쭝궈 허 스니엔치엔 더 쭝궈 완치엔 뿌이양.
쭝궈 퐈잔 더 헌콰이

우리말 해석
A: 저는 십년 전에 중국에 가 봤어
요. 지금 중국은 어때요?
B: 지금의 중국과 십년 전의 중국
은 완전히 달라요. 중국의 발전
은 매우 빨라요.

084

A和B一样~ A와 B 같이 ~하다

앞에서 'A와 B가 똑같다'라는 의미의 A和B一样 동등비교문에 대해 살펴보았다. 여기서는 一样 뒤에 비교할 내용이 오는 경우, 즉 A跟B一样~의 형태로써 '~와 같이 ~하다'의 의미를 나타내는 경우에 대해 살펴보도록 한다. 이때 和를 대신하여 像이 쓰이기도 한다. 즉 A像B一样~의 형태로도 사용하는 것이다.

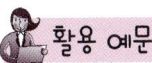 활용 예문

我的衣服和她的衣服一样漂亮。
Wǒ de yīfu hé tā de yīfu yíyàng piàoliang.
워 더 이푸 허 타 더 이푸 이양 피아오량
내 옷과 그녀의 옷이 똑같이 예쁘다.

弟弟的个子和哥哥的个子一样高。
Dìdi de gèzi hé gēge de gèzi yíyàng gāo.
띠디 더 꺼즈 허 꺼거 더 꺼즈 이양 까오
동생과 형의 키가 똑같이 크다.

今天和昨天一样热。 오늘과 어제는 똑같이 덥다.
Jīntiān hé zuótiān yíyàng rè.
찐티엔 허 쭈어티엔 이양 러

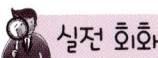 실전 회화

A: **这个孩子个子真高。**
Zhège háizi gèzi zhēn gāo.
쩌거 하이쯔 꺼즈 쩐 까오

B: **他和他哥哥一样高。**
Tā hé tā gēge yíyàng gāo.
타 허 타 꺼거 이양 까오

A: **那他和他哥哥哪个长的帅?**
Nà tā hé tā gēge nǎge zhǎng de shuài?
나 타 허 타 꺼거 나거 장 더 슈아이

B: **他和他哥哥一样帅。**
Tā hé tā gēge yíyàng shuài.
타 허 타 꺼거 이양 슈아이

A: 이 아이는 키가 정말 크네요.
B: 그와 그의 형 키는 똑같이 커요.
A: 그와 그의 형 중에 누가 더 잘 생겼나요?
B: 그와 그의 형은 똑같이 잘생겼어요.

A和B差不多 A와 B 비슷하다

앞에서 'A와 B 똑같다'라는 뜻의 A 和 B 一样 동등비교문에 대해 살펴봤다. 이때 一样의 위치에 差不多를 붙이면 'A와 B 비슷하다'의 의미로 사용한다. 和를 대신하여 跟이 쓰이기도 한다. 즉 A 跟 B 差不多의 형태로도 사용되는 것이다.

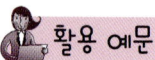 활용 예문

我的衣服和她的衣服差不多。
Wǒ de yīfu hé tā de yīfu chàbuduō.
워 더 이푸 허 타 더 이푸 차부뚜어
나와 그녀의 옷이 비슷하다.

弟弟的个子和哥哥的个子差不多。
Dìdi de gèzi hé gēge de gèzi chàbuduō.
띠띠 더 꺼즈 허 꺼꺼 더 꺼즈 차부뚜어
동생의 키와 형의 키가 비슷하다.

现在的中国和十年前的中国差不多。
Xiànzài de Zhōngguó hé shínián qián de Zhōngguó chàbuduō.
씨엔짜이 더 쭝궈 허 스니엔 치엔 더 쭝궈 차부뚜어
지금의 중국과 십년 전의 중국은 비슷하다.

실전 회화

A: 这件衣服怎么样?
Zhè jiàn yīfu zěnmeyàng?
쩌 찌엔 이푸 쩐머양

B: 这件衣服和你刚才看中的一件
衣服差不多。
Zhè jiàn yīfu hé nǐ gāngcái kànzhòng de yíjiàn
yīfu chàbuduō.
쩌 찌엔 이푸 허 니 깡차이 칸중 더 이찌엔 이푸 차부뚜어

A: 我就是喜欢这种款式的。
Wǒ jiùshì xǐhuan zhèzhǒng kuǎnshì de.
위 찌우스 시환 쩌종 콴스 더

우리말 해석

A: 이 옷 어때요?

B: 이 옷과 아까 당신이 마음에 들
어한 옷이 비슷하네요.

A: 제가 좋아하는 스타일이에요.

086

一+양사+比+一+양사 점점 ~해지다

앞에서 '점차 ~해지다'의 의미를 가진 표현으로 越来越과 越~越~를 살펴보았는데, 여기서 〈一+양사+比+一+양사〉의 형태는 구체적인 시간이 언급되기 때문에 정도의 심화 과정을 더 자세하게 표현할 수 있다.

 활용 예문

天气一天比一天凉快。 하루가 지날수록 날씨가 시원해진다.
Tiānqì yìtiān bǐ yìtiān liángkuai.
티엔치 이티엔 비 이티엔 리앙콰이

考试一次比一次难。 시험이 한 번 볼 때마다 점점 어려워진다.
Kǎoshì yícì bǐ yícì nán.
카오스 이츠 비 이츠 난

中国的人口一年比一年多。
Zhōngguó de rénkǒu yìnián bǐ yìnián duō.
쭝궈 더 런코우 이니엔 비 이니엔 뚜어
중국의 인구는 해가 지날수록 많아진다.

실전 회화

A: **现在中国有多少人?**
Xiànzài Zhōngguó yǒu duōshao rén?
씨엔짜이 쭝궈 요우 뚜어샤오 런

B: **大概14万吧。**
Dàgài shísìwàn ba.
따까이 스쓰완 바

A: **中国的人口真是一年比一年多啊。**
Zhōngguó de rénkǒu zhēnshi yìnián bǐ yìnián duō a.
쭝궈 더 런코우 쩐스 이니엔 비 이니엔 뚜아 아

B: **现在年轻人都不愿意生孩子,以后人口就会减少的。**
Xiànzài niánqīngrén dōu búyuànyì shēngháizi,
yǐhòu rénkǒu jiù huì jiǎnshǎo de.
씨엔짜이 니엔칭런 또우 뿌위엔이 성하이즈, 이호우 런코우 찌우 회이 찌엔샤오 더

우리말 해석

A: 지금 중국의 인구는 몇 명인가요?

B: 대략 14억 정도죠.

A: 중국 인구가 해가 지날수록 더 많아지고 있어요.

B: 지금의 젊은이들은 아이 낳는 걸 원치 않아서 나중에 인구수가 점점 감소할 것 같아요.

087

不能再~了 더 이상 ~할 수 없다

不能再~了는 어떤 한도를 초과할 수 없을 때 자주 사용하는 표현으로 '더이상 ~할 수 없다', '더 이상 ~하면 안 된다'로 해석된다.

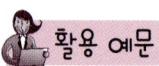 **활용 예문**

这已经是最低价了, **不能再**便宜**了**。
Zhè yǐjing shì zuìdījià le, bùnéng zài piányi le.
쩌 이찡 스 쭈이띠찌아 러, 뿌넝 짜이 피엔이 러
이미 최저가예요, 더 싸게는 줄 수 없어요.

我再给你20块钱, **不能再**多**了**。
Wǒ zài gěi nǐ èrshíkuàiqián, bùnéng zài duō le.
워 짜이 게이 니 얼스콰이치엔, 뿌넝 짜이 뚜어 러
20위안을 더 줄게요. 더 이상은 줄 수 없어요.

我吃饱了, **不能再**吃**了**。
Wǒ chībǎo le, bùnéng zài chī le.
워 츠바오 러, 뿌넝 짜이 츠 러
배가 너무 불러서 더 이상은 못 먹겠어요.

실전 회화

A: 这条裙子多少钱?
　 Zhè tiáo qúnzi duōshaoqián?
　 쩌 티아오 췬즈 뚜어샤오치엔

B: 原价一千, 现在打八折, 八百。
　 Yuánjià yìqiān, xiànzài dǎbāzhé, bābǎi.
　 위엔찌아 이치엔, 씨엔짜이 다빠저, 빠바이

A: 再便宜一点儿吧。
　 Zài piányi yìdiǎnr ba.
　 짜이 피엔이 이디알 바

B: 这已经是最低价了, 不能再便宜了。
　 Zhè yǐjing shì zuìdījià le, bùnéng zài piányi le.
　 쩌 이찡 스 쭈이띠찌아 러, 뿌넝 짜이 피엔이 러

우리말 해석

A: 이 치마는 얼마예요?

B: 원래 가격은 천 위안인데, 지금은 20% 할인해서 팔백 위안이에요.

A: 좀 더 싸게 해 주세요.

B: 이미 최저가예요. 더는 싸게 못 줘요.

088

A是A, 但是~ ~하긴 하지만 ~

A是A의 표현은 양보를 나타내며 '~하긴 하지만'으로 해석된다. 뒷절에는 항상 就是, 但是, 可是 등 전환관계에서 사용하는 접속사가 온다.

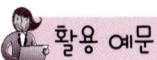 **활용 예문**

中国菜腻是腻, 但是很好吃。
Zhōngguócài nishìnì, dànshì hěn hǎochī.
쫑궈차이 니스니, 딴스 헌 하오츠
중국 음식은 느끼하긴 하지만, 정말 맛있어요.

这件衣服漂亮是漂亮, 就是太贵了。
Zhè jiàn yīfu piàoliangshipiàoliang, jiùshì tài guì le.
쩌 찌엔 이푸 피아오량스피아오량, 찌우스 타이 꾸이 러
이 옷은 예쁘긴 하지만, 너무 비싸요.

工资高是高, 就是工作的地方太远了。
Gōngzī gāoshigāo, jiùshì gōngzuò de dìfang tài yuǎn le.
꽁쯔 까오스까오, 찌우스 꽁쭈어 더 띠팡 타이 위엔 러
연봉이 높긴 하지만, 직장이 너무 멀어요.

 **실전 회화**

A: 今天去面试了吧, 怎么样?
Jīntiān qù miànshì le ba, zěnmeyàng?
찐티엔취미엔스러바, 쩐머양

B: 这家公司给的工资高是高, 就是工作的地方太远了。
Zhèjiā gōngsī gěi de gōngzī gāoshigāo, jiùshì gōngzuò de dìfang tài yuǎn le.
쩌찌아 꽁쓰 게이 더 꽁쯔 까오스까오, 찌우스 꽁쭈어 더 띠팡 타이 위엔 러

A: 那再找找别的公司。
Nà zài zhǎozhao biéde gōngsī.
나 짜이 쟈오쟈오 비에더 꽁쓰

우리말 해석

A: 오늘 면접 보러 갔었죠? 어땠어요?

B: 회사 연봉은 높은데, 직장이 너무 멀어요.

A: 그럼 다른 회사를 알아봐요.

089

(如果/要是)~的话，就~　~한다면

(如果/要是)~的话，就~는 '~라면', '~한다면'의 의미로 가정을 나타내는 표현이다. 문장 앞에 如果, 要是 등을 붙여서 사용하기도 하고 생략해도 된다. 문장 뒷부분에는 就가 항상 같이 온다.

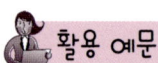 활용 예문

如果你去的话，我就去。
Rúguǒ nǐ qù dehuà, wǒ jiù qù.
루구어 니 취 더화, 워 찌우 취
만약 당신이 간다면, 나도 갈게요.

如果不热的话，我们就去旅行。
Rúguǒ bú rè dehuà, wǒmen jiù qù lǚxíng.
루구어 뿌 러 더화, 워먼 찌우 취 뤼싱
만약 날씨가 덥지 않다면, 우리 여행 가요.

要是这个问题能解决，那就太好了。
Yàoshi zhège wèntí néng jiějué, nà jiù tài hǎo le.
야오스 쩌거 원티 넝 쥐에줴, 나 찌우 타이 하오 러
이 문제가 해결된다면, 정말 너무 좋겠어요.

🔍 실전 회화

A: **怎么突然起风了？**
Zěnme tūrán qǐfēng le?
쩐머 투란 치펑 러

B: **如果你冷，就关上窗户吧。**
Rúguǒ nǐ lěng, jiù guānshang chuānghu ba.
루구워 니 렁, 찌우 꽌상 추앙후 바

A: **没关系。如果冷，我会关的。**
Méiguānxi. Rúguǒ lěng, wǒ huì guān de.
메이꽌시, 루구워 렁, 워 회이 꽌 더

우리말 해석

A: 어쩜 이리도 갑자기 바람이 불죠?

B: 추우면, 창문을 닫으세요.

A: 괜찮아요. 만약 추우면 제가 닫을게요.

090

因为~所以~ ~때문에 그래서 ~하다

因为는 '~때문에'의 의미를 가진 접속사, 所以는 '그래서'의 뜻을 가진 접속사다.
이 두 접속사를 같이 쓰면 보통 因为가 앞절에 쓰이고 所以가 뒷절에 쓰인다.

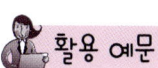 활용 예문

因为我很渴, 所以想喝水。
Yīnwèi wǒ hěn kě, suǒyǐ xiǎng hēshuǐ.
인웨이 워 헌 커, 쑤이 시앙 허쉐이
목이 매우 마르기 때문에 물을 마시고 싶어요.

因为很远, 所以不能走着去。
Yīnwèi hěn yuǎn, suǒyǐ bùnéng zǒuzhe qù.
인웨이 헌 위엔, 쑤이 뿌넝 조우저 취
너무 멀기 때문에 걸어서 갈 수 없어요.

因为是梅雨季节, 所以常常下雨。
Yīnwèi shì méiyǔjìjié, suǒyǐ chángcháng xiàyǔ
인웨어 스 메이위찌지에, 쑤이 창창 씨아위
장마철이기 때문에 자주 비가 내려요.

 실전 회화

A: 最近为什么总是下雨?
Zuìjìn wéishénme zǒngshì xiàyǔ?
쭈이찐 웨이선머 종스 씨아위

B: 因为是梅雨季节, 所以雨水比较多。
Yīnwèi shì méiyǔjìjié, suǒyǐ yǔshuǐ bǐjiào duō.
인웨이 스 메이위찌지에, 쑤이 위쉐이 비쟈오 뚜어

A: 要到什么时候结束啊?
Yào dào shénmeshíhou jiéshù a?
야오 따오 선머스호우 지에슈 아

B: 大概7月份才能结束。
Dàgài qīyuèfèn cái néng jiéshù.
따까이 치위에펀 차이넝 지에슈

우리말 해석

A: 요즘 왜 계속 비가 내릴까요?

B: 장마철이기 때문에, 비가 좀 많이 오죠.

A: 언제쯤 끝날까요?

B: 대략 7월쯤 끝날 거예요.

A还是B~   A 아니면 B

还是는 '여전히', '그래도'의 뜻으로 많이 사용하는 부사다. 여기에서 还是는 '여전히'보다는 '아니면'의 의미로써 접속사 용법으로 두 개의 선택 항목을 연결시켜서 선택의문문을 만든다.

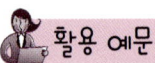 활용 예문

你同意还是不同意? 당신은 동의하나요, 동의하지 않나요?
Nǐ tóngyì háishi bùtóngyì?
니 퉁이 하이스 뿌퉁이

你到底去还是不去? 당신은 갈 거예요, 안 갈 거예요?
Nǐ dàodǐ qù háishi búqù?
니 따오디 취 하이스 부취

你们坐地铁来还是打的来?
Nǐmen zuò dìtiě lái háishi dǎdī lái?
니먼 쭈오 띠티에 라이하이스 다띠 라이
너희는 지하철 타고 올 거야, 아니면 택시 타고 올 거야?

실전 회화

A: 我不想去, 但是不去的话又怕上司生气。
Wǒ bùxiǎng qù, dànshì búqù de huà yòu pà shàngsi shēngqì.
워 뿌시앙 취, 딴스 뿌취 더 화 요우 파 상쓰 성치

B: 那你到底去还是不去?
Nà nǐ dàodǐ qù háishì búqù?
나 니 따오띠 취 하이스 부취

A: 我再想想吧。
Wǒ zài xiǎngxiang ba.
워 짜이 샹샹 바

우리말 해석

A: 나는 가고 싶지 않지만, 가지 않으면 선임(상사)이 화 낼 것 같아요.
B: 그럼 간다는 거예요? 안 간다는 거예요?
A: 다시 생각 좀 해 볼게요.

092

虽然~但是~   비록 ~일지라도

虽然은 양보를 나타내는 접속사로 보통 문장의 앞절에 쓰이고 문장 뒷절에는 但
是, 可是, 还是, 但, 可 등이 오는 경우가 많다. 虽然~但是~의 구조는 '비록 ~일
지라도'로 해석된다.

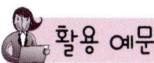 **활용 예문**

虽然你也这么说, 但是我不相信。
Suīrán nǐ yě zhèmeshuō, dànshì wǒ bù xiāngxìn.
쑤이란 니 예 쩌머슈어, 딴스 워 뿌 샹씬
비록 너도 이렇게 말하지만, 나는 믿지 못해.

虽然妈妈同意了, 但是爸爸还没有同意。
Suīrán māma tóngyì le, dànshì bàba háiméiyǒu tóngyì.
쑤이란 마마 통이 러, 딴스 빠바 하이메이요우 통이
비록 엄마는 동의해 주셨지만, 아빠는 여전히 동의하지 않으세요.

虽然立秋了, 但是天气还是很热。
Suīrán lìqiū le, dànshì tiānqì háishi hěn rè.
쑤이란 리치우 러, 딴스 티엔치 하이스 헌 러
입추이지만, 여전히 날씨는 덥다.

실전 회화

A: 这件事情是真的。
Zhè jiàn shìqing shì zhēnde.
쩌 찌엔 스칭 스 쩐더

B: 虽然你也这么说, 但是我还是
不相信。
Suīrán nǐ yě zhèmeshuō, dànshì wǒ háishi bù xiàngxìn.
쑤이란 니 예 쩌머슈어, 딴스 워 하이스 뿌 샹씬

A: 那你去问他本人吧。
Nà nǐ qù wèn tā běnrén ba.
나 니 취 원 타 번런 바

우리말 해석

A: 이 일은 사실이에요.

B: 비록 당신도 이렇게 말하지만,
나는 믿지 못해요.

A: 그럼 그에게 직접 가서 물어봐요.

093

不仅~而且~ ~뿐만 아니라 또한 ~

不仅~而且~는 병렬관계를 나타내는 품사로서 앞뒤 두 절을 연결시켜 '~뿐만 아니라 또한 ~'의 의미로 사용한다. 앞 절에 언급한 내용 외에 뒤 절에서 더 심화한 의미를 표현한다.

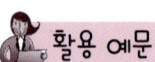 활용 예문

她**不仅**长得漂亮, **而且**很温柔。
Tā bùjǐn zhǎngde piàoliang, érqiě hěn wēnróu.
타 뿌진 장더 피아오량, 얼치에 헌 원로우
그녀는 예쁠 뿐만 아니라, 상냥하기까지 하다.

他**不仅**有钱, **而且**长得帅。
Tā bùjǐn yǒu qián, érqiě zhǎngde shuài.
타 뿌진 요우 치엔, 얼치에 장더 슈아이
그는 돈이 많을 뿐만 아니라 잘생겼다.

小王**不仅**英语说得好, **而且**会说一点儿韩语。
Xiǎowáng bùjǐn yīngyǔ shuōdehǎo, érqiě huì shuō yìdiǎnr hányǔ.
샤오왕 뿌진 잉위 슈어더하오, 얼치에 회이 슈어 이디알 한위
샤오왕은 영어도 잘할 뿐만 아니라, 한국어도 또한 조금 할 줄 알아요.

실전 회화

A: 上次我给你介绍的女孩子怎么样?
Shàngcì wǒ gěi nǐ jièshào de nǚháizi zěnmeyàng?
상츠 워 게이 니 지에샤오 더 뉴하이즈 쩐머양

B: 她不仅长得漂亮, 而且很温柔。
Tā bùjǐn zhǎngde piāoliang, érqiě hěn wēnróu.
타 뿌진 장더 피아오량, 얼치에 헌 원로우

A: 那她喜欢你吗?
Nà tā xǐhuan nǐ ma?
나 타 시환 니 마

B: 我不知道。
Wǒ bù zhīdao.
위 뿌 쯔따오

우리말 해석
A: 저번에 내가 소개시켜 준 여자 어때?
B: 그녀는 예쁠 뿐만 아니라, 상냥 하기까지 해.
A: 그럼 그녀는 너를 마음에 들어 했어?
B: 나는 모르지.

094

不是A就是B   A가 아니면 B이다

不是A就是B는 선택을 나타내는 표현으로서 앞뒤 두 절에 언급하는 내용 중에 반드시 한 가지에 속하는 것을 나타낸다. 혹은 단지 두 가지의 가능성만 있다는 판단에 쓰이기도 한다. 우리말의 'A가 아니면 B이다.'의 의미와 비슷하다.

 활용 예문

这个学期**不是**打工**就是**上课，她没有一点儿玩的时间。
Zhège xuéqī búshì dǎgōng jiùshì shàngkè, tā méiyǒu yìdiǎnr wán de shíjiān.
쩌거 쉐치 부스 다꿍 찌우스 상커, 타 메이요우 이디알 완 더 스지엔
이번 학기는 아르바이트 아니면 수업이에요. 그녀는 놀 시간이 전혀 없어요.

这两天**不是**吃**就是**睡，又长了一公斤。
Zhè liǎngtiān búshì chī jiùshì shuì, yòu zhǎngle yìgōngjīn.
쩌 리앙티엔 부스 츠 찌우스 쉐이, 요우 장러 이꿍찐
이틀간 먹는 거 아니면 잠만 잤어요. 또 1킬로가 늘었네요.

실전 회화

A: 暑假过得怎么样?
Shǔjià guòde zěnmeyàng?
슈찌아 꾸워더 쩐머양

B: 不是吃就是睡，长了5公斤呢。
Búshì chī jiùshì shuì, zhǎngle wǔgōngjīn ne.
부스 츠 찌우스 쉐이, 장러 우꿍찐 너

A: 那你要减肥了。
Nà nǐ yào jiǎnféi le.
나 니 야오 찌엔페이 러

B: 不用。开学以后马上就会瘦下来的。
Búyòng. kāixué yǐhòu mǎshàng jiù huì shòuxiàlai de.
부용. 카이쉐이 호우 마상 찌우 회이 쇼우씨아라이 더

우리말 해석

A: 여름방학 어떻게 보냈어요?

B: 먹는 거 아니면 잠만 자서, 5킬로그램이나 쪘어요.

A: 그럼 다이어트해야겠네요.

B: 필요 없어요. 개학하고 나면 바로 살이 빠질 거예요.

633

095

不是A而是B   A가 아니라 B이다

不是A就是B는 선택을 나타내는 표현으로 앞 절에 언급하는 내용이 아니라 뒤 절에서 언급하는 내용이 맞다는 뜻으로 사용한다.

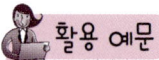 활용 예문

他这次不是去北京, 而是去上海。
Tā zhècì búshì qù Běijīng, érshì qù Shànghǎi.
타 쩌츠 부스 취 베이징, 얼스 취 상하이
그는 이번에 북경으로 가는 게 아니라, 상해로 간다.

这个时间他不是去上课, 而是去打工了。
Zhège shíjiān tā búshì qù shangkè, érshì qù dǎgōng le.
쩌거 스찌엔 타 부스 취 샹커, 얼스 취 다꽁 러
이 기간 동안 그는 수업을 듣지 않고, 아르바이트를 해요.

他没来, 不是因为他生病了, 而是他出差了。
Tā méi lái, búshì yīnwèi tā shēngbìng le, érshì tā chūchāi le.
타 메이 라이, 부스 인웨이 타 성삥 러, 얼스 타 추차이 러
그는 오지 않을 거예요, 병이 난 게 아니라 출장 갔어요.

 실전 회화

A: **听说他这次出差去了北京。**
Tīngshuō tā zhècì chūchāi qùle Běi jīng.
팅슈어 타 쩌츠 추차이 취러 베이징

B: **他这次不是去北京, 而是去了上海。**
Tā zhècì búshì qù Běi jīng, érshì qùle Shànghǎi.
타 쩌츠 부스 취 베이징, 얼스 취러 상하이

A: **什么时候回来?**
Shénmeshíhou huílai?
선머스호우 회이라이

B: **这就不知道了。**
Zhè jiu bùzhīdàole.
쩌 찌우 뿌쯔따오러

우리말 해석
A: 듣자 하니 그는 북경으로 출장 갔답니다.
B: 그는 이번에 북경으로 가는 게 아니라, 상해로 갑니다.
A: 언제 돌아오나요?
B: 그건 몰라요.

096

只要~就~ ~하기만 하면 ~

只要는 조건을 나타내는 접속사다. 여기의 조건은 충분한 조건이며 문장 뒷절에 就가 오는 경우가 많다. 只要~就~ 구조는 우리말의 '~하기만 하면'과 비슷하다.

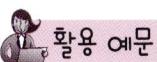 활용 예문

只要你去, 他就去。 당신이 가면 그도 갑니다.
Zhǐyào nǐ qù, tā jiù qù.
즈야오 니 취, 타 찌우 취

只要妈妈同意, 爸爸就会同意。
Zhǐyào māma tóngyì, bàba jiù huì tóngyì.
즈야오 마마 통이, 빠빠 찌우 회이 통이
엄마가 동의하시면, 아빠도 동의해 주세요.

只要常常说汉语, 汉语一定就会很流利。
Zhǐyào chángcháng shuō hànyǔ, hànyǔ yídìng jiù huì hěn liúlì.
즈야오 창창 슈어 한위, 한위 이띵 찌우 회이 헌 리오리
자주 중국어를 사용하면, 유창해질 거예요.

실전 회화

A: 我汉语说得不流利, 怎么办?
Wǒ hànyǔ shuōde bù liúlì, zěnmebàn?
워 한위 수어더 뿌 리오리, 쩐머빤

B: 只要常常说汉语, 就会很流利的。
Zhǐyào chángcháng shuō hànyǔ, jiù huì hěn liúlì de.
즈야오 창창 슈어 한위, 짜우 회이 헌 리오리 더

A: 好, 我试试。
Hǎo, wǒ shìshi.
하오, 워 스스

우리말 해석

A: 나는 중국어를 유창하게 하지
   못하는데, 어떻게 하죠?
B: 자주 중국어를 사용하면, 유창
   해질 거예요.
A: 네, 해 볼게요.

只有~才~ 오직 ~해야만 비로소

只有~才~는 '오직 ~해야만 비로소~'의 뜻으로 조건을 나타내는 표현이다. 여기에서 조건은 유일한 조건이며 只有 대신에 除非를 쓸 수도 있다.

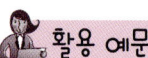 활용 예문

只有你去, 他才会去。 당신이 가야, 그가 간다고 하네요.
Zhǐyǒu nǐ qù, tā cái huì qù.
즈요우 니 취, 타 차이 회이 취

只有老王来了, 这个问题才能解决。
Zhǐyǒu lǎowáng lái le, zhège wèntí cái néng jiějué.
즈요우 라오왕 라이 러, 쩌거 원티 차이 넝 지에줴
오직 라오왕이 와야만, 이 문제가 해결될 수 있어요.

只有人都来了, 才能开会。
Zhǐyǒu rén dōu láile, cái néng kāihuì.
즈요우 런 또우 라이러, 차이 넝 카이회이
모든 사람이 와야만 회의를 시작할 수 있어요.

실전 회화

A: 这个机器突然不转了。怎么办?
Zhège jīqì tūrán bú zhuàn le. Zěnmebàn?
쩌거 찌치 투란 뿌 쭈완 러. 쩐머빤

B: 只有老王来修, 才能修得好。
Zhǐyǒu lǎowáng lái xiū, cái néng xiūdehǎo.
즈요우 라오왕 라이 시우, 차이 넝 시우더하오

A: 那我赶快去找老王。
Nà wǒ gǎnkuài qù zhǎo lǎowáng.
나 위 간콰이 취 쟈오 라오왕

우리말 해석

A: 이 기계가 갑자기 돌아가지(작동되지)가 않네요. 어떻게 하죠?

B: 라오왕이 와야만 고칠 수 있어요.

A: 그럼 제가 리오왕을 빨리 불러 올게요.

098

不管~都~ ~에 관계없이 다~

不管~都~는 '~에 관계없이 다~'의 뜻으로 조건을 나타내는 표현이다. 不管 뒤에는 항상 선택문이나 의문대사가 있는 문장이 온다. 都 뒤에는 보통 변하지 않는 결과를 나타낸다. 都 대신 也도 사용한다.

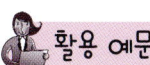 활용 예문

不管他去不去, 我**都**会去。 그가 가든 말든, 나는 갈 것이다.
Bùguǎn tā qùbuqù, wǒ dōuhuì qù.
뿌관 타 취부취, 워 또우회이 취

不管愿意不愿意, 这件事你**都**要去做。
Bùguǎn yuànyìbúyuànyì, zhè jiàn shì nǐ dōu yào qù zuò.
뿌관 위엔이뿌위엔이, 쪄 찌엔 스 니 또우 야오 취 쭈어
원하든 원하지 않든 관계없이 이 일은 모두 해야 한다.

不管来几个人, 这次的会**都**要开。
Bùguǎn lái jǐge rén, zhècì de huì dōu yào kāi.
뿌관 라이 지꺼 런, 쪄츠 더 회이 또우 야오 카이
몇 명이 오든 이번 회의는 열릴 것이다.

🔍 실전 회화

A: 我真不想去。
Wǒ zhēn bùxiǎng qù.
워 쩐 뿌샹 취

B: 不管想不想去, 你都要去。
Bùguǎn xiǎngbuxiǎng qù, nǐ dōu yào qù.
뿌관 샹뿌샹 취, 니 또우 야오 취

A: 我知道, 这是公司交代的任务嘛。
Wǒ zhīdao, zhè shì gōngsī jiāodài de rènwù ma.
워 쯔따오, 쪄 스 꽁쓰 찌아오따이 더 런우 마

우리말 해석

A: 저는 가고 싶지 않아요.

B: 가고 싶든지 가고 싶지 않든지 너는 가야 한다.

A: 저도 알아요. 이것은 회사가 준 업무이니까요.

099

既然~就~　기왕에 ~했으니 ~하다

既然~就~는 '기왕에 ~했으니 ~하다'의 뜻으로 인과 관계를 나타내는 표현이다. 既然 뒤에는 이미 실현된 사실에 관한 내용이고, 就 뒤에는 이 상황에 미루어 판단한 것을 서술한다. 就 대신에 也, 还도 사용한다.

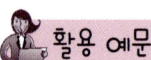 활용 예문

既然不知道**就**算了。 모르겠으니, 그만두자.
Jìrán bùzhīdào jiù suànle.
찌란 뿌쯔따오 찌우 쑤안러

既然回来了**就**去看看他们吧。
Jìrán huílai le jiù qù kànkan tāmen ba.
찌란 회이라이 러 찌우 취 칸칸 타먼 바
기왕 돌아왔으니 그들을 보고 갑시다.

既然你已经这么决定了**就**这样做吧。
Jìrán nǐ yǐjing zhème juédìng le jiù zhèyàng zuò ba.
찌란 니 이찡 쩌머 쥐에띵 러 찌우 쩌양 쭈어 바
당신이 이미 이렇게 결정했으니, 이대로 진행하시죠.

실전 회화

A: 我想我应该去一趟北京看看老师们。
　　Wǒ xiǎng wǒ yīnggāi qù yítàng Běijīng kànkan lǎoshīmen.
　　워 샹 워 잉까이 취 이탕 베이징 칸칸 라오스먼

B: 既然你已经决定了, 就快点买火车票吧。
　　Jìrán nǐ yǐjing juédìng le, jiù kuàidiǎn mǎi huǒchēpiào ba.
　　찌란 니 이찡 쥐에띵 러, 찌우 콰이디엔 마이 호우처피아오 바

A: 嗯, 我一个星期就回来。
　　Èn, wǒ yíge xīngqī jiù huílai.
　　응, 워 이거 씽치 찌우 회이라이

우리말 해석

A: 저는 북경에 가서 선생님들을 뵙고 와야 한다고 생각해요.

B: 이왕 결정했으니, 기차표를 얼른 구매하세요.

A: 네, 일주일만 있다가 바로 돌아올게요.

100

就是~也~   설령 ~하더라도

就是~也~는 가정 겸 양보를 나타내는 표현으로 앞뒤 두 절을 연결시켜 '설령 ~ 하더라도'라는 의미로 사용한다.

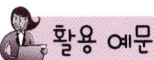 활용 예문

妈妈就是借钱也会给儿子去上大学。
Māma jiùshì jièqián yě huì gěi érzi qù shàngdàxué.
마마 찌우스 지에치엔 예 회이 게이 얼즈 취 샹따쉐
엄마는 돈을 빌려서라도 아들을 대학에 보내려고 한다.

她还是个孩子，就是做错了什么事，也不要打她。
Tā háishì ge háizi, jiùshì zuòcuòle shénme shì, yě búyào dǎ tā.
타 하이스 거 하이즈, 찌우스 쪼어초어러 선머스, 예 부야오 다 타
그는 어쨌든 어린아이니까 설령 잘못을 저질렀어도 때리지 마세요.

就是老王来说也不行。   라오왕이 말하더라도 안 되요.
Jiùshì lǎowáng láishuō yě bùxíng.
찌우스 라오왕 라이슈어 예 뿌씽

 실전 회화

A: 你们班的小王家里条件是不是很不好？
Nǐmen bān de xiǎowáng jiālǐ tiáojiàn shìbúshì hěn bùhǎo?
니먼 빤 더 샤오왕 찌아리 티아오찌엔 스부스 헌 뿌하오

B: 是啊。就是学校食堂的菜他也吃不起。
Shìa. Jiùshì xuéxiào shítáng de cài tā yě chībuqǐ.
스아, 찌우스 쉐샤오 스탕 더 차이 타 예 츠뿌치

A: 那我们帮帮他吧。
Nà wǒmen bāngbang tā ba.
나 워먼 빵빵 타 바

우리말 해석

A: 너희 반 샤오왕이 가정 환경이 좋지 않지?

B: 맞아요. 그는 학교 급식도 먹지 못해요.

A: 그럼 우리가 도와줘요.

왕초보 실생활 **중국어회화 + 기본패턴**

번체자 /
간체자
쓰기

價 값 가	价 jià 찌아	价 价 价 价 价 价					
		价					

覺 깨달을 각	觉 jué 쮀에	觉 觉 觉 觉 觉 觉 觉 觉 觉						
		觉						

簡 대쪽 간	简 jiǎn 찌엔	简 简 简 简 简 简 简 简 简 简 简 简 简								
		简									

間 사이 간	间 jiān 찌엔	间 间 间 间 间 间 间					
		间					

幹 줄기 간	干 gàn 깐	干 干 干					
		干					

번체자	간체자									
監 감독할 감	监 jiān 찌엔	监 监 监 监 监 监 监 监 监 监								
		监								
鑒 거울 감	鉴 jiàn 찌엔	鉴 鉴 鉴 鉴 鉴 鉴 鉴 鉴 鉴 鉴 鉴 鉴								
		鉴								
鋼 강철 강	钢 gāng 깡	钢 钢 钢 钢 钢 钢 钢 钢 钢								
		钢								
剛 굳셀 강	刚 gāng 깡	刚 刚 刚 刚 刚 刚								
		刚								
講 논할 강	讲 jiǎng 찌앙	讲 讲 讲 讲 讲 讲								
		讲								

643

個 낱 개	个 gè 끄어	个 个 个			
		个			

蓋 덮을 개	盖 gài 까이	盖 盖 盖 盖 盖 盖 盖 盖 盖 盖 盖			
		盖			

開 열 개	开 kāi 카이	开 开 开 开			
		开			

舉 들 거	举 jǔ 쮜	举 举 举 举 举 举 举 举 举			
		举			

乾 마를 건	干 gān 깐	干 干 干			
		干			

번체자	간체자									
傑 뛰어날 걸	杰 jié 찌에	杰 杰 杰 杰 杰 杰 杰 杰								
		杰								
臉 뺨 검	脸 liǎn 리엔	脸 脸 脸 脸 脸 脸 脸 脸 脸 脸 脸								
		脸								
擊 칠 격	击 jī 찌	击 击 击 击 击								
		击								
牽 끌 견	牵 qiān 치엔	牵 牵 牵 牵 牵 牵 牵 牵 牵								
		牵								
見 볼 견	见 jiàn 찌엔	见 见 见 见								
		见								

645

決 決 決 決 決 決

決

결단할 결

決
jué
쮜위에

结 结 结 结 结 结 结 结

结

맺을 결

結
jié
쮜에

兼 兼 兼 兼 兼 兼 兼 兼 兼 兼

兼

겸할 겸

兼
jiān
쮜엔

轻 轻 轻 轻 轻 轻 轻 轻 轻

轻

가벼울 경

輕
qīng
칭

镜 镜 镜 镜 镜 镜 镜 镜 镜 镜 镜 镜 镜 镜 镜

镜

거울 경

鏡
jìng
찡

번체자	간체자	
慶 경사 경	庆 qìng 칭	庆 庆 庆 庆 庆 庆 庆
驚 놀랄 경	惊 jīng 찡	惊 惊 惊 惊 惊 惊 惊 惊 惊 惊 惊 惊
競 다툴 경	竞 jìng 찡	竞 竞 竞 竞 竞 竞 竞 竞 竞 竞 竞
經 지날 경	经 jīng 찡	经 经 经 经 经 经 经 经 经
鷄 닭 계	鸡 jī 찌	鸡 鸡 鸡 鸡 鸡 鸡 鸡

647

번체자	간체자				
繫 맬 계	系 jì 찌	系 系 系 系 系 系 系 系				
階 섬돌 계	阶 jiē 찌에	阶 阶 阶 阶 阶 阶 阶				
計 셀 계	计 jì 찌	计 计 计 计 计				
課 공부할 과	课 kè 커	课 课 课 课 课 课 课 课 课 课 课				
過 지날 과	过 guò 꾸어	过 过 过 过 过 过				

번체자	간체자							
關 관계할 관	关 guān 꽌	关 关 关 关 关 关						
		关						
寬 너그러울 관	宽 kuān 쿠안	宽 宽 宽 宽 宽 宽 宽 宽 宽 宽						
		宽						
觀 볼 관	观 guān 꽌	观 观 观 观 观 观						
		观						
館 집 관	馆 guǎn 꽌	馆 馆 馆 馆 馆 馆 馆 馆 馆 馆 馆						
		馆						
颳 깎을 괄	刮 guā 꾸아	刮 刮 刮 刮 刮 刮 刮 刮						
		刮						

廣 넓을 광	广 guǎng 구앙	广 广 广 广
塊 덩어리 괴	块 kuài 콰이	块 块 块 块 块 块 块 块
餃 만두 교	饺 jiǎo 쨔오	饺 饺 饺 饺 饺 饺 饺 饺 饺 饺
較 비교할 교	较 jiào 쨔우	较 较 较 较 较 较 较 较 较 较 较
溝 도랑 구	沟 gōu 꺼우	沟 沟 沟 沟 沟 沟 沟 沟

번체자	간체자					
舊 옛날 구	旧 jiù 찌유	旧 旧 旧 旧 旧				
		旧				
區 지경 구	区 qū 취	区 区 区 区				
		区				
國 나라 국	国 guó 구어	国 国 国 国 国 国 国 国				
		国				
軍 군사 군	军 jūn 쮠	军 军 军 军 军 军				
		军				
窮 다할 궁	穷 qióng 치웅	穷 穷 穷 穷 穷 穷				
		穷				

651

번체자	간체자	
權 저울추 권	权 quán 취엔	权 权 权 权 权 权 权
龜 거북 귀	龟 guī 꾸이	龟 龟 龟 龟 龟 龟 龟 龟
貴 귀할 귀	贵 guì 꾸이	贵 贵 贵 贵 贵 贵 贵 贵 贵 贵
歸 돌아갈 귀	归 guī 꾸이	归 归 归 归 归 归
規 법 규	规 guī 꾸이	规 规 规 规 规 规 规 规 规

번체자	간체자	

| 極
다할 극 | 极
jí
찌 | 极 极 极 极 极 极 极
极 |

| 劇
연극 극 | 剧
jù
쮜 | 剧 剧 剧 剧 剧 剧 剧 剧 剧 剧
剧 |

| 謹
삼갈 근 | 谨
jǐn
찐 | 谨 谨 谨 谨 谨 谨 谨 谨 谨 谨 谨 谨 谨
谨 |

| 錦
비단 금 | 锦
jǐn
찐 | 锦 锦 锦 锦 锦 锦 锦 锦 锦 锦 锦 锦 锦
锦 |

| 級
등급 급 | 级
jí
찌 | 级 级 级 级 级 级
级 |

给 给 给 给 给 给 给 给 给

給 줄 급 / 给 gěi 께이 / 给

记 记 记 记 记

記 기록할 기 / 记 jì 찌 / 记

气 气 气 气

氣 기운 기 / 气 qì 치 / 气

骑 骑 骑 骑 骑 骑 骑 骑 骑 骑 骑

騎 말탈 기 / 骑 qí 치 / 骑

几 几

幾 몇 기 / 几 jǐ 찌 / 几

번체자	간체자	
紀 법 기	纪 jì 찌	纪 纪 纪 纪 纪 纪 纪
機 틀 기	机 jī 찌	机 机 机 机 机 机 机
難 어려울 난	难 nán 난	难 难 难 难 难 难 难 难 难 难 难
農 농사 농	农 nóng 농	农 农 农 农 农 农 农
腦 골 뇌	脑 nǎo 나오	脑 脑 脑 脑 脑 脑 脑 脑 脑 脑 脑

團	团	团 团 团 团 团 团				
둥글 단	tuán 투안	团				

單	单	单 单 单 单 单 单 单 单				
홑 단	dān 딴	单				

達	达	达 达 达 达 达 达				
통달할 달	dá 따	达				

談	谈	谈 谈 谈 谈 谈 谈 谈 谈 谈 谈				
말씀 담	tán 탄	谈				

當	当	当 当 当 当 当 当				
마땅 당	dāng 땅	当				

656

번체자	간체자	
黨 무리 당	党 dǎng 땅	党 党 党 党 党 党 党 党 党 党 党
臺 대 대	台 tái 타이	台 台 台 台 台 台
對 대할 대	对 duì 뚜이	对 对 对 对 对 对
帶 띠 대	带 dài 따이	带 带 带 带 带 带 带 带 带 带
隊 무리 대	队 duì 뚜이	队 队 队 队 队

번체자	간체자								
圖 그림 도	图 tú 투	图 图 图 图 图 图 图 图							
		图							
島 섬 도	岛 dǎo 따오	岛 岛 岛 岛 岛 岛 岛							
		岛							
導 인도할 도	导 dǎo 따오	导 导 导 导 导 导							
		导							
讀 읽을 독	读 dú 뚜	读 读 读 读 读 读 读 读 读 读							
		读							
銅 구리 동	铜 tóng 통	铜 铜 铜 铜 铜 铜 铜 铜 铜 铜 铜							
		铜							

658

번체자	간체자					
東 동녘 동	东 dōng 똥	东 东 东 东 东				
		东				
動 움직일 동	动 dòng 똥	动 动 动 动 动 动				
		动				
頭 머리 두	头 tóu 토우	头 头 头 头 头				
		头				
蘿 무 라	萝 luó 루어	萝 萝 萝 萝 萝 萝 萝 萝 萝 萝 萝				
		萝				
蘭 난초 란	兰 lán 란	兰 兰 兰 兰 兰				
		兰				

覽 볼 람	览 lǎn 란	览 览 览 览 览 览 览 览 览 览
藍 쪽 람	蓝 lán 란	蓝 蓝 蓝 蓝 蓝 蓝 蓝 蓝 蓝 蓝 蓝 蓝 蓝 蓝
來 올 래	来 lái 라이	来 来 来 来 来 来 来 来
兩 두 량	两 liǎng 량	两 两 两 两 两 两 两 两
麗 고울 려	丽 lì 리	丽 丽 丽 丽 丽 丽 丽 丽

번체자	간체자	
曆 책력 력	历 lì 리	历 历 历 历 历
連 이을 련	连 lián 리엔	连 连 连 连 连 连 连
領 거느릴 령	领 lǐng 링	领 领 领 领 领 领 领 领 领 领 领 领
靈 신령 령	灵 líng 링	灵 灵 灵 灵 灵 灵 灵 灵
勞 일할 로	劳 láo 라오	劳 劳 劳 劳 劳 劳 劳 劳

錄 기록할 록	录 lù 루	录 录 录 录 录 录 录 录 录			

論 논할 론	论 lùn 룬	论 论 论 论 论 论 论			

龍 용 룡	龙 lóng 롱	龙 龙 龙 龙 龙 龙			

樓 다락 루	楼 lóu 로우	楼 楼 楼 楼 楼 楼 楼 楼 楼 楼 楼 楼 楼			

類 무리 류	类 lèi 레이	类 类 类 类 类 类 类 类 类 类			

번체자	간체자										
離 떠날 리	离 lí 리	离 离 离 离 离 离 离 离 离 离 离				
裏 안 리	里 lǐ 리	里 里 里 里 里 里 里 里				
螞 개미 마	蚂 mǎ 마	蚂 蚂 蚂 蚂 蚂 蚂 蚂 蚂 蚂 蚂				
麼 그런가 마	么 me 머	么 么 么 么				
馬 말 마	马 mǎ 마	马 马 马 马				

663

嗎 의문조사 마	吗 ma 마	吗 吗 吗 吗 吗 吗 吗 吗

萬 일만 만	万 wàn 우안	万 万 万 万

滿 찰 만	满 mǎn 만	满 满 满 满 满 满 满 满 满 满 满 满 满 满

買 살 매	买 mǎi 마이	买 买 买 买 买 买 买

賣 팔 매	卖 mài 마이	卖 卖 卖 卖 卖 卖 卖 卖 卖

664

번체자	간체자	
麵 얼굴 면	面 miàn 미엔	面 面 面 面 面 面 面 面 面 面
夢 꿈 몽	梦 mèng 멍	梦 梦 梦 梦 梦 梦 梦 梦 梦 梦 梦 梦
廟 사당 묘	庙 miào 미아오	庙 庙 庙 庙 庙 庙 庙 庙 庙
霧 안개 무	雾 wù 우	雾 雾 雾 雾 雾 雾 雾 雾 雾 雾 雾 雾 雾 雾
無 없을 무	无 wú 우	无 无 无 无 无

務	务	务 务 务 务 务
힘쓸 무	wù 우	务

們	们	们 们 们 们 们
들 문	men 먼	们

門	门	门 门 门
문 문	mén 먼	门

問	问	问 问 问 问 问 问
물을 문	wèn 원	问

飯	饭	饭 饭 饭 饭 饭 饭 饭
밥 반	fàn 판	饭

번체자	간체자	
盤 소반 반	盘 pán 판	盘 盘 盘 盘 盘 盘 盘 盘 盘 盘 盘 盘
髮 터럭 발	发 fà 파	发 发 发 发 发 发
幫 도울 방	帮 bāng 빵	帮 帮 帮 帮 帮 帮 帮 帮 帮 帮
訪 찾을 방	访 fǎng 팡	访 访 访 访 访 访 访
邊 가 변	边 biān 삐엔	边 边 边 边 边

| 變 변할 변 | 変 biàn 삐엔 | 変 変 変 変 変 変 変 変
変 | | | |

| 並 나란히 병 | 并 bìng 삥 | 并 并 并 并 并 并
并 | | | |

| 譜 계보 보 | 谱 pǔ 푸 | 谱 谱 谱 谱 谱 谱 谱 谱 谱 谱 谱 谱 谱 谱
谱 | | | |

| 報 알릴 보 | 报 bào 빠오 | 报 报 报 报 报 报 报
报 | | | |

| 婦 지어미 부 | 妇 fù 푸 | 妇 妇 妇 妇 妇 妇
妇 | | | |

번체자	간체자					
負 질 부	负 fù 푸	负 负 负 负 负 负				
		负				
備 갖출 비	备 bèi 뻬이	备 备 备 备 备 备 备 备				
		备				
飛 날 비	飞 fēi 페이	飞 飞 飞				
		飞				
寫 베낄 사	写 xiě 씨에	写 写 写 写 写				
		写				
謝 사례할 사	谢 xiè 씨에	谢 谢 谢 谢 谢 谢 谢 谢 谢 谢 谢				
		谢				

669

번체자	간체자					
師 스승 사	师 shī 스	师 师 师 师 师 师				
		师				
産 낳을 산	产 chǎn 찬	产 产 产 产 产 产				
		产				
殺 죽일 살	杀 shā 스아	杀 杀 杀 杀 杀 杀				
		杀				
嘗 맛볼 상	尝 cháng 창	尝 尝 尝 尝 尝 尝 尝 尝 尝				
		尝				
書 글 서	书 shū 수	书 书 书 书				
		书				

번체자	간체자						
鮮 신선 선	鲜 xiān 시엔	鲜 鲜 鲜 鲜 鲜 鲜 鲜 鲜 鲜 鲜 鲜 鲜 鲜 鲜					
		鲜					
線 실 선	线 xiàn 시엔	线 线 线 线 线 线 线 线					
		线					
說 말씀 설	说 shuō 슈어	说 说 说 说 说 说 说 说 说					
		说					
設 세울 설	设 shè 스어	设 设 设 设 设 设					
		设					
聖 성인 성	圣 shèng 성	圣 圣 圣 圣 圣					
		圣					

번체자	간체자					
聲 소리 성	声 shēng 성	声 声 声 声 声 声 声 声				
歲 해 세	岁 suì 쒜이	岁 岁 岁 岁 岁 岁 岁				
燒 불사를 소	烧 shāo 샤오	烧 烧 烧 烧 烧 烧 烧 烧 烧 烧 烧				
掃 쓸 소	扫 sǎo 싸오	扫 扫 扫 扫 扫 扫 扫				
紹 이을 소	绍 shào 샤오	绍 绍 绍 绍 绍 绍 绍 绍 绍				

672

번체자	간체자							
樹 나무 수	树 shù 슈	树 树 树 树 树 树 树 树 树						
		树						
誰 누구 수	谁 shuí 쉐이	谁 谁 谁 谁 谁 谁 谁 谁 谁 谁						
		谁						
須 모름지기 수	须 xū 쉬	须 须 须 须 须 须 须 须 须						
		须						
術 꾀 술	术 shù 수	术 术 术 术 术						
		术						
習 익힐 습	习 xí 시	习 习 习						
		习						

昇 오를 승	升 shēng 성	升 升 升 升				
		升				

時 때 시	时 shí 스	时 时 时 时 时 时 时				
		时				

視 볼 시	视 shì 스	视 视 视 视 视 视 视				
		视				

試 시험할 시	试 shì 스	试 试 试 试 试 试 试 试				
		试				

識 알 식	识 shí 스	识 识 识 识 识 识 识				
		识				

번체자	간체자	

| 實
열매 실 | 实
shí
스 | 实 实 实 实 实 实 实 实
实 |

| 尋
찾을 심 | 寻
xún
쉰 | 寻 寻 寻 寻 寻 寻
寻 |

| 雙
쌍 쌍 | 双
shuāng
수앙 | 双 双 双 双
双 |

| 亞
버금 아 | 亚
yà
야 | 亚 亚 亚 亚 亚
亚 |

| 兒
아이 아 | 儿
ér
얼 | 儿 儿
儿 |

675

餓 주릴 아	**饿** è 으어	饿 饿 饿 饿 饿 饿 饿 饿 饿 饿 饿
樂 풍류 악	**乐** yuè 위에	乐 乐 乐 乐 乐 乐
顔 얼굴 안	**颜** yán 앤	颜 颜 颜 颜 颜 颜 颜 颜 颜 颜 颜 颜 颜 颜 颜
巖 바위 암	**岩** yán 앤	岩 岩 岩 岩 岩 岩 岩 岩 岩
壓 누를 압	**压** yā 야	压 压 压 压 压 压 压

번체자	간체자	

鴨 鴨 鴨 鴨 鴨 鴨 鴨 鴨 鴨 鴨

鴨 오리 압	鴨 yā 야	鴨

爱 爱 爱 爱 爱 爱 爱 爱 爱 爱

愛 사랑 애	爱 ài 아이	爱

约 约 约 约 约 约

約 묶을 약	约 yuē 위에	约

药 药 药 药 药 药 药 药 药

藥 약 약	药 yào 야오	药

样 样 样 样 样 样 样 样 样 样

樣 모양 양	样 yàng 양	样

讓 사양할 양	让 ràng 랑	让 让 让 让 让 让
憶 생각할 억	忆 yì 이	忆 忆 忆 忆 忆
嚴 엄할 엄	严 yán 앤	严 严 严 严 严 严 严 严
業 업업	业 yè 예	业 业 业 业 业 业
餘 남을 여	余 yú 위	余 余 余 余 余 余 余 余

번체자	간체자	

與 줄 여	与 yǔ/yù 위	与 与 与 与
熱 더울 열	热 rè 르어	热 热 热 热 热 热 热 热 热 热 热
葉 잎 엽	叶 yè 예	叶 叶 叶 叶 叶 叶
豫 미리 예	预 yù 위	预 预 预 预 预 预 预 预 预 预 预
藝 재주 예	艺 yì 이	艺 艺 艺 艺 艺

번체자	간체자				
烏 까마귀 오	乌 wū 우	乌 乌 乌 乌 乌			
優 넉넉할 우	优 yōu 이유	优 优 优 优 优 优 优			
郵 우편 우	邮 yóu 이유	邮 邮 邮 邮 邮 邮 邮 邮			
雲 구름 운	云 yún 윈	云 云 云 云 云			
運 옮길 운	运 yùn 윈	运 运 运 运 运 运 运			

번체자	간체자							
園 동산 원	园 yuán 위엔	园 园 园 园 园 园 园						
		园						
圓 둥글 원	圆 yuán 위엔	圆 圆 圆 圆 圆 圆 圆 圆 圆 圆						
		圆						
遠 멀 원	远 yuǎn 위엔	远 远 远 远 远 远						
		远						
員 수효 원	员 yuán 위엔	员 员 员 员 员 员 员						
		员						
爲 위할 위	为 wèi 웨이	为 为 为 为						
		为						

681

衛 지킬 위	卫 wèi 웨이	卫卫卫 卫

爲 할 위	为 wèi 웨이	为 为 为 为 为

銀 은 은	银 yín 인	银 银 银 银 银 银 银 银 银 银 银 银

陰 그늘 음	阴 yīn 인	阴 阴 阴 阴 阴 阴 阴

應 응할 응	应 yīng 잉	应 应 应 应 应 应 应 应

682

번체자	간체자							
蟻 개미 의	蚁 yǐ 이	蚁 蚁 蚁 蚁 蚁 蚁 蚁 蚁 蚁 蚁						
義 옳을 의	义 yì 이	义 义 义 义						
議 의논할 의	议 yì 이	议 议 议 议 议 议						
醫 의원 의	医 yī 이	医 医 医 医 医 医 医 医						
爾 너 이	尔 ěr 얼	尔 尔 尔 尔 尔 尔						

683

번체자	간체자						
異 다를 이	异 yì 이	异 异 异 异 异 异					
		异					
認 알 인	认 rèn 런	认 认 认 认					
		认					
資 재물 자	资 zī 쯔	资 资 资 资 资 资 资 资 资 资					
		资					
雜 섞일 잡	杂 zá 짜	杂 杂 杂 杂 杂 杂					
		杂					
長 길 장	长 cháng 창	长 长 长 长					
		长					

번체자	간체자				
妝 단장할 장	妆 zhuāng 쭈앙	妆 妆 妆 妆 妆 妆			
		妆			
場 마당 장	场 cháng 창	场 场 场 场 场 场			
		场			
張 베풀 장	张 zhāng 짱	张 张 张 张 张 张 张			
		张			
莊 씩씩할 장	庄 zhuāng 쭈왕	庄 庄 庄 庄 庄 庄			
		庄			
將 장차 장	将 jiāng 찌앙	将 将 将 将 将 将 将 将 将			
		将			

685

번체자	간체자				
爭 다툴 쟁	争 zhēng 쩡	争 争 争 争 争 争 争				
這 이 저	这 zhè 쩌어	这 这 这 这 这 这 这				
轉 구를 전	转 zhuàn 쭈안	转 转 转 转 转 转 转 转				
錢 돈 전	钱 qián 치엔	钱 钱 钱 钱 钱 钱 钱 钱 钱 钱 钱				
電 번개 전	电 diàn 띠엔	电 电 电 电 电 电				

686

번체자	간체자	

		战 战 战 战 战 战 战 战 战
戰 싸울 전	战 zhàn 짠	战

		专 专 专 专
專 오로지 전	专 zhuān 쭈안	专

		传 传 传 传 传 传
傳 전할 전	传 chuán 추안	传

		绝 绝 绝 绝 绝 绝 绝 绝 绝
絕 끊을 절	绝 jué 쥐에	绝

		节 节 节 节 节
節 마디 절	节 jié 찌에	节

687

點 점 점	点 diǎn 띠엔	点 点 点 点 点 点 点 点 点 点
淨 깨끗할 정	净 jìng 찡	净 净 净 净 净 净 净 净
頂 꼭대기 정	顶 dǐng 띵	顶 顶 顶 顶 顶 顶 顶 顶 顶
濟 건설 제	济 jì 찌	济 济 济 济 济 济 济 济 济 济
際 끝 제	际 jì 찌	际 际 际 际 际 际 际 际

번체자	간체자								
製 지을 제	制 zhì 쯔	制 制 制 制 制 制 制 制							
		制							
條 가지 조	条 tiáo 탸오	条 条 条 条 条 条 条							
		条							
調 고를 조	调 tiáo 탸오	调 调 调 调 调 调 调 调 调 调							
		调							
組 짤 조	组 zǔ 쭈	组 组 组 组 组 组 组 组							
		组							
從 따를 종	从 cóng 총	从 从 从 从							
		从							

| 種
씨 종 | 种
zhǒng
쫑 | 种 种 种 种 种 种 种 种 种 |
| | | 种 | | | |

| 鐘
종 종 | 钟
zhōng
쫑 | 钟 钟 钟 钟 钟 钟 钟 钟 钟 |
| | | 钟 | | | |

| 週
주일 주 | 周
zhōu
쩌우 | 周 周 周 周 周 周 周 周 |
| | | 周 | | | |

| 準
준할 준 | 准
zhǔn
쭌 | 准 准 准 准 准 准 准 准 准 准 |
| | | 准 | | | |

| 衆
무리 중 | 众
zhòng
쫑 | 众 众 众 众 众 众 |
| | | 众 | | | |

번체자	간체자						
卽 곧 즉	即 jí 찌	即 即 即 即 即 即 即					
		即					
秖 다만 지	只 zhǐ 즈	只 只 只 只 只					
		只					
紙 종이 지	纸 zhǐ 즈	纸 纸 纸 纸 纸 纸					
		纸					
直 곧을 직	直 zhí 즈	直 直 直 直 直 直 直 直					
		直					
職 직분 직	职 zhí 즈	职 职 职 职 职 职 职 职 职 职 职					
		职					

691

번체자	간체자				
進 나아갈 진	进 jìn 찐	进 进 进 进 进 进 进			
盡 다할 진	尽 jìn 찐	尽 尽 尽 尽 尽 尽 尽			
眞 참 진	真 zhēn 쩐	真 真 真 真 真 真 真 真 真 真 真			
質 바탕 질	质 zhì 쯔	质 质 质 质 质 质 质 质 质			
車 수레 차	车 chē 처	车 车 车 车 车			

번체자	간체자					
錯 섞일 착	错 cuò 추오	错 错 错 错 错 错 错 错 错 错 错 错 错				
		错				
參 참여할 참	参 cān 찬	参 参 参 参 参 参 参 参				
		参				
廠 헛간 창	厂 chǎng 창	厂 厂				
		厂				
處 곳 처	处 chù 추	处 处 处 处 处				
		处				
鐵 쇠 철	铁 tiě 티에	铁 铁 铁 铁 铁 铁 铁 铁 铁 铁				
		铁				

693

聽 들을 청	听 tīng 팅	听 听 听 听 听 听 听
		听

請 청할 청	请 qǐng 칭	请 请 请 请 请 请 请 请 请 请
		请

體 몸 체	体 tǐ 티	体 体 体 体 体 体 体
		体

總 거느릴 총	总 zǒng 쫑	总 总 总 总 总 总 总 总 总
		总

齒 이 치	齿 chǐ 츠	齿 齿 齿 齿 齿 齿 齿 齿
		齿

번체자	간체자	
則 법칙 칙	则 zé 쯔어	则 则 则 则 则 则 则
親 친할 친	亲 qīn 친	亲 亲 亲 亲 亲 亲 亲 亲 亲 亲
濁 흐릴 탁	浊 zhuó 주어	浊 浊 浊 浊 浊 浊 浊 浊 浊 浊
嘆 탄식할 탄	叹 tàn 탄	叹 叹 叹 叹 叹 叹
奪 빼앗을 탈	夺 duó 뚜어	夺 夺 夺 夺 夺 夺 夺

汤 汤 汤 汤 汤 汤

湯	汤	汤				
끓일 탕	tāng 탕					

讨 讨 讨 讨 讨

討	讨	讨				
칠 토	tǎo 타오					

统 统 统 统 统 统 统 统 统

統	统	统				
거느릴 통	tǒng 통					

办 办 办 办

辨	办	办				
힘쓸 판	bàn 빤					

风 风 风 风

風	风	风				
바람 풍	fēng 펑					

번체자	간체자					
豊 풍년 풍	丰 fēng 펑	丰 丰 丰 丰				
		丰				
筆 붓 필	笔 bǐ 삐	笔 笔 笔 笔 笔 笔 笔 笔 笔 笔				
		笔				
學 배울 학	学 xué 쉬에	学 学 学 学 学 学 学				
		学				
韓 나라이름 한	韩 hán 한	韩 韩 韩 韩 韩 韩 韩 韩 韩 韩 韩 韩				
		韩				
漢 한나라 한	汉 hàn 한	汉 汉 汉 汉 汉				
		汉				

該 갖출 해	该 gāi 까이	该 该 该 该 该 该 该 该 该
鄉 시골 향	乡 xiāng 시앙	乡 乡 乡 乡
許 허락할 허	许 xǔ 쉬	许 许 许 许 许 许 许
現 나타날 현	现 xiàn 시엔	现 现 现 现 现 现 现 现 现
號 이름 호	号 hào 하오	号 号 号 号 号 号 号

번체자	간체자					
紅 붉을 홍	红 hóng 홍	红 红 红 红 红 红				
		红				
華 빛날 화	华 huá 후아	华 华 华 华 华 华				
		华				
畫 그림 화	画 huà 후아	画 画 画 画 画 画 画 画				
		画				
話 이야기 화	话 huà 후아	话 话 话 话 话 话 话 话				
		话				
貨 재화 화	货 huò 후어	货 货 货 货 货 货 货 货				
		货				

環 고리 환	环 huán 환	环 环 环 环 环 环 环 环 环
歡 기쁠 환	欢 huān 환	欢 欢 欢 欢 欢 欢 欢
還 돌아올 환	还 huán 환	还 还 还 还 还 还 还
會 모일 회	会 huì 훼이	会 会 会 会 会 会 会
劃 그을 획	划 huà 후아	划 划 划 划 划 划 划

번체자	간체자					
後 뒤 후	后 hòu 허우	后 后 后 后 后 后				
訓 가르칠 훈	训 xùn 쉰	训 训 训 训 训 训				
揮 휘두를 휘	挥 huī 훼이	挥 挥 挥 挥 挥 挥 挥 挥 挥 挥				
喫 어눌할 흘	吃 chī 츠	吃 吃 吃 吃 吃 吃 吃				
興 일 흥	兴 xìng 씽	兴 兴 兴 兴 兴 兴 兴				

중국어 음절 결합표

성모\운모	a	o	e	-i	er	ai	ei	ao	ou	an	en	ang	eng	ong	i	ia	iao	ie
b	ba	bo				bai	bei	bao		ban	ben	bang	beng		bi		biao	bie
p	pa	po				pai	pei	pao	pou	pan	pen	pang	peng		pi		piao	pie
m	ma	mo	me			mai	mei	mao	mou	man	men	mang	meng		mi		miao	mie
f	fa	fo					fei		fou	fan	fen	fang	feng					
d	da		de			dai	dei	dao	dou	dan	den	dang	deng	dong	di		diao	die
t	ta		te			tai		tao	tou	tan		tang	teng	tong	ti		tiao	tie
n	na		ne			nai	nei	nao	nou	nan	nen	nang	neng	nong	ni		niao	nie
l	la		le			lai	lei	lao	lou	lan		lang	leng	long	li	lia	liao	lie
z	za		ze	zi		zai	zei	zao	zou	zan	zen	zang	zeng	zong				
c	ca		ce	ci		cai		cao	cou	can	cen	cang	ceng	cong				
s	sa		se	si		sai		sao	sou	san	sen	sang	seng	song				
zh	zha		zhe	zhi		zhai	zhei	zhao	zhou	zhan	zhen	zhang	zheng	zhong				
ch	cha		che	chi		chai		chao	chou	chan	chen	chang	cheng	chong				
sh	sha		she	shi		shai	shei	shao	shou	shan	shen	shang	sheng					
r			re	ri				rao	rou	ran	ren	rang	reng	rong				
j															ji	jia	jiao	jie
q															qi	qia	qiao	qie
x															xi	xia	xiao	xie
g	ga		ge			gai	gei	gao	gou	gan	gen	gang	geng	gong				
k	ka		ke			kai	kei	kao	kou	kan	ken	kang	keng	kong				
h	ha		he			hai	hei	hao	hou	han	hen	hang	heng	hong				
단독쓰임	a	o	e		er	ai	ei	ao	ou	an	en	ang	eng		yi	ya	yao	ye

iou(u)	ian	in	iang	ing	iong	u	ua	uo	uai	uei(ui)	uan	uen(un)	uang	ueng	ü	üe	üan	ün
	bian	bin		bing		bu												
	pian	pin		ping		pu												
miu	mian	min		ming		mu												
						fu												
diu	dian			ding		du		duo		dui	duan	dun						
	tian			ting		tu		tuo		tui	tuan	tun						
niu	nian	nin	niang	ning		nu		nuo			nuan				nü	nüe		
liu	lian	lin	liang	ling		lu		luo			luan	lun			lü	lüe		
						zu		zuo		zui	zuan	zun						
						cu		cuo		cui	cuan	cun						
						su		suo		sui	suan	sun						
						zhu	zhua	zhuo	zhuai	zhui	zhuan		zhuang					
						chu	chua	chuo	chuai	chui	chuan	chun	chuang					
						shu	shua	shuo	shuai	shui	shuan	shun	shuang					
						ru	rua	ruo		rui	ruan	run						
jiu	jian	jin	jiang	jing	jiong										ju	jue	juan	jun
qiu	qian	qin	qiang	qing	qiong										qu	que	quan	qun
xiu	xian	xin	xiang	xing	xiong										xu	xue	xuan	xun
						gu	gua	guo	guai	gui	guan	gun	guang					
						ku	kua	kuo	kuai	kui	kuan	kun	kuang					
						hu	hua	huo	huai	hui	huan	hun	huang					
you	yan	yin	yang	ying	yong	wu	wa	wo	wai	wei	wan	wen	wang	weng	yu	yue	yean	yun

나도 중국어로 말할 수 있다!
왕초보 실생활 중국어회화+기본패턴

초판 11쇄 발행 | 2025년 11월 25일

지은이 | 예은씨엔(叶恩贤)
편 집 | 이말숙
디자인 | 박민희

제 작 | 선경프린테크
펴낸곳 | Vitamin Book
펴낸이 | 박영진

등 록 | 제318-2004-00072호
주 소 | 07301 서울특별시 영등포구 영신로 34길 19, 2층
전 화 | 02) 2677-1064
팩 스 | 02) 2677-1026
이메일 | vitaminbooks@naver.com
웹하드 | ID vitaminbook / PW vitamin

ISBN 978-89-92683-71-5 (13720)

잘못 만들어진 책은 바꿔드립니다.

웹하드에서
mp3 파일 다운 받는 방법

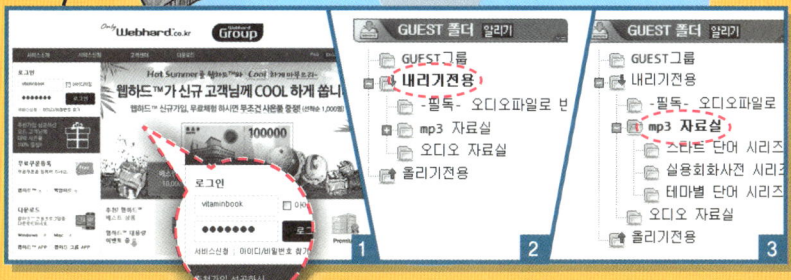

💬 **다운 방법**

STEP 01	웹하드 (www.webhard.co.kr)에 접속 아이디 (vitaminbook) 비밀번호 (vitamin) 로그인 클릭

STEP 02	내리기전용 클릭

STEP 03	Mp3 자료실 클릭

STEP 04	왕초보 실생활 중국어회화+기본패턴 클릭하여 다운